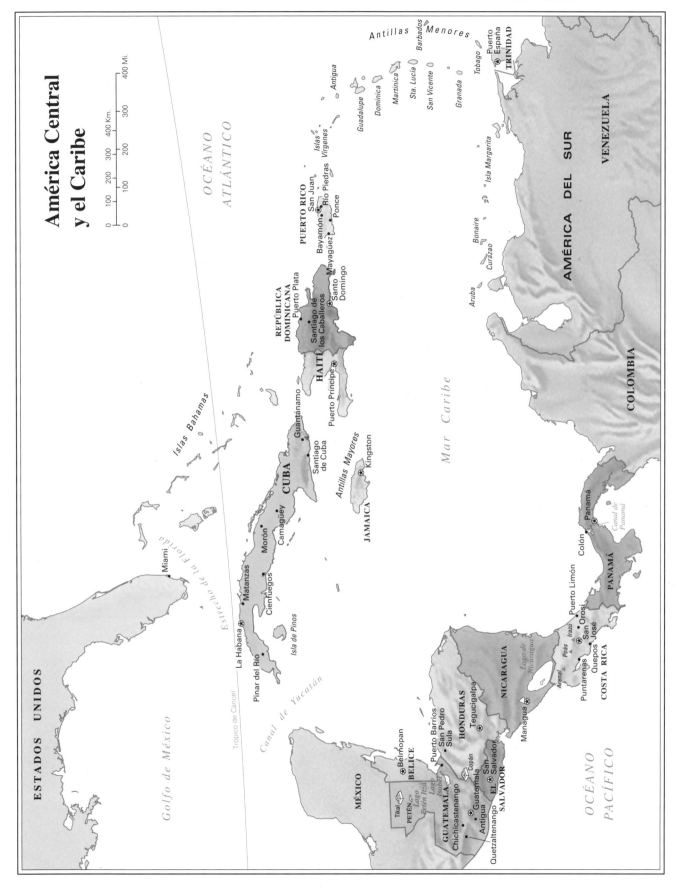

América Central y el Caribe

ESTADOS UNIDOS

Golfo de México

OCÉANO ATLÁNTICO

Trópico de Cáncer

Miami

Islas Bahamas

Estrecho de la Florida

La Habana
Pinar del Río
Matanzas
Cienfuegos
Morón
Camagüey
CUBA
Isla de Pinos
Santiago de Cuba
Guantánamo

Canal de Yucatán

JAMAICA
Kingston
Antillas Mayores

HAITÍ
Puerto Príncipe
Santiago de los Caballeros
REPÚBLICA DOMINICANA
Puerto Plata
Santo Domingo

PUERTO RICO
San Juan
Bayamón
Río Piedras
Ponce
Mayagüez

Islas Vírgenes

Antillas Menores

Antigua
Guadalupe
Dominica
Martinica
Sta. Lucía
Barbados
San Vicente
Granada
Tobago
Puerto España
TRINIDAD

VENEZUELA

AMÉRICA DEL SUR

Isla Margarita
Bonaire
Curazao
Aruba

COLOMBIA

Mar Caribe

Panamá
Canal de Panamá
Colón
PANAMÁ
Puerto Limón
San Orosí
Irazú
Poás
Quepos José
COSTA RICA
Puntarenas
Arenal
Lago de Nicaragua
Managua
NICARAGUA
Tegucigalpa
HONDURAS
San Pedro Sula
Puerto Barrios
Lago Izabal
BELICE
Belmopán
MÉXICO
Tikal
PETÉN
Lago Petén Itzá
GUATEMALA
Copán
San Salvador
EL SALVADOR
Guatemala
Antigua
Chichicastenango
Quetzaltenango

OCÉANO PACÍFICO

400 Mi.
300
400 Km.
300
200
200
100
100
0
0

Second Edition

Imágenes

An Introduction to Spanish Language and Cultures

Debbie Rusch
Boston College

Marcela Domínguez
University of Southern California

Lucía Caycedo Garner
University of Wisconsin–Madison, Emerita

HEINLE
CENGAGE Learning

Australia • Brazil • Japan • Korea • Mexico • Singapore • Spain • United Kingdom • United States

HEINLE
CENGAGE Learning™

Imágenes: An Introduction to Spanish Language and Cultures, Second Edition
Debbie Rusch, Marcela Domínguez, and Lucía Caycedo Garner

Publisher: Rolando Hernández

Development Manager: Glenn A. Wilson

Senior Project Editor: Rosemary R. Jaffe

Editorial Assistant: Deborah Berkman

Art and Design Manager: Gary Crespo

Composition Buyer: Chuck Dutton

Senior Photo Editor: Jennifer Meyer Dare

Director of Manufacturing: Priscilla Manchester

Executive Marketing Director: Eileen Bernadette Moran

Associate Marketing Manager: Claudia Martínez

Cover image: La guitarra, Artwork copyright © 2005 Jaime Olaya. Licensed by ArtVisions™ www.artvisions.com

Credits for texts, photographs, and realia are found following the index at the back of the book.

For product information and technology assistance, contact us at
Cengage Learning Customer & Sales Support, 1-800-354-9706
For permission to use material from this text or product,
submit all requests online at **www.cengage.com/permissions**
Further permissions questions can be emailed to
permissionrequest@cengage.com

Library of Congress Control Number: 2005934806

ISBN-13: 978-0-618-66040-7

ISBN-10: 0-618-66040-2

Heinle
20 Channel Center Street
Boston, MA 02210
USA

Cengage Learning is a leading provider of customized learning solutions with office locations around the globe, including Singapore, the United Kingdom, Australia, Mexico, Brazil, and Japan. Locate your local office at **international.cengage.com/region**

Cengage Learning products are represented in Canada by Nelson Education, Ltd.

To learn more about Heinle, visit **www.cengage.com/heinle**

Purchase any of our products at your local college store or at our preferred online store **www.ichapters.com**

Printed in China by China Translation & Printing Services Limited
8 9 10 - DOW - 12 11 10

To the Student

Learning a foreign language means learning skills, not just facts and information. *Imágenes* is based on the principle that we learn by doing, and therefore offers many varied activities designed to develop your listening, speaking, reading, and writing skills in Spanish. A knowledge of other cultures is also an integral part of learning languages. *Imágenes* provides an overview of the Spanish-speaking world—its people, places, and customs—so that you can better understand other peoples and their ways of doing things, which may be similar to or different from your own.

To help you get the most from your study of Spanish, keep in mind the following tips:

- Read the Overview of Your Textbook's Main Features and the Components information to familiarize yourself with the chapter organization and the resources available to you.
- Remember that learning vocabulary and grammar is a necessary part of language study but that the ultimate goal is communication. Participate orally in class activities and take every opportunity that you can to speak, read, and listen to Spanish.
- Do homework on a daily basis and not at the last minute. This will increase your retention of information.
- When listening, reading, or viewing the *Imágenes* video, focus on getting the information asked of you in the textbook activities instead of trying to comprehend every word. Use context or visual clues to help you understand and be alert to cultural information provided. You will find that you gradually understand more and more easily.
- Use the various program components, especially the Student Activities Manual, to reinforce what you learn in class. Consult the study tips in the Student Activities Manual for a variety of strategies that will help ensure your success in learning Spanish.
- Do the CD-ROM and website activities when assigned or simply as additional practice.

Finally, we hope that by approaching your study of Spanish as an adventure and with a willingness to make mistakes and try new things, you will also have fun learning with *Imágenes* and communicating in Spanish.

Debbie Rusch
Marcela Domínguez
Lucía Caycedo Garner

An Overview of Your Textbook's Main Features

The *Imágenes* text consists of a preliminary chapter followed by 12 chapters and an optional, supplementary chapter.

Each chapter opener introduces the objectives for the chapter and presents a photo relevant to a main cultural theme of the chapter. ▶

4 ¿Tarde o temprano?

➤ Federico Fahsen, experto en la cultura maya, y Paula Torres, arqueóloga guatemalteca, limpian un relieve (*relief*) arqueológico maya.

The objectives describe functions—what you can do with the language, such as greet someone or talk about your everyday activities—that are the linguistic and communicative focus for the chapter. The *¿Qué saben?* questions serve as an introduction to cultural information and topics that are presented in the chapter. ▶

Chapter Objectives
- Discussing daily routines
- Identifying parts of the body
- Talking about who and what you and others know and don't know
- Telling what the weather is like
- Stating the date

¿Qué saben?
1. ¿Qué significa la palabra **precolombina**: antes o después de 1492?
2. ¿Saben en qué países hay ruinas aztecas, mayas o incaicas? ¿En qué países están Tenochtitlán, Tikal y Machu Picchu?
3. ¿Quién conquistó (*conquered*) el imperio azteca? ¿Y el imperio incaico?

Accessible, contextualized language provides a focus for learning

◀ Two **Para escuchar** sections in each chapter help develop your listening skills in Spanish. New and recycled vocabulary and grammar are presented in the context of realistic conversations in which you will follow a series of characters through typical events in their lives.

Para escuchar

Noticias de una amiga

◀ Un hombre hace andinismo en una montaña muy rocosa de los Andes peruanos. ¿Te gustaría hacer andinismo?

¡Qué + *adjective*!	How + *adjective*!
¡Qué inteligente!	How intelligent!
hay	there is/there are
deber + *infinitive*	ought to/should/must + *verb*
deber ser	ought to/should/must be

José Manuel, un arqueólogo venezolano que está trabajando en Perú, recibe un email de España de su amiga Marisel. José Manuel comenta el email con Rafael, otro arqueólogo venezolano.

Actividad 1 ¿Cierto o falso? Lee las siguientes oraciones. Mientras escuchas la conversación, escribe **C** si la oración es cierta y **F** si la oración es falsa.
1. _____ Rafael no conoce a Marisel.
2. _____ Marisel es arqueóloga.
3. _____ José Manuel trabaja como voluntario.
4. _____ Marisel tiene una foto de José Manuel.
5. _____ José Manuel practica andinismo.

Actividad 2 El email Después de escuchar la conversación otra vez, contesta estas preguntas.
1. ¿De dónde es Marisel y dónde está?
2. ¿Qué estudia?
3. ¿Por qué dice Rafael que José Manuel tiene un corazón grande?
4. ¿Por qué dice Marisel que José Manuel tiene que afeitarse?
5. ¿Por qué dice Marisel que José Manuel va a tener un accidente?
6. En tu opinión, ¿está loco José Manuel?
7. ¿Te gustaría hacer andinismo?

Capítulo 4 **95**

◀ Each conversation, recorded on the In-Text Audio CD packaged with your text, is accompanied by pre-, while-, and post-listening practice (signaled by the listening icon). The chapter conversations are also available for listening on the Student Activities Manual Audio CDs and the *Imágenes* Student Companion Website.

Focus on practical language fosters communication

Vocabulario esencial I and **II** present practical, thematically-grouped vocabulary, often through illustrations to convey the meaning of new words. The accompanying practice includes real-life situations so that you can use Spanish in meaningful contexts.

To help you review or prepare for quizzes and exams, **Vocabulario funcional** (not shown) at the end of each chapter lists all active vocabulary in a thematically organized summary.

In-text icons in the vocabulary and grammar sections serve as ▶ a reminder to do the activities in the Student Activities Manual, and on the Student CD-ROM and website.

Emphasis on culture promotes awareness of the Spanish-speaking world

◀ **¿Lo sabían?** cultural readings, in Spanish beginning in Capítulo 4, offer information and insights on a range of cultural topics. Emphasizing practices and cross-cultural comparisons, these readings encourage discussion and expose you to the diverse cultures of the Spanish-speaking world.

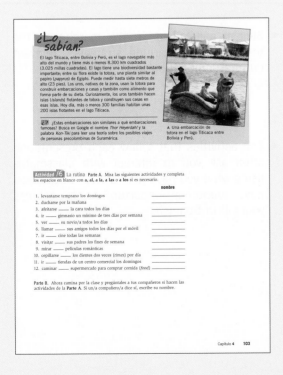

Functional grammar presentations build communication skills

◀ **Gramática para la comunicación I** and **II** feature functionally-sequenced grammar presentations (for example, describing daily routines) that stress the use of language for communication. Explanations are in English so that you can study them at home.

◀ Numerous examples illustrate the concepts presented, and charts help you focus on key information when studying or reviewing.

◀ **Student annotations** in the margins of the textbook offer learning strategies, relevant cultural information, and study tips.

◀ The activities that follow each presentation often ask you to interact with classmates using what you have just learned so that you have numerous opportunities to express yourself in Spanish.

Le rning str tegies support skill development

The **Nuevos horizontes** section in each chapter is designed to help you develop your reading and writing skills in Spanish and to expand your knowledge of the Hispanic world.

▶

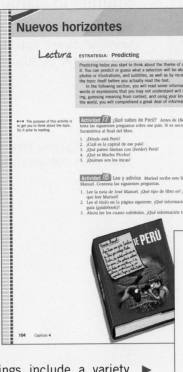

◀ The **Lectura** section presents and practices specific reading techniques and strategies to help you become a proficient reader in Spanish and learn how to approach unfamiliar content.

Readings include a variety of cultural texts, such as a brochure or magazine excerpt, a song, a poem, or a short story. ▶

◀ **Escritura,** like the reading section, introduces and practices specific writing strategies. A process-based approach to writing helps you learn to look critically at and correct your writing.

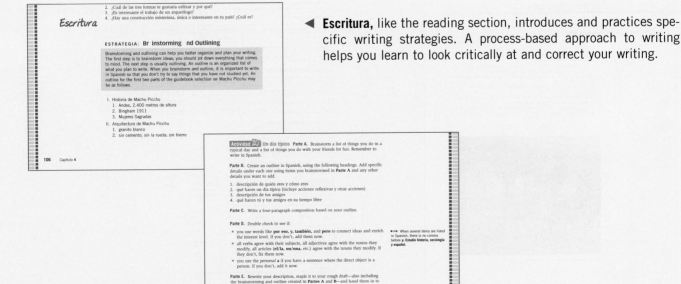

Practical, real-world connections promote interest in learning

◀ **Más allá,** in Spanish beginning in Chapter 4, highlights professions or career opportunities within the United States where Spanish may be advantageous.

◀ Profiles of young people offer personal insights into the use of Spanish in the workplace.

The **Videoimágenes** section following each even-numbered chapter offers pre-, while-, and post-viewing activities for the *Imágenes* Video to improve your listening and observational skills and broaden your knowledge of Spanish-speaking cultures.

▼

The Student CD-ROM and website also contain activities related to the video so that you can view the video on your own to review or reinforce what you learn in class.

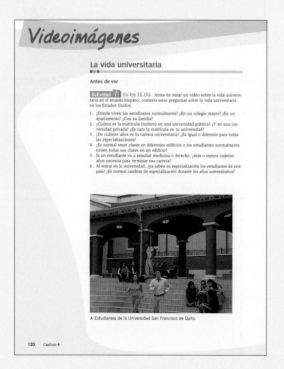

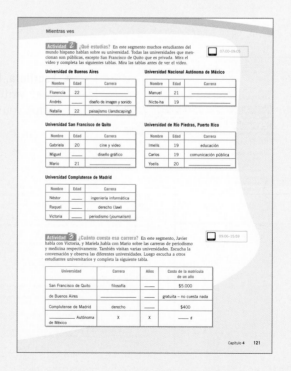

Student Components

Student Textbook

This textbook is your primary resource for learning Spanish. It contains study tips, cultural information, vocabulary and grammar presentations, and activities to practice listening, speaking, reading, and writing.

In-Text Audio CD

Packaged with your textbook, the audio CD contains recordings of the chapter conversations that correlate to the listening activities in the textbook.

Student Activities Manual (SAM): Workbook/Lab Manual

The Workbook provides a variety of practice to reinforce the vocabulary and grammar presented in each chapter and help you develop your reading and writing skills. The Lab Manual includes pronunciation explanations and practice and a variety of listening activities to develop your listening comprehension. Answer Keys may be made available to you for self-correction at the discretion of your instructor.

SAM Audio CDs

The SAM CDs contain the recorded material that coordinates with the Lab Manual portion of the Student Activities Manual to reinforce pronounciation and listening skills.

E-SAM powered by Quia with SMARTHINKING® Online Tutoring

This online version of the Student Activities Manual contains the same content as the print version, plus the material recorded on the SAM Audio CDs, in an interactive environment that provides immediate feedback for many activities so you can monitor your progress. In addition, you can link to the textbook website for additional practice or to a SMARTHINKING® tutor for extra help.

SMARTHINKING® Online Tutoring for Spanish

Packaged with the Quia E-SAM, SMARTHINKING® offers you a range of tutorial services, including live online help, independent study resources, and personalized student home pages to archive tutoring sessions and feedback for future reference.

Imágenes Video Program

The *Imágenes* Video contains six episodes of cultural segments and interviews filmed in Argentina, Ecuador, Mexico, Puerto Rico, and Spain. The episodes focus on and reinforce the themes and language presented in the textbook chapters. Activities, located in the *Videoimágenes* section at the end of each even-numbered chapter in your textbook, prepare you and guide your viewing so that you can get the most from the video. Through watching the video, you will learn more about Hispanic cultures, be able to compare certain aspects to your own, and also develop your observational and listening skills. Video clips with exercises are also included on the *Imágenes* Student CD-ROM and Website.

Student CD-ROM

This dual-platform multimedia CD-ROM helps you practice each chapter's vocabulary and grammar, and provides immediate feedback so that you can check your progress. Each chapter includes games, art- and listening-based activities, video activities, and the opportunity to record selected responses. As you work, you can access a grammar reference, a Spanish-English glossary, and a progress report. It also allows you to link directly to the *Imágenes* Website and to SMARTHINKING® Online Tutoring for extra help.

Student Comp nion Website

The website for *Imágenes* includes a variety of activities and resources to help you practice, review for quizzes and exams, and explore Spanish-language websites. The site also has electronic flashcards for practice of vocabulary and verb conjugations and MP3 files of the In-Text Audio CD. The website is accessible at http://academic.cengage.com/spanish.

Scope and Sequence

Acknowledgments

The authors and publisher thank the following reviewers for their feedback on the first edition of *Imágenes* and their valuable suggestions for revisions, many of which have been implemented in the second edition.

Alan Bruflat, Wayne State College
Danielle L. Cahill, Christopher Newport University
Adolfo Cisneros, Bradley University
Mary Fatora-Tumbaga, Kauai Community College
Tom Fonte, El Camino College
Eddie Gert, Rose State College
Fernando Iturburu, State University of New York, Plattsburgh
Margarita López, LaGuardia Community College
Carlos Mamani, Gannon University
Eunice Myers, Wichita State University
Teresa Pérez-Gamboa, University of Georgia
Joy Saunders, University of Dallas
Dwight Tenhuisen, Calvin College
Stephen Timmons, Bellevue Community College
Leah Wilkinson, University of Arkansas, Little Rock

We are especially grateful to the following people for their valuable assistance during the development and production of this project: Glenn Wilson for helping to conceptualize the changes in this edition; Sandy Guadano, our development editor, for her observations and sound suggestions; Rosemary Jaffe, our project editor, for juggling all aspects of production with ease; Andrés Fernández Cordón, the young Argentine artist who gave the book new life with his culturally accurate drawings and always made us laugh with his touches of humor; Jerilyn Bockorick for a clear and eye-catching design; our copyeditor, Steven Patterson; the design, art, and production staff who participated in the project; the marketing staff and sales force for their support marketing the program; Rosa Maldonado-Bronnsack, Lily Moreno Carrasquillo, Martha Miranda Gómez, Virginia Laignelet Rueda, Olga Tedias-Montero, Victoria Junco de Meyer, Alberto Dávila Suárez, Dwayne Carpenter, Natalia Verjat, Carlos Abaunza, Helena Alfonzo, Luisa Briones, Clara Pastor, Alberto Villate, Christopher Wood, Carmen Fernández, Ann Merry, Fabiana López de Haro, Tanya Duarte, Vanessa Ruiz, Ali Burk, María Elena Villegas, Henry Borrero, and Rosa Garza Mouriño for their assistance answering questions about lexical items and cultural practices in the many countries that comprise the Spanish-speaking world and for field-testing activities and grammar explanations.

Additionally, we would like to thank Norma Rusch for her musical talents; Kristin Horton for her photo of the Fallas; Amy Waldren, Sarah Bartels-Marrero, Irma Perlman, Jessica Giglia, Stephanie Valencia, Finlay Klish, Arthine Cossey van Duyne, Jason Hercules, David Kupferschmidt, and Frank Garcini for their photos and quotes used in this textbook; Sarah Link for her assistance revising the Student Activities Manual, Testing program, and index; Cristina Schulze, Carmen Fernández, Charo Fernández, Ann Merry, and Viviana Domínguez for their contributions to the video program.

Imágenes

Imágenes

¡Bienvenidos!

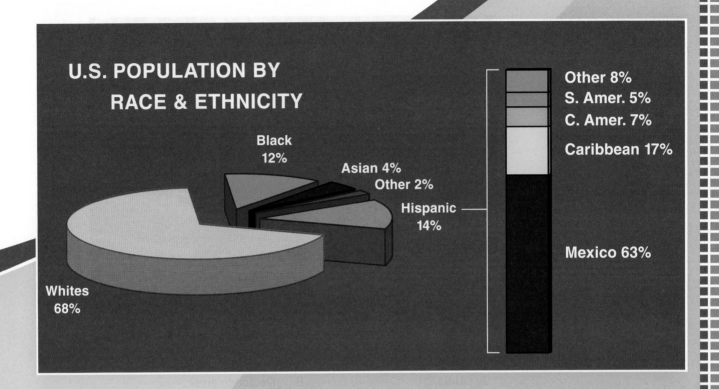

U.S. POPULATION BY RACE & ETHNICITY

Black 12%
Asian 4%
Other 2%
Hispanic 14%
Whites 68%

Other 8%
S. Amer. 5%
C. Amer. 7%
Caribbean 17%
Mexico 63%

Chapter Objectives

- Telling your name and where you are from
- Asking others their name and where they are from
- Greeting someone and saying good-by
- Telling the names of countries and their capitals
- Recognizing a number of classroom expressions and commands

Datos interesantes

Los cinco países con mayor número de personas de habla española:

México	105.000.000
Colombia	42.000.000
España	40.500.000
Argentina	39.500.000
Estados Unidos	30.000.000

Las presentaciones

➤ Estudiantes en La Paz, Bolivia.

■ ■ ■ Spanish requires that punctuation marks be used at the beginning and end of questions and exclamations.

■ ■ ■ Men say **encantado** and women say **encantada.**

A: Hola.
B: Hola.
A: ¿Cómo te llamas?
B: Me llamo Marisa. ¿Y tú?
A: Marta.
B: Encantada.

A: Igualmente.
B: ¿De dónde eres?
A: Soy de La Paz, Bolivia. ¿Y tú?
B: Soy de Caracas, Venezuela.
A: Chau.
B: Chau.

Actividad / ¿Cómo te llamas? Take three minutes to meet as many people in your class as you can by asking their names. Follow the model.

> ■ ■ ■ A: Hola. ¿Cómo te llamas?
> B: Me llamo [Jessica]. ¿Y tú?
> A: Me llamo [Omar].
> B: Encantada.
> A: Igualmente.
> B: Chau.
> A: Chau.

Actividad 2 ¿De dónde eres? Ask four or five classmates where they are from. Follow the model.

> ■ ■ ■ A: ¿De dónde eres?
> B: Soy de [Cincinnati, Ohio]. ¿Y tú?
> A: Soy de [Lincoln, Nebraska].

Actividad 3 Hola... Chau Go to the front of the room and form two concentric circles with the people in the inner circle facing those in the outer circle. Each person should speak to the person in front of him/her and include the following in the conversation: greet the person, ask his/her name, find out where he/she is from, say good-by. When finished with a conversation, wait for a signal from your instructor; then the inner circle should move to the next person to their right and have the same conversation with a new partner.

■■■ A: Hola.
　　 B: Hola.
　　 A: ¿Cómo te llamas?
　　 B: Me llamo...
　　 A: ...

¿Lo sabían?

Spanish has two forms of address to reflect different levels of formality. **Usted (Ud.)** is generally used when talking to people whom you would address by their last name (Mrs. Smith, Mr. Jones). **Tú** is used when speaking to a young person and to people whom you would call by their first name.

¿? What words, besides "Mr." and "Mrs.", are used in English to address people formally?

▼ Profesora de Chile y profesor de Puerto Rico.

A: Buenos días.
B: Buenos días.
A: ¿Cómo se llama Ud.?
B: Me llamo Tomás Gómez. ¿Y Ud.?
A: Silvia Rivera.
B: Encantado.
A: Igualmente.

B: ¿De dónde es Ud.?
A: Soy de Santiago, Chile. ¿Y Ud.?
B: Soy de San Juan, Puerto Rico.
A: Adiós.
B: Adiós.

■■■ Note: **Ud.** is the abbreviation of the word **usted** and will be used throughout this text.

Actividad 4 ¿Cómo se llama Ud.? Imagine that you are at a business conference. Introduce yourself to three people. Follow the model.

■■■ A: Buenos días.
　　 B: Buenos días.
　　 A: ¿Cómo se llama Ud.?
　　 B: Me llamo... ¿Y Ud.?
　　 A: Me llamo...
　　 B: Encantado/a.
　　 A: Encantado/a.
　　 B: Adiós.
　　 A: Adiós.

Actividad 5 **¿De dónde es Ud.?** You are a businessman/businesswoman at a cocktail party and you are talking to other guests. Find out their names and where they are from. Follow the model.

> ■■■ A: Buenas noches.
> B: Buenas noches.
> A: ¿Cómo se llama Ud.?
> B: ... ¿Y Ud.?
> A: ... ¿De dónde es (Ud.)?
> B: Soy de... ¿Y Ud.?
> A: ...
> B: Encantado/a.
> A: ...

To practice:
Do corresponding Workbook, CD-ROM, and Web activities as you proceed through the chapter.

Actividad 6 **¿Formal o informal?** Speak to at least five other members of your class: greet them, find out their names and where they are from, and then say good-by. If they're wearing jeans, use **tú.** If they are not in jeans, use **Ud.**

> ■■■ A: ¿Cómo estás (*said to person wearing jeans*)
> B: Bien. ¿Y Ud.? (*said to person not wearing jeans*)

Los saludos y las despedidas
■■■

Los saludos (*Greetings*)

Hola. Hi.
Buenos días. Good morning.
Buenas tardes. Good afternoon.
Buenas noches. Good evening.

¿Cómo estás (tú)?
¿Cómo está (Ud.)? } How are you?
¿Qué tal? (*informal*)

¡Muy bien! Very well!
Bien. O.K.
Más o menos. So, so.
Regular. Not so good.
Mal. Lousy./Awful.

Las despedidas (*Saying Good-by*)

Hasta luego. See you later.
Hasta mañana. See you tomorrow.
Buenas noches. Good night./Good evening.
Adiós. Good-by.
Chau./Chao. Bye./So long.

■■■ **Adiós** is also used as a greeting when two people pass each other and want to say "Hi," but have no intention of stopping to chat.

▼ (Antigua, Guatemala) Men often shake hands or sometimes give each other a hug **(un abrazo).** In business situations, a handshake is commonly used to greet someone, regardless of gender.

▼ (México D. F.) When two women (or a man and a woman) who are friends meet, they often kiss each other on the cheek.

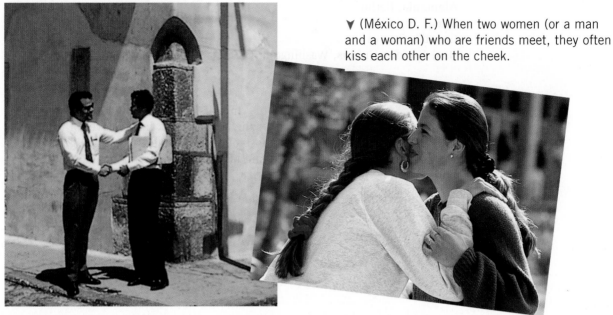

A: Buenos días, Sr. Ramírez.
B: Buenos días, Sr. Canseco. ¿Cómo está Ud.?
A: Muy bien. ¿Y Ud.?
B: Regular.

A: ¡Hola, Susana! ¿Cómo estás?
B: Bien, gracias. ¿Y tú?
A: Más o menos.

■ ■ ■ Formal = **¿Cómo está (Ud.)?**
Informal = **¿Cómo estás (tú)?**

Actividad 7 **¡Hola! ¿Cómo estás?** Mingle and greet several classmates, ask how each is, and then say good-by. To practice using both **tú** and **Ud.,** address all people wearing blue jeans informally (use **tú**) and all others formally (use **Ud.**).

■ ■ ■ Is the greeting in this activity title formal or informal?

Países de habla española y sus capitales
■ ■ ■

◄ La Paz, capital de Bolivia.

Use the maps on the inside covers of your text to learn the names of Hispanic countries and their capitals.

Otros países y sus capitales

Alemania, Berlín
Brasil, Brasilia
Canadá, Ottawa
(los) Estados Unidos, Washington, D.C.

Francia, París
Inglaterra, Londres
Italia, Roma
Portugal, Lisboa

Actividad 8 Capitales hispanas In pairs, take three minutes to memorize the capitals of the countries on either the front or back inside cover of your textbook. Your partner will memorize those on the opposite cover. Then go to the cover that your partner has studied and take turns asking the capitals of all the countries. Follow the model.

■■■ A: (*Looking at the back inside cover*) ¿Cuál es la capital de Chile?
B: Santiago.
A: Correcto.
B: (*Looking at the front inside cover*) ¿Cuál es la capital de Costa Rica?
A: …

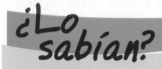

Spanish is spoken in many countries. Although Mandarin Chinese has the largest number of native speakers in the world, Spanish is second and is followed closely by English. The term *Hispanic,* as it is used in the United States by the U.S. government, is a broad term referring to people of diverse ethnic makeup from Spain and Latin America. Many Spanish speakers in the U.S. prefer the term **Latino** or **Latina.** Spanish is spoken in the following geographical areas by people of all races:

América
Norteamérica:
  Estados Unidos,* México
Centroamérica:
  Belice,* Costa Rica, El Salvador, Guatemala,
  Honduras, Nicaragua, Panamá
El Caribe:
  Antillas Holandesas,* Cuba, Las Islas Vírgenes,*
  La República Dominicana, Puerto Rico
Suramérica:
  Argentina, Aruba,* Bolivia, Chile, Colombia,
  Ecuador, Paraguay, Perú, Trinidad y Tobago,*
  Uruguay, Venezuela
Europa
  Andorra, España, Gibraltar*
África
  Guinea Ecuatorial

*Nations where Spanish is spoken by a large number of people, but it is not an official language. In the Spanish-speaking world, only five continents are recognized: **América** (includes North and South America), **Europa, Asia, África,** and **Oceanía** (includes Australia, New Zealand, and other islands in the Pacific Ocean).

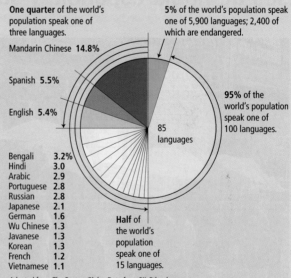

World Languages
Primary language spoken by the 6 billion people in the world

One quarter of the world's population speak one of three languages.

Mandarin Chinese **14.8%**

Spanish **5.5%**

English **5.4%**

5% of the world's population speak one of 5,900 languages; 2,400 of which are endangered.

95% of the world's population speak one of 100 languages.

85 languages

Bengali 3.2%
Hindi 3.0
Arabic 2.9
Portuguese 2.8
Russian 2.8
Japanese 2.1
German 1.6
Wu Chinese 1.3
Javanese 1.3
Korean 1.3
French 1.2
Vietnamese 1.1

Half of the world's population speak one of 15 languages.

Adapted from *The Boston Globe.* Data from SIL Ethnologue.

 ¿How many continents are there, according to what you learned in school? Can you name them?

Expresiones para la clase

■■■

Learn the following commands (**órdenes**) so that you can react to them when they are used by your instructor.

Órdenes

Abre/Abran el libro en la página...   Open your book(s) to page . . .
Cierra/Cierren el libro.   Close your book(s).
Mira/Miren el ejercicio/la actividad...   Look at the exercise/the activity . . .
Escucha./Escuchen.   Listen.
Escribe./Escriban.   Write.
Lee/Lean las instrucciones.   Read the instructions.
Saca/Saquen papel/bolígrafo/lápiz.   Take out paper/a pen/a pencil.
Repite./Repitan.   Repeat.
Siéntate./Siéntense.   Sit down.
Levántate./Levántense.   Stand up.
[Vicente], pregúntale a [Ana]...   [Vicente], ask [Ana] . . .
[Ana], contéstale a [Vicente]...   [Ana], answer [Vicente] . . .
[María], repite la respuesta, por favor.   [María], repeat the answer, please.
[María], dile a [Jorge]...   [María], tell [Jorge] . . .

■■■ When two words are given (e.g., **Abre/Abran**), the first is an informal, singular command given to an individual and the second is a command given to a group of people.

The following expressions will be useful in the classroom:

¿Cómo se dice... en español?   How do you say . . . in Spanish?
¿Cómo se escribe...?   How do you spell . . . ?
¿Qué quiere decir...?   What does . . . mean?
¿En qué página, por favor?   What page, please?
No entiendo./No comprendo.   I don't understand.
No sé (la respuesta).   I don't know (the answer).
Más despacio, por favor.   More slowly, please.
(Muchas) gracias.   Thank you (very much).
De nada.   You're welcome.

Actividad 9   **Las órdenes** Listen to the commands your instructor gives you and act accordingly.

Actividad 10   **¿Qué dirías tú?** What would you say in the following situations?

1. The instructor is speaking very fast.
2. The instructor asks you a question but you don't know the answer.
3. You do not understand what the word **ejercicio** means.
4. You do not understand what the instructor is telling you.
5. You did not hear the page number.
6. You want to know how to say *table* in Spanish.

Deletreo y pronunciación de palabras: El alfabeto

■■■ **ca, co, cu: c** is pronounced like *c* in *cat*

■■■ **ce, ci: c** is pronounced like *c* in *center*

■■■ **ga, go, gu: g** is pronounced like *g* in *go* or softer, as in *egg*

■■■ **ge, gi: g** is pronounced like *h* in *hot*

■■■ **h** is always silent

■■■ Do the lab activities for each chapter to practice pronunciation.

A	a	Argentina
B	be, be larga, be grande, be de burro	Barcelona
C	ce	Canadá, Centroamérica
(CH	che	Chile)
D	de	Santo Domingo
E	e	Ecuador
F	efe	La Florida
G	ge	Guatemala, Cartagena
H	hache	Honduras
I	i	Las Islas Canarias
J	jota	San José
K	ca	Kansas
L	ele	Lima
(LL	elle	Hermosillo)
M	eme	Montevideo
N	ene	Nicaragua
Ñ	eñe	España
O	o	Oviedo
P	pe	Panamá
Q	cu	Quito
R	ere	Perú
S	ese	Santiago
T	te	Toledo
U	u	Uruguay
V	uve, ve corta, ve chica, ve de vaca	Venezuela
W	doble uve, doble ve, doble u	Washington
X	equis	Extremadura
Y	i griega	Yucatán
Z	zeta	Zaragoza

¿Lo sabían?

The Spanish-language alphabet contains all of the letters of the English-language alphabet plus the **ñ.** Prior to 1994, the **ch (che)** and the **ll (elle)** were separate dictionary entries. Since the change is relatively recent, you may still see dictionaries that list words beginning with these letters separately from the **c** and the **l.** You may hear people say **che** or **ce hache** and **elle** or **doble ele.** The **rr,** although not considered a letter of the alphabet, is commonly identified as **erre,** but may also be called **ere ere** or **doble ere.**

Here are a few more useful facts concerning the Spanish alphabet:

■ The letter **ñ** follows **n.** Therefore, **mañana** follows **manzana** (*apple*) in dictionaries. Although few words start with the **ñ,** dictionaries maintain a separate section for words beginning with **ñ.**

■ The **k** and **w** are usually used with words of foreign origin.

■ All letters are feminine, for example: **las letras son la** *a,* **la** *b,* **la** *c,* etc.

Actividad 11 ¿Cómo se escribe...? Find out the name of two classmates and ask them to spell their last names. Follow the model.

> ■■■ A: ¿Cómo te llamas?
> B: Teresa Domínguez Schroeder.
> A: ¿Cómo se escribe "Schroeder"?
> B: Ese-ce-hache-ere-o-e-de-e-ere.

Actividad 12 Las siglas **Parte A.** The following organizations or places are frequently referred to by their acronym or abbreviation. Try to figure out which letters would go in the blanks below.

1. La **Unión Europea** es una organización de países de Europa y España es uno de los países. La _____ _____ se abrevia en inglés *E.U.* (*European Union*).
2. El **Tratado de Libre Comercio** es un acuerdo (*treaty*) entre los Estados Unidos, México y Canadá. El comercio entre los países es libre. El _____ _____ _____ se llama en inglés *NAFTA* (*North American Free Trade Agreement*).
3. La **Organización de las Naciones Unidas** es una organización de los países del mundo. La sede está en Nueva York. La _____ _____ _____ se llama en inglés la *U.N.* (*United Nations*).
4. El **Distrito Federal** es el nombre de la zona donde está la ciudad de México. El _____ _____ es el nombre común de la ciudad de México.
5. La **Organización del Tratado del Atlántico Norte** mantiene la paz y seguridad de los países que son miembros de la organización. La _____ _____ _____ _____ se llama en inglés *NATO* (*North Atlantic Treaty Organization*).
6. La **Organización de los Estados Americanos** es una organización de los países del continente americano. La _____ _____ _____ se llama en inglés la *O.A.S.* (*Organization of American States*).

■■■ Just as some people in the U.S. refer to Washington, D.C. as just "D.C.", Mexicans almost always call Mexico City **"el D. F."**

Note: When the words are plural, the letters are normally doubled in the abbreviation: **Los Estados Unidos = EE.UU.**

Parte B. In Spanish, it is common to pronounce abbreviations as words instead of stating every letter individually. How would you say the acronyms in numbers 3, 5 and 6 above?

Acentuación (*Stress*)
■■■

In order to pronounce words correctly, you will need to know the stress patterns of Spanish.

A ■ If a word ends in *n*, *s*, or a vowel (**vocal**), stress falls on the next-to-last syllable (**penúltima sílaba**). The underlined syllable represents where the stress should be according to this rule, and the arrow shows where the stress is. In this case, they coincide, and therefore, follow the rule and are regular, so no written accent mark is needed.

B ■ If a word ends in any consonant (**consonante**) other than *n* or *s*, stress falls on the last syllable (**última sílaba**).

■■■ For more information on syllabication and accentuation, see Appendix B.

■■■ Accents on stressed, capital letters can be written or omitted. For example: both **Álvaro** and **Alvaro** are correct. This book will use the former.

C ■ Any exception to rules 1 and 2 has a written accent mark (**acento orto-gráfico**) on the stressed vowel. In the examples below, when the arrow points to a syllable other than the underlined one, the rules are broken, and therefore, a written accent is needed.

Pan<u>a</u>má   tel<u>é</u>fono   lá<u>piz</u>
    ↑   ↑   ↑

With knowledge of the accent rules and a great deal of practice, you will always know where to stress a word if you first encounter it when reading and, upon hearing a Spanish word, you will be able to write it correctly.

NOTE: There are two other sets of words that require written accents:

1 ■ Question words such as **cómo, de dónde,** and **cuál** always have written accents.

2 ■ Certain words have a written accent to distinguish them from similar words that are pronounced the same but have different meanings: **tú** (*you*), **tu** (*your*); **él** (*he*), **el** (*the*).

Actividad 13 Énfasis Indicate the syllable where the stress falls in each word of the following sentences. Listen while your instructor pronounces each sentence.

1. ¿Có-mo es-tá, se-ñor Pé-rez?
2. La ca-pi-tal de Pe-rú es Li-ma.
3. ¿Có-mo se es-cri-be "Ne-bras-ka"?
4. Re-pi-tan la fra-se.
5. No com-pren-do.
6. Más des-pa-cio, por fa-vor.

To practice:
Do Workbook, Lab, CD-ROM, and Web activities.

■ ■ ■ For additional practice and cultural information, access the *Imágenes* website at **http://academic.cengage.com/ spanish,** select the *Imágenes,* 2nd edition textbook website, and bookmark the site for future reference.

■ ■ ■ Read the *Study Tips* section in the Activities Manual.

Actividad 14 Acentos Practice how to stress words in Spanish by following these steps:

1. Read the following words aloud, stressing the syllables in bold type.
2. Place arrows under these stressed syllables (those in bold type).
3. Consult the rules and underline the syllables that would be stressed according to the rules.
4. If the arrow and the underlined syllable do not coincide, add a written accent over the stressed syllable (the one in bold with the arrow).

    ■ ■ ■ **ul**tima   ú<u>l</u>tima
                     ↑

1. **ra**pido
2. Sala**man**ca
3. **la**piz
4. profe**sion**
5. profe**sor**
6. tele**gra**ma
7. ca**fe**
8. na**cio**nes
9. **Me**xico
10. doc**to**ra
11. **pa**gina
12. universi**dad**
13. pi**za**rra
14. **can**cer
15. fan**tas**tico
16. Bo**go**ta

Vocabulario funcional

Las presentaciones (*Introductions*)

¿Cómo te llamas?	*What's your name?* (informal)
¿Cómo se llama usted (Ud.)?	*What's your name?* (formal)
Me llamo...	*My name is . . .*
¿Y tú/Ud.?	*And you?*
Encantado/a.	*Nice to meet you.* (literally: *Charmed.*)
Igualmente.	*Nice to meet you, too.* (literally: *Equally.*)
Sr./señor	*Mr.*
Sra./señora	*Mrs./Ms.*
Srta./señorita	*Miss/Ms.*

El origen

¿De dónde eres?	*Where are you from?* (informal)
¿De dónde es usted?	*Where are you from?* (formal)
Soy de...	*I am from . . .*

Los saludos y las despedidas (*Greetings and Leave Taking*)

¿Cómo estás (tú)?	*How are you?* (informal)
¿Cómo está (Ud.)?	*How are you?* (formal)
¿Qué tal?	*How are you?* (informal)
¡Muy bien!	*Very well!*
Bien.	*O.K.*
Más o menos.	*So, so.*
Regular.	*Not so good.*
Mal.	*Lousy./Awful.*
Buenos días.	*Good morning.*
Buenas tardes.	*Good afternoon.*
Buenas noches.	*Good evening.*
Hola.	*Hi.*
Adiós.	*Good-by.*
Chau./Chao.	*Bye./So long.*
Hasta luego.	*See you later.*
Hasta mañana.	*See you tomorrow.*

Expresiones para la clase

Abre/Abran el libro en la página...	*Open your book(s) to page . . .*
Cierra/Cierren el libro.	*Close your book(s).*
Mira/Miren el ejercicio/ la actividad...	*Look at the exercise/the activity . . .*
Escucha./Escuchen.	*Listen.*
Escribe./Escriban.	*Write.*
Lee/Lean las instrucciones.	*Read the instructions.*
Saca/Saquen papel/ bolígrafo/lápiz.	*Take out paper/a pen/ a pencil.*
Repite./Repitan.	*Repeat.*
Siéntate./Siéntense.	*Sit down.*
Levántate./Levántense.	*Stand up.*
[Vicente], pregúntale a [Ana]...	[Vicente], *ask* [Ana] *. . .*
[Ana], contéstale a [Vicente]...	[Ana], *answer* [Vicente] *. . .*
[María], repite la respuesta, por favor.	[María], *repeat the answer, please.*
[María], dile a [Jorge]...	[María], *tell* [Jorge] *. . .*
¿Cómo se dice... en español?	*How do you say . . . in Spanish?*
¿Cómo se escribe...?	*How do you spell . . . ?*
¿Qué quiere decir...?	*What does . . . mean?*
¿En qué página, por favor?	*What page, please?*
No entiendo./No comprendo.	*I don't understand.*
No sé (la respuesta).	*I don't know (the answer).*
Más despacio, por favor.	*More slowly, please.*
(Muchas) gracias.	*Thank you (very much).*
De nada.	*You're welcome.*

El alfabeto *See page 8.*

Países de habla española y sus capitales

¿Cuál es la capital de...?		*What is the capital of . . . ?*
Guinea Ecuatorial	Malabo	África
México	México, D. F. (Distrito Federal)	América del Norte/ Norteamérica
Costa Rica	San José	
El Salvador	San Salvador	
Guatemala	Guatemala	América Central/
Honduras	Tegucigalpa	Centroamérica
Nicaragua	Managua	
Panamá	Panamá	
Argentina	Buenos Aires	
Bolivia	La Paz; Sucre	
Chile	Santiago	
Colombia	Bogotá	
Ecuador	Quito	América del Sur/
Paraguay	Asunción	Suramérica
Perú	Lima	
Uruguay	Montevideo	
Venezuela	Caracas	
Cuba	La Habana	
Puerto Rico	San Juan	El Caribe
República Dominicana	Santo Domingo	
España	Madrid	Europa

Otros países y sus capitales

Canadá	Ottawa	
(los) Estados Unidos	Washington, D.C.	Norteamérica
Alemania	Berlín	
Francia	París	
Inglaterra	Londres	Europa
Italia	Roma	
Portugal	Lisboa	
Brasil	Brasilia	Suramérica

Los protagonistas

These are the main characters you will be learning about throughout *Imágenes*.

1. **Claudia Dávila Arenas,** 21, Colombia
2. **don Alejandro Domínguez Estrada,** 55, Puerto Rico
3. **Álvaro Gómez Ortega,** 23, España
4. **Juan Carlos Moreno Arias,** 24, Perú
5. **Vicente Mendoza Durán,** 26, Costa Rica
6. **Marisel Álvarez Vegas,** 19, Venezuela
7. **Diana Miller, 25,** los Estados Unidos
8. **Teresa Domínguez Schroeder,** 22, Puerto Rico

¿Quién es?

➤ **La biblioteca (*library*) de la UNAM (Universidad Nacional Autónoma de México).**

Chapter Objectives

- Asking and telling about yourself and others
- Giving your age
- Identifying origin and nationality
- Identifying occupation

¿Qué saben?

1. ¿Cómo se llaman las universidades más grandes (*largest*) de los Estados Unidos? En comparación con las universidades de los Estados Unidos, ¿son similares o más grandes (*larger*) las universidades públicas hispanas?

Universidad Nacional Autónoma de México (UNAM)	269.143 estudiantes
Universidad de Buenos Aires	226.073 estudiantes
Universidad Complutense de Madrid	102.128 estudiantes

2. ¿Cómo se llama la primera universidad del continente americano?

Para escuchar

En el Colegio Mayor Hispanoamericano

◄ Estudiantes en la Universidad Complutense, Madrid.

| ¿Cómo? | What? / What did you say? |
| No hay de qué. | Don't mention it. / You're welcome. |

■ ■ ■ The print version of the conversation appears in Appendix C. The audio CD that accompanies your text contains the recorded version of the conversation.

Teresa has just arrived in Madrid. She has come to Spain to study tourism and to help her uncle at his travel agency. In the following conversation, Teresa is registering at the dorm (colegio mayor) where she will be living.

 Actividad *1* **¿Qué escuchas?** While listening to the conversation between Teresa and the receptionist, check only the phrases that you hear from each column.

_____ Buenos días.   _____ Buenas tardes.

_____ ¿Cómo te llamas?   _____ ¿Cómo se llama Ud.?

_____ ¿Cuál es su dirección?   _____ ¿Cuál es su número de pasaporte?

_____ Sí, soy de Puerto Rico.   _____ Sí, es de Puerto Rico.

 Actividad *2* **¿Cierto o falso?** After listening to the conversation again, write **C (cierto)** if the statement is true or **F (falso)** if the statement is false.

1. _____ Ella se llama Teresa Schroeder Domínguez.

2. _____ Teresa es de Costa Rica.

3. _____ El pasaporte es de los Estados Unidos.

4. _____ El número de su habitación es ocho.

¿Lo sabían?

In Hispanic countries, it is typical for students to attend a university or college in their hometown and live with their parents. When they attend a school outside their hometown, it is customary for them to stay with relatives who live in that city. When this is not possible, they may live in a dorm (**colegio mayor,** **residencia estudiantil**) that is usually independent from the university. Since in some countries dorms are almost nonexistent, it is possible to rent a room in a **pensión,** which is similar to a boarding house. A small number of students rent apartments.

¿? Where do students live in your country?

■■■ A dorm is referred to as a **colegio mayor** in Spain and as a **residencia estudiantil** in most of Hispanic America. The word **dormitorio** is used by some Spanish speakers in the Caribbean.

Actividad 3 **Teresa Domínguez Schroeder** Many Spanish-speaking people use two last names, particularly for legal purposes. The first is the father's and the second is the mother's maiden name. Answer the following questions based on Teresa's family.

1. ¿El padre de Teresa es el Sr. Domínguez o el Sr. Schroeder? ¿Y cuál es el apellido de su madre?
2. ¿Teresa es la Srta. Domínguez o la Srta. Schroeder?

Vocabulario esencial I

I. Los números del cero al cien

0	cero	20	veinte
1	uno	21	veintiuno
2	dos	22	veintidós...
3	tres	30	treinta, treinta y uno...
4	cuatro	40	cuarenta, cuarenta y uno...
5	cinco	50	cincuenta, cincuenta y uno...
6	seis	60	sesenta, sesenta y uno...
7	siete	70	setenta, setenta y uno...
8	ocho	80	ochenta, ochenta y uno...
9	nueve	90	noventa, noventa y uno...
10	diez	100	cien
11	once		
12	doce		
13	trece		
14	catorce		
15	quince		
16	dieciséis		
17	diecisiete		
18	dieciocho		
19	diecinueve		

■■■ To help you remember: All numbers from 16 to 29 (except 20) can be written as three words (**diez y seis**) or as one word (**dieciséis**). The latter is more common. Numbers from 31 to 99 are always written as three words (**treinta y uno**). Note that the following numbers, which end in **-s,** have a written accent: **dieciséis, veintidós, veintitrés, veintiséis.**

Actividad 4 ¡Bingo! Complete the bingo card using randomly selected numbers in the following manner: Column B (between 1 and 19), Column I (between 20 and 39), Column N (between 40 and 59), Column G (between 60 and 79), and Column O (between 80 and 99). Cross out the numbers as you hear them.

B	I	N	G	O

■■■ Phone numbers are frequently read in pairs (**dos, treinta y tres,** etc.) and then clarified by reading one by one: **dos, tres, tres,** etc.

Actividad 5 ¿Cuál es tu número de teléfono? Mingle with your classmates and write down their telephone numbers.

■■■ A: ¿Cuál es tu número de teléfono?

B: Mi número de teléfono es 2–33–65–04 (dos, treinta y tres, sesenta y cinco, cero, cuatro).

A: Dos, tres, tres, siete, cinco...

B: No. Sesenta y cinco. Seis, cinco.

A: Ahhh. Dos, tres, tres, seis, cinco, cero, cuatro.

B: Correcto.

■■■ y = +
menos = −
(multiplicado) por = ×
dividido por = ÷

Actividad 6 Las matemáticas **Parte A.** Answer the following math problems according to the model.

■■■ ¿Cuánto es catorce menos cuatro?
Es diez.

1. ¿Cuánto es cincuenta y nueve y veinte?
2. ¿Cuánto es setenta y dos dividido por nueve?
3. ¿Cuánto es diez por tres dividido por cinco?
4. ¿Cuánto es noventa y tres menos veinticuatro?

Parte B. Now write three math problems to quiz a partner. All answers must be 100 or less.

Actividad 7 La edad Mingle and ask a minimum of five students how old they are.

■■■ A: ¿Cuántos años tienes?

B: Tengo... años.

II. Las nacionalidades

Soy de España.
Soy español.

Soy de México.
Soy mexicana.

Soy de Bolivia.
Soy boliviano.

Soy de Nicaragua.
Soy nicaragüense.

Otras nacionalidades y adjetivos regionales

africano/a	cubano/a	indio/a	puertorriqueño/a
argentino/a	dominicano/a	italiano/a	ruso/a
asiático/a	ecuatoriano/a	panameño/a	salvadoreño/a
brasileño/a	europeo/a	paraguayo/a	uruguayo/a
chileno/a	guatemalteco/a	peruano/a	venezolano/a
colombiano/a	hondureño/a		

NOTE: Nationalities ending in **-o** change to **-a** when describing a woman.

árabe	canadiense	costarricense	nicaragüense

NOTE: Nationalities ending in **-e** can be used to describe both men and women.

alemán/alemana	inglés/inglesa	portugués/portuguesa
francés/francesa	irlandés/irlandesa	

NOTE: Note the accents on **alemán, francés, inglés, irlandés,** and **portugués.**

■ ■ ■ Practice using word associations: Penélope Cruz = **española;** Elton John = **inglés** (etc.).

■ ■ ■ Make flash cards of things you associate with each nationality: **tango/argentino, enchilada/mexicana,** etc.

■ ■ ■ **Indio/a** is used to refer to people from India. It is also used to refer to indigenous populations of the Americas, but may have a derogatory connotation. The word **indígena**—which has only one form ending in **-a** to describe a man or a woman—is preferred.

■ ■ ■ Nationalities are not capitalized in Spanish.

■ ■ ■ Review accent rules. See Appendix B (Stress).

To practice:
Do Workbook, CD-ROM, and Web activities.

How a person from the United States is referred to varies in Hispanic countries. **Americano** can be misleading, since all people from the Americas are Americans. In some Hispanic countries, such as Colombia, Venezuela, Peru, and Chile, an American may be called **un/a gringo/a,** which is not necessarily a derogatory term. But in Mexico, for example,

gringo/a has a negative connotation. In countries such as Spain, Mexico, and Argentina, an American is usually called **un/a norteamericano/a** o **americano.** These terms are used since the word **estadounidense** is somewhat cumbersome. **Estadounidense** is used primarily in formal writing, when filling out forms, or in formal speech, such as newscasts.

¿? If someone from the United States were traveling in a Spanish-speaking country, what would be a good response to the question **¿De qué nacionalidad eres?**

Actividad 8 **Gente famosa** Look at the list of famous people in the first column and match them with logical sentences from the second column.

Famosos

1. Alex Rodríguez   _____ Es de Cuba; entonces es cubano/a.
2. Sofía Loren   _____ Tiene más o menos 70 años.
3. Alex Trebek   _____ Es de Canadá; entonces es canadiense.
4. Gloria Estefan   _____ Es de la República Dominicana; entonces es dominicano/a.

   _____ Tiene más o menos 65 años.

   _____ Tiene más o menos 30 años.

   _____ Es de Italia; entonces es italiano/a.

   _____ Tiene más o menos 50 años.

Actividad 9 **¿De qué nacionalidad es?** In pairs, alternate asking and answering questions about the nationalities of these people.

   ■■■ A: ¿De qué nacionalidad es Bill Cosby?
        B: Es norteamericano.

1. Harry Potter
2. Steffi Graf
3. Salma Hayek
4. Yves Saint-Laurent
5. Paloma Picasso
6. Antonio Banderas
7. Celine Dion
8. Mikhail Baryshnikov
9. Sammy Sosa

■■■ Remember: **Origen** refers to one's heritage, not to where one was born.

■■■ Note: **Y** becomes **e** before words beginning with **i** or **hi:** italiano y alemán but **alemán e italiano;** historia y español but **español e historia.**

Actividad 10 **El origen de tu familia** In groups of five, find out the ancestry of your group members. Follow the model.

   ■■■ A: ¿Cuál es el origen de tu familia?
        B: Mi familia es de origen alemán e italiano.

Gramática para la comunicación I

I. Talking about Yourself and Others (Part I): Subject Pronouns, *llamarse*, and *ser*

A. Subject Pronouns

After having used Spanish to communicate with your classmates, try to answer a few questions about what you have learned. In the sentence **Me llamo Juan,** what is the subject *I, you, he,* or *she?* If you said *I,* you were correct. There is no ambiguity here and *I* is the only option (**me llamo**—both **me** and **-o** indicate the subject of the verb). What is the subject of the question **¿De dónde eres?** If you said *you,* you were correct.

The singular subject pronouns in Spanish are as follows:

Singular Subject Pronouns	
yo	I
tú	you (*familiar, singular*)
usted (Ud.)	you (*formal, singular*)
él	he
ella	she

B. Asking and Giving One's Name: *Llamarse*

The singular forms of the verb **llamarse** (*to call oneself*) are as follows:

llamarse	
yo	**Me llamo** Miguel.
tú	¿Cómo **te llamas**?
usted (Ud.)	¿Cómo **se llama** Ud.?
él	¿Cómo **se llama** él?
ella	Ella **se llama** Carmen.

Now look at this sentence and try to identify the subject: **¿Cómo se llama?** There are three options: **Ud., él,** or **ella.** In this case, a pronoun is mainly used to provide clarity: **¿Cómo se llama él?**

NOTE: Subject pronouns in Spanish are optional and are generally used only for clarification, emphasis, and contrast. In most cases, the conjugated verb forms indicate who the subject is.

C. Stating Origin: *Ser* + *de, ser* + nationality

The singular forms of the verb **ser** (*to be*) are the following:

ser	
yo	**Soy** de Ecuador.
tú	¿**Eres** guatemalteco?
usted (Ud.)	¿De dónde **es** Ud.?
él	¿De qué nacionalidad **es** él?
ella	Ella **es** española.

■ ■ ■ The subject pronoun *it* uses the third person singular form of the verb, in this case **es,** and has no subject pronoun equivalent in Spanish. For example: **¿Qué es? Es una computadora.**

As shown in the examples, origin can be expressed in the following ways:

ser + de + city/country   Oscar de la Renta **es de** la República Dominicana.
ser + nationality   Él **es** dominicano.

Remember: The pronouns **yo** and **tú** are only used for emphasis at the discretion of the speaker, but **Ud., él,** and **ella** can be used for emphasis or for clarity.

Actividad *11* **¿Cómo te llamas?** Meet three classmates. Introduce yourself and ask them where they are from. Follow the model.

> ■■■ A: ¿Cómo te llamas?   A: Igualmente.
>   B: ... ¿Y tú?   B: ¿De dónde eres?
>   A: ...   A: Soy de... ¿Y tú?
>   B: Mucho gusto.   B: Yo también soy de... / Soy de...

■■■ You can say either **Me llamo José Ramos** or **Soy el Sr. Ramos / Me llamo Ana Peña** or **Soy la Srta./Sra. Peña.**

Actividad *12* **¿Cómo se llama Ud.?** You are Hispanic businesspeople visiting the United States. In pairs, introduce yourselves and ask each other where you are from, following the model. This is a formal conversation.

> ■■■ A: ¿Cómo se llama Ud.?   A: Igualmente.
>   B: Me llamo... ¿Y Ud.?   B: ¿De dónde es Ud.?
>   A: ...   A: De... ¿Y Ud.?
>   B: Encantado/a.   B: Yo también soy de... / Soy de...

■■■ If you don't know, say, **No sé.**

Actividad *13* **¿Cómo se llama?** In pairs, ask each other questions to see how many of the other students' names you can remember. Also, tell where they are from. Follow the model.

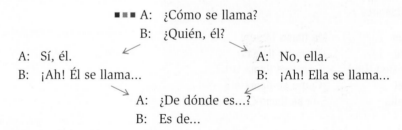

> ■■■ A: ¿Cómo se llama?
>   B: ¿Quién, él?
>
> A: Sí, él.   A: No, ella.
> B: ¡Ah! Él se llama...   B: ¡Ah! Ella se llama...
>   A: ¿De dónde es...?
>   B: Es de...

Actividad *14* **Dos conversaciones** In pairs, construct two logical conversations using the sentences that follow. Note: Each conversation contains two extra lines that do not belong and should not be included.

Conversación 1

_____ ¿Es de Caracas?

__2__ Me llamo Roberto, ¿y tú?

_____ No, soy de Venezuela.

_____ Sí, es de la capital.

_____ ¡Mi amigo es venezolano también!

_____ Se llama Marta.

_____ Felipe. ¿Eres de Colombia?

_____ No, es de Cancún.

_____ Se llama Pepe.

_____ ¿Ah sí? ¿Cómo se llama él?

__1__ ¿Cómo te llamas?

Conversación 2

_____ No, es de Bogotá.

_____ Se llama Ana.

_____ Soy la Srta. Mejía, ¿y Ud.?

_____ ¿Ah sí? ¿Cómo se llama?

_____ ¡Ah! Mi amiga es colombiana también.

_____ No, es de Medellín.

__1__ ¿Cómo se llama Ud.?

_____ ¿Ah sí? ¿Cómo se llama él?

_____ ¿Es de la capital ella?

_____ Soy el Sr. Mendoza, de Colombia.

▲ Estudiantes en Lima, Perú

Actividad 15 **¿Cómo se llama y de dónde es?** In pairs, take turns naming as many of your classmates and their hometowns as you can remember. Follow the model and point at each person you name.

> ■■■ A: Ella se llama Megan y es de Milwaukee.
>
> B: Él se llama Josh. No sé de dónde es.

II. Indicating One's Age: _Tener_
■■■

One of the uses of the verb **tener** is to indicate one's age. The following are the singular forms of the verb **tener** in the present indicative:

tener	
yo	**Tengo** treinta años.
tú	¿Cuántos años **tienes**?
Ud.	¿Cuántos años **tiene** Ud.?
él	Él **tiene** diecinueve años.
ella	Ella **tiene** veintiún* años.

Remember: As with all verbs in Spanish, the pronouns can be used for emphasis or clarity. The overuse of **yo** and **tú** when speaking or writing Spanish sounds redundant, so when in doubt, omit them.

*__Note:__ The number **veintiuno** loses its final **-o** when followed by a masculine noun. When the **-o** is dropped, an accent is needed over the **-u: veintiún.**

■■■ noun: a person, place, or thing

To practice: Do Workbook, CD-ROM, and Web activities.

Actividad 16 **¿Cuántos años tienes?** **Parte A.** Ask several of your classmates their age. Feel free to lie about your age if you want!

> ■■■ A: ¿Cuántos años tienes?
>
> B: Tengo... años. ¿Y tú?

Parte B. In pairs, ask each other questions to find out the ages of the people in the class whom you didn't get a chance to ask in **Parte A** of the activity.

> ■■■ A: ¿Cuántos años tiene él?
>
> B: Tiene... años.   B: No sé cuántos años tiene.

Actividad 17 **¿Qué recuerdas?** In pairs, take turns saying as much as you can remember about several members of the class. Follow the model.

■■■ Ella se llama Elvira, es de Atlanta y tiene veintidós años.

Actividad 18 **Tú y él/ella** Write a few sentences introducing yourself and introducing a classmate. State: **nombre, edad** (*age*) **y de dónde eres/es.**

Actividad 19 **En el colegio mayor** In pairs, select role **(papel)** A or B and follow the instructions for that role. Do not look at the information given for the role your partner plays. When you finish, role play the second situation.

Situación 1: Papel A

You are Juan Carlos Moreno Arias and you are registering at a dorm. Give the necessary information to the receptionist when he/she asks you. Here is the information you will need:

   Juan Carlos Moreno Arias
     Perú 24 años
   Número de pasaporte: 5–66–45–89

Situación 1: Papel B

You are the receptionist and you have to ask a new student questions to fill out the registration card below. Remember to address the new student using the **Ud.** form.

Colegio Mayor Hispanoamericano

Nombre ⬜⬜⬜⬜⬜⬜⬜⬜⬜⬜⬜⬜⬜⬜

Apellidos ⬜⬜⬜⬜⬜⬜⬜⬜⬜⬜⬜⬜⬜⬜⬜⬜

Edad ⬜⬜   Nacionalidad ⬜⬜⬜⬜⬜⬜⬜⬜⬜⬜

Número de pasaporte ⬜⬜⬜⬜⬜⬜⬜⬜⬜

Situación 2: Papel A

You are the receptionist and you have to ask a new student questions to fill out the registration card above. Remember to address the new student using the **Ud.** form.

Situación 2: Papel B

You are Marisel Álvarez Vegas and you are registering at a dorm. Give the necessary information to the receptionist when he/she asks you. Here is the information you will need:

   Marisel Álvarez Vegas
     Venezuela   19 años
   Número de pasaporte: L 7456824

Nuevos horizontes

Lectura   ESTRATEGIA: Scanning

■■■ Typically, you scan the phone book, stats for a ball game, etc. Can you think of other types of readings you might scan?

In this book, you will learn specific techniques that will help you to become a proficient reader in Spanish. In this chapter, the focus is on a technique called *scanning*. When scanning, you look for specific bits of information as if you were on a search-and-find mission. Your eyes function as radar, ignoring superfluous information and zeroing in on the specific details that you set out to find.

Actividad 20 Completa la ficha Look at the registration card below to see what information is requested. Then scan Claudia's application form for the **Colegio Mayor Hispanoamericano** to find the information you need and fill out the registration card.

Colegio Mayor Hispanoamericano

Nombre ⬚⬚⬚⬚⬚⬚⬚⬚⬚⬚⬚⬚⬚⬚⬚

Apellidos ⬚⬚⬚⬚⬚⬚⬚⬚⬚⬚⬚⬚⬚⬚⬚

Edad ⬚⬚   Nacionalidad ⬚⬚⬚⬚⬚⬚⬚⬚⬚⬚⬚

Número de pasaporte ⬚⬚⬚⬚⬚⬚⬚⬚

Dirección ⬚⬚⬚⬚⬚⬚⬚⬚⬚⬚⬚⬚⬚⬚⬚⬚⬚⬚⬚

Ciudad ⬚⬚⬚⬚⬚⬚⬚⬚⬚⬚⬚⬚⬚⬚⬚

País ⬚⬚⬚⬚⬚⬚⬚⬚⬚⬚⬚⬚

Prefijo ⬚⬚⬚   Teléfono ⬚⬚⬚⬚⬚⬚

■■■ **soltera** = single

Colegio Mayor Hispanoamericano
No. 78594
Solicitud de admisión para estudiantes extranjeros

Sr./Sra./Srta. _Claudia Dávila Arenas_ hijo/a

de _Jesús María Dávila Cifuentes_ y

de _Elena Arenas Peña_, nacido/a en la ciudad

de _Cali_, _Colombia_ el _15_ de _febrero_

de _1986_, de nacionalidad _colombiana_,

estado civil _soltera_, número de pasaporte _AC 67-42 83_,

de _Colombia_, con domicilio en

Calle 8 No. 15-25   Apto. 203,

de la ciudad de _Cali_, en el país de _Colombia_,

teléfono: prefijo _23_, número _67-75-52_, solicita

admisión en el Colegio Mayor Hispanoamericano con fecha de

entrada del _2_ de _octubre_ de _2006_ y permanencia hasta

el _30_ de _junio_ de _2007_.

Dávila

Firmado el día _19_ de _enero_ de _2006_

Vocabulario esencial II

Las ocupaciones

1. recepcionista
2. director/directora
3. actor/actriz
4. economista
5. estudiante
6. deportista (profesional)
7. camarero/camarera
8. dentista
9. ingeniero/ingeniera
10. médico/médica, doctor/doctora

Otras ocupaciones

abogado/abogada   lawyer
agente de viajes   travel agent
ama de casa   housewife
cantante   singer
comerciante   business owner
escritor/escritora   writer, author
hombre/mujer de negocios   businessman/businesswoman
periodista   journalist
policía/(mujer) policía   policeman/policewoman
programador/programadora de computadoras   computer programmer
secretario/secretaria   secretary
vendedor/vendedora   store clerk

■ ■ ■ **Doctora** is more commonly used than **médica** when referring to a female doctor.

To practice: Do Workbook, CD-ROM, and Web activities.

Actividad 21 **¿Quiénes son y qué hacen?** In pairs, look at the following pictures and try to match them with the descriptions below. Take turns pointing to a photo and stating the following information: **nombre, ocupación, nacionalidad, edad.**

_____ 1. Pedro Almodóvar, director, España, 1949

_____ 2. Sandra Cisneros, escritora, Estados Unidos, 1954

_____ 3. Gabriel Batistuta, futbolista, Argentina, 1969

_____ 4. Paulina Rubio, cantante, México, 1971

Actividad 22 **¿Qué hace tu padre?** In pairs, role play the parts of Claudia and Vicente. "A" covers Column B and "B" covers Column A. You are meeting each other for the first time. Introduce yourselves and ask questions about each other and about each other's parents: **nombre, nacionalidad, ocupación, edad.**

■■■ A: ¿Qué haces?
B: Soy estudiante.
A: ¿Qué hace tu padre?
B: Mi padre es economista.

A. Los Dávila de Colombia

Madre: Maribel, 46 años, ama de casa
Padre: Felipe, 48 años, hombre de negocios
Claudia: 21 años, estudiante

B. Los Mendoza de Costa Rica

Padre: Alfredo, 57 años, economista
Madre: Vanesa, 49 años, abogada
Vicente: 26 años, estudiante

Actividad 23 **¿Qué hace tu padre? ¿Y tu madre?** Interview several classmates and ask them the following information about their parents: **nombre, ocupación, de dónde es, edad.**

■■■ **Está jubilado/a.** = He/She is retired.

Para escuchar

En la cafetería del colegio mayor

¿Qué hay?	What's up?
¡Oye!	Hey!
entonces	then (when *then* means *therefore*)

■ ■ ■ The print version of the conversation appears in Appendix C. The audio CD that accompanies your text contains the recorded version of the conversation.

*After settling in at the dorm, Teresa goes to the **cafetería**; there she joins her new friend, Marisel Álvarez Vegas, who is from Venezuela. Marisel has lived at the dorm for a while and is telling Teresa who everyone is.*

 Actividad 24 **¿Quién con quién?** Look at the scene in the **cafetería.** While listening to the conversation, find out who is talking with whom. Label the drawing. The names of the people are: **Juan Carlos, Diana, Marisel, Teresa, Álvaro,** and **Vicente.**

Actividad 25 **Completa la información** As you listen to the conversation again, complete the following chart.

Nombre	País
Diana	_____
_____	Perú
_____	Costa Rica
Álvaro	_____
Teresa	Puerto Rico
Marisel	Venezuela

Actividad 26 **¿De dónde...?** Look at the list of characters and their countries in the previous activity and match them with the appropriate regional adjectives.

Diana
Juan Carlos
Vicente   es de + *país;* entonces es
Álvaro
Teresa
Marisel

norteamericano/a
caribeño/a
centroamericano/a
suramericano/a
europeo/a

¿Lo sabían?

The words **cafetería** and **bar** are almost interchangeable in some Spanish-speaking countries. These establishments open early and, in many instances, close late. Both may serve food and drink and not have any age restrictions. People may go to a **cafetería** or a **bar** at 11:00 AM or at 6:00 PM to have a coffee or a beer. There may be a group of sixty-year-old women sitting next to a sixteen-year-old couple. Many dorms and university buildings have a **cafetería/bar** that frequently serves food as well as beer, wine, and hard liquor. All dorms also have a dining room. In some trendy neighborhoods, the **bar** that people of all ages go to for a coffee and a croissant in the morning may transform into a hangout where people over the age of eighteen go at night after the movies.

¿? How do the definitions of the words "bar" and "cafeteria" in English differ from their Spanish counterparts?

Gramática para la comunicación II

I. Talking About Yourself and Others (Part II)

A. Subject Pronouns in the Singular and Plural

Subject Pronouns			
yo	I	nosotros } nosotras }	we
tú	you (*informal*)	vosotros } vosotras }	you (*plural informal*)
Ud. (usted)	you (*formal*)	Uds. (ustedes)	you (*plural formal/informal*)
él	he	ellos }	they
ella	she	ellas }	

Note: **Vosotros/as** is used only in Spain.
In Hispanic America **Uds.** is the plural formal and informal form of address.

B. Singular and Plural Forms of the Verbs
llamarse, tener, and *ser*

■ ■ ■ Note accents on question words.

llamarse			
yo	**Me llamo** Ana.	nosotros } nosotras }	**Nos llamamos** los Celtics. **Nos llamamos** Ana y Clara.
tú	¿Cómo **te llamas**?	vosotros } vosotras }	¿Cómo **os llamáis**?
Ud.	¿Cómo **se llama** Ud.?	Uds.	¿Cómo **se llaman** Uds.?
él } ella }	**Se llama** Vicente. **Se llama** Diana.	ellos } ellas }	**Se llaman** Vicente y Diana. **Se llaman** Teresa y Marisel.

tener			
yo	**Tengo** 20 años.	nosotros/nosotras	**Tenemos** 20 años.
tú	¿Cuántos años **tienes**?	vosotros/vosotras	¿Cuántos años **tenéis**?
Ud.	Ud. **tiene** 25 años, ¿no?	Uds.	Uds. **tienen** 25 años, ¿no?
él/ella	¿**Tiene** 19 años?	ellos/ellas	¿**Tienen** 19 años?

In this chapter you have seen three uses of the verb **ser:**

1 ▪ **Ser + de +** *city/country* or **ser +** *nationality* to indicate origin

2 ▪ **Ser +** *name* to identify a person (**= llamarse**)

3 ▪ **Ser +** *occupation* to identify what someone does for a living

ser			
yo	**Soy** Mauro Maldonado.	nosotros/nosotras	**Somos** de Chile.
tú	¿**Eres** chileno?	vosotros/vosotras	¿De dónde **sois**?
Ud.	¿Quién **es** Ud.?	Uds.	¿Quiénes **son** Uds.?
él/ella	**Es** dentista.	ellos/ellas	**Son** de Santiago.

C. Singular and Plural Forms of Occupations and Adjectives of Nationality

In this chapter you have learned how to express a person's occupation and state someone's nationality. Which of the following occupations or adjectives of nationality would you use to refer to a woman: **doctor, camarera, árabe, salvadoreña, guatemalteco?** If you answered **camarera, árabe,** and **salvadoreña,** you were correct. If you were referring to two men, which of the following occupations or adjectives of nationality would you use: **doctores, camareras, árabes, salvadoreñas, guatemaltecos?** If you said **doctores, árabes,** and **guatemaltecos,** you were correct. You used logic, intuition, and your knowledge of language in general to arrive at these choices.

▪▪▪ adjective: a word that describes a noun

1 ▪ To form the plural of occupations and adjectives ending in **-o, -a,** or **-e,** simply add an **-s.**

Soy ingenier**o**.	Nosotros somos ingenier**os**.
Ella es ingles**a**.	Ellas son ingles**as**.
Ud. es árab**e**, ¿no?	Uds. son árab**es**, ¿no?

▪▪▪ Remember: **indígena** has only one form and is used to describe a man or a woman. The plural is **indígenas** and refers to both men and women.

2 ▪ To form the plural of occupations and adjectives ending in a consonant, add **-es.**

Él es director.	Ellos son director**es**.
Soy alem**án**.	Son aleman**es**.

NOTE:

1. The plural of **actriz** is **actrices.**
2. Note that there is an accent on **alemán,** but not on **alemanes.** For further explanation, see *Stress* in Appendix B.
3. When referring to a group that includes males and females, use the masculine plural form of the adjective or occupation: **Jorge, Pedro y Marta son panameños y son actores.**

Actividad 27 ¿De dónde son? In pairs, alternate asking and answering questions about where the following people are from. Follow the model.

■■■ A: ¿De dónde es Antonio Banderas?

B: Es de España. B: No sé.

A: ¡Ah! Es español.

1. Penélope Cruz *Spain*
2. los príncipes Carlos, Harry y William *England*
3. Gael García Bernal y Thalía *Mexico*
4. Rigoberta Menchú *Guatemala*
5. Sofía Loren y Donatella Versace *Italy*
6. Benicio Del Toro y Héctor Elizondo *Puerto Rico*
7. Alex Trebek, Dan Aykroyd y k.d. lang *Canada*
8. Gabriel García Márquez, Shakira y Juan Valdés *Colombia*

Actividad 28 Otras personas famosas In pairs, take turns asking and giving information about the following people.

■■■ A: ¿Cómo se llaman?

B: ...

A: ¿De qué nacionalidad son?

B: ...

A: ¿Qué hacen?

B: ...

A: ¿Cuántos años tienen?

B: ...

■■■ To ask what someone does, say **¿Qué hace?** To ask what more than one person does, say **¿Qué hacen?**

▲ Carlos Santana Salma Hayek
(1947) (1966)
México

▲ David Ortiz Pedro Martínez
(1975) (1971)
la República Dominicana

▲ Venus Williams Serena Williams
(1980) (1981)
los Estados Unidos

▲ Mary-Kate Olsen Ashley Olsen
(1986) (1986)
los Estados Unidos

II. Asking Information and Negating

A. Question Formation

1 ■ Information questions begin with question words such as **cómo, cuál, cuántos, de dónde, qué,** and **quién/es.** Note the word order in the question and in the response.

> ¿Question word(s) + verb + (subject)? ⟶ (Subject) + verb . . .

¿De dónde es Álvaro?	(Él) es de España.
¿Cómo se llama (ella)?	(Ella) se llama Teresa.

2 ■ Questions that elicit a yes/no response are formed as follows:

¿Es Marisel?	Sí, es Marisel.
¿Es Marisel de Venezuela? ⎫ ¿Es de Venezuela Marisel? ⎭	Sí, Marisel es de Venezuela.

You can also add the tag question **¿no?** or **¿verdad?** meaning *right?* to the end of a statement.

Marisel es de Venezuela, **¿no?** ⎫
Marisel es de Venezuela, **¿verdad?** ⎭ Sí, Marisel es de Venezuela.

B. Negating

1 ■ In simple negation, **no** directly precedes the verb.

Ellos **no** son de México.
No se llama Marisel.

2 ■ When answering a question in the negative, always start the answer with **no** followed by a comma, and then negate again or offer new information.

¿Son ellas de Perú? ⎰ **No,** ellas **no** son de Perú.
                     ⎱ **No,** ellas son de Panamá.

To practice:
Do Workbook, Lab, CD-ROM, and Web activities.

Actividad 29 **En Internet** You are in a chat room online. In the blanks provided, write the user name of the person that answers each question.

econo34:	¿Tienen 30 años? _____
ruso15:	Eres ingeniera, ¿no? _____
chico50:	No, tienen 30 años.
dto2mo2:	Eres suramericano, ¿no? _____
vjia46:	Es dentista tu padre, ¿no? _____
regular24:	Sí, soy ingeniero.
cafeconleche15:	No, tienen 35 años.
muchogusto16:	¿Es de la capital tu madre? _____
origen14:	No, soy ecuatoriano.
kpfk90:	No, es ingeniera.
porfavor10:	Sí, es de Ponce.
mellamo59:	No, no es dentista.
oye36:	Sí, soy ingeniera.
tengo22:	No, es dentista.
montedvd23:	Sí, es de San Juan.
chau77:	No, soy hondureño.

Actividad 30 **¿Toledo o Toledo?** Vicente and Juan Carlos are talking about their friends. Choose the correct responses to have a conversation with a partner.

Vicente	**Juan Carlos**
¿Quiénes son ellas?	a. Son Diana y Álvaro. b. Son Diana y Teresa. c. Es Diana.
Teresa es suramericana, ¿no?	a. No, no es de Puerto Rico. b. No, es de Puerto Rico. c. No. Él es de Puerto Rico.
Y Diana, ¿también es de Puerto Rico?	a. No, es de Toledo. b. No, no es de España. c. No es puertorriqueña.
¡Ah! Es española.	a. No, no es de los Estados Unidos. b. No es de Ohio. c. No, es de Toledo, Ohio.

¿Lo sabían?

Toledo, Spain, is famous for the quality of its steel. For centuries, handmade swords from Toledo have been considered to be among the finest in the world. They are frequently adorned with Damascene gold work. Toledo, Ohio, was named after the Spanish city.

¿? Can you name other cities in your country with Spanish names?

Actividad 31 **¿Y tus padres?** In pairs, interview your partner to find out the following information about his/her parents: **nombre, de dónde son, ocupación, edad.**

■■■ A: ¿Cómo se llaman tus padres?
B: Mis padres se llaman...
A: ¿Qué hacen?
B: ...

Actividad 32 **Vecinos en la residencia estudiantil** Assume a Hispanic name. In pairs, talk with other pairs and pretend you are with your roommate, meeting your new neighbors at the dorm. Get to know them by asking questions to elicit the following information: **nombre, de dónde son, edad.**

▪▪▪ A: ¡Hola! Somos sus vecinos. Yo me llamo...
　　 B: Y yo me llamo... Y Uds., ¿cómo se llaman?
　　 C: ...

Actividad 33 **¡Hola! Soy un estudiante nuevo** In pairs, imagine that one of you is a new student who has just transferred into the class. Ask your partner questions to learn about other students. Use questions such as: **¿Cómo se llaman ellos? ¿De dónde es él? ¿Quiénes son ellas?**

Actividad 34 **Preguntas y respuestas** In three minutes, use the question words you have learned (**cómo, cuál, cuántos, de dónde, qué, de qué, quién/es**) to write as many questions as you can about the characters you have met in this chapter (Teresa, Claudia, Juan Carlos, Vicente, Diana, Álvaro, and Marisel). You may also want to consult page 12. Then, in groups of four, quiz each other using the questions you have written.

▪▪▪ Remember: ¿...? and accents on question words.

Actividad 35 **¿De qué nacionalidad son?** Look at the following pictures and try to guess the nationalities of the people.

 Do Web Search Activities.

Más allá

La educación

The **Más allá** section of *Imágenes* provides an opportunity for you to think about how you might be able to use your knowledge of Spanish in the future. Teaching Spanish is probably the first job that comes to your mind. Did you know that in the United States . . .

- there is a national shortage of Spanish teachers?
- almost two thirds of all high school foreign language students take Spanish?

Did you also know that . . .

- there are more than 5,000,000 students with limited English proficiency (LEP) in the United States?
- LEP students have increased 100% in the last decade and the growth is expected to continue?
- nearly 50% of all school districts enroll LEP students?
- today's students speak over 400 languages?
- nearly one third of all LEP students get no assistance in the English language?
- the majority of LEP students are Spanish speaking (79%)?

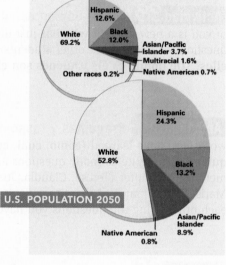

U.S. POPULATION 2000
- Hispanic 12.6%
- White 69.2%
- Black 12.0%
- Asian/Pacific Islander 3.7%
- Multiracial 1.6%
- Native American 0.7%
- Other races 0.2%

U.S. POPULATION 2050
- Hispanic 24.3%
- White 52.8%
- Black 13.2%
- Asian/Pacific Islander 8.9%
- Native American 0.8%

Latinos experience a high dropout rate. It is logical that if staff members speak Spanish and are familiar with Hispanic cultures, their relationship with both students and parents will be better, thus helping to lower dropout rates. For example, Lennox Middle School (Lennox, CA) requires that all of its staff speak Spanish. Lennox experiences high student achievement and a low dropout rate. Knowledge of Spanish can be used in many jobs in the field of education, from principals to librarians to counselors to teachers' aides, as well as by classroom teachers of the language itself. It is true that certain states have large Hispanic populations, but did you also know that states like Minnesota, Iowa, South Carolina, and Idaho are experiencing the largest percentage growth of limited English proficient students? As a result of the No Child Left Behind Act of 2001, an estimated 2–3.5 million new teachers will be needed during this decade, including qualified teachers of English language learners. Regardless of what area of education you may be considering, Spanish will be an asset for you and your future students.

¿? Were there any students with limited English proficiency in your high school? What programs were available to help them?

Incorporando la tecnología, el aprendizaje y los exámenes

LECTURA · ESCRITURA · MATEMÁTICAS · INGLÉS

This is part of a website of the ➤ company Bilingual Education Specialists that offers help for students wanting to pass standardized tests.

Vocabulario funcional

Los números del cero al cien *See page 15.*

Expresiones relacionadas con los números

el año	*year*
¿Cuál es tu número de teléfono?	*What is your telephone number?*
¿Cuántos años tienes?	*How old are you?*
¿Cuántos años tiene él/ella?	*How old is he/she?*
el pasaporte	*passport*
el teléfono	*telephone*
tener... años	*to be . . . years old*

El origen y las nacionalidades

¿Cuál es el origen de tu familia?	*What is the origin of your family?*
¿De dónde es él/ella?	*Where is he/she from?*
¿De qué nacionalidad eres/es?	*What is your/his/her nationality?*
ser de + *lugar*	*to be from* + place

africano/a	*African*
alemán/alemana	*German*
árabe	*Arab*
argentino/a	*Argentinean*
asiático/a	*Asian*
boliviano/a	*Bolivian*
brasileño/a	*Brazilian*
canadiense	*Canadian*
chileno/a	*Chilean*
colombiano/a	*Colombian*
costarricense	*Costa Rican*
cubano/a	*Cuban*
ecuatoriano/a	*Ecuadorian*
español/a	*Spanish*
europeo/a	*European*
francés/francesa	*French*
guatemalteco/a	*Guatemalan*
hondureño/a	*Honduran*
indio/a	*Indian*
inglés/inglesa	*English*
irlandés/irlandesa	*Irish*
mexicano/a	*Mexican*
nicaragüense	*Nicaraguan*
panameño/a	*Panamanian*
paraguayo/a	*Paraguayan*
peruano/a	*Peruvian*
portugués/portuguesa	*Portuguese*
puertorriqueño/a	*Puerto Rican*
salvadoreño/a	*Salvadoran*
uruguayo/a	*Uruguayan*
venezolano/a	*Venezuelan*

Pronombres personales (*Subject Pronouns*)

yo	*I*
tú	*you* (informal)
Ud. (usted)	*you* (formal)
él	*he*
ella	*she*
nosotros/nosotras	*we*
vosotros/vosotras (*Spain*)	*you* (plural informal)
Uds. (ustedes)	*you* (plural formal/informal)
ellos/ellas	*they*

Las ocupaciones

abogado/abogada	*lawyer*
actor/actriz	*actor*
agente de viajes	*travel agent*
ama de casa	*housewife*
camarero/camarera	*waiter/waitress*
cantante	*singer*
comerciante	*business owner*
dentista	*dentist*
deportista (profesional)	(*professional*) *athlete*
director/directora	*director*
doctor/doctora	*doctor*
economista	*economist*
escritor/escritora	*writer, author*
estudiante	*student*
hombre/mujer de negocios	*businessman/ businesswoman*
ingeniero/ingeniera	*engineer*
médico/médica	*doctor*
periodista	*journalist*
policía/(mujer) policía	*policeman/policewoman*
profesor/profesora	*teacher; professor*
programador/programadora de computadoras	*computer programmer*
recepcionista	*recepcionist*
secretario/secretaria	*secretary*
vendedor/vendedora	*store clerk*

La posesión

mi	*my*
tu	*your* (informal)
su	*his/her/your* (formal)

Las presentaciones

¿Cómo se llama él/ella?	*What's his/her name?*
Mucho gusto.	*Nice to meet you.*
el nombre	*first name*
el primer apellido	*first last name* (father's name)
el segundo apellido	*second last name* (mother's maiden name)
¿Quién es él/ella?	*Who's he/she?*
llamarse	*to be called*
ser	*to be*
tener	*to have*

Las personas (*People*)

el/la chico/a	*boy/girl*
la madre; la mamá	*mother; mom*
el padre; el papá	*father; dad*
los padres	*parents*

Palabras y expresiones útiles

la cafetería	*cafeteria/bar*
el colegio mayor (*Spain*); la residencia estudiantil	*dormitory*
¿Cómo?	*What?/What did you say?*
la dirección	*address*
entonces	*then* (when *then* means *therefore*)
más o menos	*more or less*
¿no?	*right?*
No hay de qué.	*Don't mention it./You're welcome.*
¡Oye!	*Hey!*
pero	*but*
¿qué?	*what?*
—¿Qué hace él/ella?	*"What does he/she do?"*
—Es...	*"He/She is a . . ."*
¿Qué hay?	*What's up?*
¿quién?/¿quiénes?	*who?*
sí	*yes*
también	*too, also*
todos	*all*
¿verdad?	*right?*
y	*and*

2 ¿Te gusta?

malayo 1,9
holandés 1,9
ruso 2,5
italiano 3,3
portugués 3,5
francés 3,8
coreano 4,1
alemán 7,3
español 9,0
japonés 9,6
árabe 1,4
polaco 1,3
inglés 35,8
chino 14,1

▲ Uso de Internet por idioma total
940.000.000 2005

▲ Mujer con computadora en Managua, Nicaragua.

Chapter Objectives

- Identifying some household objects and their owners
- Discussing your classes
- Talking about likes and dislikes
- Discussing future plans
- Expressing obligation
- Expressing possession

¿Qué saben?

1. ¿Qué porcentaje (%) de las personas que usan Internet hablan español?

2. En tu opinión, ¿el número de personas que usan Internet en países hispanos va a aumentar (*get bigger*) mucho en el futuro?

3. En Internet, si la dirección (*URL*) termina en **.edu,** significa que es de una universidad. ¿Qué significa si termina en **.es, .ar, .mx** y **.co**?

4. ¿La página web http://www.globalexchange.org/campaigns/ fairtrade tiene información sobre computadoras, café, universidades o música?

Para escuchar

¡Me gusta mucho!

¡Claro! ¡Claro que sí! ¡Por supuesto! }	Of course!
¿De veras?	Really?

Marisel is studying in her room. Teresa is taking a study break and comes to Marisel's room looking for something to drink and some conversation.

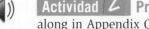 **Actividad 1** ¿Qué escuchas? While listening to the conversation, place a check mark next to the topics that you hear mentioned.

_____ computadoras   _____ calculadoras

_____ música salsa   _____ música rock

_____ té   _____ café

Actividad 2 Preguntas Listen to the conversation again while reading along in Appendix C, then answer the questions.

1. ¿Qué computadora tiene Marisel? ¿Y Teresa?
2. ¿Qué tipo de conexión a Internet tiene Teresa? ¿Y Marisel?
3. ¿Cómo le gusta el café a Teresa, solo o con leche?
4. ¿Qué tiene Marisel, CDs de salsa o de música pop?

Actividad 3 **¿Y tú?** In pairs, ask your partner the following questions.

1. ¿Qué computadora te gusta?
2. ¿Tienes computadora? ¿Qué computadora tienes? ¿Tienes conexión a Internet por teléfono, por cable o por ADSL?
3. ¿Qué tipos de CDs tienes? ¿De rock? ¿De jazz? ¿De música clásica? ¿De música country? ¿De música rap?
4. ¿Te gusta el café? ¿Te gusta solo o con leche?

¿Lo sabían?

The United States is the largest consumer of coffee in the world. For many countries, including Mexico, Guatemala, Costa Rica, Honduras, Nicaragua, Colombia, Venezuela, and Ecuador, coffee plays a critical role in the economy and in some cases is a principal source for foreign exchange.

The Fair Trade Federation guarantees fair prices to Third World farmers and helps them to organize their own export cooperatives and sell their harvest directly to importers rather than middlemen who buy their goods at a fraction of the market price, thereby promoting a cycle of debt and poverty. By providing a channel for direct trade, fair prices, and access to credit, Fair Trade helps farming families to improve their nutrition and health care, keep their children in school, and reinvest in their farms. The Fair Trade label on a package indicates that these farmers earned a fair price. Coffee with this Fair Trade label is now available in stores and cafés nationwide, including Tully's, Safeway, and Starbucks.

Logo used by ➤ the Fair Trade Federation.

¿? Have you ever purchased Fair Trade coffee?

Actividad 4 **Las asignaturas** In the conversation, Marisels says "... **tengo una clase de arte moderno...**" Now, mingle with your classmates and find out what classes they have this semester. Some possible subjects are **arte, biología, economía, historia, inglés, literatura, matemáticas,** and **sociología.** Follow the model.

  ■■■ A: ¿Tienes historia?
       B: Sí, tengo historia. / No, no tengo historia. / No, pero tengo arte.

Actividad 5 **¡Claro!** In pairs, find out whether your partner has the following things. Follow the model.

  ■■■ A: ¿Tienes televisor?
       B: ¡Claro! / ¡Por supuesto! / ¡Claro que sí! / No, no tengo.

1. calculadora
2. equipo de música
3. reproductor de DVD
4. radio
5. guitarra
6. (teléfono) celular

Vocabulario esencial I

La habitación de Vicente

■■■ To learn vocabulary, think of the word **champú** when you are washing your hair, **jabón** when you wash your hands, etc. Say the words aloud. Remember: idle time = study time.

1. cepillo (de pelo)
2. toalla
3. silla
4. cámara (digital)
5. computadora
6. planta
7. escritorio
8. periódico
9. móvil/(teléfono) celular
10. guitarra
11. reloj
12. lámpara
13. equipo de música
14. cama
15. mochila

Artículos de higiene personal

el agua de colonia   cologne
el cepillo de dientes   toothbrush
el champú   shampoo
la crema de afeitar   shaving cream
el jabón   soap

el kleenex   Kleenex, tissue
la máquina de afeitar   electric razor
la pasta de dientes   toothpaste
el peine   comb
el perfume   perfume

■■■ **La computadora/el computador/el ordenador,** and **el vídeo/el video** are all accepted in Spanish.

■■■ **La radio** = *radio broadcast, radio station*. In some countries, **el radio** is used. **El/La radio** = *radio (appliance)*.

To practice:
Do Workbook, CD-ROM, and Web activities.

Otras cosas

la calculadora   calculator
el diccionario   dictionary
el disco compacto/CD   compact disc; compact disc player
el DVD; el reproductor de DVD   DVD; DVD player
el MP3; el (reproductor de) MP3   MP3; MP3 player

la mesa   table
la novela   novel
el/la radio   radio
la revista   magazine
el sofá   sofa, couch
el televisor   television set
el video   VCR; videocassette

Actividad 6 **Asociaciones** Associate the following names with objects.

■■■ Pert Plus = champú

1. Panasonic
2. Colgate
3. Nikon
4. Memorex
5. *Time, Newsweek*

6. Gillette
7. Dial
8. Chanel Número 5
9. Gabriel García Márquez
10. Timex

Actividad 7 **Categorías** List as many items as you can that fit these categories: **cosas para leer** (*read*), **cosas que usan electricidad, cosas en un baño.**

Actividad 8 **La habitación de Vicente** In pairs, quiz each other by looking at the drawing of Vicente's room on page 40. Follow the model.

■■■ A: ¿Tiene video?
B: Sí, tiene. / No, no tiene.

■■■ When using **tener** to state what people have, you do not usually use the articles **(el, la, los, or las).**

Actividad 9 **¿Qué tienes en tu habitación?** **Parte A.** Make a list of items that you have in your room.

Parte B. In pairs, ask your partner what he/she has in his/her room. Be prepared to report back to the class. Follow the model.

■■■ A: ¿Tienes equipo de música?
B: Sí, tengo equipo de música. / No, no tengo equipo de música.

Actividad 10 **Las habitaciones de los estudiantes** In pairs, "A" covers the drawing of Vicente and Juan Carlos's room, and "B" covers the drawing of Marisel and Diana's room. Then, find out what each pair of roommates has in the room by asking your partner questions. Follow the model.

■■■ A: ¿Tienen reproductor de DVD Vicente y Juan Carlos?
B: No, no tienen reproductor.

La habitación de Marisel y Diana

La habitación de Vicente y Juan Carlos

Gramática para la comunicación I

I. Using Correct Gender and Number

All nouns in Spanish are either masculine or feminine (gender/**género**) and singular or plural (number/**número**). For example: **libro** is masculine, singular and **novelas** is feminine, plural. Generally, when nouns refer to males, they are masculine (**ingeniero**) and when they refer to females, they are feminine (**ingeniera**). The definite and indefinite articles (*the,* and *a/an/some*) agree in gender and number with the noun they modify.

■■■ Definite article = *the*
■■■ Indefinite article = *a/an, some*

Definite Article/Artículo definido		
	Singular	Plural
Masculine	el	los
Feminine	la	las

Indefinite Article/Artículo indefinido		
	Singular	Plural
Masculine	un	unos
Feminine	una	unas

■■■ Nouns have gender in many languages. Even in English we refer to a friend's new car, saying, "She runs really well."

A. Gender

1 ■ Nouns ending in the letters **-l, -o, -n,** or **-r** are usually masculine.

el pape**l**   el jabó**n**
el cepill**o**   el televiso**r**

Common exceptions include **la mano** (*hand*), **la foto** (from **fotografía**), and **la moto** (from **motocicleta**).

2 ■ Nouns that end in **-e** are often masculine (**el cine, el baile, el pie**), but there are some high-frequency words ending in **-e** that are feminine: **la tarde, la noche, la clase, la gente, la parte.**

3 ▪ Nouns ending in **-a, -ad, -ción,** and **-sión** are usually feminine.

la novel**a**   la composi**ción**
la universi**dad**   la televi**sión**

Common exceptions include:

▪ ▪ ▪ You buy **un televisor**, but you watch **la televisión.**

▪ Words that come from Greek such as **el día** and those ending in **-ma** and **-ta,** such as **el problema, el programa,** and **el planeta,** are masculine and take masculine articles.

▪ Most feminine words that begin with a stressed **a** sound take the article **el.** For example: **el agua, el ama de casa,** and **el aula** (*classroom*).

4 ▪ Most nouns ending in **-e** or **-ista** that refer to people can be masculine or feminine in gender. Context or modifiers such as articles generally help you determine whether the word refers to a male or female.

el estudiant**e**   la estudiant**e**
el pian**ista**   la pian**ista**
el art**ista**   la art**ista**

El pianista es John. / La pianista es Mary.

NOTE: The definite article is used with titles, such as **Sr., Sra., Srta., Dr., profesora,** etc., except when speaking directly to the person:

La Sra. Ramírez es de Santo Domingo.
BUT: **¿De dónde es Ud., Sr. Leyva?**

B. Number: Plural Formation

1 ▪ Nouns ending in a vowel generally add **-s.**

| el equipo | **los** equipo**s** | el presidente | **los** presidente**s** |
| de música | de música | la revista | **las** revista**s** |

2 ▪ Nouns ending in a consonant add **-es.**

el profesor	**los** profesor**es**	el examen	**los** exámen**es**
la mujer	**las** mujer**es**	la nación	**las** nacion**es**
la ciudad	**las** ciudad**es**		

▪ ▪ ▪ To review accent rules, see Appendix B.

3 ▪ Nouns ending in **-z** change **z** to **c** and add **-es.**

el lápiz   **los** lápi**ces**

Actividad // La revista Complete the following headlines from a magazine with **el, la, los,** or **las.**

____ comunidad global: los factores más esenciales

____ hoteles colombianos de la costa: ____ solución más económica para ____ turistas

Atlantis: ____ ciudad misteriosa en ____ agua

Astrología: ____ mapa biológico y psicológico del presidente

Carmen de la Vega: ____ artista ____ más popular

____ problema más importante de ____ Universidad Complutense: ____ clase del profesor Maldonado

Crisis en ____ Naciones Unidas

____ escándalos de ____ televisión

Actividad 12 Asociaciones Parte A. Decide if the following words use **el, la, los,** or **las.**

■ ■ ■ *paper* (as in notebook paper) = **papel**

a term paper = **un trabajo/una monografía**

actriz	diccionario	novela	problema
cámara	directores	papel	revista
candidatos	DVDs	periodista	senadoras
clase	estudiante	planetas	televisión
composición	foto	presidente	universidad

Parte B. Now group the words according to the following categories: **la educación, Hollywood, la política.** Some of them may belong to more than one category.

II. Expressing Likes and Dislikes (Part I): *Gustar*

■ ■ ■

1 ■ To talk about your likes and dislikes as well as those of others, you need to use the construction **(no) me gusta/n** + *article* + *noun.* The noun that follows the verb **gustar** determines whether you use **gusta** (singular) or **gustan** (plural).

me gusta/gustan + *article* + *noun*
Me gusta (el libro.)   (The book) **is** pleasing to me. (*I like the book.*)
Me gustan (los libros.)   (The books) **are** pleasing to me. (*I like the books.*)

2 ■ To talk about the likes and dislikes of others, you need to change only the beginning of the sentence.

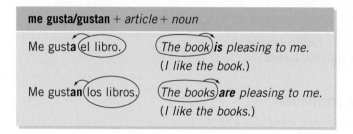

3 ■ The words in parentheses in the preceding chart are optional; they are used for emphasis or clarification. When using **le gusta** or **les gusta,** clarification is especially important because **le** or **les** can refer to several different people.

(A Pablo) le gusta el café de Colombia, pero **(a Alberto y a Ana) les** gusta el café de Costa Rica.
¿**(A ella) le** gusta el té Lipton?

NOTE: A la Sra. Ferrer **le** gusta el café guatemalteco. BUT: Al Sr. Ferrer **le** gusta el café colombiano. **(a + el = al)**

Actividad 13 **Los gustos** **Parte A.** In preparation to talk about what you and other people like, complete each of the following phrases with an appropriate word.

A mí _____   _____ ellos _____

A _____ te   A _____ me

A Juan _____   A _____ les

A la Srta. Gómez _____ _____ Sr. García le

_____ Marta _____   A Uds. _____

A _____ le   A Marcos y _____ Ana _____

A nosotros _____   A Marcos y a mí _____

Parte B. Now complete each of these phrases with the word **gusta** or **gustan** and **el, la, los, las** when necessary.

_____ _____ universidad

_____ _____ plantas

_____ _____ perfumes de Francia

_____ _____ pasta de dientes Crest

_____ _____ clase de español

_____ _____ Alex Rodríguez

_____ _____ discos compactos

_____ _____ DVDs de Julia Roberts

_____ _____ novelas de Octavio Paz

_____ _____ música clásica

_____ _____ San Juan

Parte C. Now, form sentences by combining a phrase from **Parte A** with one from **Parte B** to describe what you and others like.

◄ Alex Rodríguez, jugador de béisbol, es dominicano.

Actividad 14 Tus gustos In pairs, find out your partner's preferences and jot down his/her answers. Remember to include the article when necessary. Follow the model.

> ■■■ A: ¿Te gustan más los Yankees o los Dodgers?
> B: ...

1. _____ revistas o _____ libros
2. _____ perfume o _____ agua de colonia
3. _____ televisión o _____ radio
4. _____ Alex Rodríguez o _____ Pedro Martínez
5. _____ novelas de Stephen King o _____ novelas de Agatha Christie
6. _____ DVDs de terror o _____ DVDs románticos
7. _____ música pop o _____ música rock
8. _____ conciertos de rock o _____ conciertos de música clásica
9. _____ fotos digitales o _____ fotos no digitales

Actividad 15 Compatibles Keeping in mind the responses given by your partner in **Actividad 14**, interview a second person to see whether he/she is compatible with your partner. Be prepared to report your findings to the class. Remember to use definite articles when necessary. Use sentences such as the following:

> ■■■ Ellos son compatibles porque les gusta la televisión.
> Ellos no son compatibles porque a él le gustan los libros y a ella le gustan las revistas.

III. Expressing Possession

A. The Preposition *de*

In this chapter, you have been using the verb **tener** to express possession: **Tengo radio. Alberto tiene televisor y DVDs.** Another way to express possession is with the preposition **de,** which is the equivalent of the English *'s:*

El equipo de música **de** Alfredo

Alfredo's stereo

—¿**De** quién es el equipo de música? *Whose stereo is it?*
—El equipo de música es **de** Alfredo. *The stereo is Alfredo's.*
—Y ¿**de** quién son las revistas? *Whose magazines are they?*
—Son **de** Marta. *They are Marta's.*
—¿Los DVDs **de** la chica son de Japón? *Are the girl's DVDs from Japan?*
—Sí, pero el televisor es **de** la Sra. Lerma. *Yes, but the television is Mrs. Lerma's.*

BUT: El televisor es **del** Sr. Lerma. **(de + el = del)**

NOTE: If you expect the items to be owned by two or more people, use **de quiénes.** Compare these questions and probable responses.

—¿**De quién** son las revistas? —¿**De quiénes** son las mochilas?
 (*expected response = singular*)   (*expected response = plural*)
—Son de **Ramón.** —Son de **Ramón y Carlos.**

B. Possessive Adjectives

You can also express possession by using possessive adjectives (**adjetivos posesivos**); for example, *her, their, our,* etc., in English. In Spanish, **mi, tu,** and **su** agree in number with the thing or things possessed; **nuestro** and **vuestro** agree in gender and number with the thing or things possessed.

Possessive Adjectives			
mi/s	my	**nuestro/a/os/as**	our
tu/s	your (*informal*)	**vuestro/a/os/as**	your (*informal/Spain*)
su/s	{ your (*formal*) his, her	**su/s**	{ your (*in/formal*) their

—¿Son los CDs de Mario?
—¿De quiénes son las guitarras?
—¿Es el televisor de Ana y Luis?

—No, no son **sus CDs,** son **mis CDs.**
—Son **nuestras guitarras.**
—Sí, es **su televisor.**

In the sentence **Es su computadora,** who can **su** refer to? If you said *his, her, your (madam), your (sir), their, your (plural),* you were correct. Because **su** and **sus** can be ambiguous, it is common to ask questions to clarify the meaning. Notice how a clarification is requested and given in the following conversation:

A: ¿De quién es la computadora?

B: Es su computadora. (*Person A points to someone in a crowd, but it isn't clear to Person B to whom Person A is pointing.*)

A: ¿Es de Sonia? (*Person B thinks Person A may have pointed to Sonia, but isn't sure.*)

B: No, es de Mario.

To practice:
Do Workbook, CD-ROM, and Web activities.

Actividad /6 Las preferencias Juan Carlos and Vicente are roommates. Read about their preferences and decide what items belong to whom.

A Juan Carlos le gusta mucho la música y a Vicente le gustan los libros. Entonces, ¿de quién son estas cosas?

▪■■ libro de Hemingway

El libro de Hemingway es de Vicente porque a él le gustan los libros.

1. guitarra
2. diccionario
3. revistas
4. MP3
5. novelas de James Michener
6. discos compactos
7. equipo de música
8. periódicos

■■■ Have you read any books by Hemingway or Michener about Hispanic countries?

Actividad 17 **Los artículos del baño** Some of the women at the dorm have left things lying about in the bathroom. In pairs, "A" covers the information in Box B and "B" covers the information in Box A. Ask your partner questions to find out who owns some of the items in the bathroom. Follow the model.

■■■ A: ¿De quién es la pasta de dientes?
B: Es de...

B: ¿De quiénes son los jabones?
A: Son de...

A

You know who owns:
jabones – Claudia y Teresa
toalla – Diana
champú – Marisel
cepillos de dientes – Diana,
  Marisel, Teresa y Claudia

Find out who owns:
los kleenex, la pasta de dientes,
los peines, el perfume

B

You know who owns:
kleenex – Claudia
peines – Teresa y Diana
pasta de dientes – Marisel
perfume – Marisel

Find out who owns:
los jabones, el champú, la
toalla, los cepillos de dientes

Actividad 18 **Nuestra música favorita** In pairs, compare what young kids like and what you like in the following categories. Follow the model.

■■■ Remember that **programa** is masculine.

■■■ Sus programas favoritos son..., pero nuestros programas favoritos son...

música favorita
programas favoritos
películas (*movies*) favoritas

libros favoritos
pasta de dientes favorita
revista favorita

Actividad 19 **Tu compañero/a de habitación ideal** **Parte A.** Write answers to the following questions to describe your ideal roommate.

1. ¿Qué le gusta a tu compañero/a de habitación ideal? (un mínimo de dos cosas)
2. ¿Qué tiene tu compañero/a de habitación ideal? (un mínimo de dos cosas)

Parte B. In groups of three compare your answers. Begin as follows:

A mi compañero/a ideal le...; tiene televisor y...

Parte C. Individually, write a few sentences to summarize what your partners and you said in **Parte B.** Follow the examples.

A nuestro/a compañero/a ideal le... y tiene..., pero al compañero ideal de Matt le...
A mi compañero ideal le..., pero al compañero ideal de Matt y de Alissa le...

Nuevos horizontes

Lectura ESTRATEGIA: **Identifying Cognates**

You may already know more Spanish than you think. Many Spanish words, although pronounced differently, are similar in spelling and meaning to English words, for example: **capital** (*capital*) and **instrucciones** (*instructions*). These words are called cognates **(cognados)**. Your ability to recognize them will help you understand Spanish.

Some tips that may help you recognize cognates are:

English	Spanish Equivalent	Example
ph	f	**f**otogra**f**ía
s + *consonant*	es + *consonant*	**esp**ecial
-ade	-ada	limon**ada**
-ant	-ante	inst**ante**
-cy	-cia	infan**cia**
-ty	-ad	universid**ad**
-ic	-ica/-ico	mús**ica**, públ**ico**
-tion	-ción	informa**ción**
-ion	-ión	relig**ión**
-ist	-ista	art**ista**

Other cognates include many words written with one consonant in Spanish but two in English. Can you identify these words in English: **imposible, oficina, música clásica?** You will get to apply your new knowledge of cognates in the next few activities.

■ ■ ■ Other false cognates: **fútbol** (*soccer*), **lectura** (*reading*), **actual** (*current; present*), **carpeta** (*folder*), **idioma** (*language*).

¡OJO! (*Watch out!*) There are some words in Spanish and English that have similar forms but very different meanings. Context will usually help you determine whether the word is a cognate or a false cognate **(cognado falso).** Look at the following examples.

María está muy contenta porque el médico dice que está **embarazada.**

*María is very happy because the doctor says she is **pregnant**.*

Necesito ir a la **librería** para comprar los libros del semestre.

*I need to go to the **bookstore** to buy books for the semester.*

Actividad 20 **Correo electrónico** Look at the *Gmail* site. Use your knowledge of cognates and of email in general to answer the questions that follow.

1. How do you think you say *inbox* in Spanish?
2. You want to hear some music tonight. Which email do you open?
3. What do you click on to get your email address list?
4. What would you click on to configure your preferences such as adding a signature, what name appears when you send an email?
5. What do you think **buscar** means?
6. You are concerned with Internet privacy; what do you click on?
7. What would you click on to get to the Google Home Page?

Actividad 21 **Yahoo! México** Look at a portion of the Mexican *Yahoo!* home page and answer the following questions. Use your knowledge of cognates as well as your background knowledge about the Internet and visual clues to determine meaning.

1. Look at the top line. What do you think the words **Juegos** and **Compras** mean?
2. What do you think the word **Imágenes** means above the empty rectangle?
3. In the four column list, what would you click on to get stock quotes? to check the weather forecast? to check your horoscope? to send an e-card?
4. In the shaded list on the right, what do you think the heading **Noticias** means?
5. What would you click on to download a new ringtone for your phone?
6. What type of information would you write in the empty box after the word **Encontrar** and what cities could you select after the word **Ciudad?**

Escritura ESTRATEGIA: **Connecting Ideas**

When writing, it is important to make what you write interesting to the reader. A simple way to do this is to include information that expands on or explains more about a topic, thus giving your writing more depth. It is also important to connect your ideas so that your sentences sound natural. The following words will help make your sentences flow better:

por eso *that's why, because of, therefore*
pero *but*
también *also, as well, too*
y *and*

Actividad 22 Descripción **Parte A.** Complete the following paragraph, describing yourself.

Me llamo _____ y soy de _____.

Tengo _____ años y me gusta ____ _____; por eso

tengo _____ en mi habitación. También

me gustan ____ _____, pero no

tengo _____.

Parte B. Rewrite the preceding paragraph, describing another person in your class. Make all the necessary changes.

Parte C. Check both paragraphs to make sure that the verbs agree with their subjects. Also check to make sure that the meaning expressed by each sentence is logical. Make any necessary changes, staple all drafts together, and hand them in to your instructor.

Vocabulario esencial II

I. Acciones

1. beber (vino/cerveza/Coca-Cola)
2. hablar (con amigos)
3. cantar
4. tocar (la guitarra/el piano)
5. bailar (merengue/salsa/rock/tecno)
6. comer (sándwiches)
7. recibir (una llamada)
8. escuchar (música salsa/rock/jazz)

■■■ Do not use the verb **tocar** with sports. You will learn how to say *"to play a sport"* in Chapter 5.

■■■ Since **DVD, CD,** and **email** come directly from English, the plural in Spanish is **DVDs, CDs** and **emails.**

Otras acciones

alquilar (un DVD)   to rent (a DVD)
aprender (español, historia)   to learn (Spanish, history)
caminar   to walk
comprar (un reloj)   to buy (a watch)
correr   to run
escribir (una composición/un trabajo/un email)   to write
   (a composition/paper/email)
esquiar   to ski
estudiar (cálculo/psicología)   to study (calculus/psychology)
leer (novelas)   to read (novels)
llamar a (alguien)   to call (someone)
llevar   to carry, take along
llevar (perfume/agua de colonia)   to wear (perfume/cologne)
mirar (televisión/películas)   to look; to watch (television/movies)
mirar a (alguien)   to look at (someone)
nadar   to swim
navegar por Internet   to surf the Internet
regresar (a casa)   to return (home)
sacar buena/mala nota   to get a good/bad grade
sacar fotos   to take photos
tomar café   to have coffee

trabajar   to work
usar (computadora)   to use (a computer)
vender (algo)   to sell (something)
visitar (un lugar)   to visit (a place)
visitar a (alguien)   to visit (someone)
vivir en (un apartamento/un colegio mayor)   to live in (an apartment/a dorm)

Actividad 23 **Asociaciones** Associate the actions in the preceding lists with words that you know. For example: **leer—libro; nadar—Hawai; estudiar—estudiante.**

Actividad 24 **Las categorías** In pairs, categorize the actions in the preceding lists in the following categories: **la universidad, una fiesta, el ejercicio físico,** and **una oficina.**

Actividad 25 **¿Te gusta bailar?** In pairs, use the actions in the preceding lists to find out what activities your partner likes to do. Follow the model.

> ■■■ A: ¿Te gusta bailar merengue?
> B: Sí, me gusta bailar merengue. / No, no me gusta bailar merengue.

II. Los días de la semana *(The Days of the Week)*
■■■

Expresiones de tiempo *(Time Expressions)*

lunes 10	martes 11	miércoles 12	jueves 13	viernes 14	sábado 15	domingo 16
estudiar psicología	leer una novela	trabajar	escribir un trabajo	esquiar en Sierra Nevada	vender mi computadora por eBay	visitar a Paulina

■■■ Days of the week are not capitalized in Spanish.

el fin de semana   weekend
esta mañana/tarde/noche   this morning/afternoon/evening
hoy   today
el lunes/el sábado   Monday/Saturday; on Monday/on Saturday
los lunes/los sábados   on Mondays/on Saturdays
mañana   tomorrow
por la mañana/tarde/noche   in the morning/afternoon/evening
la semana que viene   next week
tarde   late
temprano   early

To practice:
Do Workbook, CD-ROM, and Web activities.

Actividad 26 **¿Cuándo?** In pairs, alternate asking and answering the following questions.

1. ¿Tienes más clases esta tarde? ¿Esta noche? ¿Mañana?
2. ¿Cuándo es la prueba (*quiz*) del capítulo 2 en la clase de español?
3. ¿En esta universidad tenemos exámenes finales los sábados? ¿Tenemos clase el miércoles antes del día de Acción de Gracias (*Thanksgiving*)?
4. ¿Te gusta estudiar temprano por la mañana, por la tarde o tarde por la noche?
5. ¿Cuándo es tu programa de televisión favorito y cómo se llama?
6. ¿Cuándo es el próximo partido (*game*) de fútbol americano o de basquetbol de la universidad?
7. ¿Cuándo les gusta alquilar DVDs a ti y a tus amigos?
8. ¿Cuándo vas tú a fiestas?

¿Lo sabían?

In the United States, Friday the 13th evokes feelings of anxiety in some people. In Hispanic countries, bad luck is associated with Tuesday the 13th. That is why the movie *Friday the 13th* was translated into Spanish as *Martes 13*.

There is a saying in Spanish that refers to Tuesday as being the day of bad luck: **"Martes, ni te cases, ni te embarques, ni de tu casa te apartes"**. (*On Tuesdays, don't get married, don't take a trip, and don't leave your home.*)

NOVIEMBRE						
l	m	m	j	v	s	d
			1	2	3	4
5	6	7	8	9	10	11
12	13	14	15	16	17	18
19	20	21	22	23	24	25
26	27	28	29	30		

¿? What other things are considered bad luck in your culture?

Actividad 27 **Tu horario de clases** In pairs, take turns telling your partner your class schedule. Fill in the chart with your partner's schedule. Follow the model.

■■■ Los lunes por la mañana tengo clase de…; por la tarde…

	lunes	*martes*	*miércoles*	*jueves*	*viernes*
Mañana					
Tarde					
Noche					

Para escuchar

¡Planes para una fiesta de bienvenida!

Vale./O.K.	O.K.
No importa.	It doesn't matter.

■■■ **Vale** is only used in Spain.

Marisel has decided to have a welcoming party for her new friend Teresa. She and Álvaro are now discussing some of the arrangements for a party at the dorm.

Actividad 28 Cosas para la fiesta While listening to the conversation, complete the email that Álvaro is sending some friends by matching the items with the people who are going to take them to the party. When you are finished, report to the class who is taking what, using **(Álvaro) va a llevar...**

a. la tortilla de patatas
b. los ingredientes
   para la sangría
c. la guitarra
d. la Coca-Cola
e. las papas fritas
f. los CDs

¡Fiesta!

Mañana a las 10 de la noche Marisel va a hacer una fiesta. Éstas son las cosas que va a llevar cada persona:

yo:	_____
Marisel:	_____
Juan Carlos:	_____
Claudia:	_____ y _____
Vicente:	_____

Un abrazo,

Álvaro

Actividad 29 Preguntas Listen to the conversation again. Then, in groups of four, answer the following questions based on the conversation and common knowledge.

1. ¿Cómo se dice *potato* en España? ¿Y en Hispanoamérica?
2. ¿Tiene alcohol la sangría?
3. ¿Cuál es el ingrediente principal de la sangría?
4. ¿Cuándo es la fiesta de Marisel y Álvaro? En general, ¿qué día de la semana son las fiestas de Uds.?

Actividad 30 La ópera The following is a conversation between Teresa and Vicente about opera. Arrange the lines in logical order, from 1 to 13. The first two have already been done for you. When you finish, act out the conversation aloud with a partner.

_____ Me gustan los dos. Tengo tres CDs de Carreras y ahora voy a comprar un CD de Domingo.

_____ Voy a comprar un disco compacto de ópera.

__1__ ¿Qué hay?

_____ El sábado.

_____ De Plácido Domingo. ¿Te gusta?

_____ Sí, pero a mí me gusta más José Carreras. ¿Y a ti?

__2__ ¡Ah! Vicente. ¿Qué vas a hacer hoy?

_____ Oye, ¿vas a mirar el recital de Monserrat Caballé en la televisión?

_____ No importa, pues yo sí.

_____ ¿De quién?

_____ ¿Cuándo es?

_____ Yo también tengo CDs de Carreras.

_____ No tengo televisor.

¿Lo sabían?

Plácido Domingo, Montserrat Caballé, and José Carreras are three world-renowned Spanish opera stars. Plácido Domingo, a tenor, also sings popular music. He has been living in Mexico since 1950. Montserrat Caballé is well known for the purity of her soprano voice. She became popular in the United States after singing in Carnegie Hall in 1965, and she has also sung with Freddie Mercury from the band Queen. José Carreras was a rising opera star when he was struck with leukemia. Luckily, his illness is in remission, and he has founded the José Carreras International Leukemia Foundation with branches in Spain, the United States, Switzerland, and Germany. He continues to appear in theaters throughout the world.

¿? Do you like opera? What other internationally known opera singers do you know?

▲ Freddie Mercury y Montserrat Caballé cantan *Barcelona*.

Gramática para la comunicación II

I. Expressing Likes and Dislikes (Part II): *Gustar*

■■■

As you have learned, the verb **gustar** may be followed by *article + noun*. It may also be followed by another verb in the infinitive form. An infinitive is the base form of a verb and it ends in **-ar** (**bail*ar*** – *to dance*), **-er** (**com*er*** – *to eat*), or **-ir** (**viv*ir*** – *to live*).

A Jesús y a Ramón no les gust**a el jazz.**	*Jesús and Ramón don't like jazz.*
Al Sr. Moreno le gust**an los CDs** de jazz.	*Mr. Moreno likes jazz CDs.*
¿Qué te gust**a** hac**er?**	*What do you like to do?*
A Juan le gust**a** esqui**ar.**	*Juan likes to ski.*
Nos gust**a** bail**ar** y cant**ar.***	*We like to dance and sing.*

***NOTE:** Use the singular **gusta** with one or more infinitives.

Actividad 31 La gente famosa Say what the following people like to do.

■■■ A Savion Glover le gusta bailar.

Drew Barrymore	vender ropa
Bill Gates	hablar con Cameron Díaz
Carlos Santana y Melissa Etheridge	navegar por Internet
Marc Anthony	bailar
Penélope Cruz	cantar y bailar salsa
Savion Glover	tocar la guitarra
Sean Combs y Donatella Versace	viajar con Salma Hayek

Actividad 32 Las preferencias In groups of four, find out which of the following things the members of your group prefer. Have one person take notes (place the initials of those who say "yes" next to each item in the list) and report the results back to the class. Follow the model.

■■■ A: ¿Te gusta escuchar salsa?
B: Sí/No…

(*To report results*) A ellos les gusta escuchar salsa y a nosotros nos gusta escuchar música folklórica.

_____	1. bailar	_____	8. recibir emails
_____	2. beber Pepsi	_____	9. esquiar
_____	3. tocar la guitarra	_____	10. estudiar
_____	4. navegar por Internet	_____	11. los DVDs de películas de acción
_____	5. cantar	_____	12. leer novelas
_____	6. correr	_____	13. nadar
_____	7. la música clásica	_____	14. vivir en la universidad

II. Expressing Obligation and Making Plans:
Tener que and *ir a*

A. Expressing Obligation: *Tener que*

To express obligation, use a form of the verb **tener** + **que** + *infinitive*.

Tengo que estudi**ar** mañana.	*I have to study tomorrow.*
Tenemos que compr**ar** vino.	*We have to buy wine.*
¿Qué **tiene que** hac**er** él?	*What does he have to do?*
¿Cuándo **tienes que** escrib**ir** el trabajo?	*When do you have to write the paper?*

B. Making Plans: *Ir a*

In the conversation where the friends are planning a party, Álvaro says, "**¿Quién va a comprar los ingredientes para mañana?**" Is he referring to a past, present, or future action? If you said future, you were correct. To express future plans, use a form of the verb **ir** + **a** + *infinitive*.

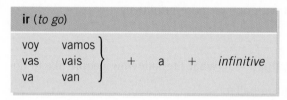

ir (*to go*)

voy	vamos
vas	vais
va	van

+ a + *infinitive*

Voy a esqui**ar** mañana.	*I'm going to ski tomorrow.*
Juan **va a** estudi**ar** hoy.	*Juan is going to study today.*
Ellos **van a** nad**ar** el sábado.	*They're going to swim on Saturday.*
¿Qué **van a** hac**er** Uds.?	*What are you going to do?*

To practice:
Do Workbook, Lab, CD-ROM, and Web activities.

Actividad 33 El fin de semana This is a list of Álvaro's activities for this weekend. Say what activities he has to do and what activities he is going to do.

■■■ Álvaro tiene que… y él va a…

escuchar música
escribir un trabajo
esquiar
leer una novela para la clase de literatura
vender su guitarra por eBay
caminar a clase

estudiar para un examen de cálculo
trabajar
ir a una fiesta
comer con Vicente
hablar con su profesor de inglés
sacar fotos en la fiesta

Actividad 34 ¿Qué tienes que hacer? **Parte A.** Look at the list below and write E.N. **(esta noche)** in the blanks before the items that you have to do tonight and write E.S. **(el sábado)** next to those that you are going to do on Saturday.

_____ escribir una composición

_____ bailar

_____ leer el libro de _____ (clase)

_____ escuchar música

_____ nadar

_____ hablar con mi madre

_____ mirar una película

_____ trabajar

_____ comer en un restaurante

_____ alquilar un DVD

_____ hablar con mis amigos

_____ aprender de memoria vocabulario para la clase de español

Parte B. In groups of three, find out what the others have to do tonight and what they are going to do on Saturday. Ask questions like: **¿Qué tienes que hacer esta noche? ¿Qué vas a hacer el sábado?**

Parte C. Write a few sentences about what people in your group are planning on doing and report back to the class. For example: **Zach y Jessica tienen que trabajar esta noche, pero el sábado él va a nadar y ella va a mirar una película. Yo…**

Actividad 35 **La agenda de Claudia** Look at Claudia's calendar for the week and form as many questions as you can about her activities. Then ask your classmates questions from your list.

¿Cuándo van a… Claudia y Juan Carlos?
Va a… el miércoles por la tarde, ¿no?
¿Tiene que… el fin de semana?
¿Qué tiene que hacer el…?

octubre		actividades
lunes	5	nadar, escribir una composición, comer con Álvaro
martes	6	comprar pasta de dientes, leer la lección 4 para historia
miércoles	7	3 p. m. ir a la universidad, 8 p. m. aprender karate (¡primera clase!)
jueves	8	escribir un email, estudiar para el examen de literatura
viernes	9	correr, comprar papas fritas y Coca-Cola, 4 p. m. llamar a Juan Carlos
sábado	10	10 p. m. ir a la fiesta, llevar las papas fritas y la Coca-Cola
domingo	11	11 a. m. ir a Toledo con Diana, visitar la catedral

Actividad 36 **Tu futuro** Make a list of five things that you *have* to do next week and five things that you *are going* to do with your friends for fun. Then, in pairs, compare your lists to see whether you are going to do similar things. Here are some topics you may want to talk about.

concierto   teatro   examen   fiesta   dentista   película   trabajo

Actividad 37 **¡Hola! Me llamo…** **Parte A.** Read this paragraph and be prepared to answer questions.

Hola. Soy Álvaro Gómez, de Córdoba, una ciudad del sur de España que tiene muchos turistas. Me gusta mucho Córdoba, pero ahora tengo que estudiar en Madrid. Voy a ser abogado.

Parte B. Now read the following paragraph. Your instructor will then read it to you with some changes. Be ready to correct him/her when the information is not accurate.

¿Qué hay? Me llamo Diana Miller. Mis padres son norteamericanos. Mi padre es de Toledo, Ohio y mi madre es de Los Ángeles, pero su familia es de origen mexicano. En los Estados Unidos estudio español en la universidad y en España soy estudiante de literatura española y profesora; tengo que enseñar inglés porque no tengo mucho dinero.

 Do Web Search activities.

➤ Patio con muchas flores (*flowers*) en Córdoba, España.

▼ *Read Between the Lines* es un mural en East Los Ángeles del artista David Botello.

Más allá

Internet

The Internet as a means of disseminating information, marketing products, selling goods, and staying in touch with loved ones is growing in importance in the Spanish-speaking world as more and more people go online every day. Webmasters, web page designers, translators, and Internet consultants with knowledge of other languages and cultures are in high demand. Just as Internet use is reaching a plateau in the U.S., numbers are growing in other parts of the world.

Hispanic Online Users in U.S. Exceed Total Online Population of Many Major Spanish-Speaking Nations

Fuente: Comscore.com

AMERICA	Population (2005 Est.)	Internet Users, Latest Data	Use Growth (2000–2005)	Penetration (% Population)
INTERNET USERS AND POPULATION STATS FOR AMERICA				
Central America	142,671,074	14,984,100	365.7 %	10.5 %
South America	365,389,570	38,480,557	169.2 %	10.5 %
The Caribbean	38,856,548	2,760,300	393.4 %	7.1 %
SUB-TOTAL	546,917,192	56,224,957	211.2 %	10.3 %
North America	328,387,059	221,437,647	104.9 %	67.4 %
TOTAL AMERICA	875,304,251	277,662,604	120.1 %	31.7 %

NOTE: Data for Mexico, although it forms part of North America, is included with Central America. Fuente: InternetWorldStats.com.

- Brazil, Mexico, and Argentina account for 80% of Internet users in Latin America.

- Latin American e-commerce buyers tend to be young and university educated.

- In a three-year period from 2001 to 2004, English fell from 57% to 35.2% while Spanish rose from 6% to 9% of the total worldwide online language population.

- Only Spain and Mexico have more users that access the Internet in Spanish than the United States.

- Websites such as CNN and ESPN offer pages in Spanish. Yahoo, MSN, and AOL have Spanish-language portals. And companies like Verizon, T-Mobile, Nextel, and AT&T sell their products on the Web in both English and Spanish.

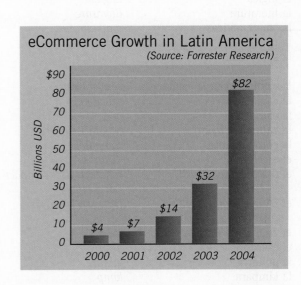

eCommerce Growth in Latin America
(Source: Forrester Research)

"My parents spoke Spanish in their jobs in health care and education in the USA. Because of my parents' work, I also traveled abroad in countries where Japanese, Chinese, Yoruba, and Spanish were spoken. In college, I studied German and Cantonese. After college, I joined the military as a linguist and studied Russian at the Defense Language Institute. I am now employed by Yahoo! in a position where I use my knowledge of languages and cultures every day."
—*Arthine Cossey van Duyne,*
Senior Producer for International Properties at Yahoo!

¿? Look at the chart on page 61 and compare the percentage of the population that is using the Internet in Hispanic countries versus the population in the United States. Taking into consideration this information and the data in the second chart, what do you predict for Latin American e-commerce in the future? What are the implications for international commerce and for your future employment opportunities?

Vocabulario funcional

Las asignaturas (*Subjects*)

el arte	*art*
la biología	*biology*
el cálculo	*calculus*
la economía	*economics*
la historia	*history*
el inglés	*English*
la literatura	*literature*
las matemáticas	*mathematics*
la psicología	*psychology*
la sociología	*sociology*

Los artículos de la habitación (*Bedroom items*)

la calculadora	*calculator*
la cama	*bed*
la cámara (digital)	*(digital) camera*
la computadora	*computer*
el diccionario	*dictionary*
el disco compacto/CD	*compact disc; compact disc player*
el DVD; el reproductor de DVD	*DVD; DVD player*
el equipo de música	*stereo*
el escritorio	*desk*
la guitarra	*guitar*
la lámpara	*lamp*
la mesa	*table*
la mochila	*backpack*

el móvil/(teléfono) celular	*cellular/mobile phone*
el MP3; el (reproductor de) MP3	*MP3; MP3 player*
la novela	*novel*
el periódico	*newspaper*
la planta	*plant*
el/la radio	*radio*
el reloj	*clock; watch*
la revista	*magazine*
la silla	*chair*
el sofá	*sofa, couch*
el televisor	*television set*
el video	*VCR; videocassette*

Artículos de higiene personal

el agua de colonia	*cologne*
el cepillo de dientes	*toothbrush*
el cepillo (de pelo)	*hairbrush*
el champú	*shampoo*
la crema de afeitar	*shaving cream*
el jabón	*soap*
el kleenex	*Kleenex, tissue*
la máquina de afeitar	*electric razor*
la pasta de dientes	*toothpaste*
el peine	*comb*
el perfume	*perfume*
la toalla	*towel*

Los gustos (Likes)

gustar	*to like, be pleasing*
más	*more*

La posesión

¿De quién/es?	*Whose?*
tener	*to have*

Los adjetivos posesivos

mi/s	*my*
tu/s	*your (informal)*
su/s	*your (formal); his; her; their*
nuestro/a/os/as	*our*
vuestro/a/os/as	*your (informal/Spain)*
su/s	*your (informal/formal)*

Las acciones

alquilar	*to rent*
aprender	*to learn*
bailar (merengue/salsa/ rock/tecno)	*to dance (merengue/salsa/ rock/tecno)*
beber	*to drink*
caminar	*to walk*
cantar	*to sing*
comer	*to eat*
comprar	*to buy*
correr	*to run*
escribir (una composición/ un trabajo/un email)	*to write (a composition/ a paper/an email)*
escuchar (música salsa/ rock/jazz)	*to listen (to salsa music/rock/jazz)*
esquiar	*to ski*
estudiar	*to study*
hablar (con amigos)	*to talk (to friends)*
leer	*to read*
llamar a (alguien)	*to call (someone)*
llevar	*to carry, to take along; to wear*
mirar (televisión/películas)	*to look; to watch (television/movies)*
mirar a (alguien)	*to look at (someone)*
nadar	*to swim*
navegar por Internet	*to surf the net*
recibir (una llamada)	*to receive (a call)*
regresar (a casa)	*to return (home)*
sacar buena/mala nota	*to get a good/bad grade*
sacar fotos	*to take photos*
tocar (la guitarra/el piano)	*to play (the guitar/ the piano)*
tomar café	*to have coffee*
trabajar	*to work*
usar (computadora)	*to use (a computer)*
vender (algo)	*to sell (something)*
visitar (un lugar)	*to visit (a place)*
visitar a (alguien)	*to visit (someone)*
vivir en (un apartamento/ un colegio mayor)	*to live in (an apartment/ a dorm)*

Los días de la semana

el lunes	*Monday*
el martes	*Tuesday*
el miércoles	*Wednesday*
el jueves	*Thursday*
el viernes	*Friday*
el sábado	*Saturday*
el domingo	*Sunday*

Expresiones de tiempo (*Time Expressions*)

esta mañana/tarde/noche	*this morning/afternoon/ evening*
el fin de semana	*weekend*
hoy	*today*
el lunes	*Monday; on Monday*
los lunes	*on Mondays*
mañana	*tomorrow*
por la mañana/tarde/noche	*in the morning/afternoon/ evening*
la semana que viene	*next week*
tarde	*late*
temprano	*early*

Las obligaciones

tener que + *infinitive*	*to have* + infinitive (*to eat, to drink, . . .*)

Los planes (*Plans*)

¿Cuándo?	*When?*
ir a + *infinitive*	*to be going* + infinitive (*to swim, to walk, . . .*)

Comidas y bebidas (*Food and Drink*)

el café	*coffee*
la cerveza	*beer*
la leche	*milk*
las papas/patatas fritas	*potato chips*
la sangría	*sangria (a wine punch)*
el sándwich	*sandwich*
el té	*tea*
la tortilla (de patatas)	*Spanish omelette*
el vino	*wine*

Palabras y expresiones útiles

Claro./¡Claro que sí!	*Of course.*
la clase	*class, lesson; classroom*
el/la compañero/a	*partner*
el/la compañero/a de cuarto	*roommate*
¿De veras?	*Really?*
el dinero	*money*
el, la, los, las	*the*
el examen	*exam*
la gente	*people*
la habitación	*bedroom*
hacer	*to do*
más	*more*
mucho	*a lot*
No importa.	*It doesn't matter.*
el/la novio/a	*boyfriend/girlfriend*
o	*or*
por eso	*that's why, because of this, therefore*
Por supuesto.	*Of course.*
el problema	*problem*
el programa	*program*
un, una; unos, unas	*a/an; some*
Vale./O.K.	*O.K.*

Videoimágenes

Saludos y despedidas

Antes de ver

Actividad / **¿Dónde?** In this video you will see Mariela and Javier, students of cultural anthropology, who are doing a study in the Hispanic world. Before watching the video, look at the list of capital cities they visit and indicate the corresponding countries.

Buenos Aires   la ciudad de México
Madrid   Quito
San Juan

Mientras ves

Actividad 2 **Mariela y Javier** First read through the following chart about Mariela and Javier. Then, watch the first part of the video and, as you hear the answers, jot them down.

00:34-03:42

	Mariela	Javier
de dónde es	_____	_____
qué estudia	_____	_____
de dónde son sus padres	_____	_____ y Puerto Rico

Antes de ver

Actividad 3 **En los Estados Unidos, ¿cómo saludas?** Before watching the next segment, indicate how you greet the following people.

	beso (cuántos)	la mano	un abrazo
un profesor			
tu madre			
tu novio/a			
un/a amigo/a			

Mientras ves

Actividad 4 A observar In this segment, Javier makes a mistake in greeting a woman from Spain, so Mariela and he decide to see how people from different Hispanic countries greet each other. As you watch the video, indicate what you see in the different countries. Take a moment to familiarize yourself with the chart prior to viewing.

03:43-end

	dos hombres	dos mujeres	un hombre y una mujer
España	mano y abrazo	X	_____
Ecuador	mano	X	monja (*nun*) **"Adiós"** y saluda con la mano
Argentina	_____	_____	1 beso
México	_____	X	_____ (*See* **¿Lo sabían?** *on page 66*)

Después de ver

Actividad 5 Los saludos Now that you've watched the video and you know which greetings are appropriate where and between whom, you are going to practice greeting others in a culturally appropriate manner. With your classmates, form two concentric circles. Your teacher will give you a series of clues and you are to greet the person in front of you. Once you are finished, the inner circle moves one place to the right and you await the next set of instructions from your teacher.

■ ■ ■ **You can watch the video on the CD-ROM and do additional activities.**

¿Lo sabían?

When you are in another country, it is very important to observe—and at times follow the leads of—the local people. For example, at one point in the video, Javier greets a woman in Mexico with a handshake. By doing so, he is showing her respect. But as she is taking his hand, she decides that a kiss is more appropriate so she pulls him towards her to give him a kiss on the cheek. By following her lead, he reacts in a culturally correct manner.

Therefore, when traveling to another country, follow these simple rules: Observe, listen, imitate, and laugh at your mistakes, just as Javier does in the video. Laughter is the same in all languages and cultures.

¿? When learning about other cultures, sometimes one needs to examine his/her own. For example, is it appropriate in your culture for the following people to kiss a 50-year-old woman on the cheek to say good-by: a 5-year-old boy, a 15-year-old boy, the 25-year-old boyfriend of the woman's daughter, a friend of the woman's, the husband of the woman's friend, the sister of a woman's friend? In Hispanic cultures all would kiss the woman to say good-by.

3 Un día típico

➤ **Quito, Ecuador y el volcán Guagua Pichincha.**

Chapter Objectives

- Stating location and where you are going
- Talking about daily activities
- Describing people and things
- Discussing actions in progress

¿Qué saben?

1. ¿Ecuador está en Centroamérica o Suramérica?
2. El 65% de la población de Ecuador es mestiza, el 25% es indígena, el 7% española y otras, y el 3% es negra. ¿Qué significa la palabra **mestizo**: una combinación de negro y blanco o indígena y blanco?
3. La gran mayoría de las personas en Ecuador hablan español, pero también hablan idiomas indígenas. ¿Cuál es el principal idioma indígena?

Para escuchar

Una llamada de larga distancia

◄ Shakira, cantante colombiana.

demasiado	too much
No tengo idea. / Ni idea.	I have no idea.
Me/te/le... gustaría + *infinitive*	I/you/he/she . . . would like to . . .

Claudia is talking long distance to her parents who have gone from Bogotá to Quito on a business trip. They are talking about Claudia's classes and her new roommate, Teresa.

 Actividad *1* **La familia de Teresa** While listening to the conversation, complete the following chart about Teresa's family.

	¿De dónde son?	¿Qué hacen?
Teresa	_____	_____
Padre	_____	_____
Madre	_____	_____

 Actividad *2* **La familia de Claudia** After listening to the conversation again, answer these questions.

1. En tu opinión, ¿el padre de Claudia es hombre de negocios, médico o cantante?
2. ¿Qué estudia Claudia?
3. ¿Qué van a visitar los padres de Claudia?
4. ¿Adónde tiene que ir hoy Claudia?
5. ¿Qué tiene Claudia mañana?

Actividad 3 **Una invitación y una excusa** In pairs, invite your partner to do something. Your partner should decline, giving an excuse. Then switch roles. Follow the model.

> ▪▪▪ A: ¿Te gustaría ir a bailar esta noche?
>
> B: Me gustaría, pero tengo que...

Invitaciones posibles	Excusas posibles
ir a comer	trabajar
correr mañana en el parque	leer una novela
escuchar música	escribir una composición
esquiar el sábado	visitar a tus padres

Actividad 4 **¿Estudias poco o demasiado?** **Parte A.** In pairs, find out if your partner does the following activities **poco** or **demasiado.** Follow the model.

> ▪▪▪ A: ¿Estudias poco o demasiado?
>
> B: Estudio poco.   B: Estudio demasiado.

1. trabajar
2. visitar a tus padres
3. hablar con tus amigos
4. escuchar música
5. mirar televisión
6. caminar
7. alquilar DVDs
8. navegar por Internet

Parte B. Now write a few sentences reporting your findings. Be ready to read them to the class. Follow the models.

> ▪▪▪ Paul estudia poco, pero yo estudio demasiado.
>
> Paul y yo trabajamos poco.

¿Lo sabían?

The setting of Quito, the capital of Ecuador, is breathtaking. The city lies in a beautiful valley at the base of a volcano (see page 67). Even though it is close to the equator, Quito enjoys a moderate climate all year round since it is almost 10,000 feet above sea level. The combination of colonial and modern architecture creates a fascinating contrast in the city.

A large percentage of Ecuador's population is of native Andean origin. West of Quito is the town of Santo Domingo de los Colorados. The indigenous group of the Tsachilas, also known as the Colorados, lives on the outskirts of this town. The men are well known for their hair, which they cover with red clay and shape in the form of a leaf. The Otavalos, another indigenous group, are renowned for their success in cottage industries and textile commerce.

➤ Indígena tsachila en Ecuador.

¿? Can you name other indigenous groups from Latin America and say where they live?

Vocabulario esencial I

Lugares (*Places*)

1. la farmacia
2. la piscina
3. la playa
4. la librería
5. la iglesia
6. el cine
7. el supermercado
8. la plaza
9. la escuela/el colegio
10. el banco

■ ■ ■ Identify places while walking or riding through town: **el parque, el cine,** etc. Make idle time study time.

■ ■ ■ Translating from Spanish to English and vice versa may not be the most productive way to study. Try to think in Spanish. If you make flash cards, it is better to write the Spanish on one side and a drawing, a brand name, a name, etc., on the other. For example:

lámpara →

librería → Borders
cantar → Shakira

Otros lugares

la agencia de viajes   travel agency
la biblioteca   library
la cafetería   cafeteria
la casa   house, home
el centro comercial   mall, shopping center
la discoteca   club, disco
el edificio   building
el gimnasio   gym

el hospital   hospital
el museo   museum
la oficina   office
el parque   park
el restaurante   restaurant
el teatro   theater
la tienda   store
la universidad   university

◄ —¿Adónde vas?
—¡Mamá! Es lunes. Voy a la escuela.

NOTE: To say where you are going, you need to use a form of **ir** + **al** / **a la** + *destination*. Remember to use **al (a + el)** when the destination noun is masculine and singular.

—¿**Adónde van** Uds.?
—**Vamos al** Museo de Antropología.
—¿**Vas a** la fiesta después?
—Sí, con Mariano.

Where are you going?
We're going to the Anthropology Museum.
Are you going to the party later?
Yes, with Mariano.

To practice: Do Workbook, CD-ROM, and Web activities.

Actividad 5 **Asociaciones** Say which places you associate with the following words: **la educación, la diversión, el trabajo.**

Actividad 6 **Acción y lugar** Choose an action from Column A and a logical place in which to do this action from Column B. Form sentences, following the models.

■■■ Me gusta nadar; por eso voy a la piscina.
Tienen que comer; por eso van al restaurante.

■■■ Remember: **a** + **el** = **al**

A

Me gusta nadar
Tienen examen
Tiene que estudiar
No tienes dinero
Tenemos que comprar papas
Tienen que comer
Me gusta caminar
Tienes que comprar aspirinas
Me gusta el arte

B

la piscina
el parque
la biblioteca
el restaurante
la universidad
la farmacia
el banco
el supermercado
el museo
la playa
la cafetería

Actividad 7 **Después de clase** Mingle with your classmates and find out where **(adónde)** others are going after class and with whom **(con quién)** they are going. Follow the model.

■■■ A: ¿Adónde vas?
B: Voy a casa.
A: ¿Con quién vas?
B: Voy solo/a. / Voy con...

¿Lo sabían?

Hispanic cities are experiencing changes just as are their counterparts in the U.S. The local market **(el mercado)** with a variety of individually owned food stalls still exists, but the **supermercado** has become a common sight in cities and towns. In the large cities, one can also find **el hipermercado**, a type of superstore that sells food as well as furniture, electronics, and clothing. Large **centros comerciales** with numerous stores now exist in most major cities.

Nevertheless, there are still many specialty stores. To refer to these stores, it is common to use words based on what is sold and to attach the ending **-ería**. For example: a **librería** sells **libros**. Here are a few other common terms to describe stores:

frutería/fruta	fruit store/fruit
heladería/helado	ice cream shop/ice cream
zapatería/zapatos	shoe store/shoes

¿? What neighborhood or specialty stores are there in your town or city?

Gramática para la comunicación I

I. Indicating Location: *Estar* + *en* + place

■■■ Practice **estar en** and **ir a** by thinking to yourself each time you are about to leave a place today: **Estoy en la cafetería y voy a la biblioteca.**

To say where you are, use a form of **estar** + **en** + *place*.

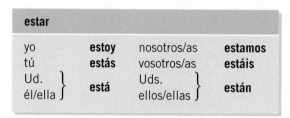

estar			
yo	**estoy**	nosotros/as	**estamos**
tú	**estás**	vosotros/as	**estáis**
Ud. ⎫ él/ella ⎭	**está**	Uds. ⎫ ellos/ellas ⎭	**están**

La directora no **está en** la oficina hoy.   *The director isn't in the office today.*
Mamá, **estoy en** el hospital.   *Mom, I'm in/at the hospital.*

NOTE: The preposition to express being in or at a place is **en: Estamos en el cine.** (*We're at the movies.*)

Actividad 8   **¿Dónde estoy?** Look at the list of places on p. 70. In pairs, take turns miming actions and asking **¿Dónde estoy?** while the other person says where you are.

> ■■■ A: (*sitting in a chair applauding*) ¿Dónde estoy?
> B: Estás en el teatro.

Actividad 9   **¿Dónde están?** In pairs, ask and state where the following people or things are.

1. el presidente de los Estados Unidos
2. la Torre Eiffel y el Arco de Triunfo
3. la Estatua de la Libertad y el museo Guggenheim
4. Bogotá
5. el Vaticano y el Papa
6. Machu Picchu y Lima

Actividad 10   **Me gustaría estar...** Refer to the people on page 73 by their occupation and say where they are. Then state where they would like to be and what they would like to be doing. Follow the model.

> ■■■ El comerciante está en la tienda, pero le gustaría ir a una piscina para nadar.

1.

2.

3.

4.

■ ■ ■ Remember: **el** ama de casa

II. Talking About the Present (Part I): The Present Indicative of Regular Verbs

■ ■ ■

1 ■ To talk about daily activities, you use verbs in the present indicative (**el presente del indicativo**). These verbs can express actions or states: *I **run** 5 miles, but he **runs** 7 miles* (actions). *Paula **is** a full-time student, but I **am** a part-time student* (states). Notice how you change or conjugate the verb depending on the person you are talking about. To do this in Spanish you need to know whether the infinitive, or base form of the verb, ends in -**ar** (**trabaj<u>ar</u>**), -**er** (**beb<u>er</u>**), or -**ir** (**escrib<u>ir</u>**). Then you take the stem of the verb (**trabaj-, beb-, escrib-**) and attach the following endings:

> Estudio mucho, leo revistas, veo televisión y me gusta ir a la playa.

Carola, 21
San Juan

A. *-ar* Verbs

trabajar			
yo	trabaj**o**	nosotros/as	trabaj**amos**
tú	trabaj**as**	vosotros/as	trabaj**áis**
Ud. } él/ella }	trabaj**a**	Uds. } ellos/ellas }	trabaj**an**

Mi madre habl**a** español.   *My mother speaks Spanish.*
Mañana **yo** trabaj**o**.   *I work tomorrow.* (*Note: The present can also be used to talk about the near future.*)

-**ar** verbs that you studied in Chapter 2 include:

alquilar	comprar	hablar	nadar	tocar
bailar	escuchar	llamar	navegar	tomar
caminar	esquiar	llevar	regresar	usar
cantar	estudiar	mirar	sacar	visitar

New verbs: **Desear** (*to want, desire*) and **necesitar** (*to need*) are often followed by an infinitive:

Necesito comprar una cámara digital.   *I need to buy a digital camera.*

Capítulo **3**   **73**

B. -er Verbs

beber			
yo	bebo	nosotros/as	bebemos
tú	bebes	vosotros/as	bebéis
Ud. él/ella	bebe	Uds. ellos/ellas	beben

¿Bebes vino o agua con la comida? *Do you drink wine or water with a meal?*

Nosotros comemos en la cafetería. *We eat in the cafeteria.*

-er verbs that you studied in Chapter 2 include:

aprender   comer   correr   leer   vender

C. -ir Verbs

escribir			
yo	escribo	nosotros/as	escribimos
tú	escribes	vosotros/as	escribís
Ud. él/ella	escribe	Uds. ellos/ellas	escriben

Isabel Allende escribe novelas. *Isabel Allende writes novels.*

Nosotros vivimos en Lima. *We live in Lima.*

-ir verbs that you studied in Chapter 2 include:

recibir   vivir

■ ■ ■ Memorize infinitives. Make lists of **-ar, -er,** and **-ir** verbs and quiz yourself on forms and meanings, for example: **Yo estudio mucho. Mi amigo Paul no estudia. Paul y yo bebemos Pepsi. Mary bebe Coca-Cola.**

■ ■ ■ Practice question-answer pairs: **¿Trabajas? Sí, trabajo. / ¿Trabaja ella? Sí, ella trabaja. / ¿Trabajan Uds.? Sí, trabajamos.**

2 ■ In order to choose the correct ending for a verb, you need to know two things: (1) the person doing the action, and (2) the infinitive of the verb (**-ar, -er, -ir**). For example:

(1) nosotros
(2) beber (**-er**) = (Nosotros) beb**emos** Coca-Cola.

Actividad // Un juego In groups of four, the first person says a pronoun (**yo, tú, Ud., él, ella, nosotros, nosotras, vosotros, vosotras, Uds., ellos, ellas**), the second person says a verb, the third person conjugates the verb, and the fourth person starts the process again by stating a pronoun.

■ ■ ■ A: ellos
B: vender
C: ellos venden
D: Ud.
A: ...

Actividad 12 **Un email de Miguel** This is an email from a Honduran student who is studying in the United States. He is describing his daily activities to his parents. Complete the letter with the appropriate forms of the following verbs: **alquilar, bailar, correr, escribir, escuchar, estar, estudiar, gustar, hablar, ir, necesitar, ser, tener, tocar.** Some verbs may be used more than once.

Queridos papás:

¿Cómo _____ (1)? Yo, bien. Me gusta la universidad y _____ (2) muchos amigos. Voy a clase, _____ (3) composiciones para mi clase de francés y _____ (4) mucho porque _____ (5) demasiados exámenes; el jueves tengo un examen importante de química y _____ (6) aprender los símbolos. Los viernes y los sábados yo _____ (7) en la biblioteca y por la noche generalmente unos amigos y yo _____ (8) música en mi apartamento. Ellos _____ (9) mexicanos, venezolanos y de los Estados Unidos. Los mexicanos siempre _____ (10) de política con los venezolanos. También nosotros _____ (11) películas y nos _____ (12) mucho las películas de acción.

    Santa (una chica puertorriqueña) y yo también _____ (13) a una discoteca los martes porque tienen grupos que _____ (14) música salsa; como nos _____ (15) la música del Caribe, nosotros _____ (16) mucho. Ella _____ (17) bien porque es bailarina profesional.

    Bueno, ahora _____ (18) estudiar y después voy a correr. ¡Mi amigo Mateo y yo _____ (19) ocho kilómetros al día!

    Besos y abrazos,

    Miguel

    P. D. Gracias por los $$$dólares$$$.

■ ■ ■ Why is **exámenes** written with an accent and **examen** without? See Appendix B for explanation.

■ ■ ■ P. D. = Posdata

Actividad 13 **El verano** In pairs, discuss what you and your partner do during the summer (**el verano**). Use the following actions: **alquilar DVDs, bailar, comer en restaurantes, escribir poemas, escuchar música, esquiar, estudiar, hablar con amigos, mirar televisión, nadar, trabajar, visitar a amigos.** Follow the model.

■ ■ ■ A: ¿Nadas?
    B: Sí, nado todos los días.
    A: ¿Cuándo nadas?
    B: Por la mañana.
    A: ¿Dónde?
    B: En la piscina de la universidad.

Actividad 14 **Nosotros y nuestros padres** In groups of three, discuss what students and parents do in a typical week. Think of at least five examples. Follow the model.

■ ■ ■ Nosotros bailamos los fines de semana y nuestros padres van al cine.

III. Talking About the Present (Part II): The Present Indicative of Verbs with Irregular *yo* Forms

1 ■ Some verbs have irregular **yo** forms, but follow the pattern of regular verbs for all other persons.

hacer (*to do; to make*)			
yo	ha**go**	nosotros/as	hacemos
tú	haces	vosotros/as	hacéis
Ud. él/ella }	hace	Uds. ellos/ellas }	hacen

2 ■ The following verbs have irregular **yo** forms.

hacer	*to do; to make*	yo ha**go**
poner	*to put, place*	yo pon**go**
salir (con)	*to go out* (*with*)	yo sal**go**
salir de la/del (+ *lugar*)	*to leave* (+ *a place*)	
traer	*to bring*	yo tra**igo**
traducir*	*to translate*	yo tradu**zco**
ver	*to see* (*a thing*)	yo v**eo**
ver a (alguien)	*to see* (*someone*)	

***NOTE:** Many verbs that end in **-cer** and **-ucir** follow the same pattern as **traducir**: **establecer** (*to establish*) → **establezco**, **producir** (*to produce*) → **produzco**.

Ha**go** la tarea todos los días.	*I do my homework every day.*
¿Qué hac**en** Uds.?	*What do you do?*
Sal**go** con Ramona.	*I go out with Ramona.*
Ella sal**e** temprano del trabajo.	*She leaves work early.*
¿Dónde pon**go** los libros?	*Where do I put the books?*

To practice:
Do Workbook, CD-ROM, and Web activities.

Actividad 15 **¡A competir!** In pairs or in groups of three you will play a game using the following list of verbs. Your instructor will give you instructions.

1. llevar	15. caminar	29. establecer
2. salir	16. poner	30. estar
3. ver	17. regresar	31. ver
4. ir	18. correr	32. hablar
5. traducir	19. hacer	33. comer
6. tener	20. producir	34. hacer
7. alquilar	21. nadar	35. leer
8. vender	22. salir	36. poner
9. llamarse	23. navegar	37. mirar
10. vivir	24. recibir	38. estudiar
11. ser	25. tocar	39. ser
12. traer	26. esquiar	40. beber
13. aprender	27. traer	41. hacer
14. escuchar	28. tomar	42. ir

Actividad 16 **Tus estudios** Mingle and interview different classmates to see who does the following activities related to this class. Answer in full sentences.

nombre

hacer la tarea todos los días _____

ver a nuestro/a profesor/a en sus horas de oficina _____

establecer horas específicas para estudiar _____

hacer actividades extras en Internet _____

poner respuestas inventadas en las preguntas
  personales del cuaderno _____

traducir todas las palabras del español al inglés _____

salir los fines de semana y no durante la semana _____

traer la tarea a esta clase todos los días _____

Actividad 17 **Gente famosa** In groups of three, name famous people who do the following things: **bailar, cantar, correr, escribir novelas, esquiar, nadar, producir películas, tocar la guitarra, trabajar en Wall Street, salir con otra persona famosa.** Follow the model.

■■■ Gabriel García Márquez escribe novelas.

Actividad 18 **El cuestionario** You work for an advertising agency and have to conduct a "person-on-the-street" interview on people's likes and dislikes. Work in pairs and use the following questionnaire. The interviewer should use the **Ud.** form and complete questions to elicit responses: **¿Es Ud. estudiante? ¿Qué periódico lee Ud.?** The "person on the street" should not look at the book, and should answer in full sentences. When finished, exchange roles. Be prepared to report back to the class.

CUESTIONARIO

Nacionalidad: _____ Edad: _____

Sexo: Masculino _____ Femenino _____

Estudiar: _____ Si contesta que sí:
  ¿Dónde? _____

Trabajar: _____ Si contesta que sí:
  Ocupación _____

Vivir (con): Familia _____ Amigo/a _____ Solo/a _____

Gustos:

Leer: _____ Si contesta que sí:
  ¿Qué lee? _____

Ver la televisión: _____ Si contesta que sí:
  ¿Qué tipo de programas? _____

Escuchar música: _____ Si contesta que sí:
  ¿Qué tipo de música? _____

Hacer ejercicio: _____ Si contesta que sí:
  Nadar _____ Correr _____ Caminar _____ Ir al gimnasio _____

Usar: Perfume _____ Agua de colonia _____

Salir mucho: al cine _____ a bailar _____
  al teatro _____ a comer en restaurantes _____

Nuevos horizontes

Lectura

ESTRATEGIA: Dealing with Unfamiliar Words

In Chapter 2 you read that you can recognize many Spanish words by identifying cognates (words similar to English words). However, other words will be completely unfamiliar to you. A natural tendency is to run to a Spanish-English dictionary and look up a word, but you will soon tire of this and become frustrated. The following are strategies to help you deal with unfamiliar words while reading.

1. Ask yourself if you can understand the sentence without the word. If so, move on and don't worry about it.
2. Identify the grammatical form of the word. For example, if it is a noun, it can refer to a person, place, thing, or concept; if it is a verb, it can refer to an action or state; if it is an adjective, it describes a noun; if it is an adverb it describes a verb or an adjective.
3. Try to extract meaning from context. To do this, you must see what information comes before and after the word itself.
4. Check whether the word reappears in another context in another part of the text or whether the writer explains the word. An explanation may be set off by commas.
5. Sometimes words appear in logical series and you can easily understand the meaning. For example, in the sequence *first, second, "boing,"* and *fourth* the meaning of *boing* becomes obvious.

These strategies will help you make reasonable guesses regarding meaning. If the meaning is still not clear and you must understand the word to get the general idea, the next step would be to consult a dictionary.

■ ■ ■ noun = **sustantivo**
Note: A noun may be preceded by articles (**el/la; un/una**)
verb = **verbo**
adjective = **adjetivo**
adverb = **adverbio**

■ ■ ■ Note: If you look up a word, don't write the translation above the Spanish word in the text. (If you reread the text, you will only see the English and ignore the Spanish.) If you must write it down, do so separately in your own personal vocabulary list.

Actividad 19 El tema Before reading the article that follows, look at the title, subtitles, and illustrations to answer the following question.

¿Cuál es el tema (*theme*) del artículo?
a. el número de hispanos en los Estados Unidos
b. el futuro político de los hispanos
c. los hispanos como consumidores

Actividad 20 Los cognados Before reading the article, go through it and underline any word that you think is a cognate. If you are doing this as an assignment to hand in, list all cognates on a piece of paper.

Actividad 21 En contexto Read the article without using a dictionary and try to determine what the following words mean.

1. **mundo** (línea 1)
2. **mercado consumidor** (línea 4)
3. **a través de** (línea 10)
4. **vida** (línea 14)
5. **teleadictos** (línea 24)
6. **telenovelas** (línea 26)

El mercado hispano en los Estados Unidos

El español es el idioma oficial de veintiún países del mundo. En total, hay aproximadamente 400 millones de personas de habla española. En los Estados Unidos hay más de 40 millones de hispanos (casi el 14% de la población total) y más de 30 millones de ellos hablan español; por eso, forman un mercado consumidor doméstico muy significativo
5 para los Estados Unidos. Las grandes compañías comprenden la importancia económica de este grupo y usan los medios de comunicación tanto en inglés como en español para venderle una variedad de productos.

Libros, periódicos y revistas

En los Estados Unidos se publican muchos periódicos y revistas en español. Hasta la revista *People* tiene una versión en español. También hay compañías como Amazon.com y
10 Booksellers que venden libros al mercado hispano a través de Internet. Autores como la chilena Isabel Allende y el mexicano Carlos Fuentes son muy populares. Pero, las personas de habla española también leen libros en inglés o traducidos al español de autores como Tom Clancy y Toni Morrison.

La radio

La radio y su música es una parte importante de la vida de los hispanos. A
15 ellos les gustan diferentes tipos de música: la folklórica, la clásica, la tejana, el rock, el jazz, etc. La música hispana que más escucha la gente joven en los Estados Unidos es la salsa de cantantes como Marc Anthony, la India y Elvis Crespo. También les gusta el rock en español de cantautores como Juanes y Shakira y de grupos como Maná, La oreja de Van Gogh y grupos eclécticos
20 como Oxomatli. Generalmente escuchan emisoras de radio en inglés y en español y, hoy en día, con una computadora y acceso a Internet también pueden escuchar la radio de otros países.

La televisión

Otra parte esencial de la vida diaria de muchos hispanos es la televisión y hay muchos teleadictos, gente que pasa horas y horas hipnotizada enfrente de la
25 tele. Los hispanos tienen sus propios programas de noticias, música, comedias y telenovelas, pero también hay muchos programas en inglés traducidos al español. Hasta Homer, Marge, Lisa y Bart de "Los Simpson" hablan español. También hay varios canales de televisión en español. Las cuatro cadenas hispanas de televisión más importantes que transmiten
30 en los Estados Unidos y a otros países son Univisión, Telefutura, Galavisión y Telemundo.

Los medios de comunicación forman parte de la vida diaria de los hispanos que viven en los Estados Unidos. Cuando ellos leen el periódico, miran la televisión,
35 escuchan la radio o navegan por Internet, las grandes compañías como Wal-Mart, Pepsi, AOL, Coors y Sears están allí para venderles sus productos. ∎

▲ Isabel Allende, escritora chilena.

Univision Communications, Inc.: Earnings Estimates

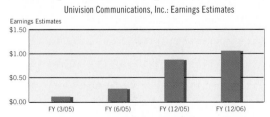

➤ Cristina Saralegui, cubana, conductora de un programa de televisión.

Actividad 22 **Después de leer** Answer the following questions based on the article.

1. ¿En cuántos países es el español la lengua oficial?
2. ¿Cuántas personas hablan español en el mundo? ¿Y en los Estados Unidos?
3. ¿Qué leen, qué escuchan y qué miran los hispanos?
4. ¿Cómo se llaman las cadenas en español más importantes de los Estados Unidos?
5. ¿Qué medios de comunicación usan las grandes compañías para presentar sus anuncios comerciales? Menciona (*Mention*) un mínimo de tres.
6. ¿Lees libros en inglés de escritores hispanos? Si contestas que sí, ¿cuáles?
7. ¿Qué grupos o cantantes hispanos te gustan?

Escritura

ESTRATEGIA: Using Models

When beginning to think and write in a new language, a model can provide a format or framework to follow and give you ideas for organizing what you write. It is also useful for learning phrases and other ways to express yourself. Some phrases can be used without understanding the intricate grammatical relationship between all of the words. For example, by using such phrases along with what you already know in Spanish, you can raise the level of what you write.

Actividad 23 **Un email** **Parte A.** Look at Miguel's email in **Actividad 12** and answer these questions about the email's format.

1. The email is informal because it is addressed to Miguel's parents. What punctuation is used after the salutation, a comma or a colon?
2. What does he say in the closing of the email? To check what these words mean, see the drawings on page 64.
3. How do you write P.S. in Spanish?

Parte B. Using Miguel's email as a guide, write an email to your parents about your life at the university. Note the use of the expressions **bueno** and **gracias por los dólares** (**gracias por** + *article* + *noun*) at the end of the email.

Parte C. In your email, underline each subject pronoun (**yo, tú, él, ella**, etc.). Edit, omitting all of the subject pronouns that are not needed for clarity or emphasis, especially the pronoun **yo**.

Parte D. Rewrite your final draft, staple all drafts and your answers to **Parte A** together, and hand them in to your instructor.

Vocabulario esencial II

I. El físico y la personalidad: *Ser* + adjective

1. Es **alta**.
2. Es **baja**.
3. Es **mayor**.
4. Es **joven**.
5. Son **gordos**.
6. Son **delgados**. (Son **flacos**.)
7. Son **morenas**.
8. Son **rubias**.

Otros adjetivos

simpático/a nice
caro expensive
guapo/a good-looking ⎫
bonito/a pretty ⎭
bueno/a good
inteligente intelligent
grande large, big
largo/a long
nuevo/a new

antipático/a unpleasant; disagreeable
barato cheap (*in price*)
feo/a ugly
malo/a bad
estúpido/a, tonto/a stupid
pequeño/a small
corto/a short (*in length*)
viejo/a old

NOTE: Adjectives, including adjectives of nationality, agree in number and, in many cases, gender with the noun modified.

■■■ **Mayor** is generally used when describing people. **Viejo** is also used, but may have a negative connotation.

Actividad 24 **¿Cómo eres?** **Parte A.** The following descriptive adjectives are cognates. Circle the four that best describe you and underline the four that least describe you.

activo/a	eccéntrico/a	informal	realista
ambicioso/a	egocéntrico/a	intelectual	religioso/a
arrogante	extrovertido/a	introvertido/a	reservado/a
artístico/a	formal	liberal	responsable
astuto/a	generoso/a	nervioso/a	serio/a
cómico/a	honesto/a	optimista	sociable
conservador/a	idealista	organizado/a	tímido/a
creativo/a	impaciente	paciente	tradicional
dinámico/a	indiferente	pesimista	tranquilo/a

Parte B. Talk with your partner and state what you think he/she is like. Follow the model.

> ■■■ A: Eres sociable, ¿verdad?
>
> B: Sí, es verdad. Soy (muy) sociable. / No, no soy sociable. / No, soy (muy) reservado.

Actividad 25 **¿Cómo son? Parte A.** Describe the following people using one or two adjectives and say what they do for a living.

1. Donald Trump
2. Shakira y Christina Aguilera
3. Marge Simpson
4. Sean Combs
5. Quentin Tarantino
6. Matt Damon y Ben Affleck
7. Maya Angelou
8. Shaquille O'Neal

Parte B. In pairs, take turns describing people from the list below and have the person who is listening guess who it is. Use at least five adjectives to describe the person and three to say what he/she is not like.

> ■■■ Es... y... pero no es... También es...

Mujeres: Hillary Clinton, Beyoncé, Star Jones, Martha Stewart
Hombres: Bill Gates, Arnold Schwarzenegger, Snoop Dog, Mel Gibson

Actividad 26 **¿A quién describo?** In pairs, take turns describing people in your class and have the other person guess who is being described. You may use adjectives that describe physical characteristics and personality traits.

II. Las emociones y los estados: *Estar* + adjective

1. Está **triste**.
2. Están **enamorados**.
3. Está **enojado**.
4. Está **enferma**.
5. Está **contento**.
6. Está **aburrida**.

Otros adjetivos

borracho/a drunk
cansado/a tired
preocupado/a worried

To practice:
Do Workbook, CD-ROM, and Web activities.

Actividad 27 **¿Cómo estoy?** In pairs, act out different adjectives and have your partner guess how you feel; then switch roles.

Actividad 28 **¿Cómo estás?** Discuss how you feel in the following situations. Follow the model.

■■■ Tienes examen mañana. ⟶ Estoy preocupado/a.

1. El político habla y habla y habla.
2. Escuchas una explosión.
3. Tienes temperatura de 39° C (*102.2° F*).
4. Vas a sacar A en el examen de matemáticas.
5. No deseas hablar con tus amigos.
6. Tienes novio/a.
7. Un señor bebe mucho alcohol.
8. Voy a comprar un televisor bueno, bonito y barato.

Actividad 29 **¿Cómo están? ¿Cómo son?** Look at the drawing and answer the following questions.

1. ¿Cómo es él?
2. ¿Cómo es ella?
3. ¿Cómo está él?
4. ¿Cómo está ella?

Para escuchar

Hay familias... y... FAMILIAS

¿Por qué? Porque...	Why? Because . . .
No te preocupes.	Don't worry.

Teresa and Vicente have started going out together. Don Alejandro, Teresa's uncle, wants to meet Vicente to "check him out." Teresa is trying to convince Vicente to meet her uncle.

 Actividad 30 **¿Cómo es el tío de Teresa?** Read through the following list. Then, while listening to the conversation, place a check mark beside the adjectives that apply to Teresa's uncle.

El tío de Teresa es:

_____ alto	_____ bajo
_____ moreno	_____ rubio
_____ delgado	_____ gordo
_____ simpático	_____ antipático
_____ pesimista	_____ optimista
_____ cómico	_____ serio
_____ liberal	_____ conservador

Actividad 31 **Preguntas** Listen to the conversation again, then answer the following questions.

1. ¿Adónde van a ir Teresa y Vicente el jueves antes de ir al cine?
2. ¿Con quién van a ir?
3. ¿Cómo está Vicente? ¿Por qué?
4. ¿Quiénes van a ir al cine de verdad: Teresa, su tío y Vicente o solo Teresa y Vicente?

Actividad 32 **Justifiquen** In pairs, alternate asking each other questions and justifying your responses. Follow the model.

■■■ A: ¿Por qué estudias aquí?
    B: Porque es una universidad buena. /
       Porque me gusta donde está. /
       Porque aquí tengo muchos amigos. /
       Porque es pequeña.

1. ¿Por qué estudias español?
2. ¿Por qué compras CDs de rock?
3. ¿Por qué tienes computadora?
4. ¿Por qué trabajas?
5. ¿Por qué vas a la biblioteca?

¿Lo sabían?

Since Teresa's parents are in Puerto Rico and her uncle is in Madrid, it is normal for him to consider her welfare an important responsibility. In the absence of a parent, it is common for young people to respect aunts or uncles as if they were their parents.

The word *family* has different connotations in different cultures. For Hispanics, the word **familia** suggests not only the immediate family, but also grandparents, uncles and aunts, as well as close and distant cousins.

¿? What does the word *family* mean to you?

▲ Una señora y su nieta (*grandchild*) en el Parque de Chapultepec, D. F.

Gramática para la comunicación II

I. Describing Yourself and Others: Adjective Agreement, Position of Adjectives, and *ser/estar* + Adjective

In Chapter 1, you learned how to express someone's nationality: **Carlos Santana es mexicano. Salma Hayek es mexicana. Ellos son mexicanos.** You learned that the endings of these words changed depending on whom you were describing. In this section you will review the rules and learn how they apply to all descriptive adjectives.

A. Adjective Agreement

■ ■ ■ Remember: Use a masculine plural adjective to refer to groups that include males and females.

1 ■ Adjectives that end in **-o** agree in gender (masculine/feminine) and in number (singular/plural) with the nouns they modify.

> **Francisco** es baj**o**, pero **Patricia** es alt**a**.
> **Ellos** son delgad**os** y **ellas** son delgad**as** también.

2 ■ Adjectives that end in **-e** or in a consonant only agree in number (singular/plural) with the nouns they modify.

> **Ella** está trist**e** y **ellos** también están trist**es**.
> **Camilo** no es libera**l. Ana y Elisa** tampoco son liberal**es**.

NOTE: jo**ven** → jó**venes** (an accent is needed in the plural)

■ ■ ■ Remember: Professions and other nouns that end in **-ista** also have two forms only: **artista, artistas.**

3 ■ Adjectives that end in **-ista** ONLY agree in number with the nouns they modify.

> **Rafael** es real**ista** y **Emilia** es ideal**ista**.
> **Ellos** son optim**istas**.

B. Position of Adjectives

1 ■ Possessive adjectives and adjectives of quantity precede the noun they modify.

> **Mi novio** es dentista.*   *My boyfriend is a dentist.*
> Tiene **tres televisores**.   *He has three TV sets.*
> Bebe **mucha Inca Kola**.   *He drinks a lot of Inca Kola.*
> Tiene **muchos amigos** y **pocas**   *He has a lot of male friends and few*
>   **amigas**.   *female friends.*

***NOTE:** The indefinite articles (**un, una, unos, unas**—*a/an, some*) are used with occupations only when they are modified by an adjective:

> Mi padre es **ingeniero**.
> BUT: Mi padre es *un* ingeniero *fantástico*.

2 ■ Descriptive adjectives normally follow the nouns they modify.

> Tenemos un **examen importante** en la clase de literatura.

> *We have an important exam in literature class.*

▲ Inca Kola es una bebida peruana muy popular.

C. *Ser* and *estar* + Adjective

1 ▪ **Ser** + *adjective* is used to describe *the being:* what someone or something *looks like* (physical description) or *is like* (personality traits).

Elena **es** alta y delgada. (physical description)	*Elena is tall and thin.*
También **es** inteligente y optimista. (personality traits)	*She is also intelligent and optimistic.*

NOTE: Remember that **ser** can also be used to identify a person (**Es Marta.**), to identify someone's occupation (**Es dentista.**), and to say where someone is from (**Es de Tegucigalpa. Es hondureña.**).

2 ▪ **Estar** + *adjective* is used to describe *the state of being;* it indicates how people feel or describes a particular condition.

Elena **está** triste y preocupada.	*Elena is sad and worried.* (feeling)
Su novio siempre **está** borracho.	*Her boyfriend is always drunk.* (condition)

NOTE: Remember that **estar** can also be used to state location: **Estamos en la universidad.**

3 ▪ Notice how the following adjectives convey different meanings depending on whether you use **ser** or **estar.**

ser	estar
Peter **es aburrido.** (personality: *Peter is boring.*)	Peter **está** muy **aburrido.** (feeling: *Peter feels/is bored.*)
Somos muy **listos.** (personality: *We are very clever.*)	**Estamos listos.** (condition: *We are ready.*)
Eres guapo. (physical description: *You are handsome.*)	**Estás guapo** hoy. (condition: *You look handsome today.*)

Actividad 33 ¿Cómo son? In pairs, find two women and two men in your class for each of the following characteristics: **alto, moreno, inteligente, rubio, optimista, simpático, cómico.**

▪▪▪ Paula y Sara son altas. / Jason y Dave son altos.

Actividad 34 Descripción Describe the following characters from the textbook. Form logical sentences by rearranging the words given.

1. persona / Claudia / una / simpática / es
2. inteligente / estudiante / Teresa / una / Puerto Rico / es / de
3. tiene / computadoras / Vicente / dos
4. Juan Carlos / y / es / persona / optimista / una / sociable
5. amigos / tiene / Marisel / muchos
6. Don Alejandro / oficina / preocupado / en / tiene / problemas / la / está / porque / muchos

¿Adónde vas cuando... ? In pairs, ask your partner where he/she goes when in the following moods or situations. Follow the model.

> ■■■ A: ¿Adónde vas cuando estás enojado/a?
>
> B: Cuando estoy enojado/a, voy a mi habitación.

1. estar aburrido/a
2. tener que comprar café
3. tener que trabajar
4. estar enfermo/a
5. tener que estudiar

6. desear correr
7. estar contento/a
8. tener que comprar un periódico
9. estar preocupado/a
10. estar con tu novio/a

■■■ Listen, select the appropriate sentence, look your partner in the eye, and say the line.

Actividad **36** **Una conversación** In pairs, "A" covers Column B and "B" covers Column A. Carry on a conversation with your partner. You will need to enunciate very clearly and listen closely to select the appropriate questions from Column A and responses from Column B.

A	B
¿Estás triste?	No, estoy preocupado/a. Sí, hoy no tengo problemas en la oficina.
¿Por qué? ¿Tienes problemas? ¿Cuándo?	Sí, me gustaría. Sí, es mi padre.
¿Está enfermo? ¿Está enferma?	No, es simpático, joven y muy inteligente. Sí, está en el hospital.
¿Dónde está? ¿Va a ir al hospital?	En Miami y yo voy mañana. De Guadalajara.

Actividad **37** **Información detallada** Look at the following people and give the following information: **lugar donde están, descripción física, ocupación, acción/acciones que hacen generalmente, emociones/sensaciones ahora, qué hacen ahora.**

1.

2.

3.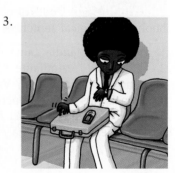

Actividad 38 ¿Quién es? **Parte A.** Read the following description and guess who is being described.

■■■ Es una persona famosa.

Él es guapo, alto, delgado y artístico.

Canta y baila bien.

Habla español e inglés.

Es puertorriqueño.

Él vive la vida loca.

¿Quién es?

Parte B. In pairs, prepare a description of a famous man or a famous woman.

Parte C. Read your description to the class and have them guess who it is.

Actividad 39 Tu amigo y su amiga Read the following paragraph, then invent a story about a friend of yours and his girlfriend by completing the paragraph with the types of words indicated in parentheses. Remember that adjectives agree with the nouns they modify.

Mi amigo _____ es _____ y es _____.
     (nombre)   (nacionalidad)   (ocupación)

Tiene _____ años y es _____, _____
     (número)   (adjetivo)   (adjetivo)

y _____. _____ amigo tiene una amiga
 (adjetivo)   (adjetivo posesivo)

_____ que se llama _____. También es
 (adjetivo)   (nombre)

_____ y _____. Ellos son muy
 (adjetivo)   (adjetivo)

_____, pero están _____ porque _____.
 (adjetivo)   (adjetivo)   (¿?)

Actividad 40 Biografía **Parte A.** Interview your partner. Use these questions as a guide.

1. la persona
   ■ ¿Cómo te llamas, de qué nacionalidad eres y cuántos años tienes? ¿Por qué estás aquí (*here*)?

2. sus amigos
   ■ ¿Tienes muchos o pocos amigos? ¿Cómo son?
   ■ Si son estudiantes, ¿qué estudian? ¿Estudian mucho o poco?
   ■ Si trabajan, ¿qué hacen? ¿Dónde trabajan? ¿Trabajan mucho o poco?

3. actividades
   ■ ¿Qué te gusta hacer y con quién?
   ■ ¿Qué hacen Uds. los viernes y los sábados? ¿Adónde van?
   ■ ¿Estás contento/a cuando estás con tus amigos?

Parte B. Write a three-paragraph biographical sketch by answering the preceding questions.

■■■ Pay attention to accents and punctuation.

II. Discussing Actions in Progress: Present Indicative and Present Progressive

■■■ While watching TV, think about the actions taking place: **Están cantando, Jon Stewart está hablando**, etc.

In order to describe an action that is in progress at the moment of speaking, you use the present progressive in English (*I'm watching a movie on TV*). In order to describe an action in progress in Spanish you may use the present indicative **(Miro una película por televisión)** or the present progressive **(Estoy mirando una película por televisión)**. The present progressive **(el presente continuo)** is formed as follows:

NOTE:

1. For **-er** and **-ir** verbs whose stems end in a vowel, substitute a **-y-** for the **-i** of the **-iendo** ending: **leer** → **le** (verb stem) → **le** + **iendo** + **leyendo.**

2. In English, the present progressive can also be used to talk about the future (*I'm watching a movie on TV tonight*). In contrast, the present progressive can *only* be used in Spanish for an action that is *happening at the moment* of speaking, an action that is actually taking place.

 To practice: Do Workbook, Lab, CD-ROM, and Web activities.

Actividad 41 **¿Qué estoy haciendo?** In groups of three, take turns miming actions and saying what the other person is doing. Follow the model.

■■■ A: (*walking around the room*) ¿Qué estoy haciendo?
B y C: Estás caminando.

Actividad 42 **¿Está Diana?** In pairs, "A" calls on the phone to talk to someone, but the person is busy. "B" says what the person is doing. When finished, change roles. (Useful excuses include: **trabajar con su padre, hacer la tarea, escribir un trabajo, traducir un poema, comer, nadar en la piscina, hablar por el móvil,** etc.)

■■■ B: ¿Aló?
A: Buenos días. ¿Está Diana?
B: Sí, está, pero está estudiando con su profesor particular (*tutor*).
A: Ah, muchas gracias, adiós. / Ah, entonces llamo más tarde.

In pairs, each person picks three drawings and uses his/her imagination to explain the following: **quiénes son, cómo son (físico y personalidad), qué están haciendo,** and **dónde están.**

Do Web Search activities.

■■■ Son mis amigos Mike y Eric y son muy simpáticos. Mike es alto y delgado. Mike es de Miami y Eric es de Chicago. En la foto, ellos están esquiando en Vail. Mike esquía muy bien. Eric está aprendiendo y no le gusta mucho esquiar.

Más allá

El mundo de los negocios

The U.S. Hispanic population has grown over 85% since 1990 and its buying power is increasing at a rate that companies can't ignore. In 2005, Hispanic buying power neared $800 billion, by 2010 that number should rise to almost $1 trillion.

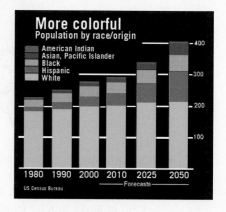

Procter & Gamble has been very successful at winning the Hispanic market. They have found that Hispanics tend to remain loyal to brands at a higher rate than non-Hispanics. The company has implemented successful strategies such as giving mothers of newborn babies free diapers and other products upon leaving the hospital, doing in-store and in-home demonstrations, along with ads at the national level, and supporting a Hispanic Scholarship Fund. Graciela Eleta, multicultural-marketing head of the company, says that soon one of every two consumers in the U.S. will be of ethnic origin, and that one quarter of that group will be Hispanic.

Many American companies enter into agreements with foreign companies to facilitate expansion abroad. In 2001, Home Depot bought a chain of stores called Total Home in Mexico and has since acquired other chains and become a leader in the Mexican marketplace. AOL, Kohler, and John Deere are other examples of companies with large operations in Latin America.

The implication is obvious for future businessmen and women: Knowledge of Spanish—particularly if combined with study abroad in Latin America—and internships in companies that market to Hispanics in the U.S. or to Spanish-speakers abroad, will be valuable information on a résumé.

South America

The U.S./South American trade agreements of the early 1990's have created new growth opportunities for Kohler. Kohler has capitalized on the new market opportunity by offering products and designs unique to the marketplace. Buenos Aires, Argentina is home base for the Kohler South and Central American sales operations. From there, Kohler and Sterling brand products are readily available in Venezuela, Colombia, Peru, Ecuador, Chili, Guatemala, Honduras, Costa Rica and Panama.

¿? Have you ever seen a commercial on TV or a print ad catering to the Hispanic market? If yes, describe the ad. Do you know anyone who is working or interning abroad or working for a foreign-owned company in the U.S.? If yes, what do they say about the experience?

Vocabulario funcional

Lugares (*Places*)

la agencia de viajes	*travel agency*
el banco	*bank*
la biblioteca	*library*
la cafetería	*cafeteria*
la casa	*house, home*
el centro comercial	*mall, shopping center*
el cine	*movie theater*
la discoteca	*club, disco*
el edificio	*building*
la escuela/el colegio	*school*
la farmacia	*pharmacy, drugstore*
el gimnasio	*gym*
la iglesia	*church*
la librería	*bookstore*
el hospital	*hospital*
el museo	*museum*
la oficina	*office*
el parque	*park*
la piscina	*swimming pool*
la plaza	*plaza, square*
la playa	*beach*
el restaurante	*restaurant*
el supermercado	*supermarket*
el teatro	*theater*
la tienda	*store*
la universidad	*university*
¿Adónde vas/va?	*Where are you going?*
¿Con quién vas/va?	*With whom are you going?*
¿Dónde estás/está?	*Where are you?*
estar en + *lugar*	*to be in/at* + place

Verbos

-ar

desear	*to want, desire*
necesitar	*to need*

-er

establecer	*to establish*
hacer	*to do; to make*
poner	*to put, place*
traer	*to bring*
ver	*to see* (a thing)
ver a (alguien)	*to see* (someone)

-ir

producir	*to produce*
salir (con)	*to go out* (with)
salir de la/del + *lugar*	*to leave* + a place
traducir	*to translate*

La descripción

¿Cómo es? Personalidad — *Personality Traits*

aburrido/a	*boring*
antipático/a	*unpleasant, disagreeable*
bueno/a	*good*
estúpido/a	*stupid*
famoso/a	*famous*
inteligente	*intelligent*
joven	*young*
listo/a	*clever*
malo/a	*bad*
simpático/a	*nice*
tonto/a	*stupid*

¿Cómo es? Características físicas — *Physical Characteristics*

alto/a	*tall*
bajo/a	*short* (in height)
barato/a	*inexpensive, cheap* (in price)
bonito/a	*pretty*
caro/a	*expensive*
corto/a	*short* (in length)
delgado/a	*thin*
feo/a	*ugly*
flaco/a	*skinny*
gordo/a	*fat*
grande	*large, big*
guapo/a	*good-looking*
largo/a	*long*
mayor	*old* (literally: *older*)
moreno/a	*brunet/te; dark-skinned*
nuevo/a	*new*
pequeño/a	*small*
rubio/a	*blond/e*
viejo/a	*old*

¿Cómo está? Adjetivos con estar

aburrido/a	*bored*
borracho/a	*drunk*
cansado/a	*tired*
contento/a	*happy*
enamorado/a	*in love*
enfermo/a	*sick*
enojado/a	*angry, mad*
listo/a	*ready*
loco/a	*crazy*
preocupado/a	*worried*
solo/a	*alone*
triste	*sad*

Palabras y expresiones útiles

antes	*before*
demasiado (*adv.*)	*too much*
después	*after*
la familia	*family*
la gente	*people*
me/te/le... gustaría	*I/you/he/she. . . would like*
muchos/as	*many*
muy	*very*
No te preocupes.	*Don't worry.*
No tengo idea. / Ni idea.	*I have no idea.*
otro/a	*other; another*
poco/a/os/as (*adj.*)	*not much, not many, few*
poco (*adv.*)	*a little*
¿Por qué?	*Why?*
porque	*because*
si	*if*
siempre	*always*
solo	*only*
el tío	*uncle*
todos los días	*every day*

4 ¿Tarde o temprano?

CHELS
IS
GAY

➤ Federico Fahsen, experto en la cultura maya, y Paula Torres, arqueóloga guatemalteca, limpian un relieve (*relief*) arqueológico maya.

Chapter Objectives

- Discussing daily routines
- Identifying parts of the body
- Talking about who and what you and others know and don't know
- Telling what the weather is like
- Stating the date

¿Qué saben?

1. ¿Qué significa la palabra **precolombina**: antes o después de 1492?

2. ¿Saben en qué países hay ruinas aztecas, mayas o incaicas? ¿En qué países están Tenochitlán, Tikal y Machu Picchu?

3. ¿Quién conquistó (*conquered*) el imperio azteca? ¿Y el imperio incaico?

Para escuchar

Noticias de una amiga

◄ Un hombre hace andinismo en una montaña muy rocosa de los Andes peruanos. ¿Te gustaría hacer andinismo?

¡Qué + *adjective!*	How + *adjective!*
¡Qué inteligente!	How intelligent!
hay	there is/there are
deber + *infinitive*	ought to/should/must + *verb*
debe ser	ought to/should/must be

José Manuel, un arqueólogo venezolano que está trabajando en Perú, recibe un email de España de su amiga Marisel. José Manuel comenta el email con Rafael, otro arqueólogo venezolano.

Actividad 1 **¿Cierto o falso?** Lee las siguientes oraciones. Mientras escuchas la conversación, escribe **C** si la oración es cierta y **F** si la oración es falsa.

1. _____ Rafael no conoce a Marisel.
2. _____ Marisel es arqueóloga.
3. _____ José Manuel trabaja como voluntario.
4. _____ Marisel tiene una foto de José Manuel.
5. _____ José Manuel practica andinismo.

Actividad 2 **El email** Después de escuchar la conversación otra vez, contesta estas preguntas.

1. ¿De dónde es Marisel y dónde está?
2. ¿Qué estudia?
3. ¿Por qué dice Rafael que José Manuel tiene un corazón grande?
4. ¿Por qué dice Marisel que José Manuel tiene que afeitarse?
5. ¿Por qué dice Marisel que José Manuel va a tener un accidente?
6. En tu opinión, ¿está loco José Manuel?
7. ¿Te gustaría hacer andinismo?

Actividad 3 **La familia de tu compañero/a** En parejas (*pairs*), averigua (*find out*) qué ocupaciones tiene la familia de tu compañero/a. Sigue (*Follow*) el modelo.

- ■■■ A: ¿Hay geólogos en tu familia?
- B: Sí, hay dos geólogos. / No, no hay.

Actividad 4 **Los comentarios** Caminas por la calle (*street*) y ves a diferentes personas. Haz un comentario (*Make a comment*) sobre ellas.

- ■■■ Lucy Liu → ¡Qué bonita!

Robin Williams, Shaquille O'Neal, Angelina Jolie, Justin Timberlake, Ruben Studdard, Britney Spears, Michael Moore, Jennifer López, Gael García Bernal, ¿ ?

Vocabulario esencial I

I. Las partes del cuerpo (*Parts of the Body*)

➤ Francisco Pizarro, conquistador español de Perú.

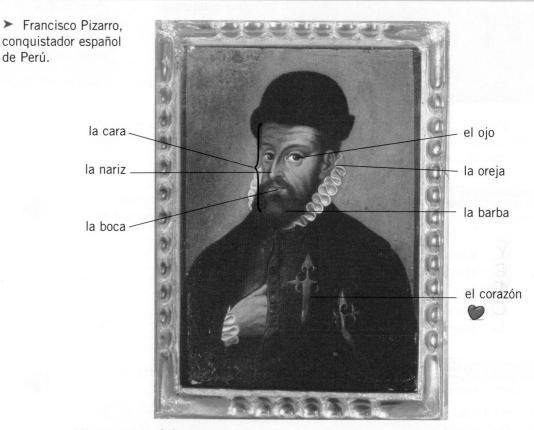

la cara

la nariz

la boca

el ojo

la oreja

la barba

el corazón

Otras partes del cuerpo

■■■ Some speakers say **Él tiene bigotes.** Others say **Él tiene bigote.**

el bigote/los bigotes	mustache	**la lengua**	tongue
los dientes	teeth	**el oído**	inner ear
los labios	lips	**el pelo**	hair

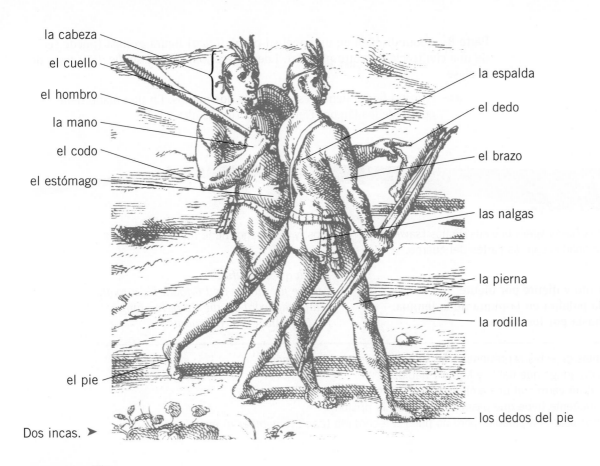

la cabeza
el cuello
el hombro
la mano
el codo
el estómago

la espalda
el dedo
el brazo
las nalgas
la pierna
la rodilla

el pie

los dedos del pie

Dos incas. ➤

Actividad 5 **Asociaciones** En grupos de tres, digan qué partes del cuerpo asocian Uds. con estas personas o productos.

Herbal Essence y Suave
Leggs y No Nonsense
el príncipe Carlos de Inglaterra
  y Dumbo
Kleenex
Venus de Milo

Crest y Colgate
Reebok y Puma
Visine
Fidel Castro, ZZ Top y Santa Claus
Mick Jagger y Revlon

Actividad 6 **Las estatuas incaicas** **Parte A.** En parejas, identifiquen las partes del cuerpo que tienen las siguientes figuras precolombinas.

◄ Figuras precolombinas, Museo del Oro, Bogotá.

Parte B. Ahora diseñen en un papel su propia (*own*) figura exótica (puede ser de una civilización de otro planeta). Luego descríbansela (*describe it*) al resto de la clase.

> ■■■ Nuestra figura tiene tres cabezas y dos manos. En una mano tiene cuatro dedos largos. Tiene pelo corto. Es alta y...

¿Lo sabían?

Cada idioma (*language*) tiene sus dichos (*sayings*) y proverbios, y el español tiene muchos. Algunos están relacionados con las partes del cuerpo.

¡Ojo!	*Watch out!; Careful!*
Ojo por ojo y diente por diente.	*An eye for an eye and a tooth for a tooth.*
Tengo la palabra en la punta de la lengua.	*I have the word on the tip of my tongue.*
Habla hasta por los codos.	*He/She runs off at the mouth.*

¿? ¿Cuáles de estas expresiones usas en las siguientes situaciones?
1. Tienes un amigo que habla y habla y habla.
2. Estás en un carro con una amiga y ves a un policía.
3. Un delincuente tiene que pasar tres años en la prisión.
4. Necesitas usar una palabra, pero no puedes recordarla (*can't remember it*) en este momento.

II. Acciones reflexivas

1. cepillarse los dientes
2. lavarse las manos
3. peinarse
4. cepillarse el pelo
5. afeitarse
6. ducharse
7. ponerse la ropa
8. quitarse la ropa

Otras acciones reflexivas

bañarse to bathe	**maquillarse** to put on make-up
levantarse to get up	

To practice: Do Workbook, CD-ROM, and Web activities.

Actividad 7 ¿En qué orden? En parejas, digan (*tell*) en qué orden (*order*) hacen estas acciones.

peinarse, bañarse, afeitarse, levantarse, cepillarse los dientes, ponerse la ropa

Actividad 8 Relacionen Relaciona cada (*each*) acción reflexiva con una o más partes del cuerpo.

afeitarse	los ojos
lavarse	las manos
peinarse	la barba
maquillarse	el pelo
cepillarse	los labios
	los dientes
	las piernas
	la cara

Actividad 9 La rutina de los famosos En parejas, digan qué cosas de la lista les gusta y no les gusta hacer a las siguientes personas famosas: Oprah Winfrey, Paris Hilton, Bill Clinton y Tiger Woods. Usen la imaginación.

bañarse en un jacuzzi
afeitarse los fines de semana
ponerse ropa sexy
lavarse las manos después de estar con el público
maquillarse con productos de Mary Kay
ponerse sombreros elegantes
levantarse temprano los sábados
peinarse con frecuencia

Gramática para la comunicación I

I. Describing Daily Routines: Reflexive Verbs

To describe some actions that you usually do, you can use reflexive verbs (**verbos reflexivos**). A reflexive verb is used when the subject does an action to himself or herself. Study the difference between these three drawings.

■■■ As you do these activities every day, practice Spanish by saying what you are doing: **Me lavo las manos con jabón.** (etc.) Remember: idle time = study time.

Ella lava el carro.
(She performs the action.)

Él se ducha.
(He performs and receives the action.)

Él se lava las manos.
(He performs and receives the action.)

1 ■ In order to use reflexive verbs, you need to know the reflexive pronouns.

levantarse *(to get up)*	
(yo) **me** levanto	(nosotros/as) **nos** levantamos
(tú) **te** levantas	(vosotros/as) **os** levantáis
(Ud., él, ella) **se** levanta	(Uds., ellos, ellas) **se** levantan

Me levanto temprano.	*I get up early.*
Él **se** cepilla los dientes* después de comer.	*He brushes his teeth after he eats.*
Nos duchamos por la mañana.	*We take a shower in the morning.*

*NOTE: As a general rule, use definite articles with parts of the body: *He washes his hands* = **Se lava las manos.**

2 ■ The reflexive pronoun precedes a simple conjugated verb form.

Todos los días **me** levanto temprano.   *I get up early every day.*

3 ■ When there is a *conjugated verb + infinitive* or *+ present participle* (words ending in **-ando/-iendo**), the reflexive pronouns (**me, te, se, nos, os, se**) either precede the conjugated verb or follow attached to the infinitive or the present participle.

Mañana **me voy** a levantar tarde. ⎫ Mañana voy a **levantarme** tarde. ⎭	*Tomorrow, I'm going to get up late.*
Me estoy lavando el pelo. ⎫ Estoy **lavándome*** el pelo. ⎭	*I'm washing my hair.*

*NOTE: When the pronoun is attached to the present participle, a written accent is needed. For accent rules, see Appendix B.

Actividad *10* **La familia Rosado** Di qué hace la familia Rosado un día típico por la mañana. Usa la imaginación para decir la ocupación de cada persona y qué hace durante el día. Sigue el modelo.

■■■ Por la mañana el padre... Es... y trabaja mucho. Lee muchos libros y...

Actividad 11 ¿Qué vas a hacer? Di qué vas a hacer con estas cosas.

■ ■ ■ Remember: **Me voy a levantar temprano. / Voy a** <u>levantarme</u> **temprano.**

1. un peine
2. una bañera (*bathtub*)
3. un cepillo de dientes
4. una ducha
5. una máquina de afeitar
6. un jabón

Actividad 12 Nuestra rutina Parte A. En parejas, digan qué tienen que hacer los estudiantes universitarios un día típico en su residencia o apartamento por la mañana.

■ ■ ■ Nosotros tenemos que levantarnos... / Nosotros nos tenemos que levantar...

Parte B. Ahora describan la rutina de los estudiantes universitarios los sábados.

■ ■ ■ Los sábados nos levantamos tarde y...

Actividad 13 Los productos de tu compañero/a Parte A. En parejas, háganle preguntas a su compañero/a para saber qué productos usa. Sigan el modelo.

■ ■ ■ A: ¿Con qué jabón te lavas las manos?
B: Me lavo las manos con jabón Dove.

1. pasta de dientes / cepillarse los dientes
2. jabón / ducharse
3. crema de afeitar / afeitarse
4. lápiz de labios / maquillarse
5. jabón / lavarse la cara
6. champú / lavarse el pelo

Parte B. Ahora escribe individualmente un mínimo de dos oraciones para comparar qué productos usas tú y qué productos usa tu compañero/a. Luego comparte (*share*) la información con el resto de la clase.

■ ■ ■ Jasmine y yo nos lavamos con jabón Dove. Ella se cepilla los dientes con Crest, pero yo me cepillo con Tom's.

Actividad 14 Un anuncio comercial En parejas, escriban el guion (*script*) de un anuncio comercial para una persona famosa. Escojan (*Pick*) un producto de la lista que sigue.

■ ■ ■ el maquillaje de Cover Girl / Anna Kournikova / maquillarse
Soy una persona práctica. Tengo mucho dinero, pero no es importante. El maquillaje de Cover Girl es bueno, bonito y barato. Y cuando me maquillo con Cover Girl, tengo ojos y labios perfectos. Cover Girl, el maquillaje de hoy. Cover Girl, mi maquillaje y tu maquillaje. Cover Girl, para mí y para ti.

1. una cama Serta / Homero Simpson / levantarse
2. el jabón Ivory / Lance Armstrong / lavarse, ducharse
3. la pasta de dientes Colgate / Julia Roberts / cepillarse
4. la crema de afeitar Gillette / Mel Gibson / afeitarse
5. el champú Paul Mitchell / Penélope Cruz / lavarse

II. The Personal *a*

■■■

1 ■ You already know three uses of the word **a:**

ir **a** + *infinitive*	Mañana, por la tarde, **voy a estudiar** con Viviana.
ir **a** + *place*	Pero por la noche, **voy al cine** con Alberto.
a mí/ti/él/ella/etc.	**A Juan** y **a mí** nos gustan las películas de acción.

2 ■ Another use of the word **a** is the *personal* **a,** which is used when someone does an action to another person (when the other person is a direct object). Notice that the first three examples that follow contain the *personal* **a** because, in each case, Maricarmen is looking at a person. The fourth example does not contain the *personal* **a** because Maricarmen is looking at an object.

Maricarmen mira **a** Juan.
Maricarmen mira **al** Sr. López.
Maricarmen mira **a la** profesora.
BUT: Maricarmen mira una foto.

NOTE: 1. **Tener** does not normally take the *personal* **a: Tengo un amigo.**
2. Remember to use **el, la, los,** or **las** with titles such as **Sra., Dr.,** etc., when speaking about the person. Also remember **a** + **el** = **al.**

To practice:
Do Workbook, CD-ROM, and Web activities.

Actividad 15 **José Manuel en Perú** Completa esta historia (*story*) sobre José Manuel con **a, al, a la, a los** o **a las** solo si es necesario.

___A___ José Manuel le gusta mucho trabajar como voluntario en Perú. Tres días por semana va ___a___ visitar ___a los___ unos niños que no tienen _____ padre o madre. Siempre lleva _____ libros para leer con ellos. Los jueves lleva ___a___ dos o tres niños para ver ___al___ Dr. Covarrubias, un médico que trabaja para Médicos sin Fronteras. Todos los domingos por la noche él llama ___a los___ sus padres por teléfono a Venezuela y les describe _____ su trabajo de arqueología. Los fines de semana generalmente va ___a___ escalar una montaña o ___a___ visitar _____ un pueblo diferente. También visita ___a___ sus amigos en Cuzco. José Manuel tiene _____ un amigo que se llama Rafael. ___A___ su amigo le gustaría ir ___al___ lago Titicaca pues es muy bonito. Pero esta semana ellos van a ir ___a los___ ruinas incaicas de Machu Picchu para trabajar en un proyecto.

El lago Titicaca, entre Bolivia y Perú, es el lago navegable más alto del mundo y tiene más o menos 8.300 km cuadrados (3.025 millas cuadradas). El lago tiene una biodiversidad bastante importante; entre su flora existe la totora, una planta similar al papiro (*papyrus*) de Egipto. Puede medir hasta siete metros de alto (23 pies). Los uros, nativos de la zona, usan la totora para construir embarcaciones y casas y también como alimento que forma parte de su dieta. Curiosamente, los uros también hacen islas (*islands*) flotantes de totora y construyen sus casas en esas islas. Hoy día, más o menos 300 familias habitan unas 200 islas flotantes en el lago Titicaca.

¿? ¿Estas embarcaciones son similares a qué embarcaciones famosas? Busca en Google el nombre *Thor Heyerdahl* y la palabra *Kon-Tiki* para leer una teoría sobre los posibles viajes de personas precolombinas de Suramérica.

▲ Una embarcación de totora en el lago Titicaca entre Bolivia y Perú.

Actividad 16 La rutina Parte A. Mira las siguientes actividades y completa los espacios en blanco con **a, al, a la, a las** o **a los** si es necesario.

nombre

1. levantarse temprano los domingos   _____
2. ducharse por la mañana   _____
3. afeitarse _____ la cara todos los días   _____
4. ir _____ gimnasio un mínimo de tres días por semana   _____
5. ver _____ su novio/a todos los días   _____
6. llamar _____ sus amigos todos los días por el móvil   _____
7. ir _____ cine todas las semanas   _____
8. visitar _____ sus padres los fines de semana   _____
9. mirar _____ películas románticas   _____
10. cepillarse _____ los dientes dos veces (*times*) por día   _____
11. ir _____ tiendas de un centro comercial los domingos   _____
12. caminar _____ supermercado para comprar comida (*food*) _____

Parte B. Ahora camina por la clase y pregúntales a tus compañeros si hacen las actividades de la **Parte A**. Si un/a compañero/a dice sí, escribe su nombre.

Nuevos horizontes

Lectura   ESTRATEGIA: Predicting

Predicting helps you start to think about the theme of a selection before you read it. You can predict or guess what a selection will be about by looking at the title, photos or illustrations, and subtitles, as well as by recalling what you know about the topic itself before you actually read the text.

In the following section, you will read some information about Peru. Many words or expressions that you may not understand will be used, but by predicting, guessing meaning from context, and using your knowledge of cognates and the world, you will comprehend a great deal of information.

■■■ The purpose of this activity is to get you to think about the topic. Do it prior to reading.

Actividad 17 ¿Qué sabes de Perú? Antes de (*Before*) leer sobre Perú, contesta las siguientes preguntas sobre ese país. Si es necesario, mira el mapa de Suramérica al final del libro.

1. ¿Dónde está Perú?
2. ¿Cuál es la capital de ese país?
3. ¿Qué países limitan con (*border*) Perú?
4. ¿Qué es Machu Picchu?
5. ¿Quiénes son los incas?

Actividad 18 Lee y adivina Marisel recibe este libro con una nota de José Manuel. Contesta las siguientes preguntas.

1. Lee la nota de José Manuel. ¿Qué tipo de libro es? ¿Cuál es la parte que tiene que leer Marisel?
2. Lee el título en la página siguiente. ¿Qué información tiene esta parte de la guía (*guidebook*)?
3. Ahora lee los cuatro subtítulos. ¿Qué información tiene cada sección?

Machu Picchu:
El lugar misterioso de los incas

Historia de Machu Picchu

En los Andes, a unos 2.400 metros de altura está
Machu Picchu, la ciudad sagrada[1] de los incas,
que el arqueólogo norteamericano de la Universidad de Yale, Hiram Bingham, descubrió
5 en 1911. Según una versión de la historia de
Machu Picchu, los incas construyeron la ciudad
en una montaña para defender a las Mujeres
Sagradas, esposas de su dios[2] el Sol. En este
refugio de vírgenes, Bingham y otros arqueólogos
10 descubrieron diez esqueletos de mujer por cada
esqueleto de hombre.

Arquitectura

Machu Picchu es la construcción más perfecta
de los incas. Las ruinas de la ciudad sagrada
tienen bloques enormes de granito blanco
15 colocados perfectamente y sin[3] cemento. Los
arqueólogos no comprenden cómo los incas
construyeron esa ciudad tan perfecta sin tener
la rueda,[4] el hierro[5] ni el cemento.

▲ Machu Picchu, la ciudad sagrada de
los incas en Perú.

Cuzco, ciudad imperial

Para visitar Machu Picchu, muchos turistas
20 pasan por Cuzco, la capital del Imperio
Incaico. Cuzco fue construida por Manco
Cápac, el primer emperador de los incas.
Todavía hoy en día, muchos de los
habitantes de Cuzco son descendientes de
25 los incas; mantienen sus costumbres y
hablan quechua, la lengua incaica.

Cómo llegar a Machu Picchu

Cuzco es la ciudad más cercana a Machu
Picchu. Por eso, la mayoría de los turistas
visitan la ciudad primero y después van a
30 Machu Picchu. Para ir de Cuzco a Machu
Picchu hay tres opciones:

▲ Una indígena peruana con su bebé.

1 *sacred*   2 *god*   3 *without*   4 *wheel*   5 *iron*

- Salir en tren y hacer un viaje de unos 120 kilómetros y después tomar un autobús a Machu Picchu. El viaje dura más o menos cuatro horas. Esta es la opción más usada por los turistas.

35

40
- Hacer trekking por la ruta de "Camino del Inca". Si uno camina por esa ruta,

tarda cuatro días en llegar. La experiencia es increíble, pero solo es para personas a quienes les gustan las aventuras.

45
- Ir en helicóptero y después en autobús. El viaje es de un poco más de una hora y es posible ver vistas magníficas, pero no es posible ver Machu
50 Picchu desde el helicóptero.

■■■ You will read excerpts from Spanish-language Internet pages about Machu Picchu and Peru at the end of Ch. 4 in the Workbook.

Actividad 19 ¿Cierto o falso? Parte A. Después de leer sobre Machu Picchu, escribe **C** si la información es cierta y **F** si es falsa. Corrige (*Correct*) las oraciones falsas.

1. _____ Machu Picchu es la capital de los incas.
2. _____ Machu Picchu está en Lima.
3. _____ Un arqueólogo de los Estados Unidos descubrió Machu Picchu en 1911.
4. _____ Las construcciones de la ciudad tienen cemento.
5. _____ La lengua de los incas es el quechua.
6. _____ Las personas de Cuzco no hablan quechua.
7. _____ Para visitar Machu Picchu, muchos turistas van a Cuzco primero.

Parte B. Contesta estas preguntas.

1. Hay tres maneras de viajar de Cuzco a Machu Picchu. ¿Cuáles son?
2. ¿Cuál de las tres formas te gustaría utilizar y por qué?
3. ¿Es interesante el trabajo de un arqueólogo?
4. ¿Hay una construcción misteriosa, única o interesante en tu país? ¿Cuál es?

Escritura ESTRATEGIA: **Brainstorming and Outlining**

Brainstorming and outlining can help you better organize and plan your writing. The first step is to brainstorm ideas; you should jot down everything that comes to mind. The next step is usually outlining. An outline is an organized list of what you plan to write. When you brainstorm and outline, it is important to write in Spanish so that you don't try to say things that you have not studied yet. An outline for the first two parts of the guidebook selection on Machu Picchu may be as follows.

I. Historia de Machu Picchu
  1. Andes, 2.400 metros de altura
  2. Bingham 1911
  3. Mujeres Sagradas

II. Arquitectura de Machu Picchu
  1. granito blanco
  2. sin cemento; sin la rueda; sin hierro

Actividad 20 Un día típico **Parte A.** Brainstorm a list of things you do in a typical day and a list of things you do with your friends for fun. Remember to write in Spanish.

Parte B. Create an outline in Spanish, using the following headings. Add specific details under each one using items you brainstormed in **Parte A** and any other details you want to add.

1. descripción de quién eres y cómo eres
2. qué haces un día típico (incluye acciones reflexivas y otras acciones)
3. descripción de tus amigos
4. qué hacen tú y tus amigos en su tiempo libre

Parte C. Write a four-paragraph composition based on your outline.

Parte D. Double check to see if:

- you use words like **por eso, y, también,** and **pero** to connect ideas and enrich the interest level. If you don't, add them now.

- all verbs agree with their subjects, all adjectives agree with the nouns they modify, all articles (**el/la, un/una,** etc.) agree with the nouns they modify. If they don't, fix them now.

- you use the *personal* **a** if you have a sentence where the direct object is a person. If you don't, add it now.

Parte E. Rewrite your description, staple it to your rough draft—also including the brainstorming and outline created in **Partes A** and **B**—and hand them in to your instructor.

■ ■ ■ When several items are listed in Spanish, there is no comma before **y: Estudio historia, sociología y español.**

Vocabulario esencial II

I. Los meses, las estaciones y el tiempo (*Months, Seasons, and the Weather*)

Un año en el hemisferio sur

El verano

En diciembre hace sol.

En enero hace calor.

En febrero llueve.

■ ■ ■ Notice that months are written in lowercase.

El otoño

En marzo está nublado.

En abril hace fresco.

En mayo hace mal tiempo.

■ ■ ■ Treinta días trae noviembre, con abril, junio y septiembre; de veintiocho solo hay uno y los demás de treinta y uno.

El invierno

En junio hace frío.

En julio nieva.

En agosto hace viento.

La primavera

■ ■ ■ Months: **septiembre** or **setiembre**.

En septiembre hace fresco.

En octubre hace buen tiempo.

En noviembre hace sol.

108   Capítulo 4

Expresiones relacionadas con el tiempo

centígrados   centigrade/Celsius
Está a ___ grados (bajo cero).   It's ___ degrees (below zero).
la temperatura   temperature
¿Qué tiempo hace?   What's the weather like?
Está lloviendo/nevando.   It's raining/snowing.
Va a llover/nevar.   It's going to rain/snow.

¿Lo sabían?

En los países que están al sur de la línea ecuatorial (*equator*), las estaciones no son en los mismos meses que en los Estados Unidos y Canadá. Por ejemplo, cuando es invierno en el hemisferio norte, es verano en Uruguay; por eso, en el hemisferio sur hace calor en la Navidad (*Christmas*). Hay clases desde marzo, en el otoño, hasta noviembre o diciembre, el final de la primavera. En los países que están cerca de la línea ecuatorial, no hay mucha diferencia de temperatura entre las estaciones. Por ejemplo, en países como Colombia la temperatura cambia según (*according to*) la altura: hace calor en la costa y hace fresco o frío en las montañas.

¿? Mira el mapa de Suramérica en tu libro, ¿Dónde hace más calor, en Cartagena o en Bogotá que está más cerca (*closer*) de la línea ecuatorial? ¿En qué estación están en Chile ahora? ¿Y en España?

II. Las fechas (*Dates*)

■■■

—**¿Qué fecha es hoy?**   What is the date?
—**Hoy es el 20 de octubre.***   Today is October 20th.

—**¿Cuándo es la fiesta de cumpleaños?**   When is the birthday party?
—**Es el 21 de marzo.***   It's on March 21st.

***NOTE:** El **primero** de enero, pero **el dos/tres/cuatro**... de enero.

■■■ For practice, say dates that are important to your family: birthdays, anniversaries, etc.

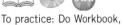

To practice: Do Workbook, CD-ROM, and Web activities.

Actividad 2/ El pronóstico   Trabajas para la radio. Lee el pronóstico del tiempo para Santiago de Chile, y luego mira el gráfico en la página 110 y prepara el pronóstico para Lima, Perú.

Hoy es el lunes 4 de enero y en Santiago de Chile hace calor y está lloviendo. La temperatura está a 27 grados. El martes la temperatura máxima va a estar a 28 grados y la mínima a 20. ¡28 grados! Va a hacer calor y no va a hacer viento. El miércoles va a llover y va a hacer fresco.

■ ■ ■ To give a weather forecast, use the present tense (**llueve**) or present progressive (**está lloviendo**) to discuss present conditions, and use **ir a** + *infinitive* to forecast future weather conditions (**va a llover**).

Lima		
hoy	mañana	pasado mañana
Viento 18 Km/h Precipitaciones — Temperatura máx. 26° Temperatura mín. 19°	Viento 5 Km/h Precipitaciones — Temperatura máx. 25° Temperatura mín. 18°	Viento 20 Km/h Precipitaciones 70% Temperatura máx. 20° Temperatura mín. 16°

Actividad 22 Las celebraciones Parte A. En parejas, pregúntenle a su compañero/a en qué mes o fecha son estas celebraciones.

■ ■ ■ A: ¿Cuándo es el Día de San José?
   B: Es el 19 de marzo.

1. el día de San Valentín
2. el día de la Independencia de los Estados Unidos
3. el día de San Patricio
4. la Navidad
5. el día de Año Nuevo
6. las próximas (*next*) vacaciones de la universidad

■ ■ ■ vacation = **vacaciones** (In Spanish, the plural is used.)

Parte B. Ahora, di (*say*) qué tiempo hace generalmente en esas fechas y qué haces tú esos días.

■ ■ ■ Como el día de San Valentín es el _____ de _____, generalmente hace _____. Ese día yo me baño, me afeito por la noche y me pongo agua de colonia y salgo con...

■ ■ ■ It is possible to write the month in Roman or Arabic numerals:
3/IV/07 = 3/4/07

Actividad 23 Feliz cumpleaños Parte A. Averigua el cumpleaños de un mínimo de diez compañeros y apunta (*jot down*) la fecha de cada uno. Escribe la fecha en español. ¡Ojo! En español 3/4 = el 3 de abril.

Parte B. Contesta estas preguntas sobre tus compañeros.

1. ¿Quién cumple años en la primavera? ¿Y en el otoño?
2. ¿Quién cumple años en octubre? ¿Y en agosto?
3. ¿Quién va a celebrar su cumpleaños pronto?
4. ¿Quién celebra su cumpleaños cuando hace frío? ¿Y cuando hace calor?
5. ¿Quién es del signo del zodíaco Virgo? ¿Y Acuario?

■ ■ ■ **Mi cumpleaños** = My birthday
Mis cumpleaños = My birthdays

Para escuchar

El mensaje telefónico

◀ Libros a la venta en una librería de Costa Rica. ¿Conoces algunos de los escritores o títulos?

¿podrías + *infinitive?*	could you . . . ?
¿Podrías ir tú?	Could you go?
Un millón de gracias.	Thanks a million.

Teresa está trabajando en la agencia de viajes de su tío y escucha un mensaje telefónico.

Actividad 24 **Deje su mensaje** Lee las siguientes preguntas. Luego, escucha el mensaje y contesta las preguntas.

1. ¿De quién es el mensaje telefónico?
2. Teresa tiene que hacer dos cosas, ¿cuáles son?
   a. llevar un paquete (*package*) a una librería
   b. hacer una reserva para Federico de Rodrigo
   c. trabajar en la sección de arte en la librería
   d. comprar un libro para Federico de Rodrigo

Actividad 25 **Preguntas** Escucha el mensaje otra vez y contesta estas preguntas.

1. ¿Cómo se llama la librería y dónde está?
2. Teresa tiene dos opciones para ir a la librería; ¿cuáles son?
3. ¿Adónde le gustaría ir al Sr. de Rodrigo y con quiénes? ¿Van a ir de vacaciones o es un viaje de trabajo?
4. ¿En qué sección de la librería trabaja el Sr. de Rodrigo?
5. ¿Cómo se llama el libro que Teresa tiene que comprar? ¿Es sobre turismo, geografía, arte o historia?
6. ¿Por qué es interesante ese libro?
   a. Un conquistador español escribe sobre los incas.
   b. Una persona con sangre (*blood*) incaica escribe sobre los incas.

Actividad 26 **Los favores** En parejas, pídanle (*ask*) favores a su compañero/a, usando la expresión **podrías** + *infinitivo*.

■■■ A: ¿Podrías comprar champú?

B: ¡Por supuesto! / No puedo, tengo que estudiar.

Gramática para la comunicación II

I. Talking About Who and What You Know: *Saber* and *conocer*

■■■

Both **saber** and **conocer** mean *to know*, but they are used to express very different kinds of knowledge in Spanish.

A. *Saber*

1 ■ **saber** + *infinitive* = to know how to do something

yo	**sé**	nosotros	sabemos
tú	sabes	vosotros	sabéis
él		ellos	
ella }	sabe	ellas }	saben
Ud.		Uds.	

Claudia **sabe** to**car** el saxofón.	*Claudia knows how to play the saxophone.*
Juan Carlos **sabe** esqui**ar**.	*Juan Carlos knows how to ski.*
Yo **sé** bail**ar** tango.	*I know how to dance the tango.*

2 ■ **saber** + *factual information* = to know something/information

Teresa **sabe** el número de teléfono de la librería.	*Teresa knows the bookstore's telephone number.*
¿**Sabes** dónde* está La Casa del Libro?	*Do you know where the "Casa del Libro" is?*
No **sé** si* el libro es bueno.	*I don't know if the book is good.*
Ellos **saben** quién* es el Inca Garcilaso de la Vega.	*They know who the Inca Garcilaso de la Vega is.*

*NOTE: Words like **si** and question words like **quién, dónde,** and **cuándo** are always preceded by **saber.**

B. *Conocer*

1 ■ **conocer** + *place/thing* = to be familiar with places and things

Entonces, Mario, ¿vamos a conocer tu universidad?

yo	cono**zco**	nosotros	conocemos
tú	conoces	vosotros	conocéis
él		ellos	
ella	conoce	ellas	conocen
Ud.		Uds.	

Teresa no **conoce** Perú.
¿**Conoce** ella el libro *Los comentarios reales* del Inca Garcilaso de la Vega?

Teresa doesn't know Peru.
Does she know the book The Royal Commentaries by the Inca Garcilaso de la Vega?

2 ■ **conocer a** + *person* = to know a person

Federico **conoce al** tío de Teresa.

Federico knows Teresa's uncle.

—Teresa, ¿**conoces a** Federico de Rodrigo?
—Sí, **conozco a**l Sr. de Rodrigo.

Teresa, do you know Federico de Rodrigo?
Yes, I know Mr. de Rodrigo.

Actividad 27 ¿Sabes esquiar? **Parte A.** Contesta esta pregunta: ¿Cuáles son un mínimo de ocho cosas que la gente sabe hacer? Por ejemplo: hablar francés o bailar salsa. Tu profesor va a escribir las acciones en la pizarra.

Parte B. En parejas, túrnense (*take turns*) para hacerse preguntas y ver cuántas de las cosas que están en la pizarra sabe hacer la otra persona.

■■■ ¿Sabes hablar francés?
Sí, sé hablar francés. / No, no sé hablar francés.

Actividad 28 Sí, lo sé En parejas, túrnense para averiguar cuánto saben.

■■■ cuántos años tiene nuestro/a profesor/a
¿Sabes cuántos años tiene nuestro/a profesor/a?

Sí, lo sé. Tiene... años.   No, no sé.

1. cómo se llama el presidente o la presidenta de la universidad
2. quién es el jefe o la jefa de la facultad (*department*) de español
3. dónde está la oficina de nuestro/a profesor/a
4. cuándo es el próximo examen de español
5. de dónde es nuestro/a profesor/a
6. cuál es el número de teléfono de nuestro/a profesor/a

▲ Gente en un parque de Caracas, Venezuela.

Actividad 29 **¿Conoces Lima?** En parejas, túrnense para preguntar si su compañero/a conoce diferentes ciudades. Sigan el modelo.

■■■ A: ¿Conoces Lima?

B: Sí. B: No.
A: ¿Cómo es? A: ¿Te gustaría conocer Lima?
B: Es muy bonita. B: Sí, me gustaría. / No, no me interesa.

1. Barcelona
2. Los Ángeles
3. Caracas
4. París
5. Nueva York

6. Dallas
7. Jerusalén
8. Detroit
9. Quito

Actividad 30 **¿Conoces a...?** **Parte A.** Escribe una lista con el nombre de cinco personas que conoces personalmente en la universidad. Incluye a profesores, decanos (*deans*), personas que trabajan en la cafetería, deportistas o estudiantes.

■■■ Conozco a...

Parte B. En parejas, averigua si tu compañero/a sabe quiénes son las personas de tu lista. Sigue el modelo.

■■■ A: ¿Sabes quién es [Peter Smith]?

B: Sí, es profesor de B: No, no sé. ¿Quién es?
historia, ¿no? A: Es mi profesor de historia y
A: Sí. es excelente.

Actividad 31 **Una persona que...** Busca (*Look for*) a las personas de tu clase que saben o conocen:

nombre

1. bailar salsa _____

2. San Francisco _____

3. las ruinas de Tulum en México _____

4. tocar el piano _____

5. el número de teléfono de la policía de la universidad _____

6. cantar "La bamba" _____

7. Nueva York _____

8. cuándo es el cumpleaños del/de la profesor/a _____

9. si al/a la profesor/a le gusta levantarse temprano los sábados _____

10. una persona importante _____

II. Pointing Out: Demonstrative Adjectives and Pronouns

■ ■ ■

A. Demonstrative Adjectives

▲ **Este** animal que está **aquí** es una llama. **Esta** es la familia Grinberg, **esas** ruinas que están **allí** son Machu Picchu y **aquella** montaña que está **allá** en la distancia se llama Huayna Picchu.

■ ■ ■ **Este** has a **t** and you can touch it, **ese** is over there, and **aquel** is so far away you have to *yell.*

In English there are two demonstrative adjectives: *this* and *that* and their plurals. In Spanish there are three: **este** (*this*), which indicates something near the speaker; **ese** (*that*), which indicates something farther from the speaker; and **aquel** (*that*), which usually indicates something far away from the speaker and the listener. Since **este, ese,** and **aquel** are adjectives, they must agree with the noun they modify in gender and in number.

este libro	estos libros ⎱	*near*
esta revista	estas revistas ⎰	
ese, esa	esos, esas	*far*
aquel, aquella	aquellos, aquellas	*waaaaaay far away*

B. Demonstrative Pronouns

1 ■ To avoid repetition, use a demonstrative pronoun and omit the noun. The pronoun forms are the same as demonstrative adjectives (**esta, ese, aquellas,** etc.).

Esta ruina es interesante, pero **esa** que está allí es fantástica.

This ruin is interesting, but that one over there is fantastic.

NOTE: You may sometimes see written accents over the stressed vowel on the demonstrative pronouns (**éste, ésas, aquél,** etc.) since they were at one time required.

2 ■ **Esto, eso,** and **aquello** are neuter (neither masculine nor feminine) demonstrative pronouns that refer to abstract concepts; they never have accents.

—¿Te gustaría comer ceviche?
—¿Ceviche? ¿Qué es **eso**?

Would you like to eat ceviche?
Ceviche? What's that?

■ ■ ■ **Ceviche** is a raw fish dish originally from Peru.

To practice: Do Workbook, Lab, CD-ROM, and Web activities.

Actividad 32 **¿Este disco compacto o ese?** Completa esta conversación entre dos vendedores de una tienda de música con pronombres y adjetivos demostrativos.

BRUNO ¿De quién es la novela que tienes en la mano?

■ ■ ■ Mario Vargas Llosa es un escritor peruano.

PAQUITA _____ novela es de Mario Vargas Llosa. Es nueva.

BRUNO Me gusta Vargas Llosa. Paquita, ¿sabes cuánto cuestan _____ novelas de Vargas Llosa que están allí?

PAQUITA _____ cuestan diez pesos. Son económicas porque son de una edición vieja.

BRUNO ¿Y _____ libros que veo allá?

PAQUITA ¿Cuáles? ¿_____ que están allí que son de química o _____ libros de cálculo?

BRUNO No, de cálculo no. _____ de química.

PAQUITA Ah, sí, de química. No sé. Un momento. Tengo que mirar uno... Sí... aquí está... _____ cuestan 80 pesos.

Actividad *33* **¿Este, ese o aquel?** **Parte A.** Mira la siguiente fiesta y describe a las personas.

■■■ La mujer número dos es alta, tiene pelo..., también es...

Parte B. Imagina que estás en la fiesta. Amplía tu descripción de las personas usando palabras como **este**, **ese** o **aquel** y di qué están haciendo. Incluye información de la **Parte A**.

■■■ Esta mujer es alta, tiene pelo corto, también es... y está bebiendo...

Parte C. En parejas, "A" cubre (*covers*) la información de B y "B" cubre la información de A. Tú y tu compañero/a están en esta fiesta y conocen a muchas personas, pero no a todas. Pregúntale a tu compañero/a si conoce a las personas que tú no conoces y averigua la siguiente información: **ocupación, edad, nacionalidad** y **quién es.**

■■■ Remember to use the *personal* **a** with **conocer** when followed by a person.

■■■ A: ¿Conoces a esta mujer alta, que tiene pelo corto, que también es... y que está bebiendo...?

B: Esta se llama Ramona Carvajal y es dentista.

A: ¿Sabes de dónde es?

B: Sí, es...

A

1. Ramón Paredes, hombre de negocios, el novio de Carmen
3. Carmen Barrios, estudiante universitaria, estudia biología
4. Miguel Jiménez, médico, 31 años, no tiene novia
6. Germán Mostaza, periodista, 27 años

B

2. Ramona Carvajal, dentista, panameña, amiga de Laura
5. Laura Salinas, economista, trabaja en un banco
7. José Peña, geólogo, el novio de Begoña
8. Begoña Rodríguez, programadora de computadoras

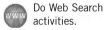 Do Web Search activities.

Más allá

Trabajo voluntario

Beneficios de ser voluntario en otro país:

- ayudar a alguien que lo necesita
- aprender otro idioma
- aprender sobre otras culturas
- vivir en otro país
- obtener un buen trabajo al volver a tu país

■ ■ ■ Some of the verb forms used refer to past actions.

Me llamo Amy y soy norteamericana. Hablo español y francés. Pasé dos años con el Cuerpo de Paz en Guinea, África, donde viví en un pueblo rural. Ahora estudio y trabajo en un hospital de Nueva Orleans y con frecuencia acompaño a médicos y a enfermeras en viajes de una o dos semanas a Centroamérica, donde interpreto del español al inglés y del inglés al español. Sé que soy solamente una persona, pero creo que el trabajo que hice, que hago y que voy a hacer es muy importante.

Me llamo Jessica y soy estudiante de español elemental y estoy en mi segundo semestre. Pasé una semana (mis vacaciones de primavera) en la República Dominicana trabajando con huérfanos (*orphans*) y solamente hablé español con los niños. Ahora, me gustaría hacer más trabajo como voluntaria.

Hábitat para la Humanidad Internacional une a familias y comunidades en necesidad con voluntarios y recursos para construir casas dignas y económicas.

¿? ¿Trabajas como voluntario/a? ¿Qué oportunidades ofrece tu universidad para hacer trabajo voluntario? ¿Tu universidad tiene programas específicos en Latinoamérica para ayudar (*help*) a otros?

Vocabulario funcional

Las partes del cuerpo

la barba	beard
el bigote/los bigotes	mustache
la boca	mouth
el brazo	arm
la cabeza	head
la cara	face
el codo	elbow
el corazón	heart
el cuello	neck
el dedo	finger
el dedo del pie	toe
los dientes	teeth
la espalda	back
el estómago	stomach
el hombro	shoulder
los labios	lips
la lengua	tongue
la mano	hand
las nalgas	buttocks, rear end
la nariz	nose
el oído	inner ear
el ojo	eye
la oreja	ear
el pelo	hair
el pie	foot
la pierna	leg
la rodilla	knee

Verbos reflexivos

afeitarse	to shave
bañarse	to bathe
cepillarse el pelo	to brush one's hair
cepillarse los dientes	to brush one's teeth
ducharse	to shower
lavarse (las manos)	to wash (one's hands)
levantarse	to get up
maquillarse	to put on make-up
peinarse	to comb one's hair
ponerse la ropa	to put on clothes
quitarse la ropa	to take off clothes

El tiempo (Weather)

centígrados	centigrade/Celsius
¿Qué tiempo hace?	What's the weather like?
Está a _____ grados (bajo cero).	It's _____ degrees (below zero).
la temperatura	temperature
está nublado	it's cloudy
hace buen/mal tiempo	it's nice/bad out
hace calor/frío	it's hot/cold
hace fresco	it's chilly
hace sol	it's sunny
hace viento	it's windy
llover/llueve/está lloviendo	to rain/it rains/it's raining
nevar/nieva/está nevando	to snow/it snows/it's snowing

Los meses (Months)

enero	January
febrero	February
marzo	March
abril	April
mayo	May
junio	June
julio	July
agosto	August
septiembre	September
octubre	October
noviembre	November
diciembre	December

Las estaciones (Seasons)

el invierno	winter
la primavera	spring
el verano	summer
el otoño	fall

Expresiones de tiempo y fechas (Time Expressions and Dates)

el año	year
el cumpleaños	birthday
cumplir años	to have a birthday
¿Qué fecha es hoy?	What is the date today?
el mes	month

Adjetivos y pronombres demostrativos

aquel, aquella, aquellos, aquellas	these, those
ese, esa, esos, esas	these, those
este, esta, estos, estas	this, these
esto	this thing/issue
eso	that thing/issue
aquello	that thing/issue

Palabras y expresiones útiles

allá	(way over) there
allí	there
antes	before
aquí	here
cada	each
conocer	to know (a person, place, or thing)
deber + infinitive	ought to/should/must + verb
la facultad	academic department
la guía	guidebook
hay	there is/there are
¿podrías + infinitive?	could you . . . ?
¡Qué + adjective!	How + adjective!
saber	to know (facts or how to do something)
un millón de gracias	thanks a million
las vacaciones	vacation
veces	times

Videoimágenes

La vida universitaria

■■■

Antes de ver

Actividad / **En los EE.UU.** Antes de mirar un video sobre la vida universitaria en el mundo hispano, contesta estas preguntas sobre la vida universitaria en los Estados Unidos.

1. ¿Dónde viven los estudiantes normalmente? ¿En un colegio mayor? ¿En un apartamento? ¿Con su familia?
2. ¿Cuánto es la matrícula (*tuition*) en una universidad pública? ¿Y en una universidad privada? ¿Es cara la matrícula en tu universidad?
3. ¿De cuántos años es tu carrera universitaria? ¿Es igual o diferente para todas las especializaciones?
4. ¿Es normal tener clases en diferentes edificios o los estudiantes normalmente tienen todas sus clases en un edificio?
5. Si un estudiante va a estudiar medicina o derecho, ¿más o menos cuántos años necesita para terminar esa carrera?
6. Al entrar en la universidad, ¿ya saben su especialización los estudiantes de este país? ¿Es normal cambiar de especialización durante los años universitarios?

▲ Estudiantes de la Universidad San Francisco de Quito.

Mientras ves

Actividad 2 **¿Qué estudias?** En este segmento muchos estudiantes del mundo hispano hablan sobre su universidad. Todas las universidades que mencionan son públicas, excepto San Francisco de Quito que es privada. Mira el video y completa las siguientes tablas. Mira las tablas antes de ver el video.

07:00–09:05

Universidad de Buenos Aires

Nombre	Edad	Carrera
Florencia	22	_____
Andrés	_____	diseño de imagen y sonido
Natalia	22	paisajismo (*landscaping*)

Universidad Nacional Autónoma de México

Nombre	Edad	Carrera
Manuel	21	_____
Nicte-ha	19	_____

Universidad San Francisco de Quito

Nombre	Edad	Carrera
Gabriela	20	cine y video
Miguel	_____	diseño gráfico
Mario	21	_____

Universidad de Río Piedras, Puerto Rico

Nombre	Edad	Carrera
Imelís	19	educación
Carlos	19	comunicación pública
Yoelis	20	_____

Universidad Complutense de Madrid

Nombre	Edad	Carrera
Néstor	_____	ingeniería informática
Raquel	_____	derecho (*law*)
Victoria	_____	periodismo (*journalism*)

09:06–15:59

Actividad 3 **¿Cuánto cuesta esa carrera?** En este segmento, Javier habla con Victoria, y Mariela habla con Mario sobre las carreras de periodismo y medicina respectivamente. También visitan varias universidades. Escucha la conversación y observa las diferentes universidades. Luego escucha a otros estudiantes universitarios y completa la siguiente tabla.

Universidad	Carrera	Años	Costo de la matrícula de un año
San Francisco de Quito	filosofía	_____	$5.000
de Buenos Aires	_____	_____	gratuita – no cuesta nada
Complutense de Madrid	derecho	_____	$400
_____ Autónoma de México	X	X	_____ ¢

Actividad 4 **El tiempo libre** Mira el siguiente segmento y haz una lista de lo que hacen los estudiantes en su tiempo libre. Luego compártela con el resto de la clase.

 16:00–end

¿Lo sabían?

Muchas universidades del mundo hispano son enormes, como la UNAM en el D. F. que tiene más de 270.000 estudiantes y la Universidad de Buenos Aires con más de 226.000. Por eso, a veces hay ciudades universitarias (*campuses*) y a veces no. En el caso de Buenos Aires, las facultades están repartidas por toda la ciudad. Esto no es problemático porque generalmente los alumnos entran directamente de la escuela secundaria en las facultades de derecho, medicina, geología, etc. Luego asisten a todas sus clases en el mismo edificio con otros estudiantes de la misma especialización.

Después de ver

Actividad 5 **A comparar** En parejas, piensen en lo que vieron en el video y examinen las tablas de las **Actividades 2** y **3** para formar oraciones comparando la vida universitaria en el mundo hispano con la de este país. Sigan el modelo.

■■■ Useful vocabulary: **carrera** (*course of study*), **especialización** (*major*), **matrícula alta/baja** (*high/low tuition*), **ciudad universitaria** (*campus*).

■■■ En España generalmente cada facultad tiene bar y vende alcohol. En los EE.UU. hay cafeterías en diferentes partes de la ciudad universitaria y normalmente no venden alcohol.

5 Los planes y las compras

Deja que el
mundo te cambie,
y podrás cambiar
el mundo.

➤ **Gael García Bernal
y Rodrigo de la Serna
en la película** *Diarios
de motocicleta.*

Chapter Objectives

- Expressing feelings and sensations
- Telling time
- Discussing clothing
- Indicating purpose, destination, and duration
- Specifying the location of people, things, and events
- Discussing present and future events

¿Qué saben?

1. ¿Conoces algunas (*some*) de estas películas?

   *Mar adentro**   *Todo sobre mi madre**
   *Diarios de motocicleta**   *Y tu mamá también*
   María llena eres de gracia *Amores perros*
   El crimen del Padre Amaro *Buena Vista Social Club*
   *Hable con ella**

2. ¿Puedes nombrar algunos actores hispanos? ¿Sabes de qué país son?

3. ¿Hay películas de países hispanos en los cines de tu ciudad en este momento?

*ganadora de un Oscar

Para escuchar

¿Qué hacemos esta noche?

➤ El director norteamericano Joshua Marston y la actriz colombiana Catalina Sandino Moreno durante la filmación de *María llena eres de gracia*.

¡Me fascina/n!	I love it/them!
se + *third person singular of verb*	they/people/one + *verb*
Se come bien...	They/People/One eat(s) well . . .
¡No me diga/s!	No kidding!

Juan Carlos y Claudia están en una cafetería haciendo planes para esta noche.

 Actividad 1 Marca las películas Mientras escuchas la conversación, marca las películas que mencionan Juan Carlos y Claudia. ¡Ojo! Algunas palabras no son nombres de películas.

_____ Palafox   _____ El Norte

_____ Carmen   _____ La historia oficial

_____ Alphaville   _____ Amaya

_____ Casablanca   _____ Luna

 Actividad 2 Preguntas Después de escuchar la conversación otra vez (*again*), contesta estas preguntas.

1. ¿Qué van a hacer esta noche Juan Carlos y Claudia?
2. ¿Dónde buscan información?
3. ¿Qué película van a ver?
4. ¿Conoces esa película? ¿Qué tipo de película es, violenta o romántica? ¿Es un drama o una comedia?
5. ¿Qué van a hacer Juan Carlos y Claudia después del cine?
6. ¿Quién va a pagar (*pay*) en el restaurante y por qué?

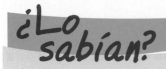

¿Lo sabían?

En algunos países de habla española como España, México y Venezuela, generalmente la persona que cumple años invita a sus amigos a tomar algo el día de su cumpleaños. Por ejemplo, puede invitar a sus compañeros de la universidad a tomar un café o una cerveza y si se reúnen (*get together*) para estudiar, a veces lleva algo para comer. En su día, la persona recibe regalos y es típico abrir (*to open*) cada regalo inmediatamente, en el momento de recibir cada uno, y no más tarde todos juntos (*together*).

¿? ¿El día de tu cumpleaños invitas a tus amigos a tomar algo? ¿Abres los regalos uno por uno en el momento en que recibes cada uno o todos juntos después?

Actividad 3 Una entrevista Parte A. Clasifica (*Rate*) los siguientes tipos de películas con esta escala de uno a cinco.

1	No me gustan nada.
2	No me gustan.
3	Me gustan.
4	Me gustan mucho.
5	Me fascinan.

_____ románticas   _____ dramáticas
_____ de terror   _____ de Disney
_____ de ciencia ficción _____ de suspenso
_____ documentales   _____ de violencia
_____ cómicas

Parte B. Ahora, en parejas, entrevisten a su compañero/a para ver qué tipos de películas le gustan y cuáles son sus películas, actores, actrices y directores favoritos.

■■■ A: ¿Te gustan las películas de terror?
     B: No, no me gustan nada.
     A: ...

Actividad 4 Información En parejas, "A" es una persona nueva en esta ciudad y "B" vive aquí. "A" necesita información sobre la ciudad y le hace preguntas a "B".

■■■ A: ¿Dónde se come bien?
     B: Se come bien en...

1. comer bien
2. nadar
3. correr
4. bailar
5. caminar por la noche
6. vivir con tranquilidad

Vocabulario esencial I

I. La hora, los minutos y los segundos

■■■ When you look at your watch, try to think of the time in Spanish.

■■■ The hour may be written four different ways:
10.00 / 10,00 / 10'00 / 10:00.

menos   y

Es la una y cuarto.

Son las ocho menos diez.

Son las cinco y media.

Es (el) mediodía.

Es (la) medianoche.

En el aeropuerto

Los Ángeles

México

Nueva York

Caracas

Montevideo

Madrid

¿Qué hora **es** en Los Ángeles?   **Son las diez** de la mañana.
¿Qué hora **es** en Nueva York?   **Es la una** de la tarde.
¿Qué hora **es** en Montevideo?   **Son las tres** de la tarde.

¡OJO! Son las once *de* **la noche/mañana.** (*specific time*)
Nunca estudio *por* **la noche/mañana.** (*general time period*)

NOTE: To say at what time something occurs, use the following construction.

¿**A** qué hora es la clase?

La clase es **a la una.**   La clase es **a las dos.**

Actividad 5 **La hora en el mundo** En parejas, imagínense que Uds. están en el aeropuerto de México. Miren los relojes de la sección *En el aeropuerto* de la página 126, y túrnense para preguntar la hora de las diferentes ciudades.

■ ■ ■ 6:15 a. m. ¿Madrid?

  A: Si en la ciudad de México son las 6:15 de la mañana, ¿qué hora es en Madrid?

  B: En Madrid son las 2:15 de la tarde.

Hora en México, D. F.

1. 1:15 a. m. ¿Nueva York?
2. 5:50 a. m. ¿Caracas?
3. 4:25 p. m. ¿Los Ángeles?
4. 3:30 p. m. ¿Montevideo?

Hora en México, D. F.

5. 7:16 a. m. ¿Madrid?
6. 10:20 p. m. ¿Nueva York?
7. 8:45 a. m. ¿Caracas?
8. 2:12 p. m. ¿Madrid?

Actividad 6 **Los teleadictos** **Parte A.** Escribe los nombres de cuatro programas de televisión que te gustan.

Parte B. Ahora, habla con otra persona para ver si conoce los programas y si sabe qué día y a qué hora son.

■ ■ ■ A: ¿Conoces el programa...?

  B: Sí, conozco ese programa. B: No, no conozco ese programa.
  A: ¿Sabes qué día y a qué hora es? A: Es un programa muy bueno.
  B: Es los... a la/s... Es los... a la/s...

■ ■ ■ Note: **Son las 7:00** = It is 7:00; **El concierto es a las 7:00** = The concert is at 7:00. Practice this latter construction when reading movie schedules, TV guides, etc.

Actividad 7 **Tu horario** **Parte A.** Completa tu horario de clases de la universidad e incluye cuándo trabajas si tienes empleo.

hora	lunes	martes	miércoles	jueves	viernes

Parte B. En parejas, explíquenle su horario a su compañero/a. Sigan el modelo.

■ ■ ■ Los lunes tengo clase de historia/inglés/etc. ... a la(s)..., etc. Los jueves trabajo...

Parte C. Con tu compañero/a tienen que decidir cuándo van a estudiar juntos (*together*) para el próximo examen de español. Es importante estudiar durante el día porque por la noche tienen otras obligaciones. Usen frases como: **Vas a estar libre el lunes a las 2:00, ¿no? Me gustaría estudiar el miércoles a la 1:00, ¿está bien para ti?**

II. Las sensaciones

1. Tiene calor.   **2.** Tienen frío.

3. Tiene miedo.

4. Tienen sed.   **5.** Tienen hambre.

6. Tiene sueño.

7. Tiene vergüenza.

To practice: Do Workbook,
CD-ROM, and Web activities.

Actividad 8 ¿Cómo se sienten? Parte A. Di qué sensaciones tienen estas personas en las siguientes situaciones.

■■■ Si veo una serpiente, tengo miedo.

1. Si estás en la playa al mediodía, ...
2. En el mes de enero, nosotros...
3. Son las dos de la mañana y yo...
4. Si voy al dentista, ...
5. Nos gustaría beber Coca-Cola porque...
6. Después de correr cuatro kilómetros, yo...
7. Si tu amigo ve una película de terror, ...
8. ¡Vamos a comer! Es la 1:30 de la tarde y nosotros...
9. Tu padre baila hip hop con tus amigos, y tú...

Parte B. En grupos de tres, inventen más oraciones como las de la **Parte A.**

Gramática para la comunicación I

Expressing Habitual and Future Actions and Actions in Progress: Stem-changing Verbs

■ ■ ■

1 ■ Among present-tense verbs used to express habitual actions, actions in progress, and future actions, there is a group called stem-changing verbs **(verbos con cambio de raíz).** These are similar to regular **-ar, -er,** and **-ir** verbs except that they have a vowel change in the last syllable of the stem (the stem is the verb without the **-ar, -er,** or **-ir** ending). Stem-changing verbs are often referred to as *boot verbs* (since the conjugations resemble a boot). This should help you remember in which persons the changes occur.

■ ■ ■ Drill yourself on these forms.

entender (e ⟶ ie)	
entiendo	entendemos
entiendes	entendéis
entiende	entienden

poder (o ⟶ ue)	
puedo	podemos
puedes	podéis
puede	pueden

pedir (e ⟶ i)	
pido	pedimos
pides	pedís
pide	piden

jugar (u ⟶ ue)	
juego	jugamos
juegas	jugáis
juega	juegan

—¿Entiendes las reglas del tenis?
—Sí, juego al tenis muy bien.
—Mañana podemos jugar en el club.
—Bueno. ¿Por qué no pides hora para reservar una cancha?

Do you understand the rules of tennis?
Yes, I play tennis very well.
We can play at the club tomorrow.
Good. Why don't you ask for a time to reserve a court?

2 ■ The following is a list of common stem-changing verbs.

e ⟶ ie
cerrar to close
comenzar to begin
despertar/se* to wake someone up/to wake up
divertirse* to have fun
empezar to begin
entender to understand
pensar (en) to think (about)
pensar + *infinitive* to plan to (*do something*)
perder to lose
preferir to prefer
querer to want
querer a alguien to love someone
sentarse* to sit down
tener** to have
venir** to come

o ⟶ ue
acostar/se* to put someone to bed/to go to bed
almorzar to have lunch
dormir/se* to sleep/to fall asleep
encontrar to find
poder to be able, can
volver to return, come back

e ⟶ i
decir** to say; to tell
pedir to ask for
servir to serve

u ⟶ ue
jugar to play (*a sport or game*)

■ ■ ■ Note changes in meanings when some verbs become reflexive.

■ ■ ■ Use **creer que,** not **pensar que,** to express an opinion: **Creo que la clase de filosofía es difícil porque tengo que pensar mucho.** *I think philosophy class is hard because I have to think a lot.*

■ ■ ■ For things you are physically able/unable to do, use **poder;** for things you know/don't know how to do, use **saber.**

NOTE: Verbs with one asterisk (*) are reflexive verbs; for example, **sentarse: Yo me siento.** Verbs with two asterisks (**) are conjugated the same as stem-changing verbs in the present indicative, except for a different **yo** form: **tengo, vengo, digo.**

3 ■ Stem-changing verbs that end in **-ir** also have a change in the present participle.

o → ue: **u**	dormir → d**u**rmiendo
e → ie: **i**	divertirse → div**i**rtiéndose
e → i: **i**	servir → s**i**rviendo

—¿El niño está d**u**rmiendo?   *Is the child sleeping?*
—No, él y yo nos estamos   *No, we're having a lot of fun.*
div**i**rtiendo mucho.
—OK, pero estoy s**i**rviendo la comida.   *OK, but I'm serving dinner.*

To practice: Do Workbook, CD-ROM, and Web activities.

■ ■ ■ At home, analyze why the following words do or don't have accents: **así, café, después, hambre, organiza, minutos.**

Actividad *9* **La vida de Gloria** Completa la historia sobre un día en la vida de Gloria con la forma correcta de los verbos que aparecen en orden después de cada párrafo. Después ordena los párrafos.

Párrafo n.º _____
A la 1:30 yo _____ (1) en una cafetería. Después voy a la universidad para estudiar ciencias políticas. A las 6:00 _____ (2) a casa y mi hijo y yo _____ (3) un poco. A las 7:00 yo _____ (4) la comida y el niño _____ (5) a las 8:30. Por fin yo _____ (6), estudio y a veces _____ (7) con el libro en la mano. Así es mi vida. ¿Te gusta? A mí, ¡me fascina...!

> **almorzar, volver, divertirse, servir, acostarse, sentarse, dormirse**

Párrafo n.º _____
En las películas las personas siempre están contentas y tienen una vida ideal. ¡Pero mi vida no es así! Yo _____ (8) poco, _____ (9) a las 5:30 de la mañana y _____ (10) rápidamente. Después yo _____ (11) a mi hijo de tres años y él _____ (12) comer algo porque ese niño siempre _____ (13) hambre. A las 7:00 _____ (14) mi madre para estar con el niño. Luego yo _____ (15) de la casa y _____ (16) la puerta con mucho cuidado porque si mi hijo _____ (17) que yo salgo, _____ (18) a protestar porque _____ (19) estar con su mamá.

> **dormir, despertarse, ducharse, despertar, pedir, tener, venir, salir, cerrar, saber, empezar, querer**

Párrafo n.º _____
Trabajo por la mañana en una compañía que organiza fiestas y cuando _____ (20) al trabajo a las 8:30, la directora siempre _____ (21) qué tenemos que hacer. Siempre _____ (22) cosas imposibles y lo _____ (23) todo en cinco minutos. Nosotros, los empleados, no _____ (24) beber café ni usar el teléfono para llamadas personales. En mi opinión la directora siempre _____ (25) triste y aburrida. Es muy irónico tener una jefa así en una compañía para fiestas, ¿no?

> **llegar, decir, pedir, querer, poder, estar**

Actividad 10 Preferencias Parte A. Marca cuáles de las siguientes cosas prefieres.

1. beber   Coca-Cola _____   Pepsi _____
2. escuchar   MP3s _____   discos compactos _____
3. comer   papas fritas _____   Doritos _____
4. comer   un sándwich _____   una hamburguesa _____
5. almorzar   en casa _____   en una cafetería _____
6. nadar   en una piscina _____   en una playa _____
7. estudiar   en casa _____   en una biblioteca _____

Parte B. En parejas, túrnense para averiguar si tienen las mismas preferencias.

■■■ A: ¿Prefieres beber Coca-Cola o Pepsi?
      B: Prefiero beber Pepsi.

Parte C. Ahora digan qué cosas prefieren Uds. dos.

■■■ Nosotros preferimos beber...

Actividad 11 Planes Parte A. Escribe tres cosas que piensas hacer este fin de semana.

■■■ El sábado pienso ir...

■■■ Remember: **pensar** + *infinitive* = to plan to do something

Parte B. Ahora compara tu lista con la lista de otra persona y dile a la clase si piensan hacer las mismas cosas o si tienen actividades diferentes.

■■■ Nosotros pensamos escribir una composición el domingo. El sábado ella piensa visitar a sus padres y yo pienso salir con mis amigos.

Actividad 12 Los deportes Habla con un mínimo de cinco estudiantes y pregúntales si juegan al béisbol, al basquetbol, al fútbol americano, al fútbol, al tenis o al voleibol, y cuándo juegan estos deportes.

■■■ **Fútbol americano** = football; **fútbol** = soccer

■■■ A: ¿Juegas al béisbol?
      B: Sí, juego muy bien./No, juego al golf./No, prefiero jugar al tenis.
      A: ¿Cuándo juegas?
      B: En el verano./Todos los días./Los sábados./(etc.)
      A: Generalmente, ¿pierdes o ganas?/Generalmente, ¿tu equipo (*team*) pierde o gana?

Actividad 13 La rutina diaria Parte A. Lee el siguiente párrafo sobre la rutina diaria de un estudiante colombiano y dile al resto de la clase cuándo o dónde hace las siguientes acciones: **despertarse, empezar clase, sentarse, almorzar, acostarse, divertirse.**

Me llamo Jorge y soy un típico estudiante universitario en Bogotá, Colombia. Me despierto a las 5:30 de la mañana porque mis clases en la facultad empiezan a las 7:00. En clase, a veces me siento cerca de mis amigos porque las clases generalmente tienen más o menos 30 estudiantes. Después, almuerzo en la cafetería de la facultad a la 1:00 y luego prefiero estudiar en mi casa o en la casa de un amigo. A las 4:00 como las onces, algo ligero. Más tarde, en la casa, como algo rápido para la cena a eso de las 7:00 y durante la semana me acuesto entre las 10:30 y las 11:00. Los viernes y sábados, generalmente me divierto con mis amigos: vamos al cine, a un concierto, a una discoteca, a comer una hamburguesa o nos reunimos en casa de amigos.

■■■ **las onces** = a light afternoon snack in Colombia

Parte B. En grupos de tres, digan cuándo y qué acciones hace un típico estudiante universitario en este país. Usen la información sobre Jorge como guía.

¿Lo sabían?

Las horas cuando las personas hacen ciertas actividades varían entre los países hispanos. En México, por ejemplo, la comida (*meal*) más importante del día es entre la 1:30 y las 4 de la tarde y luego a las 7 la gente come algo ligero (*light*). En España, la comida más importante es más o menos a las 2 de la tarde y después, a eso de las 7, es típico tomar una Coca-Cola o cerveza en una cafetería y comer un pincho (algo pequeño para comer). Luego más o menos a las 10 se come algo ligero en casa.

Los centros comerciales también tienen horarios diferentes: muchas tiendas en Argentina cierran a las 2 de la tarde el sábado y no abren el domingo, pero si están en un centro comercial las tiendas abren todos los días entre las 10 de la mañana y las 10 de la noche.

¿? ¿Cuándo es la comida más importante en tu país y a qué hora se come? ¿En tu ciudad abren los centros comerciales los domingos? Si contestas que sí, ¿a qué hora?

RESTAURANTE
La Corralada

Dirección	Calle Villanueva, 21 Zona Retiro
Teléfono	91 576 41 09
	L M X J V S
Horario	De 13:00 a 16:00 y de 21:00 a 24:00

Actividad 14 ¿A qué hora? **Parte A.** En parejas, miren la información de los siguientes lugares en Madrid y háganle preguntas a su compañero/a.

■■■ A: ¿A qué hora abre el restaurante "La Corralada" para almorzar? ¿Y para cenar (*for dinner*)?

B: Abre a la/las...

A: ¿A qué hora cierra...?

Centros comerciales

CC. Arturo Soria Arturo Soria, 126	Aquí se reúnen las principales firmas de la moda para abastecer a este área de la ciudad. **Horario:** 10.00-21.00. Domingos cerrado.
CC. La Vaguada Monforte de Lemos, 36	Cines, y multitud de tiendas: El Corte Inglés, Marks & Spencer, Zara, Mango, supermercado de alimentación Alcampo y tiendas más pequeñas especializadas. **Horario:** 10.00-22.00. Cine y restaurantes hasta la 1.00. Domingos cerrado.

Grandes almacenes

El Corte Inglés Preciados, 1-4	En España, el Corte Inglés es casi una institución. En Madrid, solo en el centro hay varios edificios. En la mayoría hay supermercado y club del gourmet. **Horario:** Lunes a sábados: 10.00-22.00. Abierto el primer domingo del mes.
Fnac Preciados, 28	Se puede comprar libros, entradas para conciertos, una revista mientras tomas café, un video. Abajo, la planta de informática y sonido. **Horario:** Lunes a sábados: 10.00-21.30. Domingos: 10-19

Tiendas típicas

Sargadelos Zurbano, 46	Cerámica de Galicia inspirada en diseños tradicionales y originales de esta marca. **Horario:** 10.00-14.00 / 16.30-20.00. Cerrada agosto.
Caramelos Paco Toledo, 55	Hasta con forma de jamón o chorizo tienen caramelos en esta tienda. **Horario:** 10.00-14.00 / 17.00-20.00. Diferentes horarios en verano.

Bares y discotecas

Ducados Café Plaza Canalejas, 3	Restaurante, café, coctelería, discoteca **Horario:** 19:00-5:00. Cierra los martes.
Back Stage Jorge Juan, 20	Discoteca **Horario:** 24:00-5:00.

Parte B. Hablen de las horas y los días que abren y cierran los negocios. Comparen los horarios españoles de la **Parte A** con los horarios de su ciudad o pueblo.

> ▪▪▪ En España los centros comerciales abren… y cierran…, pero aquí…

▪▪▪ You can use **a eso de** to express *around* when mentioning an approximate time: **Comemos a eso de la una.**

Actividad 15 Acciones habituales Parte A. En la primera columna escribe a qué hora haces las siguientes actividades.

	tú	compañero/a
1. despertarse	_____	_____
2. levantarse	_____	_____
3. empezar la primera clase los lunes	_____	_____
4. terminar la última clase los lunes	_____	_____
5. almorzar	_____	_____
6. volver a casa (o a la residencia)	_____	_____
7. acostarse	_____	_____
8. dormirse	_____	_____

Parte B. Pregúntales a tus compañeros a qué hora hacen ellos las mismas actividades. Si una persona hace una actividad a la misma hora que tú, escribe su nombre en la segunda columna de la **Parte A.**

> ▪▪▪ A: ¿A qué hora te despiertas?
> B: Me despierto a las ocho.

▪▪▪ Remember: **¿A qué hora…?** refers to the time at which something takes place. **¿Qué hora es?** refers to present time.

Parte C. Di a qué hora hacen Uds. las actividades de la **Parte A.**

> ▪▪▪ Michelle y yo nos despertamos a las ocho.

Actividad 16 Y en Japón, ¿qué? Primero calcula qué hora es en los siguientes lugares y después di cuál de estas acciones están haciendo las personas en esos lugares: **mirar televisión, levantarse, almorzar, dormir, acostarse, trabajar.**

> ▪▪▪ En Chile son las … de la noche/tarde/mañana y están mirando la televisión.

1. Chile   2. Alemania   3. la India   4. Hawai   5. Toronto   6. Japón

Actividad 17 ¿Verdad o mentira? Parte A. Escribe tres oraciones sobre ti usando los verbos **poder, querer** y **preferir.** Dos deben ser verdad (*true*) y una debe ser mentira (*lie*).

> ▪▪▪ Prefiero estudiar los viernes por la noche porque no hay muchas personas en la biblioteca.

Parte B. En grupos de tres, a medida (*while*) que A lee sus oraciones, B y C dicen si son verdad o mentira y por qué. Al final, después de escuchar las opiniones, A dice cuál es mentira. Luego hagan lo mismo con las oraciones de B y C.

> ▪▪▪
>
> A: Quiero ser médico.
>
> B o C: Estás diciendo la verdad porque…   B o C: No estás diciendo la verdad porque…
>
> A: Prefiero vivir…

Nuevos horizontes

Lectura   **ESTRATEGIA: Activating Background Knowledge**

We read for many different reasons, but they all fall into two broad categories: pleasure-reading and information-seeking. We employ different reading strategies depending on our purpose and the type of text. When we read, we interact with the text depending on the background knowledge we have on the topic. It is for this reason that two readers might interpret the same text differently. For example: a lawyer and a lay person may not have the same perceptions when reading a legal document.

Before reading three articles in Spanish on Hispanic celebrations, you will do a pre-reading activity that will help you activate your background knowledge and will help prepare you to obtain a global understanding of the reading selection. Remember: it is not important to understand every word when reading; just try to capture the general idea.

■ ■ ■ **Día de fiesta, día festivo/ feriado** = holiday

Actividad *18* **Las celebraciones**   Antes de leer el texto sobre celebraciones del mundo hispano, contesta las siguientes preguntas.

1. ¿Qué celebraciones importantes hay en tu país? ¿Cuántos días duran?
2. ¿Cuáles son fiestas o celebraciones religiosas y cuáles no?
3. ¿Quiénes se reúnen en esas celebraciones? ¿Familia, amigos?
4. ¿La ciudad hace algo especial como desfiles (*parades*), fuegos artificiales (*fireworks*) o conciertos?
5. ¿Qué hace la gente durante esas celebraciones?

Actividad *19* **Palabras desconocidas**   Mientras lees, busca las siguientes palabras en el texto y adivina qué significan. Después compara tus definiciones con las de un/a compañero/a.

1. Las Fallas: petardos (línea 16), encienden (línea 18)
2. Las Posadas: se turnan (línea 27), dueño (línea 33)
3. El carnaval: se elige (línea 48)

Celebraciones del mundo hispano

Las Fallas de Valencia

Del 12 de marzo hasta el 19 de marzo, que es el día de San José, la ciudad de Valencia celebra un festival que se llama **las Fallas.** La fiesta también marca el principio de la primavera. Como San José es el santo patrón de los carpinteros, los valencianos construyen cientos de Fallas por todas partes de la ciudad. Las fallas son escenas enormes con muchas figuras, y hacen comentarios satíricos sobre diferentes aspectos del mundo: la globalización, los políticos corruptos, el materialismo, las obsesiones de la sociedad. Algunas de las fallas pueden tener más de 20 metros de alto y más de 200 figuras y es casi imposible ir en coche por el centro de la ciudad porque estas estructuras temporales de madera[1] y papel maché bloquean las calles. Durante la semana hay mucha actividad: Durante el día los adultos y los niños se ponen ropa tradicional de la región y caminan por las calles con flores para la Virgen de los Desamparados. A las dos de la tarde se puede escuchar una **mascletá** cuando se explotan miles de petardos; el ruido[2] es terrible para los oídos. Y por la noche los pirotécnicos encienden fuegos artificiales.

El 19 de marzo, a las 10 de la noche empieza lo que se llama **la cremá,** cuando queman[3] las fallas, empezando con las fallas pequeñas y terminando con las grandes. Luego a la una de la mañana hay un show espectacular de fuegos artificiales que ilumina la ciudad. Para leer más, haz clic **aquí.**

▲ Falla de los siete pecados capitales.

Las Posadas en México

Una celebración muy importante en México son **Las Posadas** que representan las nueve noches en que María y José piden un lugar para dormir en las casas de los diferentes pueblos que encuentran en su camino a Belén[4]. Desde el 16 hasta el 24 de diciembre las personas de un barrio se organizan y se turnan para hacer una fiesta cada noche en una casa diferente. Así hay fiestas durante nueve noches consecutivas, cada una en la casa de una persona diferente. En una noche típica, la gente llega a la casa donde hay fiesta más o menos a las ocho o nueve de la noche y canta una canción de Navidad afuera de la casa. El dueño de la casa entonces abre la puerta e invita a la gente a entrar. En la fiesta hay mucha comida como tamales y ponche (té caliente con frutas naturales y un poco de tequila o ron), buena música para bailar y siempre hay una piñata que contiene frutas y dulces de muchos colores. La fiesta termina a las dos o tres de la mañana o a la medianoche si la gente tiene que trabajar. El 24 de diciembre las personas se reúnen generalmente con su familia por la noche y a medianoche se acuesta al niño Jesús en el nacimiento[5] donde están María y José. Para leer más, haz clic **aquí.**

▲ Llevando una piñata a casa para celebrar las posadas.

1 *wood*   2 *noise*   3 *burn*   4 *Bethlehem*   5 *manger*

El carnaval venezolano

En Venezuela se celebra el carnaval en febrero, cuarenta días antes de Pascua[6]. El carnaval más famoso es el de Carúpano donde, durante cuatro días, carrozas[7] enormes seguidas de bandas y gente bailando pasan por las calles de la ciudad. Durante esta celebración, también se elige a la reina del carnaval. Este título es un honor para ella y su familia, y por supuesto, la chica está presente en todos los eventos del festival. En los pueblos, generalmente se celebra el carnaval en la plaza con baile y grupos musicales que tocan hasta las tres o cuatro de la mañana. En Caracas, la capital, no se trabaja durante el carnaval y la gente, por lo general, va a la playa. Durante esos días algunas personas tiran bombitas con agua a los carros que pasan y a veces bombitas con agua y harina[8]. Para leer más, haz clic **aquí**. 55

45

50

▲ Mujer celebra durante el Carnaval de Callao, Venezuela.

■■■ You will read more about other celebrations in the Workbook.

6 *Easter*   7 *floats*   8 *flour*

Actividad 20 ¿Qué entiendes? **Parte A.** Después de leer los tres artículos, contesta las siguientes preguntas.

Las Fallas

1. ¿Qué construyen en Valencia para el día de San José? ¿De qué materiales son?
2. ¿Qué tipo de comentarios hace la gente valenciana con sus construcciones?
3. ¿Qué es la mascletá? ¿Y la cremá?

Las Posadas

1. ¿Por qué dura nueve días la celebración de las Posadas?
2. ¿Qué hace la gente cada noche?
3. ¿Qué se hace el 24 de diciembre a medianoche?

El carnaval

1. ¿Cuándo se celebra el carnaval?
2. ¿Qué hace la gente para celebrar el carnaval en los pueblos? ¿Y en la capital?

Parte B. Contesta estas preguntas sobre las celebraciones en tu país.

1. ¿Cuándo hay fuegos artificiales en tu país?
2. ¿Qué desfiles hay?
3. ¿En qué ciudad o ciudades se celebra el carnaval en los Estados Unidos y cómo se llama el festival?

ESTRATEGIA: Sequencing

When describing a sequence of events or activities, adverbs of time help you say when or in what chronological order they take place. Some useful adverbs of time are:

por la mañana/tarde/noche	in the morning/afternoon/evening; at night
primero	first
después de + *infinitive*	after _____ing
después/luego/más tarde	then, later (on)
por fin	at last, finally
a la una	at one o'clock
a las dos/tres/etc.	at two/three/etc. o'clock

■ ■ ■ To express *and then*, use **luego** or **más tarde**. To express *so then*, use **entonces**. For example: **Tengo un examen difícil el lunes y luego voy a ir al cine** (. . . *and then* I'm going to the movies). **Tengo un examen difícil el lunes; entonces voy a estudiar mucho el domingo** (. . . *so then* I'm going to study a lot on Sunday).

■ ■ ■ Also, look at Act. 9 on page 130 to see how Gloria uses adverbs of time to relate a sequence of events.

Actividad 21 **¿Qué haces?** **Parte A.** Write a composition describing what you and your friends do on a typical Saturday using the verbs that you have learned in Chapters 2, 3, 4, and 5. Include the times that you do some of these actions (**Generalmente nos levantamos a las... y...**). Divide your composition in three paragraphs: **por la mañana, por la tarde, por la noche.**

Parte B. Reread your composition. Make a list of all verbs and their subjects, whether overtly stated or implied. Do they agree? If not, change them. For example:

Sujeto	Verbo	¿Correcto?
(yo, *implied*)	me despierto	sí
Ann y yo	salgo	no ⟶ salimos

Parte C. Rewrite your composition making any changes needed. Staple all drafts plus your subject-verb list together to hand in to your instructor.

Vocabulario esencial II

I. Los colores

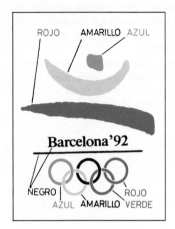

▲ Logotipo de los Juegos Olímpicos de Barcelona 1992.

■■■ Identify colors in Spanish as you walk down the street.

anaranjado/a orange	**marrón** brown
blanco/a white	**morado/a** purple
gris gray	**rosa, rosado/a** pink

NOTE: Colors are adjectives and agree in number with the noun they modify (**elefante gris, elefantes grises**). Colors that end in **-o** also agree in gender (**reloj negro, toallas blancas**).

Actividad 22 Asociaciones En grupos de cinco, digan qué colores asocian Uds. con las siguientes ideas.

1. el 14 de febrero
2. un elefante
3. la noche
4. la Coca-Cola
5. las plantas
6. el 25 de diciembre
7. el inspector Clouseau y la pantera...
8. el arco de McDonald's
9. está nublado
10. el café
11. el 4 de julio
12. el jabón Ivory
13. el 17 de marzo
14. tener vergüenza
15. está nevando

II. La ropa y los materiales (*Clothes and Materials*)

el saco
la bufanda
la camiseta
la chaqueta
el cinturón
la falda
las botas
los zapatos
los pantalones

La ropa

el abrigo   coat
el suéter   sweater
la camisa de manga larga/corta   long/short sleeve shirt
la blusa   blouse
el traje   suit
el vestido   dress
el traje de baño   bathing suit
los pantalones cortos   shorts
las medias   socks; stockings
la ropa interior   men's/women's underwear
la corbata   tie
el pañuelo   scarf (women)
los zapatos de tacón alto   high-heeled shoes
los (zapatos de) tenis   tennis shoes
las sandalias de playa   flip-flops
el sombrero   hat
la gorra   cap
las gafas de sol   sunglasses
el bolso/la cartera   purse

Los materiales

el algodón   cotton
el cuero   leather
la lana   wool
el nailon/nilón   nylon
el rayón   rayon
la seda   silk

Estampados

de cuadros   plaid

de lunares   polka dots

de rayas   striped

Verbos relacionados con la ropa

costar (o ⟶ ue)   to cost
estar de moda   to be in style
llevar   to wear
probarse (o ⟶ ue)   to try on
vestirse (con) (e ⟶ i, i)   to put on

■ ■ ■ The term used for the word *fleece* seems to still be evolving since this is a relatively new material. One term used is **polar** and comes from the brand name Polartec. It is stressed on the first syllable even though it doesn't have a written accent. It can be used as follows: **una chaqueta (de) polar.** One may also hear **un polar** to refer to a fleece jacket.

To practice: Do Workbook, CD-ROM, and Web activities.

■ ■ ■ Remember: The first change shown (for the stem-changing verbs) is the present-tense stem change and the second is the stem change for the present participle of **-ir** verbs.

¿Lo sabían?

Entre los diseñadores hispanos más famosos en los Estados Unidos se encuentran la venezolana Carolina Herrera y el dominicano Óscar de la Renta. Laura Bush llevó ropa de los dos diseñadores en las fiestas de enero de 2005 que se organizaron para su esposo después de las elecciones. Entre los diseñadores jóvenes más populares están el norteamericano de origen cubano Narciso Rodríguez (favorito de Sarah Jessica Parker y Salma Hayek) y Esteban Cortázar, que nació en Colombia en 1984. Con cinco shows en Nueva York antes de cumplir los 21 años, Cortázar es el diseñador joven más exitoso del momento.

En los países hispanos, la gente joven lleva el mismo tipo de ropa que los jóvenes europeos y los norteamericanos. La gente, por lo general, no compra tanta ropa como los norteamericanos, pero sí llevan la ropa que está de moda.

¿? ¿Cuáles son algunos diseñadores famosos de tu país? ¿Compras mucha o poca ropa? ¿Cuál es la moda en este momento? ¿Generalmente llevas ropa de moda?

▲ Esteban Cortázar, colombiano.

Actividad 23 **Cuándo y qué** En parejas, hagan una lista de ropa que lleva la gente en el invierno y otra lista de ropa que lleva en el verano. Es importante incluir los materiales.

■ ■ ■ To indicate origin and material use **ser de: La camisa es de Taiwán y es de seda.**

Actividad 24 **El origen y el material** En grupos de cinco, averigüen de dónde es y de qué (material) es la ropa de cada persona del grupo. Luego compartan la información con el resto de la clase.

> ■ ■ ■ A: ¿De dónde es y de qué (material) es tu camisa?
>
> B: Es de...

Actividad 25 **Comentarios** En parejas, díganle a su compañero/a que les gusta una prenda (*item of clothing*) que lleva. Sigan el modelo.

> ■ ■ ■ A: Me gusta esa camisa/blusa. El color es muy bonito./Es nueva, ¿no?/Es de Gap ¿verdad?/etc.
>
> B: Gracias. Es de Gap/de Abercrombie y Fitch/de Goodwill/etc.

■ ■ ■ Each morning, describe to yourself what you are wearing: the article of clothing, material, and color.

Actividad 26 **De compras** Mira el catálogo y elige tres prendas para comprar: una prenda para un amigo, una para una amiga y otra cosa para ti. Después, en parejas, hablen de qué van a comprar, de qué colores y por qué van a comprar estas cosas.

> ■ ■ ■ Voy a comprar una blusa de seda roja para mi amiga porque su cumpleaños es el viernes.

A: Chaquetas de cuero. Colores: negro, marrón oscuro o marrón claro. Talla P, M, G, XG. $245

B: Vestidos de algodón, lavar a máquina. Colores: morado o amarillo. Talla: P, M, G, XG. $120

C: Botas de cuero Gacela de Chile con tacón alto. Número: 35-40. $95

D: Abrigos de lana. Color: beige. $45

E: Sombreros de cuero. $70

F: Gafas de sol Óscar de la Renta. $68

G: Camisetas de algodón. Colores variados. P, M, G, XG. $25

H: Trajes informales de lana para todas las ocasiones. Colores: gris, azul o negro. $188,95

I: Zapatos de cuero negro. $80

Trajes de baño. Colores: rojo con lunares blancos o amarillo con lunares morados. $54

Medias de algodón y lana. $15,99

Faldas clásicas de lana en muchos colores. $60

Blusas de seda de Carolina Herrera. $55

Suéteres, lavar a mano, colores variados. $72

Actividad 35 Una encuesta **Parte A.** Completa las siguientes ideas con **para** o **por.**

nombre

1. compra regalos _____ sus padres   _____
2. estudia _____ ser hombre/mujer de negocios   _____
3. siempre se acuesta temprano _____ la   _____
   noche los domingos
4. usa la biblioteca mucho _____ buscar   _____
   información
5. va a estar en la universidad _____ tres   _____
   años más
6. trabaja mientras (*while*) estudia _____ tener   _____
   dinero
7. tiene que terminar un trabajo _____ el viernes   _____
8. sale _____ otra clase después de esta clase   _____

Parte B. Ahora haz una encuesta *(poll)* para averiguar si tus compañeros hacen las cosas de la **Parte A.** Intenta encontrar a dos personas para cada situación. Haz preguntas como **¿Compras regalos para tus padres? ¿Estudias para ser hombre de negocios?**

Actividad 36 Los regalos En parejas, Uds. van a darles *(give)* las cosas de esta lista a diferentes compañeros de la clase. Decidan para quién es cada cosa, para qué se usa y por qué es para esa persona.

> ▪▪▪ peine
>
> El peine es para Chuck, para peinarse porque tiene el pelo muy bonito.

1. equipo de audio
2. reproductor de DVD
3. cámara digital
4. máquina de afeitar
5. libro de filosofía

6. CD de Elvis
7. blusa de seda
8. camiseta de Amnistía Internacional
9. reloj
10. disco compacto de Alicia Keyes

II. Indicating the Location of a Person, Thing, or Event: *Estar en* and *ser en*

1 ▪ You learned in Chapter 3 that **estar en** is used to specify the location of people or things.

Diana es de los Estados Unidos, pero **está en** España.
En este momento Teresa **está en** la agencia de viajes de don Alejandro.

2 ▪ **Ser en** is used to specify where an event *takes place* (a concert, a lecture, an exhibit, etc.).

La clase de arte es en el Museo de Arte Contemporáneo.
  La clase ⟶ *the class meeting takes place in the museum*

La clase está en el Museo de Arte Contemporáneo.
  La clase ⟶ *the students are in the museum*

3 ▪ Here is a summary of the uses of **ser** and **estar**.

Use ser:	Use estar:
▪ to describe someone or something (looks, personality, nationality, occupation) Ella **es** bonita y simpática y **es** colombiana. **Es** cantante.	▪ to express the state of being of a person, place, or thing Paula **está** cansada porque acaba de hacer ejercicio.
▪ to describe the location of an event La fiesta **es** en la discoteca.	▪ to describe the location of a person, place, or thing. Ahora Paula **está** en el gimnasio que **está** en la universidad.
▪ to express possession La discoteca **es** del padre de Paula.	▪ to describe actions in progress **Está** bebiendo agua porque tiene sed.
▪ to state what something is made of Los sofás de la discoteca **son** de cuero.	
▪ to express origin La música **es** de Colombia.	
▪ to tell time and date Hoy **es** viernes, **son** las 10 de la noche y la fiesta **es** a medianoche.	

To practice: Do Workbook, Lab, CD-ROM, and Web activities.

Actividad 37 Cultura general En parejas, túrnense para preguntar dónde están las siguientes cosas.

> ▪▪▪ A: ¿Dónde están las ruinas de Tikal?
>
> B: Están en Guatemala./No tengo idea. ¿Tú sabes?

1. la Estatua de la Libertad
2. el Museo del Prado
3. Machu Picchu
4. el Museo del Louvre y la Torre Eiffel
5. la Pequeña Habana
6. las Pirámides del Sol y de la Luna
7. el Vaticano
8. el Palacio de Buckingham
9. el cuadro *Guernica* de Picasso

Actividad 38 Un día de mucha actividad La policía de Madrid tiene que preocuparse por muchas cosas hoy. Di dónde están las siguientes personas o dónde son los siguientes acontecimientos (*events*).

Personas y acontecimientos

_____ 1. el concierto de Harry Connick, Jr.

_____ 2. el concierto de Plácido Domingo

_____ 3. la exhibición de Pablo Picasso

_____ 4. los diplomáticos de la ONU

_____ 5. los hijos de los diplomáticos de la ONU

_____ 6. el partido de fútbol entre el Real Madrid y Zaragoza

Lugares

a. el Centro de Arte Reina Sofía

b. el Estadio Bernabéu

c. Clamores, club de jazz

d. el Hotel Castellana

e. el Teatro de la Ópera

f. el zoológico en la Casa de Campo

▪▪▪ **la ONU** = the U.N.

¿Lo sabían?

En el cuadro *Guernica*, Pablo Picasso (español) muestra los horrores de la guerra civil española cuando en 1937 Hitler, aliado del general español Francisco Franco, ordena el bombardeo aéreo del pueblo de Guernica en España. Miles de personas mueren, entre ellos niños, mujeres y ancianos.

▲ *Guernica* (349 × 776 cm), Pablo Picasso, Museo Nacional Centro de Arte Reina Sofía, Madrid.

¿? ¿Puedes encontrar un elemento que simboliza la esperanza (*hope*)? ¿Cómo se llama un artista, cantante o escritor de tu país que representa los horrores de la guerra?

■■■ 349 × 776 cm = 137.4 × 305.5 inches (almost 11½ × 25½ feet)

Actividad 39 Los planes En parejas, miren los anuncios para unos espectáculos y hagan planes para esta semana. Decidan qué van a hacer, dónde y a qué hora. Luego decidan qué ropa van a llevar.

■■■ A: ¿Te gustaría ir...?/¿Qué tal si vamos...?/ ¿Quieres ir al concierto de...?
B: Sí. ¿Dónde es?
A: Es en el Estadio...

Actividad 40 Los novios Mira la siguiente escena y la información sobre Pablo y Elena. Después describe a cada uno y habla de sus planes para esta noche, usando **ser** y **estar**.

Pablo

Origen: Colombia
Ocupación: dentista
Lugar de residencia: Venezuela
Físico: ¿?
Personalidad: ¿?
Emociones/ sensaciones: ¿?

Elena

Origen: Perú
Ocupación: estudiante universitaria
Lugar de residencia: Venezuela
Físico: ¿?
Personalidad: ¿?
Emociones/sensaciones: ¿?

Planes para esta noche

Concierto de Juanes, Poliedro de Caracas, 20.30 Hs.

Conciertos

LA OREJA DE VAN GOGH
Rock español. Estadio de béisbol de la UCV: jueves 9 a las 21Hs.

ORQUESTA SINFÓNICA SIMÓN BOLÍVAR
Teatro Teresa Carreño: viernes 10 a las 22 Hs.

ÓPERA
Don Giovanni de Mozart en el Teatro Municipal: viernes 10 a las 21 Hs. Entrada gratis.

PABLO MILANÉS
Cantautor cubano. Centro Cultural Chacao: viernes 10 a las 21 Hs.

JUANES
Poliedro de Caracas: sábado 11 a las 20:30 Hs.

MANÁ
Día de rock: Poliedro de Caracas: sábado 11, Los Sinvergüenzas a las 14 Hs. Maná a las 16 Hs.

ORQUESTA PARA LA PAZ
Con el pianista Miguel Ángel Estrella, auspiciado por la UNESCO. Teatro Teresa Carreño: domingo 12 a las 14 Hs.

FESTIVAL DE JAZZ
Biela Da Costa en el Teatro de Corp Banca: domingo 12 a las 20 Hs.

■■■ Juanes es un famoso cantante colombiano.

 Do Web Search activities.

Capítulo 5   **147**

Más allá

La política

El voto de los latinos en los Estados Unidos es cada día más importante. Al comienzo del siglo XXI, el voto latino empieza a recibir mucha atención al nivel nacional. Empezando con la campaña presidencial de 2000, los principales candidatos para la presidencia tienen páginas web en español, hacen anuncios en la televisión dirigidos a los latinos y algunos candidatos a veces hablan español.

La comunidad latina tiene cada día más influencia política. Por eso hoy día, si sabes español, puedes trabajar al nivel local, estatal, nacional o internacional como activista, analista, diseñador de páginas web, recaudador de fondos, consejero político, miembro del cuerpo diplomático y hasta puedes ser candidato presidencial. Estos empleos no existen solamente en ciudades como San Antonio, San Diego, Miami y Tucson, sino también en lugares como Milwaukee, Wichita, Providence y Atlanta. En Chicago, donde una de cada cuatro personas es hispana, se calcula que entre los años 2000 y 2012 los hispanos van a representar el 100% del crecimiento total de la población porque los otros grupos étnicos van a disminuir (*decrease*).

▲ En esta foto George P. Bush baila con Thalía, una cantante mexicana, en un evento organizado por la Casa Blanca para celebrar el Cinco de Mayo, un día importante para la comunidad mexicoamericana.

¿Participas en alguna organización política en tu universidad? ¿Piensas trabajar en el futuro en una campaña electoral? ¿Por qué?

■■■ Look up the Spanish pages for the Democratic and Republican National Committees on the Internet. Reading about topics familiar to you is relatively easy and a good way to learn new vocabulary.

Vocabulario funcional

La hora (*Telling Time*)

¿Qué hora es?	*What time is it?*
Es la una menos cinco.	*It's five to one.*
Es (la) medianoche.	*It's midnight.*
Es (el) mediodía.	*It's noon.*
Son las tres y diez.	*It's ten after three.*
¿A qué hora...?	*At what time . . . ?*
A la una./A las dos de la tarde.	*At one o'clock./At two o'clock in the afternoon.*
cuarto	*quarter (of an hour)*
la hora	*hour*
media	*half (an hour)*
el minuto	*minute*
el segundo	*second*

Verbos con cambio de raíz

e ⟶ ie

cerrar	*to close*
comenzar	*to begin*
despertar/se	*to wake someone up/to wake up*
divertirse	*to have fun*
empezar	*to begin*
entender	*to understand*
pensar (en)	*to think (about)*
pensar + *infinitive*	*to plan to (do something)*
perder	*to lose*
preferir	*to prefer*
querer	*to want*
querer a alguien	*to love someone*
sentarse	*to sit down*
tener	*to have*
venir	*to come*

o ⟶ ue

acostar/se	*to put someone to bed/ to go to bed*
almorzar	*to have lunch*
costar	*to cost*
dormir/se	*to sleep/to fall asleep*
encontrar	*to find*
poder	*to be able, can*
probarse	*to try on*
volver	*to return, come back*

e ⟶ i

decir	*to say; to tell*
pedir	*to ask for*
servir	*to serve*
vestirse	*to get dressed*

u ⟶ ue

jugar	*to play* (a sport or game)

Las sensaciones

tener calor	*to be hot*
tener frío	*to be cold*
tener hambre	*to be hungry*
tener miedo	*to be scared*
tener sed	*to be thirsty*
tener sueño	*to be tired*
tener vergüenza	*to be ashamed*

Los colores

¿De qué color es?	*What color is it?*
amarillo/a	*yellow*
anaranjado/a	*orange*
azul	*blue*
blanco/a	*white*
gris	*gray*
marrón	*brown*
morado/a	*purple*
negro/a	*black*
rojo/a	*red*
rosa, rosado/a	*pink*
verde	*green*
claro/a	*light*
oscuro/a	*dark*
de cuadros	*plaid*
de lunares	*polka dotted*
de rayas	*striped*

La ropa (*Clothing*)

el abrigo	*coat*
la blusa	*blouse*
el bolso	*purse*
las botas	*boots*
la bufanda	*scarf* (for winter)
la camisa	*shirt*
la camiseta	*T-shirt*
la cartera	*purse*
la chaqueta	*jacket*
el cinturón	*belt*
la corbata	*tie*
la falda	*skirt*
las gafas de sol	*sunglasses*
la gorra	*cap*
la manga corta/larga	*short/long sleeve*
las medias	*stockings; socks*
los pantalones	*pants*
los pantalones cortos	*shorts*
el pañuelo	*scarf* (women's); *handkerchief*
la ropa interior	*men's/women's underwear*
el saco	*sports coat*
las sandalias de playa	*flip-flops*
el sombrero	*hat*
el suéter	*sweater*
el traje	*suit*
el traje de baño	*bathing suit*
el vestido	*dress*
los zapatos	*shoes*
los zapatos de tacón alto	*high-heeled shoes*
los (zapatos de) tenis	*tennis shoes*

Los materiales

¿De qué (material) es?	*What (material) is it made of?*
el algodón	*cotton*
el cuero	*leather*
la lana	*wool*
el nailon/nilón	*nylon*
el rayón	*rayon*
la seda	*silk*

Ir de compras (*To go shopping*)

barato/a	*inexpensive*
caro/a	*expensive*
¿Cuánto cuesta/n...?	*How much is/are . . . ?*
estar de moda	*to be in style*
ir de compras	*to go shopping*
llevar	*to wear*
el número	*shoe size*
el precio	*price*
la talla	*clothing size*
Te queda bien.	*It looks good on you./ It fits you well.*

Palabras y expresiones útiles

a eso de	*around*
acabar de + *infinitive*	*to have just* + past participle
el concierto	*concert*
creer	*to think; to believe*
Cuesta un ojo de la cara.	*It costs an arm and a leg.*
después/luego/más tarde	*then, later (on)*
después de + *infinitive*	*after _____ing*
Me fascina/n.	*I love it/them.*
¡No me diga/s!	*No kidding!*
No me gusta/n nada.	*I don't like it/them at all.*
por fin	*at last, finally*
primero	*first*
se come bien...	*They/People/One eats well . . .*

6 Ayer y hoy

➤ **El cerro Fitz Roy y un glaciar en la Patagonia, Argentina.**

Chapter Objectives

- Talking about things you and others did in the past
- Asking and giving prices
- Discussing the location of people and things
- Describing family relationships

¿Qué saben?

Marca si estas oraciones son ciertas o falsas y corrige las falsas si puedes.

1. _____ Buenos Aires tiene mucha influencia indígena.
2. _____ El mate es una comida importante en Argentina, Paraguay y Uruguay.
3. _____ Las montañas de los Andes son más altas que las Rocosas en los Estados Unidos.
4. _____ Chile y Argentina tienen el 10% de los volcanes del mundo.
5. _____ Los pingüinos son animales que viven en zonas frías como la Patagonia y Alaska.

Para escuchar

Una llamada de Argentina

▲ Una cafetería de la Recoleta.

El cementerio de la Recoleta. ➤

¡Qué + *noun* + **más** + *adjective*!	What a + *adjective* + *noun*!
¡Qué hotel más lujoso!	What a luxurious hotel!
adjective + **-ísimo/a**	
bello/a ⟶ **bellísimo/a**	very beautiful
Perdón.	Excuse me.

Alejandro, el tío de Teresa, recibe una llamada de su amigo Federico de Rodrigo que está viajando por Argentina. Federico llama para contarle sobre el viaje.

Actividad / El itinerario Escucha la conversación y pon en orden del 1 al 4 los lugares que visitaron o que van a visitar Federico y su familia.

____ Mendoza, Argentina

____ las cataratas del Iguazú, Argentina

____ Buenos Aires, Argentina

____ Santiago, Chile

Actividad 2 **¿Comprendieron?** Lee las siguientes ideas y luego escucha la conversación otra vez para seleccionar la información correcta.

1. Cuando Federico llama, sus hijos y su esposa...
   a. están de compras.   b. están esquiando.

2. El Aconcagua es una montaña en...
   a. los Pirineos.   b. los Andes.

3. Se... yerba mate.
   a. come   b. bebe

4. El español de Argentina es... español de España.
   a. diferente del   b. igual al

5. La Recoleta es...
   a. una zona de oficinas.   b. una zona de cafeterías.

¿Lo sabían?

El mate es un té de yerba que se toma especialmente en Argentina, Paraguay, Uruguay y en algunas partes de Chile. Se bebe en un recipiente, también llamado mate, que puede ser una pequeña calabaza seca (*dried gourd*) o un recipiente de forma similar. Se usa con una bombilla (*a special straw*), y se pasa de persona a persona. Beber mate a veces es una actividad social y normalmente se toma con un grupo de amigos o con la familia.

¿? ¿Existen en tu país bebidas que asocias con diferentes ocasiones (Navidad, Año Nuevo, etc.)?

■ ■ ■ **Yerba** is also spelled **hierba**.   ■ ■ ■ In Paraguay they often drink **tereré**, or cold **mate**.

▲ Un gaucho toma mate en la provincia de Formosa, Argentina.

Actividad 3 **¡Qué exageración!** En parejas, una persona describe de forma exagerada a algunas personas y cosas que conoce, usando estos adjetivos: **altísimas, gordísimo, guapísimos, feísimo, flaquísimo, simpatiquísima.** La otra persona responde indicando que está de acuerdo (*agrees*). Recuerden que el adjetivo concuerda (*agrees*) con el sustantivo que modifica. Sigan el modelo.

■ ■ ■ To keep the [k] sound, **-c-** changes to **-qu-** before adding **-ísimo/a: flaco/a ⟶ flaquísimo/a.**

■ ■ ■ grandísima
   A: La ciudad de Nueva York es grandísima.
   B: Es verdad. ¡Qué ciudad más grande!

Vocabulario esencial I

I. Los números del cien al millón

■ ■ ■ El uso del punto y de la coma varía del inglés al español:
inglés = 54.56 y 1,987,789
español = 54,56 y 1.987.789

■ ■ ■ Note spelling of **quinientos**, **setecientos**, and **novecientos**.

■ ■ ■ **Mil personas**, BUT **un millón <u>de</u> personas.**

100	cien
101, 102	ciento uno, ciento dos
200	doscientos
300	trescientos
400	cuatrocientos
500	quinientos
600	seiscientos
700	setecientos
800	ochocientos
900	novecientos
1.000	mil
2.000	dos mil
1.000.000	un millón
2.000.000	dos millones

Señora muere a los ciento quince años

Miles afectados por virus misterioso

Dos niños encuentran cuatro millones de pesos

NOTE: The following words are frequently used with numbers: **alrededor de** (*about*), **más o menos** (*more or less*), and **casi** (*almost*).

Esta chaqueta cuesta casi 200 pesos.

Actividad 4 Los precios correctos En parejas, usen la lógica para combinar las cosas de la primera columna con los precios de la segunda columna y decir cuánto cuestan en dólares estas cosas en un viaje a Argentina.

■ ■ ■ seis días de clases de esquí en Las Leñas deben costar...

_____ 1. seis días de clases de esquí en Las Leñas

_____ 2. una habitación por una noche en el hotel Presidente

_____ 3. una comida para dos en un restaurante de la Recoleta

_____ 4. un pasaje de United Airlines de Los Ángeles a Buenos Aires

_____ 5. un pasaje de Delta Airlines de Washington a Buenos Aires

_____ 6. una chaqueta de cuero

_____ 7. un show de tango con comida para nueve personas

a. $45
b. $135
c. $159
d. $360
e. $550
f. $1177
g. $1255

Actividad 5 **Las montañas del hemisferio** Las montañas más altas del hemisferio occidental (*western*) están en los Andes. Hay más de 40 montañas más altas que el monte McKinley (20.320 pies) en Alaska. En parejas, "A" cubre la información de "B" y viceversa. Luego háganse preguntas (*ask each other*) para averiguar la información que no tienen. Hagan preguntas como: **¿Sabes dónde está...? ¿Sabes cuántos metros/pies de alto tiene el Tupungato?**

■ ■ ■ El monte Whitney en California, la montaña más alta de los EE.UU. sin contar Alaska, tiene sólo 4.418m. (14.494 pies).

■ ■ ■ Suramérica, especialmente Chile y Argentina, tienen centros de esquí muy buenos. Muchas personas van a esos países para esquiar en julio y agosto.

A

Montaña	País	Pies	Metros
1. Aconcagua	_____	_____	_____
2. Ojos del Salado	_____	22.572	6.880
3. Bonete	Argentina	_____	_____
4. Tupungato	Argentina/Chile	22.310	6.800
5. Pissis	_____	22.241	6.779

B

Montaña	País	Pies	Metros
1. Aconcagua	Argentina	22.834	6.960
2. Ojos del Salado	Argentina/Chile	_____	_____
3. Bonete	_____	22.546	6.872
4. Tupungato	_____	_____	_____
5. Pissis	Argentina	_____	6.779

Actividad 6 **Un ojo de la cara** **Parte A.** En parejas, decidan cuánto cuestan las siguientes cosas que necesita un estudiante universitario.

■ ■ ■ La matrícula (*tuition*) de un año cuesta casi/más o menos/alrededor de...

1. la matrícula de un año
2. los libros
3. la comida
4. la vivienda
5. la cuenta de teléfono por mes

Parte B. Ahora digan cuánto cuestan las siguientes cosas que quiere tener un estudiante.

1. un equipo de audio bueno
2. una semana de vacaciones en Cancún
3. un televisor de plasma
4. una cámara digital
5. una computadora
6. una chaqueta de cuero
7. un MP3

II. Preposiciones de lugar

To practice: Do Workbook,
CD-ROM, and Web activities.

encima (de)

detrás (de)

a la izquierda (de)

al lado (de)

delante (de)

a la derecha (de)

debajo (de)

cerca (de)

enfrente (de)

lejos (de)

Actividad 7 **La Meca de la Elegancia** En parejas, Uds. están en la tienda La Meca de la Elegancia, una tienda súper cara. "A" es un/a cliente que quiere comprar una cosa; "B" es un/a vendedor/a. "B" tiene que indicar dónde está cada cosa y decir cuánto cuesta.

■■■ A: Por favor, ¿(me puede decir) dónde está/n...?

B: Está/n...

A: ¿Cuánto cuesta/n...?

B: Cuesta/n...

A: ...

Actividad 8 Tu ciudad A veces conocemos una tienda, un restaurante u otro lugar, pero no podemos recordar su nombre. En grupos de tres, una persona explica dónde está un lugar de la ciudad y las otras intentan (*try*) decir el nombre. La persona que puede nombrar el lugar describe otro. Usen preposiciones de lugar en las descripciones.

> ■■■ A: Hay una tienda de ropa que está enfrente de..., también está cerca de... y a la izquierda de.... ¿Saben cómo se llama?
> B o C: Sí, es...

Gramática para la comunicación I

I. Talking About the Past: The Preterit

1 ■ In Chapter 5 you saw how to discuss the immediate past using **acabar de +** *infinitive*. To talk about what you did yesterday, last week, or last year, you need to use the preterit (**el pretérito**). All regular verbs as well as stem-changing verbs and reflexives ending in **-ar** and **-er** are formed as follows. (You will learn the preterit of stem-changing **-ir** verbs in Chapter 7.)

■■■ All **-ar** and **-er** stem-changing verbs are regular in the preterit, that is, they have no vowel change: **cerrar:** present ⟶ **cierro,** preterit ⟶ **cerré.**

cerrar	
cerré	cerramos
cerraste	cerrasteis
cerró	cerraron

comer	
comí	comimos
comiste	comisteis
comió	comieron

escribir	
escribí	escribimos
escribiste	escribisteis
escribió	escribieron

■■■ Note the use of accents.

■■■ **Vosotros** form = **tú** form + **-is: bebiste** + **-is** = **bebisteis.**

¡El vestido costó un ojo de la cara!

—Ayer Paco y yo **estudiamos.** Luego yo **vi** una película y él **se acostó.**
—¿**Estudiaron** mucho ayer?
—Sí, porque **empezaron** los exámenes.

Yesterday, Paco and I studied. Then I saw a movie and he went to bed.
Did you study a lot yesterday?
Yes, because exams began.

NOTE:

a. Regular **-ar** and **-ir** verbs have the same ending in the **nosotros** form in the present indicative and the preterit. Context helps determine the tense of the verb. For example: **Todos los días almorzamos a las 2:00, pero ayer almorzamos a la 1:00.**

b. Verbs that end in **-car, -gar,** or **-zar** require a spelling change in the **yo** form:

tocar ⟶ **toqué**	Toqué la guitarra en un café.
jugar ⟶ **jugué**	Ayer jugué al fútbol y Juan también jugó.
empezar ⟶ **empecé**	Anoche empecé a trabajar en un banco.

■■■ Remember the following spelling conventions:
ga, **gue**, gui, go, gu
ca, **que**, qui, co, cu
za, **ce**, ci, zo, zu

c. Regular reflexive verbs follow the same pattern as other regular verbs in the preterit. The reflexive pronoun precedes the conjugated form. For example: **Esta mañana me levanté temprano.**

d. **Ver** is regular in the preterit and it has no accents because **vi** and **vio** are monosyllables.

2 ■ Three common irregular verbs in the preterit are **ir** and **ser,** which have the same preterit forms, and **hacer.**

ir/ser	
fui	fuimos
fuiste	fuisteis
fue	fueron

hacer	
hice	hicimos
hiciste	hicisteis
hi<u>z</u>o	hicieron

—Ella no **fue** al concierto.	*She didn't go to the concert.*
—Y tú, ¿qué **hiciste** anoche?	*And what did you do last night?*

3 ■ The following time expressions are frequently used with the preterit to express a completed past action.

anoche   last night
ayer   yesterday
anteayer   the day before yesterday
la semana pasada   last week
el sábado/mes/año pasado   last Saturday/month/year
de repente   suddenly
hace tres/cuatro/... días   three/four/. . . days ago
hace dos/tres/... semanas/meses/años   two/three/. . . weeks/months/years ago
¿Cuánto (tiempo) hace que + *preterit...?*   How long ago did . . . ?

Hace tres meses que Diana **empezó** las clases.	*Diana started school three months ago.*
La semana pasada Juan Carlos y Claudia **vieron** *Casablanca.*	*Last week Juan Carlos y Claudia saw* Casablanca.

Here are some frequently used verbs that you will practice in the chapter activities.

abrir to open		**llegar** to arrive	
asistir a to attend (*class, church, etc.*)		**llorar** to cry	
buscar to look for		**pagar** to pay (for)	
decidir to decide		**terminar** to finish	
dejar to leave behind; to let, allow		**tomar** to drink; to take (*a bus, etc.*)	
desayunar to have breakfast		**viajar** to travel	

Muchas personas **asistieron** al concierto.	*Many people attended the concert.*
Nosotros **llegamos** tarde.	*We arrived late.*
El concierto **terminó** a las 11:30.	*The concert ended at 11:30.*

Actividad *9* | **Juana en Buenos Aires   Parte A.** Juana vive en Buenos Aires, Argentina, y cuenta qué hizo el viernes pasado. Completa su historia con la forma correcta de los verbos que están en orden a la izquierda.

levantarse

tomar, escuchar

salir

ir, llegar

sentarse

almorzar

pagar

volver

trabajar

El viernes por la mañana _____ (1) a las 7:30, _____ (2) un café con leche, _____ (3) las noticias en la radio y _____ (4) de mi casa a las 8:30. _____ (5) al trabajo en taxi y _____ (6) justo a las 9:00. _____ (7) enfrente de la computadora hasta la 1:00. Luego, Agustín y yo _____ (8) en un restaurante que está enfrente del trabajo y yo _____ (9) porque era (*was*) el cumpleaños de Agustín. A las 2:00 nosotros _____ (10) a la oficina y yo _____ (11) hasta las 7:00.

ir

regresar

hacer

comer, acostarse

levantarse

ducharse

salir

bailar

ir

llegar

Al final de mi día de trabajo, _____ (12) a un pub cerca de la oficina a tomar una cerveza. A las 8:00 _____ (13) a casa muy cansada. Mi madre _____ (14) una cena deliciosa y nosotros _____ (15) a las 9:30. Luego yo _____ (16) por dos horas y a las 12:30 _____ (17), _____ (18) y con minifalda y zapatos de tacón _____ (19) de casa para ir a una discoteca con mis amigos. _____ (20) desde las 2:00 hasta las 6:30. Después _____ (21) a tomar un café y a las 7:30 yo _____ (22) a mi casa para dormir ocho horas. ¡Qué día tan largo!

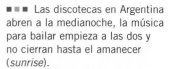

■ ■ ■ Las discotecas en Argentina abren a la medianoche, la música para bailar empieza a las dos y no cierran hasta el amanecer (*sunrise*).

■ ■ ■ Es típico vivir en casa de los padres hasta casarse en muchos países.

Parte B. Ahora en parejas, díganle a la otra persona qué hicieron el viernes pasado y a qué hora hicieron esas actividades. Usen la historia de Juana como guía.

Una discoteca en Buenos Aires. ➤

Actividad 10 Intercambio cultural Parte A. Una estudiante norteamericana fue a un programa de intercambio (*exchange*) cultural a otro país. Mira las cosas que hizo y ponlas en un orden lógico.

_____ Fui directamente a la casa de una familia uruguaya donde viví durante un semestre.

_____ Viajé por American Airlines y Pluna (aerolínea uruguaya).

_____ Recibí muchos emails de mis amigos uruguayos.

_____ Llegué al aeropuerto de Montevideo en marzo.

  1 Tomé una clase de español para prepararme para el viaje.

_____ Busqué información en Internet sobre programas de intercambio.

_____ Asistí a la Universidad de la República.

_____ Lloré cuando dejé a mi familia uruguaya.

_____ Decidí finalmente ir a Uruguay.

_____ Saqué buenas notas en mis clases.

Parte B. Ahora cuéntale a la clase, desde tu punto de vista (*your point of view*), qué hizo esta estudiante norteamericana. Usa expresiones como **primero, después, después de, luego, por último** (*finally*).

■ ■ ■ Primero ella tomó una clase... Después...

Actividad 11   Ayer   En tu clase probablemente hay personas que hicieron estas actividades ayer. Haz preguntas para encontrar a esas personas.

> ▪▪▪ A: ¿Hiciste la tarea ayer?
>
>   B: Sí, hice la tarea./No, no hice la tarea.

nombre

1. tomar Pepsi   _____
2. correr   _____
3. bailar   _____
4. recibir un email   _____
5. comer a las 7:00   _____
6. ir al cine   _____
7. tocar el piano   _____
8. mirar televisión   _____
9. asistir a la iglesia _____
10. viajar en autobús   _____
11. hacer ejercicio   _____

Actividad 12   ¿A qué hora?   Parte A.   En la columna que dice "tú" escribe a qué hora hiciste ayer (o el viernes pasado si hoy es lunes) las siguientes actividades.

	tú	compañero/a
1. levantarse	_____	_____
2. almorzar	_____	_____
3. ir a la primera clase	_____	_____
4. terminar la última clase	_____	_____
5. llegar a casa (o la residencia)	_____	_____
6. acostarse	_____	_____

Parte B.   Ahora, en parejas, pregúntenle a su compañero/a a qué hora hizo las actividades de la **Parte A** y escriban su respuesta en la segunda columna.

> ▪▪▪ A: ¿A qué hora te levantaste ayer?
>
>   B: Me levanté a las...

Actividad 13   ¿Cuánto tiempo hace que...?   En parejas, pregúntenle a su compañero/a cuánto tiempo hace que hizo estas actividades.

> ▪▪▪ A: ¿Cuánto (tiempo) hace que visitaste a tus padres?
>
> B: Hace tres semanas que visité a mis padres.   B: Visité a mis padres ayer.

1. viajar a otra ciudad   ayer
2. ir al médico   anteayer
3. escribir una composición   hace tres/cuatro/cinco días
4. hablar por teléfono   la semana pasada
5. comer pizza   hace dos/tres semanas
6. sacar "A" en un examen de historia   el mes pasado
7. ir al cine   hace dos/tres/cuatro meses
8. asistir a un concierto   ¿ ?
9. buscar información en Internet
10. llorar en una película

Actividad 14 **¿Sabes mucho de historia?** En parejas, digan en qué año ocurrieron los siguientes acontecimientos.

> ■■■ La Armada Invencible española / perder contra los ingleses
>
> La Armada Invencible española perdió contra los ingleses en mil quinientos ochenta y ocho.

1. Cristóbal Colón / llegar a América
2. George W. Bush / ganar las elecciones contra John Kerry
3. los ingleses / perder la Guerra Revolucionaria contra las colonias norteamericanas
4. Neil Armstrong / caminar en la luna
5. los Juegos Olímpicos / ser en Barcelona
6. la Segunda Guerra Mundial / empezar

II. Indicating Relationships: Prepositions and Prepositional Pronouns

■■■

1 ■ Prepositions (**preposiciones**) establish relationships between one word and another in a sentence. You already know prepositions like **a, de, en, para,** and **por.** Other common prepositions are:

■■■ Common prepositions of location are listed on p. 156.

con	with	**entre**	between	**hasta**	until	**sobre**	about
desde	from	**hacia**	toward	**sin**	without		

El sábado pasado, un niño caminó **hacia** la playa.	*Last Saturday, a child walked toward the beach.*
Salió **sin** el permiso de sus padres.	*He left without his parents' permission.*
La policía buscó al niño **hasta** las ocho.	*The police looked for the boy until eight o'clock.*
Al final, volvió solo **desde** la playa.	*In the end, he returned home alone from the beach.*

2 ■ When pronouns follow a preposition, the forms of the pronouns are the same as subject pronouns, except for the forms corresponding to **yo** and **tú,** which are **mí** and **ti,** respectively. Notice that these are the same pronouns you use with **gustar:** <u>A mí</u> me gusta ir a la playa.

Prepositional Pronouns		
a para sin (etc.) } +	**mí** **ti** Ud. él ella	nosotros/as vosotros/as Uds. ellos ellas

—Tengo dinero **para ti.**
—**¿Para mí?** Gracias.

—¿Van a ir **sin Juan?**
—No, vamos a ir **con él.**

NOTE:

a. With the preposition **con,** the pronouns **mí** and **ti** become **conmigo** and **contigo.**

—¿Quieres ir **conmigo?**	*Do you want to go with me?*
—Sí, voy **contigo.**	*Yes, I'll go with you.*

b. The preposition **entre** uses **tú** and **yo.**

Vamos a hacer el trabajo **entre tú** y **yo.**	*We are going to do the work between you and me.*

3 ■ When a verb immediately follows a preposition, it is always in the infinitive form.

Ayer **después de comer,** miramos la tele.*

Yesterday after eating, we watched TV.

Fernando tomó un café **antes de ducharse.**

Fernando had a coffee before showering.

Para dormirme, tomé un té de manzanilla.

In order to sleep, I had a chamomile tea.

*****NOTE:** Compare with this sentence: **Después, comimos y miramos la tele.** (*Later we ate and watched TV.*)

4 ■ Note the prepositions used with the following verbs.

casarse con enamorarse de }	+ *persona*	to marry to fall in love with }	+ *person*
asistir a entrar en/a salir de }	+ *lugar*	to attend to enter to leave }	+ *place*
aprender comenzar empezar enseñar }	+ a + *infinitivo*	to learn to begin to begin to teach }	+ *infinitive*

NOTE: The verbs **deber, necesitar, poder,** and **querer** are directly followed by the infinitive.

Quiero estudiar porque tengo un examen.

I want to study because I have an exam.

Debemos volver a casa.

We should return home.

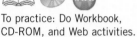

To practice: Do Workbook, CD-ROM, and Web activities.

Actividad *15* **Una encuesta** **Parte A.** En preparación para hacer una encuesta, mira las siguientes ideas y complétalas con las preposiciones **a, con, de, desde, entre, hasta** y **sin.**

nombre

1. anoche estudió _____ un amigo
2. en esta clase se sienta _____ dos chicas
3. esta mañana fue a clase _____ desayunar
4. hoy salió _____ la residencia muy tarde
5. asiste _____ una clase de yoga cada semana
6. el lunes pasado tuvo clase _____ las 10:00 _____ las 2:00
7. hace un mes empezó _____ hacer dieta
8. siempre se enamora _____ la persona incorrecta

Parte B. Ahora camina por la clase para encontrar a las personas que hacen o hicieron las acciones de la **Parte A.**

Actividad _16_ De compras Durante tus últimas vacaciones fuiste de compras. En parejas, explíquenle a su compañero/a lo siguiente.

1. adónde fuiste
2. quién fue contigo
3. qué viste
4. si compraste algo y para quién
5. qué hiciste después de ir de compras

Actividad _17_ ¿Recuerdas? Parte A. Vas a prepararte para hablar de qué hiciste ayer. Piensa en las respuestas a estas preguntas, pero también piensa en otros detalles (*details*).

1. ¿Qué hiciste antes de salir de tu casa?
2. ¿Desayunaste? ¿Dónde y con quién?
3. ¿Asististe a clase?
4. ¿Almorzaste? ¿Dónde y con quién?
5. Después de almorzar, ¿qué hiciste?
6. ¿Desde qué hora hasta qué hora estudiaste?
7. Y por la noche, ¿saliste con tus amigos? ¿Hiciste algo interesante? ¿Quiénes fueron contigo?

Parte B. En parejas, hablen sobre qué hicieron ayer. Si quieren saber más, deben hacer preguntas como las siguientes: **Y después de desayunar, ¿qué hiciste? ¿A cuántas clases asististe? ¿Quién comió contigo? Después de terminar las clases, ¿adónde fuiste?** Empiecen la conversación preguntando **¿Qué hiciste ayer?**

Actividad _18_ La entrevista Parte A. Para hacer publicidad, la administración de tu universidad quiere saber qué tipo de estudiantes asisten a esta institución. Para prepararte a entrevistar a un/a compañero/a, completa las siguientes ideas con las preposiciones apropiadas.

Pregúntenle a su compañero/a...

1. _____ qué año entró _____ la universidad.
2. si asistió _____ otras universidades. ¿Dónde? ¿_____ cuánto tiempo?
3. por qué decidió venir aquí.
4. si aprendió _____ usar computadoras _____ esta universidad, _____ otra universidad, _____ la escuela secundaria o _____ la escuela primaria (*elementary school*).
5. qué hace generalmente después _____ asistir _____ sus clases.
6. si juega _____ tenis, _____ basquetbol o _____ otro deporte.
7. dónde y cuántas horas _____ día estudia.
8. _____ qué año va a terminar sus estudios.
9. qué piensa hacer después _____ terminar la universidad.
10. si al terminar los estudios va a salir del estado _____ buscar trabajo.

Parte B. Ahora en parejas, entrevisten a su compañero/a y luego informen al resto de la clase.

Parte A. Lee esta descripción de una persona famosa y contesta las preguntas que siguen.

Norma Aleandro, famosa actriz argentina, nació (*was born*) el 2 de mayo de 1936 en Buenos Aires. Empezó a actuar en el teatro a los nueve años. Fue la protagonista de muchas obras de teatro y también de muchas películas. Durante la época de la dictadura militar en Argentina entre 1976 y 1983, se exilió en Uruguay por cinco años. En 1985 actuó en la película *La historia oficial* que recibió el Oscar a la Mejor Película Extranjera y ella ganó el premio a la Mejor Actriz en el festival de cine de Cannes. Después hizo varias películas en inglés. Por su trabajo en *Gaby* recibió una nominación para el Oscar a la Mejor Actriz.

Hoy día Norma Aleandro actúa en televisión, teatro y cine. Además de ser actriz, es directora; también escribe libros y poemas. En el futuro, quiere escribir más y actuar más en teatro.

1. ¿En qué año nació Norma Aleandro?
2. ¿Qué hizo?
3. ¿Qué premios recibió?
4. ¿Qué hace ahora? ¿Qué planes tiene para el futuro?

▲ Norma Aleandro

Parte B. Busca en Internet información sobre una de las siguientes personas chilenas y argentinas.

Isabel Allende, escritora   Charly García, cantante
Diego Maradona, ex futbolista   Nicole Perrot, golfista
Don Francisco (Mario Kreutzberger),   César Pelli, arquitecto
    anfitrión del show "Sábado Gigante"

■ ■ ■ To do a search, use a good search engine such as **google.com** and type the name + *biography* or *his/her life* to get sites in English, or the name + **biografía** or **su vida** to get sites in Spanish. You may need to consult both to complete this assignment. When saying what someone did, avoid description and simply refer to completed actions.

En la próxima clase, tienes que hablar sobre la siguiente información.

1. ¿Dónde y cuándo nació? ¿Qué hizo? (Usa el pretérito.)
2. ¿Qué hace ahora? (Usa el presente.)
3. ¿Qué va a hacer en el futuro? Puedes inventar la respuesta a esta pregunta. (Usa **va a** + *infinitivo*, **quiere** + *infinitivo*, **piensa** + *infinitivo*, **le gustaría** + *infinitivo*.)

Nuevos horizontes

Lectura ESTRATEGIA: **Skimming**

In Chapter 1, you learned about scanning. When scanning, you read quickly to look for specific information and your eyes resemble laser beams zeroing in on a subject. Skimming is similar; however, when you skim a text, you simply read quickly to get the main idea without stopping to wonder about the meaning of unknown words. You will practice skimming as you read an article about South America.

Actividad 20 Predicción Parte A. Antes de leer el artículo sobre Suramérica, mira la lista de palabras y trata de predecir cuál es el tema del artículo.

indígenas	montañas	playas blancas
glaciares	mitología local	parque nacional
flora	fauna	patrimonio mundial

■■■ **patrimonio mundial** = World Heritage Site

¿Tema del artículo?

a. la naturaleza (*nature*) de Suramérica
b. la destrucción de los ecosistemas de Suramérica
c. el abuso de las grandes compañías petroleras y su efecto en la ecología
d. unas vacaciones en Suramérica —nadar, esquiar, hacer trekking

Parte B. Ahora en grupos de tres, digan cuál creen que es el tema del artículo y por qué. Usen frases como: **En mi opinión el artículo es sobre... porque... Creo que el artículo es sobre... porque... Puede ser un artículo sobre... porque...**

■■■ Remember: You are not expected to comprehend every word; you are just reading to get the gist.

Actividad 21 Lectura rápida Ahora lee rápidamente el artículo para confirmar tu predicción de la actividad anterior y para saber qué es Torres del Paine y qué son las cataratas del Iguazú. Luego comparte la información con el resto de la clase.

Actividad 22 Lectura detallada Lee el artículo otra vez y contesta las siguientes preguntas.

1. En el párrafo 1 (línea 4), ¿cuál es el sujeto del verbo **contrastan**?
2. En el párrafo 2 (línea 9), ¿cuál es el sujeto del verbo **existe**?
3. En el párrafo 3 (línea 12), ¿quién o qué es **Cai Cai**?
4. En el párrafo 3 (línea 14), ¿quién o qué convirtió a los dos guerreros en piedra?
5. En el párrafo 4 (línea 19), ¿cuáles son dos cosas que contrasta la frase **más altas que**?
6. En el párrafo 5 (línea 25), ¿a qué se refiere **Esta**?
7. En el párrafo 5 (línea 26), ¿a quién se refiere **ella**?
8. En el párrafo 5 (línea 28), ¿cuál es un sinónimo de **se enojó** (*got mad*)?
9. En el párrafo 5 (línea 28), ¿quién **se enojó**? ¿El dios, Tarob o Naipi?
10. En el párrafo 5 (línea 29), ¿quiénes son **los enamorados**?

Suramérica y su belleza natural

Suramérica se caracteriza por su diversidad y su belleza natural. Esta belleza varía desde la selva amazónica en países como Ecuador, Perú y Brasil hasta el árido desierto de Atacama en el norte de Chile. También se encuentran las playas blancas de Colombia, Venezuela y Uruguay que contrastan con los Andes y sus nieves eternas en Argentina, Chile
5   y Bolivia. Entre las bellezas naturales también están el Parque Nacional Torres del Paine y el Parque Nacional Iguazú.

El Parque Nacional Torres del Paine se encuentra en la zona de la Patagonia de Chile y es tan espectacular como el Parque Yellowstone o el Yosemite. Tiene una variedad de ecosistemas con flora y fauna que no existe en otras partes del mundo. Entre los lugares más
10   interesantes para visitar están el lago y glaciar Grey y los Cuernos del Paine, dos montañas que son gigantescos pilares de granito que se formaron hace 12 millones de años.

La mitología local dice que una serpiente llamada Cai Cai causó una inundación masiva para matar con el agua a la tribu guerrera[1] que vivía en Torres del Paine. Cuando el agua retrocedió, Cai Cai tomó a los dos guerreros más grandes y los convirtió en piedra; ahora
15   son las dos famosas montañas que se llaman los Cuernos del Paine que se pueden ver hoy día en ese parque nacional chileno.

En el Parque Nacional Iguazú se encuentran las cataratas del Iguazú que están localizadas en el río del mismo nombre, en la frontera entre Argentina y Brasil cerca de Paraguay. Tienen una caída de ochenta metros y son veinte metros más altas que las
20   cataratas del Niágara entre los Estados Unidos y Canadá. El salto o catarata más importante es la Garganta del Diablo[2]. En el lado brasileño hay una vista panorámica de las cataratas, pero en el lado argentino se puede caminar muy cerca de cada salto. Las cataratas no sólo son ricas en flora y fauna; también son una fuente de electricidad para Argentina, Brasil y Paraguay. En 1984 la UNESCO declaró las cataratas del Iguazú patrimonio mundial.

▼ Los Cuernos del Paine en el Parque Nacional Torres del Paine, Chile.

1 *warrior*   2 *Devil's Throat*

▲ Las cataratas del Iguazú, entre Argentina y Brasil.

25 Los indígenas de esta zona explican el origen de estas cataratas con una leyenda. Esta dice que el dios de los indígenas eligió a Naipi, la hija del jefe de la tribu, como esposa, pero ella se enamoró de Tarob y un día Naipi y Tarob se fueron en una canoa por el río Iguazú ("agua grande" en la lengua indígena). Cuando el dios escuchó esto, se enfureció y decidió crear las cataratas para matar a los enamorados con su torrente de agua. Así terminó la vida de los
30 jóvenes amantes.

Tanto el Parque Nacional Torres del Paine como el Parque Nacional Iguazú reciben un gran cantidad de turistas al año que llegan a los parques a practicar turismo de aventura. En estos dos parques se puede hacer trekking y caminatas.

Actividad 23 **Busca información** Después de leer el artículo, contesta las siguientes preguntas.

1. ¿Con qué parques nacionales de los Estados Unidos compara el artículo al Parque Torres del Paine? ¿Dónde se encuentra?
2. ¿En qué se diferencian las cataratas del Iguazú de las cataratas del Niágara? ¿Dónde se encuentran? ¿Para qué se utilizan las cataratas del Iguazú?
3. ¿Los mitos indígenas sobre la formación de los Cuernos del Paine y de las cataratas del Iguazú son pacíficos o violentos?

Actividad 24 **Las leyendas** **Parte A.** Los indígenas tienen leyendas que explican la formación de los Cuernos del Paine y las cataratas del Iguazú. Marca **C** si la oración es cierta y **F** si es falsa. Después corrige las falsas.

Leyenda sobre los Cuernos del Paine

1. _____ Cai Cai es una persona.
2. _____ Las personas de la tribu son violentas.
3. _____ Cai Cai mató a muchas personas con un incendio (*fire*) grande.
4. _____ Ahora, los dos guerreros son montañas que se llaman los Cuernos del Paine.

Leyenda sobre las cataratas del Iguazú

1. _____ Un dios se enamoró de Naipi.
2. _____ Naipi se enamoró del dios.
3. _____ Iguazú significa "río corto" en la lengua indígena.
4. _____ El dios se enfureció y mató a Naipi y a Tarob con agua.
5. _____ Hoy día, el torrente de agua se llama las cataratas del Iguazú.

Parte B. Lee este resumen corto de la leyenda norteamericana de Paul Bunyan.

Paul Bunyan, un hombre enorme, simpático y trabajador, formó los Grandes Lagos para tener agua para Babe, su buey azul. También se dice que los 10.000 lagos de Minnesota se formaron con las huellas (*footprints*) profundas de las botas de Paul Bunyan y la nieve que se convirtió en agua en la primavera.

Ahora compara la leyenda norteamericana de Paul Bunyan con las leyendas de la **Parte A.** ¿Son personas que existieron de verdad? ¿Hay dioses? ¿Hay animales? ¿Existe un conflicto? ¿Cómo son los protagonistas de las leyendas: simpáticos o antipáticos, violentos o pacíficos, grandes o pequeños, poderosos (*powerful*) o débiles? ¿Qué explican los mitos: la formación de aspectos geográficos o la historia de la zona?

Escritura ESTRATEGIA: **Chronological Order**

Texts such as news reports, histories, biographies, or travelogues often are organized chronologically. In Chapter 5 you used adverbs of time to help sequence events. Verb forms also help establish the order of events. To apply a simple chronological order when writing, you may report past, present, and then future actions:

- Use preterit to say what the person did.
- Use present tense for present, ongoing activities.
- Use **ir a** + *infinitive* and constructions such as **querer** + *infinitive*, **le gustaría** + *infinitive*, **pensar** + *infinitive* to refer to future plans.

■■■ Remember: Do your outline in Spanish.

Actividad 25 Una biografía Parte A. You are going to write a biography about a famous, living person. First, think of someone you admire or would like to learn more about, or choose from the names suggested by your instructor. If needed, use the Internet to obtain information and organize an outline in Spanish based on the following.

- Paragraph 1: name, when and where he/she was born, what he/she did (avoid description, just state actual accomplishments)

NOTE: When writing a biography, it is common to present most data in chronological order. Use words like **primero, más tarde, luego, después, después de** + *infinitive*, **antes,** and **antes de** + *infinitive* in the first paragraph.

- Paragraph 2: what he/she is doing now
- Paragraph 3: what he/she is going to do in the future

Parte B. Write a three-paragraph biography based on your outline. You may want to look at the biography in Activity 19 as a reference.

Parte C. Check to see if you used the preterit in the first paragraph to refer to past actions. Also check to make sure you avoided description. Did you use the present tense in the second paragraph? In the final paragraph you should have used constructions such as **ir a** + *infinitive,* **pensar** + *infinitive,* **le gustaría** + *infinitive,* and **querer** + *infinitive*. Make any necessary changes to your final draft and hand in all drafts to your instructor.

Vocabulario esencial II

La familia de Diana

Frank Miller — Marina Torres Milán   Ramón Vegas Pérez — María Luisa Yépez Ortiz

Rosie Hernández — Frank Jr.   Alicia   Mark — Ana María   Mª Rebeca   Marta — Charles Brown

Zoe   Brandon   Diana   Jesse   Tommy

La familia de Diana es grande. Sus **abuelos** maternos son Ramón y María Luisa y viven en Jalisco, México. Sus **abuelos** paternos son Frank y Marina y viven con los **padres** de Diana en Los Ángeles. El **padre** de Diana se llama Mark y la **madre,** Ana María. Diana tiene un **hermano menor** que se llama Jesse y ella, por supuesto, es la **hermana mayor.** Tiene cuatro **tíos:** Frank Jr. y Alicia son **hermanos** de su padre y Marta y Ma. Rebeca, **hermanas** de su madre. Para Marta, Diana es una **sobrina** muy especial. Diana también tiene dos **tíos políticos:** Rosie, la **esposa** de su tío Frank Jr., y Charles, el **esposo** de su tía Marta. Rosie y Frank Jr. tienen dos **hijos,** Zoe y Brandon, que son **primos** de Diana; pero su **primo** favorito es Tommy, **hijo** de su **tía** Marta y su **esposo** Charles. Tommy, Diana y Jesse son **nietos** de Ramón y María Luisa.

■■■ Many Mexican-Americans adopt some American customs; therefore Diana's uncle is named Frank Jr.

■■■ **Ma.** = abbreviation for María.

■■■ **Esposo/marido** = husband; **esposa/mujer** = wife

Otras palabras relacionadas con la familia

el/la cuñado/a   brother/sister-in-law
el/la hermanastro/a   stepbrother/stepsister
el/la hijastro/a   stepson/stepdaughter
la madrastra   stepmother
el padrastro   stepfather
el/la suegro/a   father/mother-in-law

el/la pariente   relative
ser soltero/a   to be single
estar casado/a (con)   to be married (to)
estar divorciado/a (de)   to be divorced (from)

■ ■ ■ **Parientes** = relatives; **padres** = parents

To practice: Do Workbook, CD-ROM, and Web activities.

Actividad 26 **La familia de Mark**   En parejas, miren el árbol genealógico de la página 169 y describan la familia de Mark. Por ejemplo: **El padre de Mark se llama Frank. Mark tiene dos hermanos, Alicia y Frank Jr.**

¿Lo sabían?

▲ Stephanie Valencia y su madre.

Hay alrededor de veinticinco millones de personas de origen mexicano que viven en los Estados Unidos. Muchas son recién llegadas y hablan español e inglés y muchas más están en el proceso de aprender inglés. Los inmigrantes del siglo XXI que llegan a los Estados Unidos aprenden inglés más rápidamente que los inmigrantes que vinieron a principios del siglo XX. Saben que tienen que aprender inglés para adaptarse e integrarse a los Estados Unidos.

Hay muchas familias mexicoamericanas que llevan siglos en los Estados Unidos y ya ni hablan español. Stephanie Valencia, mexicoamericana de Nuevo México, comenta que su madre siempre dice: *"We didn't cross the border, the border crossed us"*. Esta frase se refiere al año 1848 cuando México le cedió (*ceded*) mucho territorio a los Estados Unidos después de una guerra entre los dos países. Ahora, Stephanie es típica de un grupo de jóvenes estadounidenses que quieren aprender el idioma y la cultura de sus antepasados. Por eso puedes ver a muchos estudiantes de apellido español en clases básicas de español, como también puedes ver a gente de origen italiano, alemán y japonés en clases donde estudian el idioma de sus antepasados.

■ ■ ■ In 1848, the U.S. and Mexico signed the Treaty of Guadalupe Hidalgo, giving the U.S. control of a large area of land in the Southwestern U.S.

■ ■ ■ Immigration stories can be interesting; ask your friends about their family stories. If you don't know your family's history, ask your parents or grandparents.

¿? ¿Cuál es el origen de tu familia? ¿Estudias o hablas el idioma de tus antepasados? ¿Otras personas de tu familia hablan ese o esos idiomas?

Actividad 27 **¡Bingo!** Vas a jugar al bingo. Tienes que hacerles preguntas a diferentes compañeros de la clase basándote en la información de las casillas (*boxes*). Si una persona contesta que sí a una pregunta, escribe su nombre en la casilla correspondiente. La persona que completa primero una hilera (*line*) diagonal, vertical u horizontal es el/la ganador/a (*winner*).

■ ■ ■ **O** (*Or*) becomes **u** before words beginning with **o** or **ho**: vertical **u** horizontal.

B	I	N	G	O
un hermano	cumpleaños en septiembre	madre alta	un abuelo irlandés	una tía enfermera
cumpleaños en febrero	padre gordo	no tiene hermanos	una tía que se llama Ann	tiene primos
tiene cuatro abuelos	un tío que se llama Bill	cumpleaños en julio	tiene esposo	un hermano rubio
dos hermanos	una abuela italiana	dos cuñados	tiene una sobrina	un abuelo con poco pelo
hermanas	tiene un sobrino	tiene una hija	cumpleaños en el otoño	dos hermanas

Actividad 28 **Oraciones incompletas** **Parte A.** En tres minutos escribe oraciones incompletas sobre la familia. Por ejemplo: **La madre de mi madre es mi _____.**

Parte B. Ahora, en grupos de tres, una persona lee sus oraciones incompletas y los compañeros tienen que completar esas oraciones.

Actividad 29 **Una reunión familiar** En parejas, cada uno debe mirar una de las fotos, imaginar que es su familia y explicar quién es cada persona. Hablen de qué hacen, qué están haciendo y dónde están en la foto en relación con otros parientes.

■ ■ ■ Mi madre es la persona que está lejos de...

Para escuchar

La boda en Chile

Novios celebrando su boda. ➤

■ ■ ■ **Novios** = boyfriend and girlfriend; bride and groom

echar la casa por la ventana	to go all out (literally: *to throw the house out the window*)
requete+*adjective*	really/extremely + *adjective*
requetefeo	really/extremely ugly
tener ganas de + *infinitive*	to feel like + -ing
Tengo ganas de viajar.	I feel like traveling.

Federico de Rodrigo, su esposa y sus hijos fueron de Argentina a Chile para asistir a la boda de Olga, la hija de unos muy buenos amigos. Ahora Federico y su esposa Camila están en un hotel en Santiago hablando con su hijo Andrés sobre la boda.

 Actividad 30 Marca los regalos Mientras escuchas la conversación, marca solo los regalos (*presents*) que recibieron los novios. Lee la lista antes de empezar a escuchar.

¿Qué recibieron?

unas toallas	_____	una casa	_____
un equipo de audio	_____	un viaje	_____
un televisor	_____	un reproductor de DVD	_____
un sofá	_____		

Actividad 31 **Preguntas** Después de escuchar la conversación otra vez, contesta estas preguntas.

1. El día después de la boda, ¿se levantaron tarde o temprano Federico, su esposa y su hijo?
2. ¿Con quién entró la novia en la iglesia?
3. ¿Quiénes les dieron los siguientes regalos: el estéreo, el televisor, el sofá y el viaje?
4. ¿Adónde van Nando y Olga para la luna de miel?
5. Si Andrés se casa, ¿qué dice que va a recibir de su tía Carmina? ¿Qué quiere recibir?
6. ¿Qué palabras usan Andrés y su madre para describir el regalo de la tía Carmina?
7. ¿A qué fiesta asististe donde echaron la casa por la ventana? ¿Un cumpleaños, una boda, un aniversario, una reunión familiar, etc.?

¿Lo sabían?

Con frecuencia, en las bodas hispanas los amigos de los novios no participan directamente en la ceremonia; en cambio, los padres de los novios son los "padrinos" y están en el altar acompañando a sus hijos. El novio entra en la iglesia del brazo de su madre (la madrina) y, como en los Estados Unidos, la novia entra del brazo de su padre (el padrino).

Generalmente cuando una mujer hispana se casa, en muchos países conserva sus apellidos y, con frecuencia, añade (*adds*) el primer apellido de su esposo. Por ejemplo, si María Luisa Yépez Ortiz se casa con Ramón Vegas Pérez, ella se llama María Luisa Yépez (Ortiz) de Vegas. Si tienen un hijo, sus apellidos van a ser Vegas Yépez.

> *Pedro Domínguez y Susana Bensabat de Domínguez participan a Ud. la boda de su hijo Pablo con la señorita Mónica Graciela Guerrero y le invitan a presenciar la ceremonia religiosa que se efectuará en la Iglesia Santa Elena el viernes 15 de diciembre a las 20 y 30.*
>
> *Buenos Aires, 2005*
>
> *Los novios saludarán en el atrio.*
> *Juan F. Seguí 3815*

¿? ¿Te gusta la idea de tener a los padres como padrinos de una boda? ¿Qué apellidos se usan en los Estados Unidos? Si te casas y tienes hijos, ¿qué apellidos quieres usar para ti? ¿Y para tus hijos?

Actividad 32 **El viaje del año pasado** En grupos de tres, pregúntenles a sus compañeros adónde fueron de viaje el año pasado y qué hicieron. También pregúntenles qué tienen ganas de hacer este año.

■■■ A: ¿Adónde fuiste el año pasado?
B: Fui a San Francisco.
A: ¿Qué hiciste?
B: ...
A: ...

Gramática para la comunicación II

I. Using Indirect-Object Pronouns

■ ■ ■ See **gustar**, p. 44.

1 ■ In this sentence from the conversation about the wedding in Chile, **Una tía de él les dio un televisor de plasma,** who gave the TV and who received the TV? If you said *his aunt* and *them* (*the bride and groom*) respectively, you are correct. **Una <u>tía</u> de él** is the subject (the person that did the action), **un <u>televisor</u> de plasma** is the direct object (what was given), and **les** is the indirect-object pronoun (to whom the TV was given, the people that received the direct object: the TV). An indirect object (**objeto o complemento indirecto**) indicates to whom or for whom an action is done. You have already learned the indirect-object pronouns (**pronombres de complemento indirecto**) with the verb **gustar.**

Indirect-Object Pronouns	
me	nos
te	os
le	les

■ ■ ■ What was sent? —→ money = direct object

■ ■ ■ To whom was the money sent? —→ to me = indirect object

—¿Quién **te** mandó dinero?   *Who sent you money?*
—Mi padre **me** mandó dinero.   *My father sent me money.*

2 ■ Like the reflexive pronoun, the indirect-object pronoun precedes a conjugated verb or follows attached to a present participle or an infinitive.

Ayer **le escribí** una nota.	*I wrote you/him/her a note yesterday.*
Ahora **le estoy** escribiendo (estoy escrib**iéndole**) un email.	*I'm writing you/him/her an email now.*
Mañana **le voy** a escribir (voy a escribir**le**) una tarjeta.	*I'm going to write you/him/her a card tomorrow.*

3 ■ An indirect-object pronoun can be emphasized or clarified by using a phrase introduced by the preposition **a,** just as you learned with the verb **gustar: me, te, le, nos, os,** and **les** can be emphasized or clarified with **a mí, a ti, a Luis, a nosotros, a vosotros, a Uds., a mis padres,** etc.

Le escribí un email **a Juan.**	*I wrote an email to Juan.*
Ella **les** explicó el problema **a ellos.**	*She explained the problem to them.*

NOTE: The indirect-object pronoun in Spanish is almost always mandatory. In the following sentences the items in parentheses are optional and the words in color are mandatory. Those in parentheses are used to provide clarity or emphasis.

Les regalaron un viaje (a Olga y a Nando).
Mi padre **me** mandó dinero (a mí).

4 ■ The following verbs are commonly used with indirect-object pronouns.

contar (o → ue)	to tell	**hablar**	to speak
contestar	to answer	**mandar**	to send
dar*	to give	**ofrecer**	to offer
escribir	to write	**pagar**	to pay (for)
explicar	to explain	**preguntar**	to ask a question
gritar	to shout, scream	**regalar**	to give a present

■ ■ ■ Remember to conjugate **ofre-cer** like **conocer: ofrezco, ofreces...**

***NOTE: Dar** has an irregular **yo** form in the present: **doy, das, da, damos, dais, dan.** It is irregular in the preterit and, although it is an **-ar** verb, is conjugated like an **-ir** verb: **di, diste, dio, dimos, disteis, dieron.**

Los padres de Nando **les pagaron** el viaje.
Nando's parents paid for the trip (for them).

La familia de Olga **les regaló** muchas cosas.
Olga's family gave them many things.

La familia de Federico **les dio** un sofá.
Federico's family gave them a sofa.

Actividad 33 **¿Corbata o falda?** Lee las siguientes oraciones y para cada situación decide si la persona recibió una corbata o una falda.

1. Mi madre le compró una _____ a mi padre.
2. Le compró una _____ mi padre a mi madre.
3. A mi hermana, su novio le regaló una _____.
4. Su amiga le dio a mi primo una _____.
5. Le regaló una _____ la abuela a su nieto.

Actividad 34 **Su profesor y Uds.** En parejas, usen las siguientes ideas para decir las cosas que hace su profesor/a de español y las cosas que hacen Uds. Usen los pronombres **nos** y **le** en las oraciones.

■ ■ ■ El/La profesor/a **nos** hace preguntas fáciles a veces.
Nosotros le...

explicar mucha gramática
hablar en inglés con frecuencia
traer fotos interesantes
poner videos en clase
entregar (*to hand in*) la tarea
regalar chocolates

contar sobre el mundo hispano
ofrecer crédito extra
mandar a buscar información en Internet
dar muchas excusas
mandar emails con preguntas
escribir emails con respuestas a nuestras preguntas

Actividad 35 **Acciones** Di las actividades que estas personas van a hacer mañana o qué hicieron ayer. Forma oraciones con elementos de cada columna.

ayer	yo	explicar	un trabajo	a la psicóloga
mañana	el paciente	contestar	algo indiscreto	a Julieta
	la abogada	mandar	una carta de amor	a su nieto
	Romeo	ofrecer	su problema	a nosotros
	ellos	preguntar	un email	a ti
	la abuela	contar	cien dólares	al piloto
			su nombre	al médico
				a mí

Actividad 36 **Los regalos** **Parte A.** En parejas, pregúntenle a su compañero/a qué les regaló a cinco personas el año pasado. Piensen en ocasiones especiales y en personas como sus abuelos, su novio/a, un/a amigo/a especial, su hermano/a, etc.

■■■ ¿Qué les regalaste a tus abuelos para... el año pasado?

Parte B. Pregúntenle a su compañero/a qué le dieron a él/ella el año pasado esas cinco personas.

■■■ ¿Qué te dieron tus abuelos para... el año pasado?

Actividad 37 **¿Cuándo fue...?** Contesta estas preguntas.

1. ¿Cuándo fue la última vez (*last time*) que le mandaste algo a alguien? ¿Qué le mandaste y a quién?
2. ¿Cuándo fue la última vez que alguien te mandó algo? ¿Quién te mandó algo y qué te mandó?
3. ¿Quién te manda tarjetas de Hallmark? ¿Cuándo fue la última vez que recibiste una tarjeta virtual?
4. ¿Cuándo fue la última vez que un pariente te regaló algo requetefeo? ¿Qué pariente? ¿Qué te regaló?
5. ¿Cuándo fue la última vez que le diste a tu novio/a un beso en público?
6. ¿Cuándo fue la última vez que una persona te gritó?

II. Using Affirmative and Negative Words

■■■

Palabras afirmativas		Palabras negativas	
todo	everything	**nada**	nothing
algo	something		
todos/as	everyone	**nadie**	no one
alguien	someone		
siempre	always	**nunca**	never

1 ■ "I'm not doing nothing" is considered incorrect in English, but in Spanish the double negative construction is usually used with the negative words **nada, nadie,** and **nunca** as follows.

> **no** + *verb* + *negative word*

—¿Tienes algo para mí?   —¿Llamó alguien?
—No, **no** tengo **nada.**   —No, **no** llamó **nadie.**

   —¿Siempre estudia tu hermana?
   —No, **no** estudia **nunca.**

2 ■ **Nunca** and **nadie** can also precede the verb. In this case **no** is omitted.

Nunca estudio los viernes.
Nadie llamó.

3 ■ **Alguien** and **nadie** require the personal **a** when they are the object of the verb, that is, when they are not the subject. Note the differences in these sentences.

■ ■ ■ Remember: The subject does the action to the direct object.
■ ■ ■ Review use of the *personal* **a**, Ch. 4.

Alguien/nadie as a subject	Alguien/nadie as direct object
—¿**Alguien/nadie** me llamó?	—¿Llamaste **a alguien**?
—No, no te llamó **nadie.**	—No, no llamé **a nadie.**

Actividad 38 **¡No, no y no!** En parejas, terminen estas conversaciones entre padres e hijos con palabras afirmativas y negativas como **siempre, nunca, algo, nada, alguien** y **nadie.** Después, presenten las diferentes conversaciones; una persona es el padre o la madre y la otra es el/la hijo/a.

To practice: Do Workbook, Lab, CD-ROM, and Web activities.

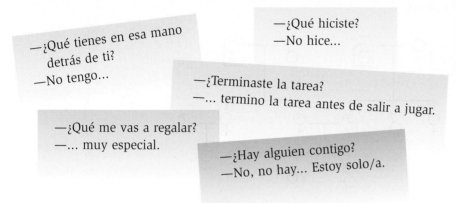

—¿Qué tienes en esa mano detrás de ti?
—No tengo...

—¿Qué hiciste?
—No hice...

—¿Terminaste la tarea?
—... termino la tarea antes de salir a jugar.

—¿Qué me vas a regalar?
—... muy especial.

—¿Hay alguien contigo?
—No, no hay... Estoy solo/a.

Actividad 39 **El optimista y el pesimista** En parejas, uno/a de Uds. es una persona optimista y la otra persona es pesimista; siempre se contradicen.

■ ■ ■ Optimista: Alguien me manda emails.
　　 Pesimista: Nadie me manda emails./No me manda emails nadie.

optimista	**pesimista**
Voy a comer algo.	_____
_____	No conozco a nadie de la clase.
Siempre me regalan algo.	_____
_____	Nunca voy a fiestas.
Siempre me habla alguien.	_____
_____	Mis padres nunca me dieron nada.
Tengo ganas de ver a todos.	_____

Actividad 40 **Educación sexual** En parejas, Uds. van a hablar sobre el tema de la educación sexual. Primero, usen la siguiente información para preparar las preguntas y después túrnense para entrevistarse. Averigüen lo siguiente:

1. si le preguntó a alguien de dónde vienen los niños
2. si alguien le explicó la verdad (*truth*)
   Si contesta que sí, ¿quién/qué le dijo (*did he/she say*)?
3. si estudió la sexualidad humana en la escuela
4. si les va a decir a sus hijos de dónde vienen los niños

Actividad 41 **La familia de tu compañero/a** **Parte A.** Dibuja (*Draw*) el árbol de tu familia y trae este árbol contigo a la próxima clase de español. También debes traer fotos de las personas de tu familia, si las tienes. Para dibujar el árbol, usa símbolos, pero no incluyas nombres. Sigue el modelo que se presenta abajo.

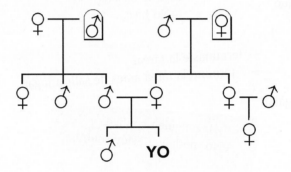

Parte B. En parejas, intercámbiense (*exchange*) los árboles genealógicos y háganse preguntas para averiguar la siguiente información sobre la familia de su compañero/a. Escriban la información en el árbol.

> ■■■ A: ¿Qué hace tu primo y cuántos años tiene?
> B: Mi primo es... y tiene... años.
> A: ¿Quién te manda tarjetas virtuales?
> B: Mi... y mi... me mandan tarjetas virtuales./Nadie me manda...

- ocupación
- edad
- estado civil (soltero...)
- cuándo casarse

- dónde vivir
- estudiar en otra universidad
- mandarle tarjetas virtuales
- darle regalos para su cumpleaños

Do Web Search activities.

Más allá

Investigación científica

Jason Hercules, estudiante de la Universidad de Southwestern, vivió en Costa Rica por casi cuatro meses haciendo estudios de biología y al regresar a los Estados Unidos decidió cambiar su especialización a estudios del medio ambiente (*environmental science*). También estudió español y comunicaciones como especializaciones secundarias.

Premios Nobel de Ciencia

Medicina y Psicología

Santiago Ramon y Cajal	1906	sistema nervioso	España
Bernardo Houssay	1917	hormonas y metabolismo de azúcares	Argentina
Severo Ochoa	1959	ácidos nucleicos	España
Baruj Benacerraf	1980	inmunología	Venezuela
César Milstein	1980	anticuerpos	Argentina

Química

Luis Federico Leloir	1970	descubrimiento de nucleótidos de azúcar	Argentina
Mario Molina	1995	estudios sobre ozono	México

"... el mejor trabajo en el campo del medio ambiente sería (*would be*)... ser consultor y hacer desarrollo de políticas (*policy development*)... el trabajo me permitiría viajar por todo el mundo y ofrecer mis servicios."
—*Jason Hercules, Southwestern University*

Muchos estudios relacionados con la naturaleza se realizan en laboratorios. Otros se llevan a cabo en la naturaleza misma. Hay lugares como la selva tropical de Costa Rica y las Islas Galápagos de Ecuador, que contienen una biodiversidad increíble y donde se puede hacer una variada cantidad de estudios científicos. También hay lugares como el Parque Nacional Ischigualasto en Argentina, donde existen fósiles de dinosaurios que resultan de gran interés para los expertos en paleontología.

Hoy día, los científicos asisten a congresos en diferentes países, leen informes en muchos idiomas y se comunican con colegas de todas partes del mundo; por eso, si estudias ciencias, es una ventaja (*advantage*) saber otros idiomas.

¿? ¿Sabes si los científicos de tu universidad colaboran con científicos de otros países para hacer investigación? ¿Sabes si van a otros países para hacer estos estudios?

Vocabulario funcional

Preposiciones de lugar

a la derecha (de)	*to the right of*
a la izquierda (de)	*to the left of*
al lado (de)	*beside*
cerca (de)	*near*
debajo (de)	*under*
delante (de)	*in front of*
detrás (de)	*behind*
encima (de)	*on top of*
enfrente (de)	*facing, across from*
lejos (de)	*far from*

Otras preposiciones

con	*with*
conmigo	*with me*
contigo	*with you*
desde	*from*
entre	*between*
hacia	*toward*
hasta	*until, up to*
sin	*without*
sobre	*about*

Los numeros de cien a millón y otras palabras

cien	*100*
ciento uno	*101*
ciento dos	*102*
doscientos	*200*
trescientos	*300*
cuatrocientos	*400*
quinientos	*500*
seiscientos	*600*
setecientos	*700*
ochocientos	*800*
novecientos	*900*
mil	*1,000*
dos mil	*2,000*
un millón	*1,000,000*
dos millones	*2,000,000*
alrededor de	*about*
casi	*almost*
más o menos	*more or less*

Expresiones de tiempo pasado

anoche	*last night*
ayer	*yesterday*
anteayer	*the day before yesterday*
la semana pasada	*last week*
el sábado/mes/ año pasado	*last Saturday/ month/year*
de repente	*suddenly*
hace tres/cuatro/... días	*three/four/. . . days ago*
hace dos/tres/... semanas/ meses/años	*two/three/. . . weeks/ months/years ago*
¿Cuánto (tiempo) hace que + *preterit*...?	*How long ago did . . . ?*

Verbos

abrir	*to open*
asistir a	*to attend* (class, church, etc.)
buscar	*to look for*
casarse (con)	*to marry; to get married* (to)
contar (o → ue)	*to tell*
contestar	*to answer*
dar	*to give*
decidir	*to decide*
dejar	*to leave behind; to let, allow*
desayunar	*to have breakfast*
enamorarse de	*to fall in love with*
enseñar	*to teach*
entrar en/a	*to enter*
explicar	*to explain*
gritar	*to shout, scream*
llegar	*to arrive*
llorar	*to cry*
mandar	*to send*
ocurrir	*to occur, happen*
pagar	*to pay* (for)
preguntar	*to ask a question*
regalar	*to give a present*
sacar	*to get* (a grade)*; to take out*
terminar	*to finish*
tomar	*to drink; to take* (a bus, etc.)
viajar	*to travel*

Palabras afirmativas y negativas

algo	*something*
alguien	*someone*
nada	*nothing*
nadie	*no one*
nunca	*never*
siempre	*always*
todo	*everything*
todos/as	*everyone*

La familia

el/la abuelo/a	*grandfather/grandmother*
el/la cuñado/a	*brother-in-law/sister-in-law*
el/la esposo/a	*husband/wife*
el/la hermanastro/a	*stepbrother/stepsister*
el/la hermano/a	*brother/sister*
el/la hijastro/a	*stepson/stepdaughter*
el/la hijo/a	*son/daughter*
la madrastra	*stepmother*
el/la novio/a	*boyfriend/girlfriend; groom/bride*
el/la nieto/a	*grandson/granddaughter*
el padrastro	*stepfather*
los padres/papás	*parents*
el pariente	*relative*
el/la primo/a	*cousin*
el/la sobrino/a	*nephew/niece*
el/la suegro/a	*father-in-law/mother-in-law*
el/la tío/a	*uncle/aunt*
el/la tío/a político/a	*uncle/aunt by marriage*
ser soltero/a	*to be single*
estar casado/a (con)	*to be married (to)*
estar divorciado/a (de)	*to be divorced (from)*
mayor	*older*
menor	*younger*

Palabras y expresiones útiles

bellísimo/a (*adjective+ -ísimo/a*)	*very beautiful*
la boda	*wedding*
el control remoto	*remote control*
echar la casa por la ventana	*to go all out*
la luna de miel	*honeymoon*
Perdón.	*Excuse me.*
¡Qué + *noun* + más + *adjective*!	*What a + adjective + noun!*
requete+*adjective*	*really/extremely + adjective*
la tarjeta	*card*
tener ganas de+*infinitive*	*to feel like + -ing*

Videoimágenes

Dos celebraciones

■■■

Antes de ver

Actividad 1 **La boda en los Estados Unidos** Antes de ver el segmento sobre una boda en Argentina, contesta estas preguntas para hablar sobre la última boda a la que asististe.

1. ¿La boda fue civil o religiosa?
2. ¿Dónde se casaron los novios?
3. ¿A qué hora se casaron?
4. Si la ceremonia tuvo lugar en una iglesia, ¿viste en el altar a los novios con los amigos, con los padres o con los hermanos?
5. ¿A qué hora empezó la boda y a qué hora terminó la fiesta?
6. ¿Comiste pastel (*cake*) en la fiesta?
7. ¿Tiró un ramo de flores (*threw a bouquet*) la novia? Si contestas que sí, explica por qué.

Mientras ves

17:38–21:55

Actividad 2 **Una boda en Argentina** Mientras ves el video sobre la boda, contesta estas preguntas. Lee las preguntas antes de ver este segmento del video.

1. ¿En cuántas ceremonias participó esta pareja?
   a. cero   b. una   c. dos
2. En la ceremonia religiosa, ¿a quiénes viste en el altar?
   a. amigos   b. padres   c. padres y amigos
3. ¿Cuándo tuvo lugar (*took place*) la ceremonia religiosa?
   a. por la mañana   b. por la tarde   c. por la noche
4. Primero bailaron un...
   a. tango.   b. vals.   c. merengue.
5. En la fiesta, hay una parte especial llamada...
   a. el carnaval.   b. el merengue.   c. el ritual.
6. La fiesta terminó...
   a. temprano porque los novios empezaron su luna de miel.
   b. tarde, a la 1:00 o a las 2:00 de la mañana.
   c. muy tarde, a las 4:00, 5:00 ó 6:00 de la madrugada.

■■■ **madrugada =** wee hours of the morning

¿Lo sabían?

Una costumbre argentina es que antes de cortar el pastel, las muchachas que no están casadas toman las cintitas (*ribbons*) que están en el pastel y tiran (*pull*) de ellas. Todas las cintitas tienen un dije (*charm*) en el otro extremo, pero una de ellas tiene un anillo (*ring*). La creencia (*belief*) tradicional es que la muchacha que saca la cinta con el anillo se casa el año próximo.

¿? ¿Hay una costumbre similar en tu país?

Después de ver

Actividad 3 A comparar Después de ver el segmento sobre la boda, trabajen en parejas. Piensen en sus respuestas a las Actividades 1 y 2 para comparar una boda argentina con una boda de su país.

Antes de ver

Actividad 4 La conmemoración de los muertos En los Estados Unidos, existe *Memorial Day*, un día para recordar y conmemorar a los muertos. En tu ciudad, ¿hacen algo especial ese día? ¿Tu familia hizo algo especial el año pasado?

Algunas palabras útiles son: **las flores** (*flowers*), **la bandera** (*flag*), **conmemorar** (*to commemorate*), **la guerra** (*war*), **los veteranos, el desfile** (*parade*), **la banda** (*band*), **la barbacoa, el cementerio.**

Mientras ves

Actividad 5 El Día de los Muertos Mientras ves este segmento sobre la celebración del Día de los Muertos en México, contesta estas preguntas. Lee las preguntas antes de ver el video.

1. ¿Cuándo es el Día de los Muertos?
2. ¿Adónde va la gente para recibir al espíritu del muerto?
3. ¿Dónde se construye el altar en memoria del muerto?
4. ¿Qué cosas ponen en el altar? Haz una lista de algunas de las cosas.
5. En el cementerio ponen velas (*candles*), calaveras (*skulls*), incienso y flores. ¿Qué figuras hacen con las flores?
6. ¿Es el Día de los Muertos un día triste o alegre en México?

```
21:56-end
```

Después de ver

Actividad 6 Una comparación Después de ver el video, en parejas, comparen *Memorial Day* y el Día de los Muertos. Consulten el vocabulario de la Actividad 4.

7 Los viajes

➤ Una representación de la historia española. En Alcoy, España, cada abril hay representaciones de batallas entre los moros (árabes del norte de África) y los cristianos.

Chapter Objectives

- Identifying means of transportation
- Making hotel and plane reservations
- Narrating past actions and occurrences
- Placing phone calls
- Stating how long ago an action took place and specifying its duration
- Telling time and age in the past

¿Qué saben?

1. España está en una península. ¿Cómo se llama esa península?
2. ¿Qué idioma forma la base del español?
   a. el latín
   b. el griego
   c. el alemán
3. ¿España tiene más o menos turistas que habitantes al año?
4. ¿Qué puede visitar un turista en España?
   a. anfiteatros romanos
   b. catedrales cristianas
   c. sinagogas judías
   d. castillos medievales
   e. mezquitas moras
   f. palacios renacentistas

¿En un "banco" de Segovia?

◄ El Alcázar de Segovia, España. En este castillo vivieron los Reyes Católicos Isabel y Fernando. ¿Te gustaría visitar este castillo?

quisiera/quisiéramos	I/we would like
Lo siento.	I'm sorry.
Sí, cómo no.	Sure.
¡Caray!	Darn! Rats! (negative) Wow! (positive)

Juan Carlos y Claudia están en Segovia, adonde fueron a comer, y allí tienen problemas.

**Actividad 1 Escoge la opción** Lee las siguientes oraciones. Después, mientras escuchas la conversación, escoge la opción correcta.

1. Claudia y Juan Carlos perdieron...
   a. el reloj.   b. el autobús.   c. el dinero.
2. Ellos tuvieron que buscar...
   a. una habitación.   b. un autobús.   c. a don Andrés.
3. Claudia llamó a...
   a. Teresa.   b. don Andrés.   c. Marisel.
4. Claudia habló con...
   a. Teresa.   b. don Andrés.   c. Marisel.
5. Finalmente tuvieron que dormir...
   a. en un parque.   b. en una habitación doble.   c. no se sabe dónde.

Actividad 2 Preguntas Después de escuchar la conversación otra vez, contesta estas preguntas.

1. ¿Por qué perdieron el autobús Claudia y Juan Carlos?
2. ¿Cuándo sale el próximo autobús para Madrid?
3. ¿Por qué usa Claudia un teléfono público?
4. ¿A quién le dejó un mensaje Claudia?
5. En tu opinión, ¿qué van a hacer Claudia y Juan Carlos? ¿Van a dormir? ¿Dónde?

¿Lo sabían?

Con más de 50.000.000 de turistas por año, España tiene más vistitantes que habitantes. Muchos van a España por su belleza natural, principalmente las playas. Pero otros van por la riqueza histórica. Se dice que "las piedras (*rocks*) hablan" y en realidad, muchos monumentos representan las múltiples culturas que ocuparon la Península Ibérica y que formaron lo que hoy en día se llama España. Entre esas culturas están las de los fenicios, los celtas, los romanos y los moros. Los romanos llevaron la religión cristiana y su lengua y, a través de los moros, no sólo España sino toda Europa aprendió el concepto del cero y el álgebra. En ciudades como Segovia y Toledo es posible revivir la historia española viendo acueductos romanos, pasando por debajo de arcos moros y visitando sinagogas judías y catedrales cristianas.

¿? Si un/a turista viene a tu país, ¿qué monumentos o lugares históricos debe ver?

▲ La sinagoga de Santa María la Blanca en Toledo, España.

Actividad 3 Quisiera... En parejas, "A" es turista en esta ciudad y "B" es de la ciudad. Lean las instrucciones para su papel (*role*) y mantengan una conversación.

Turista	**Residente de la ciudad**
Quieres saber la siguiente información: dónde hay un hotel barato; dónde hay un restaurante de comida mexicana bueno, bonito y barato; qué dan en los teatros este fin de semana, y si hay un lugar para bailar salsa. Tú empiezas diciendo **Perdón, quisiera saber dónde...**	Contesta las preguntas con información verdadera sobre tu ciudad. Si no sabes, responde **Lo siento, pero...**

■ ■ ■ **teatro** = theater
■ ■ ■ **cine** = movie theater

Vocabulario esencial I

I. El teléfono

Qué debes decir cuando...

contestas el teléfono	¿Aló? Diga./Dígame. (España)
preguntas por alguien	¿Está Álvaro, por favor? Quisiera hablar con Álvaro, por favor.
te identificas	—¿Quién habla? —Habla Claudia. —¿De parte de quién? —(De parte) de Claudia.
quieres dejar un mensaje	¿Le puedo dejar un mensaje? Quisiera dejarle un mensaje. ¿Le puede(s) decir que llamó (Claudia)?
marcas el número equivocado	—Está Marisel, por favor? —No, tiene el número equivocado.
tienes problemas de comprensión	¿Puede(s) hablar más despacio, por favor?
tienes problemas con el móvil	No tengo batería./Tengo la batería baja (*low*). No tengo señal (*signal*).

Tipos de llamadas telefónicas

■■■ Words vary according to country. When you travel, familiarity with these terms will help you understand written instructions on public telephones or questions from operators.

local   **de larga distancia**   **internacional**

Para llamar al Hotel Acueducto: 001 34 902 250 550

el código internacional		001 (internacional)
el indicativo/código del país	*country code*	34 (España)
el área/prefijo (España)	*area code*	902 (Segovia)
el número		250 550

Actividad 4   Las llamadas   En parejas, mire cada uno la información de la columna A o la columna B solamente y túrnense para hacer las siguientes llamadas (*calls*). Para la llamada número 1 el/la estudiante A llama a B.

■■■ B: Aló.
     A: Buenos días...

Llamada número 1	A. Llamas y preguntas por (nombre de tu compañero/a de esta actividad).	B. Preguntas quién llama.
Llamada número 2	A. No hay nadie llamado Paco en tu casa.	B. Llamas y preguntas por Paco.
Llamada número 3	A. Llamas y preguntas por la Sra. Rodríguez. Si no está, dejas un mensaje.	B. Preguntas quién llama. La Sra. Rodríguez no está. Tomas el mensaje.
Llamada número 4	A. Tienes problemas para entender a la persona que llama.	B. Llamas y preguntas por el Dr. López. Hablas rápidamente.

Actividad 5 **Llamada a la operadora** En parejas, "A" cubre la información de B y "B" cubre la información de A. "A" llama a "B" (el/la operador/a) para averiguar los números de teléfono de unos lugares y escribe esos números. Después cambien de papel.

> ■■■ B: Información.
> A: Quisiera el número (de teléfono) del restaurante El Hidalgo.
> B: Es el.../Lo siento, pero no tengo ese número.

A

Averigua el teléfono de:
1. el restaurante El Hidalgo
2. el Teatro Bellas Artes
3. la Librería Compás

Usa esta información cuando eres el/la operador/a:

B

Averigua el teléfono de:
1. el restaurante La Fonda
2. el peluquero Pedro Molina
3. los Minicines Astoria

Usa esta información cuando eres el/la operador/a:

Actividad 6 **Una llamada a don Alejandro** Vicente llama con su móvil a don Alejandro a su agencia de viajes. Pon esta conversación en orden lógico.

_____ ¿De parte de quién?

__1__ Todos nuestros agentes están ocupados en este momento. Espere por favor. ♪♪♪

_____ Bueno. Gracias, Irene. Corto porque tengo la batería baja.

_____ Hola, Vicente. Habla Irene, la secretaria de don Alejandro. Él no está.

_____ De nada. Adiós.

_____ TravelTur, buenos días. Dígame.

_____ Bueno, ¿le puedo dejar un mensaje?

_____ Buenos días. ¿Está don Alejandro?

_____ Sí, por supuesto.

_____ De parte de Vicente.

_____ ¿Puedes decirle que yo puedo ir al aeropuerto para recoger a Teresa?

_____ Sí, cómo no.

¿Lo sabían?

Hoy día, es muy común en países hispanos tener móvil. En países como la República Dominicana, Guatemala y El Salvador, que tienen poco acceso a líneas fijas en zonas rurales, hay dos veces más móviles que líneas fijas. A diferencia de los Estados Unidos, el dueño del móvil generalmente no paga cuando recibe una llamada. En algunos países es común usar móviles con tarjetas prepagadas, y el precio por minuto varía según la hora de la llamada y si se llama a otro móvil de la misma compañía, de otra compañía o a una línea fija. Las llamadas desde los teléfonos de línea fija, tanto las locales como de larga distancia, a otra línea fija o a móviles, se pagan por minuto. Por eso, las llamadas normalmente son cortas.

Alguien espera tu llamada.

Recarga Ya
TU TARJETA DE PREPAGO

Horas	de 0 a 5 h.	de 6 a 10 h.	de 10 a 15 h	de 16 a 24 h	de 0 a 24 fines de semana
Tarifas	0,15	0,45	0,62	0,15	0,15

Tarifas de llamadas de un minuto. IVA incluido.

¿? ¿Son caros los minutos de celular en tu país? ¿Tienes teléfono de línea fija o sólo móvil?

Actividad 7 Llamada de larga distancia En parejas, cada persona lee las instrucciones para un papel solamente.

■ ■ ■ The currency of Uruguay is the **peso**.

A

Estás en Montevideo, Uruguay, y necesitas llamar a los Estados Unidos. Llama al/a la operador/a para averiguar cómo llamar y el precio por minuto.

B

Eres operador/a y ahora llama un/a cliente porque necesita instrucciones para hacer una llamada a los Estados Unidos. Empieza diciendo:
Operador/a internacional, bueno días.
código internacional: 00
código del país: 1
Tarifas: $4,94 por minuto

II. En el hotel

1. el botones
2. la maleta
3. la empleada (de servicio)
4. la recepcionista
5. las estrellas

■■■ A 5-star hotel is the highest rating.

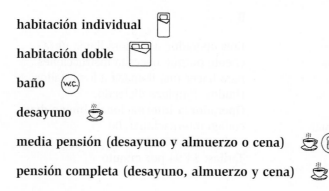

Acueducto		Hotel ★ ★ ★
Padre Claret, 10		
40001 Segovia		
Tel: 902 250 550		
Fax: 921 428 4466		
79 habitaciones		

Servicios del hotel

Admite tarjetas de crédito • Aire Acondicionado • Garaje • Bar/Cafetería • Caja fuerte • Calefacción • Ascensor • Salón de reuniones • Teléfono • Televisión • TV satélite

Tarifas estándares:

Alojamiento			Tarifa
Habitación individual Comidas no incluidas	Baño, Ducha, Lavabo, Inodoro	1 persona	60 EUR
Habitación doble Comidas no incluidas	Baño, Ducha, Lavabo, Inodoro	2 personas	85 EUR
Desayuno (buffet)			6 EUR
IVA 7%			

reservas@hotelacueducto.com

■■■ el IVA = impuesto al valor agregado = value added tax

habitación individual

habitación doble

baño (w.c.)

desayuno

media pensión (desayuno y almuerzo o cena)

pensión completa (desayuno, almuerzo y cena)

propina (*tip*) $$$

To practice: Do Workbook, CD-ROM, and Web activities.

Actividad *8* **¿Quién es o qué es?** Usa el vocabulario sobre el hotel para decir qué es o quién es...

1. la persona que lleva las maletas a la habitación del hotel.
2. el lugar donde te bañas o te cepillas los dientes.
3. el desayuno y una comida más en el hotel.
4. la persona que te dice los precios de las habitaciones.
5. el desayuno y dos comidas en el hotel.
6. la persona que hace las camas.
7. una habitación para una persona.
8. el lugar del hotel donde está el/la recepcionista.
9. una habitación para dos personas.
10. un hotel de muy buena categoría.
11. el dinero que le das al botones por llevar las maletas a la habitación.

En recepción En parejas, una persona es el/la recepcionista de un hotel y la otra persona llama para hacer una reserva. Cada persona solo lee un papel.

Cliente

Tu primo/a y tú van a visitar Segovia por 4 días y 3 noches y necesitan hotel. Llama al Hotel Acueducto para reservar una habitación y pregunta por la Sra. Gómez que es muy buena con las reservas. Piensan llegar el 31 de diciembre. Averigua cuántas estrellas tiene, el precio por día, si incluye el IVA y el desayuno y si tiene piscina.

Recepcionista

Trabajas en el Hotel Acueducto. Hoy la Sra. Gómez, que es la recepcionista del hotel, está enferma y por eso estás en la recepción contestando el teléfono. Ahora un/a cliente llama para hacer una reserva. Mira la información del hotel en la página anterior para responder a las preguntas y completa el formulario que tienes aquí.

HOTEL ACUEDUCTO

★ ★ ★

Fechas
desde _____
hasta _____

Habitación
☐ individual
☐ doble
☐ triple

☐ pensión completa
☐ media pensión
☐ solo desayuno

Gramática para la comunicación I

I. Talking About the Past

A. Irregular Verbs and Stem-Changing Verbs in the Preterit

1 ■ Some common irregular verbs share similar patterns in the preterit.

Verbs that are conjugated like **tener:**

tener	
tuve	tuvimos
tuviste	tuvisteis
tuvo	tuvieron

estar → **estuve**
poder → **pude**
poner → **puse**
querer → **quise** (*tried but failed*)
saber → **supe** (*found out*)
venir → **vine**

Verbs that are conjugated like **decir:**

decir	
dije	dijimos
dijiste	dijisteis
dijo	dijeron

traducir* → **traduje**
traer → **traje**

■ ■ ■ Verbs with an irregular preterit stem ending in **-j-** add **-eron,** not **-ieron,** in the third person plural form.

*__NOTE:__ Most verbs that end in **-ucir** follow the same pattern as **trad<u>ucir</u>:**
cond<u>ucir</u> → **cond<u>uje</u>, prod<u>ucir</u> → produje,** etc.

—¿**Tuviste** que trabajar anoche? *Did you have to work last night?*
—Sí, **tuve** que trabajar mucho. *Yes, I had to work a lot.*

—¿Quién te **dijo** eso? *Who told you that?*
—Lo **dijeron** en las noticias. *They said it in the news.*

2 ■ Verbs with stems ending in a vowel + **-er** or **-ir** take **-y-** instead of **-i-** in the third persons singular and plural. These verbs include **leer, creer** (*to believe*), **construir** (*to build*), and **oír** (*to hear*).

leer	
leí	leímos
leíste	leísteis
leyó	leyeron

oír	
oí	oímos
oíste	oísteis
oyó	oyeron

—¿Por qué no leyeron Uds. el artículo?
—Porque él oyó las noticias en la radio.

Why didn't you read the article?
Because he heard the news on the radio.

3 ■ Just as stem-changing verbs ending in **-ar, -er,** and **-ir** are referred to as *boot verbs* in the present, only **-ir** stem-changing verbs may be called *shoe verbs* in the past because they have a stem change only in the third person singular and plural. The changes in these verbs are indicated in parentheses: **dormir (ue, u).** The first change represents the one for the present (**duermo**); the second one is the change for the past (**durmió**) and the present participle (**durmiendo**).

preferir (e ⟶ ie, i)	
preferí	preferimos
preferiste	preferisteis
prefirió	prefirieron

pedir (e ⟶ i, i)	
pedí	pedimos
pediste	pedisteis
pidió	pidieron

dormir (o ⟶ ue, u)	
dormí	dormimos
dormiste	dormisteis
durmió	durmieron

e ⟶ ie, i
divertirse to have fun
mentir to lie
sentirse to feel

e ⟶ i, i
repetir to repeat
seguir to follow
servir to serve
vestirse to get dressed

o ⟶ ue, u
morirse to die

—¿Durmieron en el parque Claudia y Juan Carlos?
—No, creo que prefirieron no dormir.
—Oí que Juan Carlos le pidió un reloj nuevo para su cumpleaños.

Did Claudia and Juan Carlos sleep in the park?
No, I think they preferred not to sleep.
I heard that Juan Carlos asked her for a new watch for his birthday.

B. Change of Meaning in the Preterit

The following Spanish verbs have a change of meaning in English when used in the preterit.

	Present	Preterit
conocer	to know	met
no poder	not to be able	was/were not able to and didn't do it
no querer	not to want	refused to
saber	to know	found out
tener que	to have to, be supposed to	had to and did

Ayer **conocí** al padre de mi novia en un café, pero su madre **no pudo** ir porque **tuvo que** trabajar todo el día. El padre **no quiso** hablar de su esposa y después **supe** que piensan separarse.

Yesterday I met my girlfriend's father at a coffee shop, but her mother couldn't come because she had to work all day. Her father refused to talk about his wife and then I found out they plan to separate.

Actividad 10 La historia de España Parte A. Lee la siguiente información sobre la historia de España. Escoge el verbo correcto de la lista al final de cada sección y completa las oraciones con el pretérito de los verbos.

1. Los romanos _____ en lo que hoy en día es España desde 209 a. C. hasta 586 d. C. _____ su religión y su idioma, el latín, a ese nuevo territorio y _____ acueductos, caminos, puentes y teatros que todavía (*still*) se pueden ver hoy día.   **(construir, estar, llevar)**

2. Los moros _____ en el año 711 y _____ casi toda la Península Ibérica. _____ mezquitas y palacios. También _____ consigo (*with them*) sus conocimientos; uno de los más importantes _____ el concepto del cero y el sistema decimal. Junto con académicos judíos y cristianos, _____ textos científicos e históricos del árabe y del latín al castellano. En el año 1492, _____ que salir de la península.
(conquistar, construir, llegar, llevar, ser, tener, traducir)

3. En 1492, Cristóbal Colón _____ a América y entonces los europeos _____ de la existencia de otro continente. Pronto la gente _____ historias sobre el oro de los indígenas y empezó así la época de la conquista y colonización. _____ muchísimos españoles e indígenas, algunos en la búsqueda del oro y otros por enfermedades y batallas de la conquista. Los misioneros les _____ su religión a los indígenas y también su idioma. En 1898, _____ el período de la colonización: 400 años de dominación que _____ un gran cambio en todo el continente.
(llegar, morir, oír, producir, saber, terminar, traer)

Parte B. Contesta estas preguntas acerca de la historia de los Estados Unidos.

1. ¿Cuándo y adónde llegaron los ingleses? ¿Qué trajeron? ¿Qué construyeron?
2. ¿Cuándo y adónde llegaron los españoles en lo que hoy en día son los Estados Unidos? ¿Qué trajeron? ¿Qué construyeron?

Actividad 11 ¿Quién lo dijo? En parejas, decidan quién dijo estas frases famosas. Sigan el modelo.

> ▪▪▪ No puedo decir mentiras.
> George Washington dijo: «No puedo decir mentiras».

1. Ser o no ser, esa es la cuestión.
2. Pienso luego existo.
3. Ganar no es todo; es lo único.
4. Dios está muerto.
5. Tu hermano mayor te vigila.
6. El que no sirve para servir, no sirve para vivir.
7. Elemental, mi querido Watson.
8. Vine, vi, vencí.
9. E es igual a MC al cuadrado.
10. Francamente querida, ¡me importa un bledo!

a. Lombardi
b. Holmes
c. Nietzsche
d. Rhett Butler
e. Hamlet
f. Julio César
g. Descartes
h. Orwell
i. la Madre Teresa
j. Einstein

Actividad 12 Las noticias del año En grupos de tres, formen oraciones usando las siguientes ideas para hablar de noticias (*news*) importantes de este año.

1. (una persona famosa) / morirse
2. (un político) / mentirle al público norteamericano
3. (una persona famosa) / tener un niño
4. (personas famosas) / casarse
5. (una persona famosa) / estar en la prisión
6. la gente / saber la verdad sobre el escándalo de...
7. (una persona famosa) / venir a hablar a esta universidad o ciudad
8. (una persona famosa) / pedirle el divorcio a su esposo/a
9. (una persona famosa) / sentirse mal y estar en el hospital
10. (un/a tenista famoso/a) / jugar en Wimbledon

Actividad 13 Las noticias de ayer En parejas, Uds. van a narrar las noticias de ayer. Escriban el guion (*script*) que van a usar.

La bomba

terrorista / poner / bomba / el aeropuerto

terrorista / llamar / la policía

policía / ir / el aeropuerto

personas / salir / el aeropuerto

perro / encontrar / la bomba

policía / poder detener / el terrorista

▪▪▪ **la policía** → the police (force) is singular (**La policía de mi ciudad es muy eficiente.**); **el/la policía** → the police officer.

Lulú Camacho

Lulú Camacho / recibir / el título de Miss Cuerpo

anoche / llorar de alegría

darles / las gracias / a sus padres, etc.

perder / el título

su agente / decir la verdad / Lulú tomar esteroides

Lulú / preferir / no hacer comentarios

Actividad 14 ¿En la escuela secundaria...? Busca personas de la clase que hicieron cosas de la siguiente lista en la escuela secundaria. Escribe el nombre de las personas que contestan que sí.

> ■■■ A: ¿Te dormiste en una clase en la escuela secundaria?
>
> B: No, no/Sí, me dormí en una clase.

nombre

1. leer una novela de Sandra Cisneros _____
2. ver una película en español _____
3. decir una mentira grande como una casa _____
4. llevar a tu mascota (*pet*) a la escuela _____
5. conocer a alguien famoso _____
6. tener que pasar una noche sin dormir _____
7. mentir por un amigo _____
8. pedir en un restaurante una comida de $50 o más _____
9. oír una canción de Shakira _____
10. conducir un coche sin tener licencia _____

■■■ Many people use the *personal* **a** when talking about their pets.

Actividad 15 Tus actividades de la semana pasada Parte A. En preparación para hablar de la semana pasada, rellena los espacios en blanco con la preposición correcta. Después, en la primera lista marca las cosas que tuviste que hacer la semana pasada. Luego en la segunda lista marca las cosas que no pudiste hacer, y en la tercera lista marca las cosas que hiciste para divertirte.

Tuviste que...

_____ trabajar _____ ocho horas

_____ escribir una composición

_____ tomar un examen _____ la mañana

_____ buscar información por Internet

_____ hacer trabajo voluntario

_____ asistir _____ una reunión (*meeting*)

_____ preparar un proyecto

_____ hacer una presentación

_____ ir _____ la oficina de un/a profesor/a

No pudiste...

_____ terminar la tarea

_____ dormir bien

_____ comer comida saludable (_healthy_)

_____ prepararte bien _____
un examen de...

_____ hablar _____ tus padres

_____ contestar un email

_____ hacer ejercicio _____
bajar de peso (_to lose weight_)

_____ escuchar el programa de
audio de español

_____ leer una novela _____
la clase de...

Para divertirte...

_____ ir _____ cine /
_____ un restaurante

_____ charlar por Internet

_____ bailar _____ una
discoteca

_____ mirar un DVD

_____ organizar una fiesta

_____ ir _____ una fiesta

_____ ir de compras

_____ oír un CD nuevo

_____ leer una novela

_____ salir _____ amigos

Parte B. Ahora en parejas, usen la información de la **Parte A** y llamen por teléfono a su compañero/a para contarle qué hicieron la semana pasada. Incluyan información como la siguiente en su conversación.

▪▪▪ La semana pasada tuve que tomar un examen en mi clase de física y por eso no pude dormir bien el martes por la noche. Por suerte, me divertí mucho el sábado porque mis amigos y yo fuimos a una fiesta y bailamos toda la noche.

II. Expressing the Duration of an Action: _Hace_ + Time Expression + _que_ + Verb in the Present

▪▪▪

1 ▪ You already know how to say how long ago something took place.

> **Hace** + _time expression_ + **que** + _verb in the preterit_

—¿Cuánto (tiempo) **hace que** ella **llegó**?   _How long ago did she arrive?_
—**Hace dos horas que** ella **llegó**.   _She arrived two hours ago._

2 ▪ To express the duration of an action that began in the past and continues into the present, apply the following formula.

> **Hace** + _time expression_ + **que** + _verb in the present_

—¿Cuánto (tiempo) **hace que vives** aquí?   _How long have you lived here?_
—**Hace tres años que vivo** aquí.   _I have lived here for three years._

3 ■ Note the difference between these two sentences.

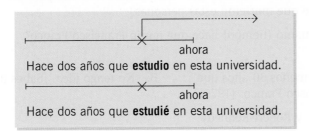

Hace dos años que **estudio** en esta universidad.

Hace dos años que **estudié** en esta universidad.

4 ■ Read the following sentences and decide who has spent vacations in San Andrés, Colombia, for the last five years and who will go again this year, and who went on vacation to San Andrés five years ago.

Hace cinco años que Ramón fue de vacaciones a la isla de San Andrés.
Hace cinco años que Elena va de vacaciones a la isla de San Andrés.

If you answered Elena and Ramón respectively, you are correct.

To practice: Do Workbook, CD-ROM, and Web activities.

Actividad 16 La entrevista Lee esta parte del currículum vitae de Carmen Fernández y completa la entrevista (*interview*) que sigue. La entrevista fue el 7 de septiembre de 2005.

1999–presente	Empleada de IBM
2003–presente	Programadora de computadoras
1999–2002	Recepcionista
1994–1996	Secretaria, Aeroméxico

ENTREVISTADORA   ¿Cuánto tiempo hace que Ud. _____ en IBM?

CARMEN   Hace seis años que _____ allí.

ENTREVISTADORA   ¿Qué hace?

CARMEN   Soy programadora de computadoras ahora, pero hace tres años _____ recepcionista por un tiempo.

ENTREVISTADORA   ¿Por cuántos años fue Ud. recepcionista en esa compañía?

CARMEN   Tres años.

ENTREVISTADORA   ¿Y antes de trabajar para IBM?

CARMEN   Fui secretaria para Aeroméxico.

ENTREVISTADORA   Entonces, hace seis años que _____ en Aeroméxico.

CARMEN   No, hace nueve años que _____ allí.

ENTREVISTADORA   Entonces, ¿qué hizo entre 1997 y 1999?

CARMEN   Tuve un hijo y me quedé en casa con él.

Actividad 17 Los anuncios comerciales En grupos de tres, Uds. trabajan para una agencia de publicidad. Tienen que escribir anuncios (*ads*) para estos productos.

■■■ el agua de colonia "Atracción"
    Hace un año que uso el agua de colonia "Atracción" y ahora tengo muchos amigos.

1. el jabón para la cara "Radiante"
2. el champú para hombres "Hércules"
3. el detergente para ropa "Blancanieves"
4. el perfume "Gloria"
5. el desodorante "Frescura Segura"

■ ■ ■ Franco fue dictador de España desde 1939 hasta 1975.

Actividad *18* **¿Sabes mucho de historia?** En parejas, túrnense para preguntar cuánto tiempo hace que murieron estas personas.

■ ■ ■   A: ¿Cuánto (tiempo) hace que murió Francisco Franco?

B: Hace más o menos 30 años que murió Francisco Franco. (1975)

B: No tengo idea. ¿Sabes tú?

1. Martin Luther King, Jr. y Robert Kennedy
2. John Kennedy
3. Abraham Lincoln
4. Roberto Clemente
5. John Lennon
6. Ray Charles y Marlon Brando
7. Eva Perón
8. el Papa Juan Pablo II

Actividad *19* **El hotel Parte A.** Vas a hacerle preguntas a tu compañero/a sobre la última vez que se quedó (*stayed*) en un hotel, pero primero tienes que formar las preguntas. Toma dos minutos y escribe las preguntas que le vas a hacer.

1. cuánto tiempo hace que / estar / en un hotel
2. hacer la reserva por Internet
3. ir a un hotel de cinco estrellas
4. cuántos días / estar
5. el botones / subirle / las maletas a la habitación
6. dormir bien
7. poder hacer ejercicio o nadar en el hotel
8. la empleada / ponerle / chocolates en la almohada (*pillow*)
9. darle propina / a alguien en el hotel
10. usar el teléfono para hacer llamadas de larga distancia
11. le gustaría quedarse en el hotel en el futuro

Parte B. Túrnense para entrevistarse sobre la última vez que se quedaron en un hotel.

Nuevos horizontes

Lectura   ESTRATEGIA: **Identifying Main Ideas**

As you saw in Chapter 6, when skimming you read quickly to find only the main ideas of a text. If the topic interests you, you may want to learn more about it, that is, read more in depth about the subject in question. Main ideas can be found in titles, headings, or subheadings and also in topic sentences, which many times begin a paragraph or a section of a reading. Other important or supporting ideas can be found in the body of a paragraph or section.

In the following reading about Spain, each section is introduced by a title and a topic sentence.

Actividad 20 Mira y contesta Antes de leer un artículo sobre la historia de España, contesta las siguientes preguntas.

1. Mira las fotos de las páginas 200 y 201. ¿Son construcciones modernas o antiguas?
2. En tu opinión, ¿cuál es la conexión entre las fotos y el título del artículo?
3. Se dice que para entender el presente tenemos que mirar el pasado. ¿Estás de acuerdo con esta idea? En tu opinión, ¿qué cosas de la historia de un país son importantes para entender el presente?

■ ■ ■ While reading, use your knowledge of cognates to help you get the general idea of the article.

Actividad 21 Ideas principales y detalles Lee el artículo para completar la siguiente tabla con los títulos de las secciones, la oración principal y las subcategorías relacionadas con la historia española.

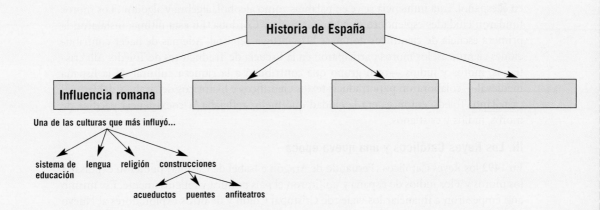

Historia de España

El estudio de las diferentes civilizaciones que vivieron en España nos ayuda a entender a los españoles; también nos ayuda a comprender a los habitantes de todos los países hispanoamericanos porque esos países recibieron, de algún modo, influencias de la "madre patria".

I. La influencia romana

Una de las culturas que más influyó en España fue la cultura romana. Durante seis siglos, de II a. C. a V d. C., España fue la provincia más importante del Imperio Romano. Los romanos introdujeron la base del sistema educativo actual: escuela primaria, secundaria y escuelas profesionales. Su influencia fue también muy notable en la lengua y en la religión: más o menos el 70% del idioma español proviene de su lengua, el latín, y los romanos también llevaron a España la religión cristiana. Los romanos construyeron anfiteatros y puentes, como el puente de Salamanca, que todavía se usa. Construyeron además acueductos como el acueducto de Segovia, que se hizo hace dos mil años y se usó hasta mediados de los años sesenta del siglo XX.

▲ El Parador de Alarcón, un hotel de cuatro estrellas en un castillo medieval.

II. Los moros

Otra influencia importante en España fue la de los moros, árabes del norte de África, que vivieron principalmente en el sur de España por unos ocho siglos (711–1492). Ellos llevaron a España el concepto del cero, el álgebra y su idioma, el árabe, que también influyó en el español. Esta influencia se ve en palabras como alcohol, álgebra y algodón. Los moros fundaron ciudades esplendorosas como Granada y Córdoba. En esta última, instalaron la primera escuela de científicos donde se hizo cirugía cerebral. Además de hacer contribuciones científicas, los moros participaron en la Escuela de Traductores de Toledo. Allí cristianos, moros y judíos —otro grupo que contribuyó a la riqueza cultural de la España medieval— colaboraron para traducir textos científicos e históricos del árabe y del latín al castellano. Toledo entonces era la ciudad que mejor reflejaba la coexistencia pacífica de moros, judíos y cristianos.

III. Los Reyes Católicos y una nueva época

En 1492 los Reyes Católicos (Fernando de Aragón e Isabel de Castilla) pudieron expulsar a los moros y a los judíos de España y unificaron el país política y religiosamente. Ese mismo año empezaron a financiar los viajes de Cristóbal Colón y de otros exploradores al Nuevo Mundo. Los viajes de Colón iniciaron una época de exploración y dominación española en el Nuevo Mundo y, al extender su poder, los españoles transmitieron el idioma español, su cultura y la religión cristiana por América.

IV. Los Paradores conservan la historia

Para revivir la historia española, es posible transportarse a través del tiempo y pasar una noche en un parador histórico. Los Paradores de Turismo constituyen la modalidad hotelera más original e interesante de la oferta turística española. La mayoría de estos hoteles están en antiguos edificios de valor histórico como castillos, palacios, monasterios y conventos, que fueron abandonados en el pasado y luego rehabilitados para ofrecerle los más modernos servicios al cliente. Todos tienen de tres a cinco estrellas. El Parador de Alarcón, situado entre Madrid y Valencia, es un ejemplo de la rica historia que tienen los paradores.

Una habitación del ➤
Parador de Alarcón.

La historia del Parador de Alarcón

Después de conquistar Alarcón de los moros en 1184, Alfonso VIII destruye la fortaleza mora y construye las bases del actual Castillo.

Finales s.XII

Don Juan Pacheco termina de reformar el Castillo tal como lo vemos hoy día.

Siglo XV

Siglo VIII

La fortaleza de origen árabe se construye en el año 780.

Siglo XIV

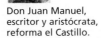

Don Juan Manuel, escritor y aristócrata, reforma el Castillo.

1968

Tras años de abandono, el Castillo es restaurado y acondicionado como Parador De Turismo.

Actividad 22 Termina las ideas Después de leer el artículo, habla sobre las siguientes ideas.

1. para Hispanoamérica, ese país es la "madre patria"
2. algo importante que introdujeron los romanos
3. personas que dominaron España durante más de siete siglos
4. una de las ciudades fundadas por los moros
5. dos contribuciones de los moros
6. tres cosas que hicieron los Reyes Católicos en 1492
7. tres cosas que transmitieron los españoles a América
8. qué son los paradores
9. año en que se construyó el castillo (*castle*) de Alarcón y dos personas que le hicieron reformas

Escritura

ESTRATEGIA: The Paragraph

When doing formal or informal writing, it is common to develop each paragraph around a theme or idea. The topic sentence generally starts a paragraph and serves as an introduction to the theme of the paragraph. The remainder of the paragraph is comprised of supporting details that expand upon or support the idea expressed in the topic sentence.

Actividad 23 **Un email** **Parte A.** Write an email to a friend about a recent trip (real or fictitious). Separate your email into three paragraphs and use the following outline as a guide.

■ ■ ■ To say what you did, use the preterit. Avoid past description, just say what you did.

■ ■ ■ **Quedarse en** + **un hotel** = to stay in a hotel

■ ■ ■ To describe the hotel, use the present tense. Remember to integrate hotel related vocabulary.

■ ■ ■ To give your friend advice, remember: **tienes que/debes/puedes** + *infinitive*.

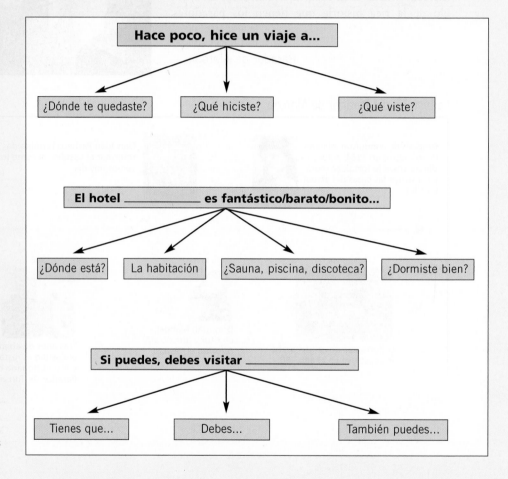

Hace poco, hice un viaje a...

¿Dónde te quedaste?   ¿Qué hiciste?   ¿Qué viste?

El hotel _____ es fantástico/barato/bonito...

¿Dónde está?   La habitación   ¿Sauna, piscina, discoteca?   ¿Dormiste bien?

Si puedes, debes visitar _____

Tienes que...   Debes...   También puedes...

Parte B. Reread your email. Have you included supporting details that will be of interest to your friend? Does the first paragraph contain preterit verb forms? Does the second use the present tense to describe the hotel? Do you vary expressions used to give advice in the third? Make any necessary changes.

Parte C. Staple all drafts and your final draft together to hand in to your instructor.

Vocabulario esencial II

I. Medios de transporte

1. el metro
2. el camión
3. el avión
4. el autobús
5. el barco

6. la bicicleta
7. la moto/motocicleta
8. el carro/coche/auto
9. el taxi
10. el tren

MADRID ★★★★ TRANSPORTES   004063
★★★   L01 E010B V01
← **METROBUS**   T3
    10 Viajes   H-0148
                           A05B74
VÁLIDO EN METRO Y E.M.T.
Utilización según tarifas. Incluidos I.V.A. y S.O.V.   04/01/06
C.I.F. Q-7850003 J (Consérvese hasta la salida)   10:32

■ ■ ■ Avianca, la aerolínea nacional de Colombia, fue la primera aerolínea de este hemisferio; comenzó sus operaciones en el año 1919.

■ ■ ■ **Carro** is understood throughout most of Hispanic America, although in some countries **auto** and/or **coche** are used; **coche** is used in Spain. **Autobús** = **camión** (México), **guagua** (Puerto Rico, Cuba), **ómnibus** (Perú), **camioneta** (Guatemala). **Bus** is also used in some countries.

■ ■ ■ 4 × 4 = cuatro por cuatro

Otras palabras relacionadas con el transporte

el aeropuerto   airport
la estación (de trenes, autobuses)   (train, bus) station
la (camioneta) 4 × 4   SUV, 4 × 4
manejar (América Latina); **conducir** (España)   to drive
montar en bicicleta/moto   to ride a bike/motorcycle
ir en barco/tren/etc.   to go by ship/train/etc.

Actividad 24 **Asociaciones** Di qué medios de transporte se asocian con estas palabras: Greyhound, Northwest, U-haul, el color amarillo, Porsche, Titanic, Amtrak, Kawasaki, Trek, Ford Explorer.

Actividad 25 **Los transportes de tu ciudad** En parejas, hagan una lista de los medios de transporte de la ciudad donde Uds. estudian. Digan cuánto cuestan, qué zonas recorren y a qué hora empiezan su servicio. Expliquen también qué medios de transporte no hay y cuáles necesita su ciudad.

Actividad 26 En grupos de tres, hablen sobre las siguientes preguntas relacionadas con el transporte.

1. ¿Alguna vez durmieron en un tren o en un autobús? ¿Adónde fueron?
2. ¿Cuánto hace que viajaron en avión? ¿Adónde viajaron?
3. Cuando están en un autobús en la ciudad, ¿hablan con la persona que está a su lado? ¿Y cuando viajan en avión?
4. ¿Les gusta viajar en avión? ¿Por qué?
5. ¿Es divertido o tienen miedo de montar en moto?
6. ¿Les gusta montar en bicicleta por las montañas (*mountain*)?

II. El pasaje y el aeropuerto

■■■ Note the use of the 24-hour clock.

Viajes Internacionales

Apellido	Asiento	Fecha
VEGA	23A	26 DE AGOSTO

Destino	Vuelo	Salida	Se prohíbe fumar en todos los vuelos de VIAJA.
NUEVA YORK	357	14:20	

▲ la tarjeta de embarque

Sr. Vega, su pasaje de ida y vuelta está confirmado. Puede llevar dos maletas y un bolso de mano pero hay un límite de 32 kilos por pasajero.

-- IDA --------------------------------------
VIAJA 357 de Caracas a Nueva York
   Salida de Caracas: 14:20
      Escala y aduana en Miami
   Llegada a Nueva York (JFK): 22:15
-- VUELTA -----------------------------------
VIAJA 358 de Nueva York a Caracas
   Salida de Nueva York (JFK): 13:15
      Escala en Miami
   Llegada a Caracas: 21:00
   Aduana en Caracas

la aduana customs
el asiento seat
  del medio center
  del pasillo aisle
  de la ventanilla window
el bolso de mano hand/carry-on luggage
el destino destination
el equipaje luggage
la escala a stop, layover
fumar to smoke
la línea aérea airline

la llegada arrival
llegar a tiempo on time
  con retraso late
el pasaje ticket
  de ida one way
  de ida y vuelta round trip
el/la pasajero/a passenger
la reserva reservation
la salida departure
el vuelo flight
la vuelta return trip

To practice: Do Workbook, CD-ROM, and Web activities.

Actividad 27 ¿Qué es? Contesta estas preguntas, usando el vocabulario del pasaje y de la información de la agencia de viajes.

1. ¿Cómo se llama el pasajero?
2. ¿El señor tiene un pasaje de ida o de ida y vuelta?
3. ¿Cómo se dice en español *a one-way ticket*?
4. ¿Qué se presenta a la entrada del avión antes de subir?
5. ¿Tiene el Sr. Vega un vuelo a Nueva York directo o con escala?
6. ¿Cuánto equipaje puede llevar el Sr. Vega? ¿Cuántos kilos puede llevar como máximo?
7. ¿Cuál es el número del asiento del Sr. Vega? ¿Es de la ventanilla o del pasillo? ¿Prefieres asiento de pasillo o de ventanilla? ¿Por qué?
8. ¿A qué hora llega el vuelo a Nueva York? ¿Y a Caracas?
9. ¿Sabes qué cosas no se pueden pasar por la aduana?
10. ¿Hay aduanas en aeropuertos que no son internacionales? ¿Qué aeropuertos de este país tienen aduana?

Actividad 28 **Información** En parejas, una persona necesita información sobre vuelos y le pregunta a un/a empleado/a del aeropuerto. Usen la siguiente información sobre vuelos para contestar las preguntas.

Llegadas internacionales

Línea aérea	Número de vuelo	Procedencia	Hora de llegada	Comentarios
Iberia	952	Lima	09:50	a tiempo
Aeropostal	354	Santo Domingo	10:29	11:05
LAN Chile	988	Santiago/Miami	12:45	a tiempo
LASCA	904	México/N.Y.	14:00	14:35

Salidas internacionales

Línea aérea	Número de vuelo	Destino	Hora de salida	Comentarios	Puerta
American Airlines	750	San Juan	10:55	11:15	2
Avianca	615	Bogotá	11:40	a tiempo	3
Aeropostal	357	Miami/N.Y.	14:20	a tiempo	7
Aeroméxico	511	México	15:00	16:05	9

1. ¿A qué hora llega el vuelo número 354 de Santo Domingo?
2. ¿De qué línea aérea es el vuelo 904? ¿Llega a tiempo o con retraso?
3. ¿De dónde viene el vuelo 952?
4. ¿A qué hora sale el vuelo 615 para Bogotá?
5. ¿De qué puerta sale el vuelo 615? ¿Sale con retraso?
6. ¿Adónde va el vuelo 511 de Aeroméxico?

Ahora cambien de papel.

1. ¿A qué hora sale el vuelo de Aeropostal a Miami?
2. ¿De dónde viene el vuelo 354?
3. ¿Llega a tiempo o con retraso el vuelo de México?
4. ¿A qué hora llega el vuelo de Santiago?
5. ¿Adónde va el vuelo 750 de American Airlines?
6. ¿De qué puerta sale el vuelo a Nueva York? ¿Sale con retraso?

Actividad 29 **La reserva** En parejas, Uds. están en México en una agencia de viajes. "A" es el/la cliente que habla con "B", un/a agente de viajes, para hacer una reserva. Lean el papel que les corresponde y mantengan una conversación en la agencia.

■ ■ ■ US$ = dólares estadounidenses

■ ■ ■ MX$ = pesos mexicanos

A. Cliente

Quieres viajar de México, D. F. a Lima el 23 de diciembre para volver el 2 de enero. No puedes salir por la mañana. No quieres hacer escala. Necesitas saber la aerolínea, la hora de salida y de llegada y el precio.

B. Agente

Usa la siguiente información para tomar la reserva.

```
TACA      México-Bogotá-Lima   Ida: US$399 (MX$4409)
          México 13:15         Ida y vuelta: US$668 (MX$7380)
          Lima 23:45
LanPerú   México-Lima          Ida: US$530 (MX$5850)
          México 8:10          Ida y vuelta: US$739 (MX$8166)
          Lima 13:40
```

Para escuchar

Un día normal en el aeropuerto

Pasajeros en el aeropuerto ➤
de Santo Domingo.

darse cuenta de algo	to realize something
No me di cuenta de la hora.	I didn't realize the time.
¿Cómo que...?	What do you mean . . . ?
¿Cómo que no hay asiento?	What do you mean there aren't seats?

Mientras Juan Carlos y Claudia tienen problemas en Segovia, Teresa también tiene algunos problemas durante su viaje. Antes de regresar a España, ella va a la República Dominicana para trabajar una semana en el aeropuerto. Mientras ayuda en el mostrador (check-in counter) *del aeropuerto de Santo Domingo, empiezan los problemas con los pasajeros.*

 Actividad 30 ¿Cierto o falso? Lee las siguientes oraciones. Después, mientras escuchas las conversaciones, marca si estas oraciones son ciertas **(C)** o falsas **(F).**

1. _____ El señor es paciente.
2. _____ El señor quiere un asiento de pasillo.
3. _____ El niño viaja solo.
4. _____ Al final, el niño no lleva el ron.
5. _____ La señora perdió el pasaje.
6. _____ La señora llegó con un día de retraso.

 Actividad 31 Los problemas de los pasajeros **Parte A.** Después de escuchar las conversaciones otra vez, identifica cuáles son los problemas del señor, del niño y su madre, y de la señora.

Parte B. Ahora di cómo son físicamente el señor, la madre y la señora e identifica quién está confundido/a (*confused*), nerviosa/a, enojado/a, preocupado/a.

Gramática para la comunicación II

I. Indicating Time and Age in the Past: *Ser* and *tener*

■■■

Until now you have been using the *preterit* to talk about the past. The *imperfect*, which has its own set of rules, is also used when talking about the past.

1 ■ When you want to express age in the past, use an imperfect form of the verb **tener.**

tener	
tenía	teníamos
tenías	teníais
tenía	tenían

Álvaro **tenía** diez años cuando viajó en avión por primera vez.

Una vez, cuando **tenía** quince años, fui a Santo Domingo.

Álvaro was ten when he flew for the first time.

Once, when I was fifteen, I went to Santo Domingo.

2 ■ When you want to indicate the time an action took place, use the imperfect form of the verb **ser: era** or **eran.**

Era la una de la mañana cuando me llamó mi novia.

Eran las ocho cuando salí de mi casa.

It was one in the morning when my girlfriend called me.

It was eight when I left my house.

Actividad 32 ¿Cuántos años tenían? **Parte A.** En parejas, averigüen cuántos años tenía su compañero/a cuando hizo estas cosas.

■■■ aprender a nadar

A: ¿Cuántos años tenías cuando aprendiste a nadar?

B: Tenía siete años cuando aprendí a nadar.

1. terminar la escuela secundaria
2. manejar un carro
3. tener su primer (*first*) trabajo
4. tener novio/a por primera vez
5. aprender a leer

Parte B. En parejas, averigüen cuántos años tenía alguien de su familia cuando ocurrieron estas cosas.

1. su madre / él/ella nacer (*to be born*)
2. su padre / él/ella nacer

Actividad 33 Era medianoche cuando... En parejas, lean la siguiente historia y después digan a qué hora ocurrieron las acciones que se presentan, empezando cada oración con **Era/Eran** (+ hora) **cuando...**

Era medianoche cuando Pablo llegó a casa. Una hora más tarde, alguien llamó por teléfono, pero él no contestó porque diez minutos antes había empezado (*had started*) a bañarse. Estuvo en el baño por media hora. Justo cuando salió de la bañera empezó un episodio viejo de "Seinfeld" donde un señor antipático no le quiere servir sopa a Elaine y ella se pone furiosa. Cuando terminó el programa, Pablo se acostó.

1. él / llegar / a casa
2. alguien / llamar
3. él / empezar a bañarse
4. el programa / empezar
5. él / acostarse

II. Avoiding Redundancies: Direct-Object Pronouns

In the conversation between the mother and the child at the airport, to what does **Las** refer in the following exchange?

NIÑO   Mamá, ¿dónde pongo estas botellas de ron?

MADRE   **Las** llevas en la mano.

■ ■ ■ **Compro un pasaje.** (pasaje = direct object)

Le **compro** un pasaje *a mi hermano.* (pasaje = direct object; le/a mi hermano = indirect object)

If you said **estas botellas de ron,** you are correct. By using the direct-object pronoun **las** instead of repeating **estas botellas de ron,** the conversation sounds more natural. We frequently use direct-object pronouns (**pronombres de complemento directo**) to avoid redundancy.

1 ■ A direct object (**objeto directo**) is the person or thing that is directly affected by the action of the verb. It answers the question *what?* or *whom?* In the sentence **Necesito un pasaje,** a ticket is *what* you need. In the sentence **Necesito a mi amigo,** your friend is *whom* you need. Remember that when the direct object is a person, it is preceded by the *personal* **a.**

■ ■ ■ Review the *personal* **a**, Ch. 4.

In Spanish, the direct object may be expressed by the direct-object pronoun to avoid redundancy, as you saw in the exchange above.

Direct-Object Pronouns	
me	nos
te	os
lo/la	los/las

Direct-object pronouns follow the same placement rules as the reflexive and the indirect-object pronouns. All object pronouns are placed:

a. before the conjugated verb,
b. after and attached to the infinitive, or
c. after and attached to the present participle (**-ando/-iendo**).

2 ■ Look at this email that Claudia and Juan Carlos sent to Marisel and see how they avoid redundancy.

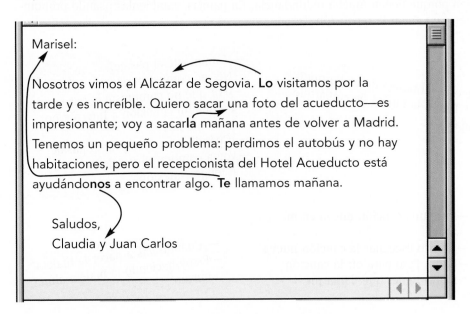

Marisel:

Nosotros vimos el Alcázar de Segovia. **Lo** visitamos por la tarde y es increíble. Quiero sacar una foto del acueducto—es impresionante; voy a sacar**la** mañana antes de volver a Madrid. Tenemos un pequeño problema: perdimos el autobús y no hay habitaciones, pero el recepcionista del Hotel Acueducto está ayudándo**nos** a encontrar algo. **Te** llamamos mañana.

Saludos,
Claudia y Juan Carlos

3 ■ The following verbs can frequently take direct objects.

amar* to love	**poner** + (*una cosa en un lugar*) to put
ayudar to help	(*something somewhere*)
detestar to detest	**querer** to want; to love
esperar to wait for	**respetar** to respect
invitar to invite	**ver** to see
necesitar to need	**visitar** to visit
odiar to hate	

*****NOTE:** Only use **amar** with people, **Amo a mis padres.** For inanimate objects or concepts, use **gustar** or **fascinar: Me gusta mucho tu camisa./Me fascina tocar el piano.**

—¿Antonia va a la fiesta de tu hermano?
—No sé, voy a invitar**la** esta tarde. **La** voy a ver en casa de Marta.
—¿Dónde pusiste los regalos?
—**Los** puse en mi habitación debajo de la cama.

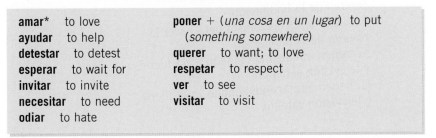

■ ■ ■ ¿A qué o a quién se refiere la palabra **lo** en la tira cómica?

To practice: Do Workbook, Lab, CD-ROM, and Web activities.

Actividad 34 **La redundancia** Estas conversaciones no suenan (*sound*) bien porque tienen mucha redundancia. En parejas, cámbienlas usando pronombres para evitar la repetición.

—¿Dónde está mi tarjeta de embarque?
—¡Caray! Tienes la tarjeta de embarque en la mano.

—¿Compraste el pasaje?
—No, no compré el pasaje.
—¿Por qué no compraste el pasaje?
—Porque mi conexión a Internet no funciona hoy.
—¿Cuándo vas a comprar el pasaje?
—Voy a comprar el pasaje mañana si tengo conexión.

—Puse una canción nueva en mi móvil.
—¿Puedo escuchar la canción nueva?
—Claro. Pero para oír la canción nueva tienes que llamarme.

—¿Cuándo vas a hacer la maleta?
—Estoy haciendo la maleta ahora mismo.

—¿Llamaste al recepcionista para hacer la reserva de la habitación?
—Sí, llamé al recepcionista para hacer la reserva de la habitación.
—¿Y tienen aire acondicionado, caja fuerte y televisión satélite?
—Sí, tienen aire acondicionado, caja fuerte y televisión satélite.

■■■ **pareja** = partner/pair

Actividad 35 **Las cosas para el viaje** En parejas, una persona es el esposo y la otra es su esposa. Van a hacer un viaje y quieren saber dónde puso su pareja las siguientes cosas. Túrnense para hacer las preguntas.

■■■ A: ¿Dónde pusiste la cámara?
B: La puse en el bolso de mano.

Cosas: el champú, las gafas de sol, los trajes de baño, la máquina de afeitar, el peine, los zapatos de tenis, las sandalias, los cepillos de dientes, el pasaporte, los regalos, el móvil, la ropa interior, la tarjeta telefónica, los pasajes del ferry, la confirmación de la reserva del hotel, el niño
Lugares: la maleta, el carro, el bolso de mano

Actividad 36 **Romeo y Julieta** En parejas, inventen una conversación romántica entre los protagonistas de una telenovela (*soap opera*): Romeo y Julieta. Usen en la conversación un mínimo de tres de estos verbos en oraciones o preguntas: **querer, necesitar, odiar, detestar, respetar, invitar** y **esperar.**

■■■ Romeo: Julieta, te quiero.
Julieta: Yo también te quiero, pero mi padre te odia.

Actividad 37 ¿Te quiere o no te quiere? **Parte A.** Escribe el nombre de un miembro de tu familia y de alguien que conoces fuera de tu familia con quien te llevas bien (*get along with well*) y un miembro de tu familia y alguien fuera de tu familia con quien te llevas mal.

	Me llevo bien con...	Me llevo mal con...
miembro de tu familia		
conocido		

Parte B. Combina verbos de las dos columnas para hablar de tu relación con las personas de la **Parte A.** Empieza cada oración con una persona de tu lista y su emoción. Luego di lo que haces tú.

■■■ Mi cuñada Elena me odia y por eso yo no la visito nunca.

admirar   (no) invitar a comer
odiar   (no) visitar
querer   (no) llamar con frecuencia
necesitar   (no) ver mucho
detestar   (no) ayudar
respetar

Actividad 38 Una entrevista **Parte A.** En parejas, entrevístense para completar este cuestionario.

¿Cuándo empezaste a estudiar en esta universidad? _____
¿Estudiaste en otra universidad antes de venir aquí? Sí ☐ No ☐
   Si contesta que sí: ¿Cuándo empezaste a estudiar allí? _____
¿Trabajas? Sí ☐ No ☐
   Si contesta que sí: ¿Cuándo empezaste? _____
¿Cuál fue el último trabajo que tuviste? _____
   ¿Cuándo lo empezaste? _____
   ¿Cuándo lo dejaste? _____
¿Dónde vives?
   Residencia estudiantil ☐ Apartamento ☐ Casa ☐
   ¿Cuándo empezaste a vivir allí? _____
¿Vives con alguien? Sí ☐ No ☐
   Si contesta que sí: ¿Con quién vives? _____
¿Tienes carro? Sí ☐ No ☐
   Si contesta que sí: ¿Cuándo lo compraste? _____
¿Tienes bicicleta? Sí ☐ No ☐
   Si contesta que sí: ¿Cuándo la compraste? _____
¿Haces reservas de avión/hotel por Internet? Sí ☐ No ☐
   Si contesta que sí: ¿En qué sitios las haces? _____
¿Usas teléfono móvil para las llamadas de larga distancia? Sí ☐ No ☐
   Si contesta que sí: ¿Cuándo las haces?
      a toda hora ☐ por la noche y los fines de semana ☐

Parte B. Ahora, individualmente hagan un resumen de la información del cuestionario. Por ejemplo:

■■■ Hace dos años que John estudia en esta universidad. Trabaja en la biblioteca y empezó a trabajar allí hace tres meses. Antes trabajó en un restaurante. Empezó a trabajar allí hace dos años y dejó de trabajar (*quit working*) allí el verano pasado...

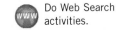
Do Web Search activities.

Más allá

El turismo

Cuando un turista visita un lugar, evidentemente necesita comer, beber y dormir y también viajar de una ciudad a otra. Normalmente visita lugares de interés como museos, parques y lugares históricos y, con frecuencia, compra souvenirs del lugar. Es por todo esto que el turismo es una industria que genera no solo mucho dinero sino también muchas oportunidades laborales.

- Alrededor de 50 millones de turistas de otros países visitan los Estados Unidos cada año, de los cuales 12 millones son mexicanos.
- Más o menos un millón de turistas que anualmente reciben los Estados Unidos vienen de España, Venezuela y Colombia.
- La página web dedicada al turismo del estado de Nueva York está en seis idiomas: alemán, español, francés, inglés, italiano y japonés.

El turismo crea empleos en las áreas de hoteles, restaurantes, producción y venta de souvenirs, agencias de viajes, transporte público, agencias de alquiler de coches, parques de atracciones, parques nacionales y museos. De todos los hispanos que llegan a los Estados Unidos, el 77% viene de vacaciones y dentro de este grupo, el 43% también visita a amigos o parientes durante su viaje. Los destinos turísticos más populares entre los hispanos son Los Ángeles, San Francisco, Miami, Chicago, Boston, Washington y Nueva York.

▲ Turistas hispanos en Disneylandia.

Ahorre hasta **un 95%** en llamadas internacionales

• Más 1.4 millones de tarjetas vendidas online

terra .tarjetastelefonicas.com

▲ Muchos sectores se benefician del dinero que gastan los turistas.

¿? ¿Tuviste alguna vez un trabajo relacionado con el turismo? Si contestas que sí, ¿cuál? En el futuro, ¿te gustaría trabajar en algo relacionado con el turismo? ¿Por qué sí o por qué no?

Vocabulario funcional

El teléfono

el área/prefijo	*area code*
el código internacional	*international access code*
el código/indicativo del país	*country code*
la llamada de larga distancia	*long-distance call*
la llamada local	*local call*
marcar directo	*to dial direct*

¿Aló?/Diga./Dígame.	*Hello?*
¿Está..., por favor?	*Is . . . there, please?*
Quisiera hablar con..., por favor.	*I would like to speak with . . . , please.*
¿De parte de quién?	*Who is calling?*
(De parte) de...	*It's/This is . . .*
¿Quién habla?	*Who is speaking?*
Habla...	*It's/This is . . .*
No, tiene el número equivocado.	*No, you have the wrong number.*
¿Puede(s) hablar más despacio, por favor?	*Can you speak more slowly, please?*
Quisiera dejarle un mensaje.	*I would like to leave him/her a message.*
¿Le puedo dejar un mensaje?	*Can I leave a message for him/her?*
¿Le puede(s) decir que llamó (Claudia)?	*Can you tell him/her that (Claudia) called?*
No tengo batería.	*My battery is dead.*
Tengo la batería baja.	*My battery is low.*
No tengo señal.	*I don't have a signal.*

El hotel

el almuerzo	*lunch*
el baño	*bathroom*
el botones	*bellboy*
la cena	*dinner*
la comida	*meal*
el desayuno	*breakfast*
la empleada (de servicio)	*maid*
la estrella	*star*
la habitación doble	*double room*
la habitación individual	*single room*
la maleta	*suitcase*
media pensión	*breakfast and 1 meal included*
la propina	*tip*
pensión completa	*all meals included*
la recepción	*front desk*
el/la recepcionista	*receptionist*

Medios de transporte

el aeropuerto	*airport*
el autobús	*bus*
el avión	*plane*
el barco	*boat*
la bicicleta	*bicycle*
el camión	*truck*
la (camioneta) 4 × 4	*SUV, 4 × 4*
el carro/coche/auto	*car*
conducir (España)/manejar (América Latina)	*to drive*
la estación (de trenes, autobuses)	*(train, bus) station*

ir en barco/tren/etc.	*to go by ship/train/etc.*
el metro	*subway*
la moto/motocicleta	*motorcycle*
el taxi	*taxi*
el tren	*train*
montar en bicicleta/moto	*to ride a bike/motorcycle*

El pasaje y el aeropuerto

la aduana	*customs*
el asiento	*seat*
del medio	*center*
de pasillo	*aisle*
de ventanilla	*window*
el bolso de mano	*hand/carry-on luggage*
el destino	*destination*
el equipaje	*luggage*
la escala	*a stop, layover*
fumar	*to smoke*
la línea aérea	*airline*
la llegada	*arrival*
llegar a tiempo	*on time*
con retraso	*late*
el pasaje	*ticket*
de ida	*one way*
de ida y vuelta	*round trip*
el/la pasajero/a	*passenger*
la reserva	*reservation*
la salida	*departure*
la tarjeta de embarque	*boarding pass*
la vuelta	*return*
el vuelo	*flight*

Verbos

amar	*to love*
ayudar	*to help*
construir	*to build*
creer	*to believe (something)*
detestar	*to detest*
esperar	*to wait (for)*
invitar	*to invite*
mentir (e ⟶ ie, i)	*to lie*
odiar	*to hate*
oír	*to hear*
quedarse en (+ place)	*to stay in (+ place)*
repetir (e ⟶ i, i)	*to repeat*
respetar	*to respect*
seguir (e ⟶ i, i)	*to follow*
sentirse (e ⟶ ie, i)	*to feel*

Palabras y expresiones útiles

¡Caray!	*Darn! Rats! (negative); Wow! (positive)*
¿Cómo que...?	*What do you mean . . . ?*
darse cuenta de algo	*to realize something*
Lo siento.	*I'm sorry.*
las noticias	*news*
por fin	*at last, finally*
próximo/a	*next*
quisiera/quisiéramos	*I/we would like*
Sí, cómo no.	*Sure.*
la última vez	*the last time*

8 La comida y los deportes

➤ **Volcán Poás, Costa Rica.**

Chapter Objectives

- Ordering food and planning a meal
- Expressing likes, dislikes, and opinions
- Avoiding redundancies in everyday speech
- Talking about sports
- Describing in the past
- Telling what you used to do

¿Qué saben?

1. Costa Rica solo cubre el 0,03% de la superficie total del planeta, pero contiene aproximadamente un _____ de la biodiversidad mundial.

   a. 2%　　　　b. 4%　　　　c. 6%

2. Desde 1869 la educación en Costa Rica es obligatoria y gratuita (*free*), y hoy día el _____ de la población sabe leer.

   a. 76%　　　　b. 86%　　　　c. 96%

3. Costa Rica no tiene _____ desde 1948.

   a. universidades privadas　　b. militares　　c. un gobierno estable

Para escuchar

¡Feliz cumpleaños!

◄ Niños en una carreta en Costa Rica.

echar de menos	to miss (*someone or something*)
a lo mejor	perhaps
aburrirse como una ostra	to be really bored (literally: *to be bored like an oyster*)

Después de pasar un año en España sin ver a su familia, Vicente regresa a Costa Rica de vacaciones para ver a sus padres y para celebrar su cumpleaños.

Actividad 1 **¿Cierto o falso?** Mientras escuchas la conversación entre Vicente y sus padres, escribe **C** si la oración es cierta y **F** si es falsa.

1. _____ Vicente le mandó una tarjeta virtual a su madre.
2. _____ A la madre le gustó la tarjeta.
3. _____ Hoy es el cumpleaños de Vicente.
4. _____ Los padres de Vicente le compraron un regalo.
5. _____ Vicente y sus padres van a ir a Sarchí.
6. _____ A lo mejor Vicente le compra un regalo a Teresa.

Actividad 2 **Preguntas** Después de escuchar la conversación otra vez, contesta estas preguntas.

1. ¿Por qué le mandó Vicente una tarjeta virtual a su madre?
2. ¿Qué le regalaron a Vicente sus padres para su cumpleaños?
3. ¿Qué van a hacer Vicente y su padre en Sarchí?
4. ¿Qué va a pasar esta noche en la casa de Vicente?
5. ¿Es verdad que la madre de Vicente se siente mal?
6. La madre de Vicente usa frases de origen religioso. ¿Cuáles son?

Echo de menos... Ahora que Uds. están en la universidad, a lo mejor echan de menos algunas cosas (casa, pueblo, escuela secundaria, familia, perro, etc.). En parejas, hagan una lista de cinco cosas que echan de menos y de tres cosas que no echan de menos. Después, compartan sus ideas con la clase.

■■■ When speaking about a family pet, it is common to use the *personal* **a.**

■■■ Paul echa de menos a su perro... y yo echo de menos...

¿Lo sabían?

En español las palabras **Dios** y **Jesús** se oyen con frecuencia en las conversaciones. Esto no significa que la persona que las usa es religiosa o irrespetuosa. Algunas expresiones comunes que se usan son **¡Por Dios!, ¡Dios mío!, Con la ayuda de Dios, ¡Sabe Dios...!** (*Who knows . . .*), **Dios mediante** (*God willing*) y **Que Dios te acompañe** (*May God be with you*).

¿? ¿Es común usar el nombre de Dios en expresiones como estas en tu país?

Vocabulario esencial I

La comida

■■■

1. el cerdo	6. la coliflor	11. los camarones	16. el vaso
2. la sopa	7. la zanahoria	12. la copa de vino	17. el tenedor
3. el bistec/churrasco	8. los espárragos	13. el cuchillo	18. el pan
4. el pescado	9. el ajo	14. el plato	19. la taza
5. las arvejas	10. el pollo	15. la cuchara	20. la servilleta

■■■ Spoons come in many sizes. Some common sizes include **cuchara de sopa** and **cucharita de café.**

Las legumbres y los cereales (*Legumes and cereals*)

el arroz   rice
los frijoles   beans
las lentejas   lentils

Las verduras (*Vegetables*)

la cebolla   onion
las espinacas   spinach
las habichuelas   green beans
la lechuga   lettuce
el maíz/elote   corn
la papa   potato
  el puré de papas   mashed potatoes
  las papas fritas   French fries
el tomate   tomato

Las carnes (*Meats*)

la carne de res   beef
la chuleta   chop
el cordero   lamb
la ternera   veal

Las aves (*Poultry*)

el pavo   turkey

Los postres (*Desserts*)

el flan   Spanish egg custard
la fruta   fruit
el helado   ice cream
  de chocolate   chocolate
  de vainilla   vanilla

Otras palabras relacionadas con la comida

la bebida   beverage
los cubiertos   silverware
la cuenta   the bill
la ensalada   salad
  el aceite   oil
  el vinagre   vinegar
  la sal   salt
  la pimienta   pepper
poner la mesa   to set the table
el primer/segundo plato   first/
second course
el queso   cheese

■ ■ ■ NOTE: The following words are used in Spain: **los guisantes (las arvejas); las gambas (los camarones); la patata (la papa); las judías verdes (las habichuelas).**

■ ■ ■ Think of the names of food items when you eat.

To practice: Do Workbook, CD-ROM, and Web activities.

¿Lo sabían?

La comida básica de los países hispanos varía de región a región según la geografía. Por ejemplo, en la zona del Caribe la base de la comida es el plátano (*plantain*), el arroz y los frijoles. El maíz es importante especialmente en México y Centroamérica, y la papa en la región andina de Suramérica. En el Cono Sur se come mucha carne, producto de las pampas argentinas. Y en España, que está en una península y por eso tiene mucha costa, es común comer pescado y mariscos (*seafood*). El nombre de muchas comidas también varía según la región; por ejemplo, judías verdes, habichuelas, porotos verdes, vainas y ejotes son diferentes maneras de decir *green beans*.

¿? ¿Con qué regiones de los Estados Unidos relacionas estas comidas: langosta (*lobster*), "grits", "jambalaya" y el queso "cheddar"? ¿Por qué son populares estos platos en esas regiones?

Actividad 4 **¿Comen bien o mal?** En grupos de tres, averigüen qué comieron Uds. ayer en el almuerzo y en la cena e incluyan el primer plato, el segundo plato, el postre y la bebida. Luego decidan quién de los tres come bien y tiene una dieta buena.

Actividad 5 **La cena en el hospital** En grupos de tres, Uds. trabajan en la cocina de un hospital y necesitan planear la cena para los siguientes pacientes: el paciente No. 1 es vegetariano, la paciente No. 2 necesita una dieta de mucha proteína, el paciente No. 3 necesita comidas bajas en calorías. Incluyan el primer plato, el segundo plato, el postre y la bebida.

Actividad 6 Cómo poner la mesa Numera cada cosa que ves en esta foto de una mesa elegante.

1. copa de agua
2. copa de champán
3. copa de vino
4. cuchara de postre
5. cuchara de sopa
6. cuchillo de entrada (*first course*)
7. cuchillo de postre
8. cuchillo principal
9. pimentero (*pepper shaker*)
10. plato para pan
11. platos
12. salero (*salt shaker*)
13. servilleta
14. tenedor de entrada
15. tenedor de mariscos (*seafood*)
16. tenedor principal

Actividad 7 ¡Camarero! En grupos de cuatro, una persona es el/la camarero/a y las otras tres son clientes que van a comer juntos en Los Ticos, un restaurante costarricense que tiene comida típica y comida internacional. Miren las siguientes listas de frases útiles para prepararse a pedir comida o a tomar el pedido (*the order*).

Camarero/a

¿Qué van a comer?
¿De primer plato?
¿De segundo plato?
¿Qué desean beber?
El/La... está muy bueno/a hoy.
El/La... está muy fresco/a hoy.
El menú del día es...
De postre tenemos...
Aquí tienen la cuenta.

Clientes

¿Está bueno/a el/la...?
¿Cómo está el/la...?
Me gustaría el/la...
¿Qué hay de primer/segundo plato?
¿Viene con papas?
¿Hay...?
¿Cuál es el menú del día?
¿Qué hay de postre?
La cuenta, por favor.

Los Ticos

Primer plato

Sopa de pollo	¢ 320
Sopa de verduras	¢ 350
Espárragos con mayonesa	¢ 425

Segundo plato

Pollo con salsa de espárragos	¢ 1900
Pollo al ajillo	¢ 1820
Pescado al curry	¢ 1859
Bistec con salsa de tomate	¢ 1950
Chuletas de cerdo a la plancha con puré de papas	¢ 1995
Espagueti con salsa blanca	¢ 1500

Platos típicos

Casado con pollo en salsa picante (con arroz, frijoles negros y ensalada mixta)	¢ 2200
Casado con bistec encebollado (con arroz, frijoles negros, plátano frito y ensalada mixta)	¢ 2500

Olla de carne (con papa, yuca, plátano verde, elote)	¢ 1200

Ensaladas

Mixta	¢ 350
Ensalada verde	¢ 360
Ensalada de pollo	¢ 400

Bebidas

Agua en botella	¢ 350
Refresco natural o tropical	¢ 325
Cervezas	¢ 500
Gaseosas (Pepsi, 7-Up)	¢ 475
Café	¢ 200
Café con leche	¢ 250

Postres

Ensalada de frutas	¢ 430
Helado de vainilla, chocolate	¢ 400
Flan de coco	¢ 510

Plato del día: primer plato – ensalada mixta o sopa de pescado, segundo plato – pollo al curry con arroz, postre – fruta y café	¢ 2390

■ ■ ■ ¢ = **colón** (Costa Rican currency)

Gramática para la comunicación I

I. Expressing Likes, Dislikes, and Opinions: Using Verbs Like *gustar*

In Chapter 2, you learned how to use the verb **gustar**.

¿**Te gusta** el festival?
Nos gustan las carretas de Sarchí.

1 ■ Here are some other verbs that function like **gustar**.

encantar	to like a lot, to love
faltar	to lack, to be missing
fascinar	to like a lot, to find fascinating
molestar	to be bothered by, to find annoying

¡Me fascina Buenos Aires, es una ciudad que tiene mucha vida!

A Vicente **le encanta** visitar a su familia.

Le fascina hablar y salir con sus amigos,* pero **le molestan** las personas que fuman en los bares.

Vicente loves to visit his family. (literally: *Visiting his family is really pleasing to him.*)
He likes to talk to and go out with his friends, but he is bothered by people who smoke in bars. (literally: *. . . people that smoke in bars bother him.*)

■ ■ ■ The verb agrees with what is loved, what bothers you, etc. The indirect-object pronoun tells who is affected. To review **gustar,** see Ch. 2.

*****NOTE:** Use the singular verb form when one or more infinitives follow.

2 ■ The verb **parecer** (*to seem*) follows a similar pattern to **gustar,** but is generally used with an adjective. It is used in the singular when followed by a singular adjective or an idea introduced by **que** and in the plural when followed by a plural adjective.

Ese restaurante **me parece horrible.**	*This restaurant seems horrible to me.*
Esas chuletas de cerdo **me parecen exquisitas.**	*Those pork chops seem delicious to me.*
A ella **le parece que** es mejor comer afuera.	*It's seems better to her to eat outside.*

Notice the meaning of **parecer** when it is used in a question with the word **qué.**

—¿**Qué te pareció** el flan?	*How did you like (What did you think of) the flan?*
—**Me pareció** delicioso.	*I thought it was (seemed) delicious.*

▼ En México y en algunos países centroamericanos y suramericanos se usa una gran variedad de chiles en la preparación de comidas picantes.

■ ■ ■ In many countries it is common to eat French fries with mayonnaise instead of ketchup.

Actividad 8 **¿No te gusta, te gusta o te encanta?** Vas a hacer una encuesta. Pregúntales a tus compañeros si les gustan estas cosas. Anota (*Jot down*) sus nombres en la columna apropiada y luego comparte la información con el resto de la clase.

■ ■ ■　　　　　　　　¿Te gusta la comida picante?

No, no me gusta.　　　Sí, me gusta.　　　Sí, me encanta.

	no gustar	gustar	encantar
la comida picante (*spicy*)	___	___	___
los postres	___	___	___
la coliflor	___	___	___
cocinar	___	___	___
los espárragos	___	___	___
la zanahoria	___	___	___
comer comida china	___	___	___
las lentejas	___	___	___
las papas fritas con mayonesa	___	___	___
las habichuelas	___	___	___

Actividad 9 **Las cosas que le faltan** En parejas, miren la siguiente lista y usen la imaginación para decir las tres cosas más importantes que le faltan a la universidad y las tres cosas más importantes que le faltan a la cafetería.

■ ■ ■ A esta universidad le falta(n)… También le…

En general
laboratorios de computadoras
lugares para estacionar (*to park*)
espacio verde
residencias modernas
un periódico estudiantil informativo
diversidad étnica

Comida
fruta orgánica
variedad de helados
verduras frescas
café bueno
porciones grandes
una cafetería abierta las 24 horas

Actividad *10* **¿Te molesta?** **Parte A.** En parejas, digan si les encanta o si les molesta hablar de los siguientes temas: la política, la religión, el arte, la música, los problemas de otros, sus problemas, la economía, la comida, la vida de personas famosas, los deportes, la ropa.

Parte B. Teniendo en cuenta los temas que le encantan a su compañero/a, sugiéranle una revista.

■ ■ ■ Debes comprar *Rolling Stone* porque te encanta...

Actividad *11* **¿Qué te pareció?** **Parte A.** En parejas, túrnense para averiguar qué opina su compañero/a sobre estos temas.

■ ■ ■ A: ¿Qué te pareció la última prueba de la clase de español?
B: Me pareció fácil/difícil/justa/etc.

1. el partido del último *Superbowl*
2. los resultados de las últimas elecciones
3. los escándalos presidenciales de Clinton
4. la última película de Hilary Swank
5. tus clases del semestre pasado
6. el último disco compacto de Beyonce

Parte B. Ahora, pregúntenle a su compañero/a cuál de los temas de la **Parte A** le interesa más: los deportes, la política, el cine, la universidad o la música. Luego conversen con su pareja sobre ese tema por un minuto. Por ejemplo, si a su pareja le interesa la música:

■ ■ ■ A: ¿Cuál de los temas te interesa más: los deportes, la política, etc.?
B: Me interesa más la música.
A: ¿Qué te parece la música de...?

II. Avoiding Redundancies: Combining Direct- and Indirect-Object Pronouns

■ ■ ■

In the conversation, you heard Vicente's father say to his son, "**Vamos a darte tu regalo de cumpleaños. Te lo compramos porque sabemos que es algo que te gusta.**" In the last sentence, *to whom* and *to what* do you think the words **te** and **lo** refer?

If you said *to Vicente* and *to the gift*, you were correct.

In Chapters 6 and 7 you learned how to use the indirect- and the direct-object pronouns separately. Remember that the subject performs the action, the indirect object tells *for whom* or *to whom* the action is done, and the direct object is the person or thing that is directly affected by the action and answers the question *what* or *whom*.

Indirect-Object Pronouns	
me	nos
te	os
le	les

Direct-Object Pronouns	
me	nos
te	os
lo, la	los, las

—**Le** compré un pastel para el cumpleaños.

—Y ¿mandaste el regalo?
—Sí, **lo** mandé.

I bought her a cake for her birthday.

And did you send the gift?
Yes, I sent it.

1 ■ When you use both an indirect- and a direct-object pronoun in the same sentence, the indirect-object pronoun immediately precedes the direct-object pronoun.

> Mi novio me dio <u>una raqueta</u>.   ¿Quién te compró <u>el pastel</u>?
>
> Mi novio **me la** dio.   ¿Quién **te lo** compró?
> *My boyfriend gave it to me.*   *Who bought it for you?*

2 ■ The indirect-object pronouns **le** and **les** become **se** when combined with the direct-object pronouns **lo, la, los,** and **las.** The chart on the right shows all possible combinations.

> me lo, me la, me los, me las
> te lo, te la, te los, te las
> se lo, se la, se los, se las
> nos lo, nos la, nos los, nos las
> os lo, os la, os los, os las
> se lo, se la, se los, se las

le/les	$\longrightarrow$	**se** + lo/la/los/las
Le voy a pedir un café (a Inés).	$\longrightarrow$	**Se lo** voy a pedir (a Inés/a ella).
Les escribí las instrucciones (a ellos).	$\longrightarrow$	**Se las** escribí (a ellos).

NOTE: Never use **me lo, me la,** etc., with verbs like **gustar** since the noun following the verb is not a direct object, but rather the subject of the verb.

3 ■ Remember that object pronouns either precede a conjugated verb or are attached to the end of an infinitive or present participle.

Se lo preparé ayer.	=	——
Se lo voy a preparar.	=	Voy a prepar**árselo.**
Se la estoy escribiendo.	=	Estoy escrib**iéndosela.**

■ ■ ■ Remember to add accents when needed.

Actividad 12 Me lo, me la... La conversación que escuchaste al principio de este capítulo usa pronombres de complemento directo e indirecto para evitar la redundancia. Mira las páginas R19–R20 y di a qué o a quién se refieren las palabras en negrita en las siguientes líneas. ¡Ojo! Tienes que leer estas líneas en el con-texto de la conversación para poder contestarlas.

1. MADRE: ... Y muchas gracias por la tarjeta virtual que **me** mandaste para mi santo.
2. VICENTE: Cuando vi esa tarjeta en Internet, **te la** mandé inmediatamente.
3. PADRE: Sí, **lo** celebran hoy.
4. PADRE: Sí, yo conozco un lugar perfecto donde **se la** puedes comprar.

■ ■ ■ Remember: The indirect-object pronouns **le** and **les** become **se** when followed by **lo, la, los,** and **las.**

Actividad 13 La redundancia Estas conversaciones tienen mucha repetición innecesaria. En parejas, arréglenlas (*fix them*) para hacerlas más naturales.

1. A: ¿Piensas comprarle un regalo a tu hermano?
   B: Sí, mañana pienso comprarle un regalo a mi hermano.
   A: ¿Cuándo vas a mandarle el regalo a tu hermano?
   B: Voy a mandarle el regalo a mi hermano mañana por la tarde.

2. A: Vicente, ¿les trajiste los cubiertos a Teresa y a Marisel?
   B: No, no les traje los cubiertos a Teresa y a Marisel. ¿Quieres que les traiga los cubiertos a Teresa y a Marisel mañana?
   A: Claro, mañana puedes traerles los cubiertos.

3. A: ¿Cuándo vas a prepararme mi comida favorita?
   B: Estoy preparándote tu comida favorita ahora.
   A: Pero no me gustan los frijoles. Siempre dices que vas a prepararme mi comida favorita y nunca me preparas esa comida. No me quieres.
   B: Bueno, bueno. Voy a prepararte tu comida favorita mañana. Perdón, mi amor, ¿cuál es tu comida favorita?

Actividad 14 ¿Lo hiciste? En parejas, Uds. son hermanos/as y están preparando comida. En parejas, usen las oraciones de la lista que sigue para formar dos conversaciones lógicas de seis líneas cada una. A continuación tienen la primera oración de cada conversación.

Conversación A

—¿Me compraste el pollo?
—¿ ?

Conversación B

—¿Me compraste la carne?
—¿ ?

_____ Ah, es verdad. Los puse en la mesa.

_____ Sí, te lo compré anoche. ¿Y tú? ¿Le preparaste los frijoles a la abuela?

_____ Te lo di, ¿no?

_____ No, no se los preparé.

_____ Perfecto. ¿Puedes darme los cubiertos?

_____ Sí, se lo preparé.

_____ Ah, es cierto. Y yo se lo di a Carmen.

_____ Sí, te la compré anoche. ¿Y tú? ¿Le preparaste el pastel a Juancito?

_____ Te los di, ¿no?

_____ ¿Puedes prepararlos ahora, por favor? ¿Y cuándo vas a darme el dinero para el supermercado?

Actividad 15 En casa En parejas, túrnense para hacerse las siguientes preguntas sobre la última vez que visitaron a sus padres. Cuando puedan, contesten usando pronombres de complemento directo e indirecto para evitar la redundancia.

La última vez que estuviste en la casa de tus padres...

¿quién te preparó la comida?

¿saliste a comer en un restaurante? ¿Con quién o con quiénes fuiste? ¿Quién pagó la cuenta?

¿tu madre o padre te enseñó a preparar tu comida favorita?

¿tus padres te dieron comida para llevar a la universidad? ¿Qué te dieron?

¿quién te lavó la ropa?

¿les mandaste emails a tus amigos de la universidad?

¿estudiaste español?

¿tu madre o tu padre te dio dinero al salir de casa?

Actividad 16 No es así Las oraciones de la primera columna contienen información incorrecta. La segunda columna contiene la información necesaria para corregirlas, pero está fuera de orden. En parejas, túrnense para leer estas oraciones. Al leer una oración, la otra persona tiene que corregir la información. Sigan el modelo.

■■■ A: Los navajos le vendieron la ciudad de Nueva York a Peter Minuit.
   B: No, los lenapes **se la** vendieron.

1. Los navajos le vendieron la ciudad de Nueva York a Peter Minuit.
2. Los aztecas les ofrecieron la papa a los españoles.
3. La Cruz Roja le construye casas a la gente necesitada.
4. El avión Barón Rojo les tiró la bomba atómica a los habitantes de Hiroshima.
5. Los mayas les dieron el chocolate a los españoles.
6. En el 2000 los ingleses le dieron el control del canal a Panamá.
7. AmeriCorps les da asistencia médica a personas enfermas en todo el mundo.
8. Julián de Medici le financió el viaje a Cristóbal Colón.
9. Inglaterra les regaló la Estatua de la Libertad a los norteamericanos.

a. los incas
b. Francia
c. Isabel la Católica
d. Habitat para la Humanidad
e. los lenapes
f. los aztecas
g. los norteamericanos
h. Médicos Sin Fronteras
i. Enola Gay

III. Using *ya* and *todavía*

A. *Ya*

1 ■ **Ya** means *already* or *now*. Context helps determine which meaning is being conveyed.

—¿Te explico la lección?   *Shall I explain the lesson to you?*
—No, gracias. **Ya** la entiendo.   *No, thank you. I **already** understand it.*

—¿Ves? Así se hace una tortilla.   *See? This is how a tortilla is made.*
—¡Ah! ¡**Ya** entiendo!   ***Now** I understand!*

2 ■ **Ya no** means *no longer, not anymore.*

Ya no tengo que estudiar porque terminé los exámenes.   *I **don't** have to study **anymore** because I finished my exams.*
Ya no fumo.   *I **don't** smoke **anymore**./I **no longer** smoke.*

B. *Todavía*

1 ■ **Todavía** means *still.*

Todavía tengo problemas.   *I **still** have problems.*

2 ■ **Todavía no** means *not yet.*

—¿Estudiaste?   *Did you study?*
—**Todavía no.**   ***Not yet.***

To practice: Do Workbook, CD-ROM, and Web activities.

Actividad 17 ¿Ya estudiamos...? En parejas, háganse preguntas para ver si ya estudiaron los siguientes temas en esta clase de español.

■ ■ ■

A: ¿Ya estudiamos el pretérito?

B: Sí, ya lo estudiamos.   B: Todavía no.

1. el objeto directo
2. el imperfecto
3. el subjuntivo
4. los números del cien al millón
5. palabras afirmativas y negativas
6. las comparaciones

Actividad *18* **En el restaurante** **Parte A.** En parejas, una persona es el/la camarero/a y cubre la columna A y la otra persona es el/la dueño/a (*owner*) y cubre la columna B. Los dos quieren saber si la otra persona hizo las cosas que tenía que hacer. El/La dueño/a hace preguntas primero, basándose en la información de la columna A.

■ ■ ■ Dueño/a: ¿Le llevó la comida a la mesa 2?

Camarero/a: Sí, ya se la llevé./No, todavía no se la llevé.

A (Dueño/a)

Esto es lo que tienes que hacer:

☐ llevarles el pescado a los clientes de la mesa 1
☐ limpiar (*clean*) la mesa 4
☐ poner la mesa 4
☐ servirle las chuletas a la señora de la mesa 2
☐ tomar todos los pedidos (*orders*)
☐ poner los cubiertos en la mesa 3

B (Camarero/a)

Esto es lo que tiene que hacer el/la dueño/a:

☑ limpiar (*clean*) la mesa 4
☐ servirle las chuletas a la señora de la mesa 2
☐ llevarles el pescado a los clientes de la mesa 1
☑ poner los cubiertos en la mesa 3
☐ poner la mesa 4
☑ tomar todos los pedidos (*orders*)

Parte B. Ahora, el/la camarero/a hace las preguntas, basándose en la información de la columna B abajo.

A (Dueño/a)

Cosas que debes hacer:

☑ prepararle la cuenta a la mesa 4
☐ traer los cubiertos para el postre
☑ servirles una copita de coñac a las personas de la mesa 5
☑ darle la lista de platos especiales para mañana al chef
☐ comprar más vinagre para esta noche

B (Camarero/a)

Cosas que debe hacer el/la dueño/a:

☐ traer los cubiertos para el postre
☐ darle la lista de platos especiales para mañana al chef
☐ prepararle la cuenta a la mesa 4
☐ comprar más vinagre para esta noche
☐ servirles una copita de coñac a las personas de la mesa 5

Nuevos horizontes

Lectura

ESTRATEGIA: Finding References

When reading in Spanish, as in English, you need to identify the subject of a sentence to discern who is doing or did what, and you also need to identify the referent for object pronouns to understand what is done to whom.

- In Spanish the subject generally precedes the verb, but it may also follow.

  Mi madre le regaló una corbata a mi padre.

  Le regaló **mi madre** una corbata a mi padre.

  Mi padre se puso la corbata que le regaló **mi madre**.

- Subjects usually follow verbs like **gustar,** or they may be omitted altogether. Infinitives may also serve as subjects of verbs like **gustar.**

  —¿Le gustan mucho **los deportes?**　　　—¿Le gusta mucho **jugar?**

  —Sí, le encantan.　　　　　　　　　　　—Sí, le fascina.

- With the verb **parecer,** a noun phrase or a clause introduced by **que** can function as the subject. Also, if the subject is omitted when using **parecer,** you will need to look at the preceding sentences to identify it.

  Me parece interesante **la película.**

  Me parece **que la película es interesante.**

  Ya vi **esa película.** Me pareció interesante.

In Spanish, as in English, writers frequently use pronouns to avoid redundancies. As you read, it is necessary to identify the referent for subject, object, and reflexive pronouns.

> Subject pronouns: **yo, tú, Ud., él, ella, nosotros/as, vosotros/as, Uds., ellos/as**
> Direct-object pronouns: **me, te, lo/la, nos, os, los/las**
> Indirect-object pronouns: **me, te, le (se), nos, os, les (se)**
> Reflexive pronouns: **me, te, se, nos, os, se**

You will practice identifying subjects of verbs and finding referents for pronouns in the reading passage that follows.

■■■ noun phrase: a phrase that has a noun, but not a conjugated verb

clause: a phrase that has a conjugated verb

■■■ Remember: The indirect-object pronouns **le** and **les** become **se** when followed by **lo, la, los,** or **las.**

Actividad 19 **Los deportistas profesionales** Antes de leer un artículo sobre el fútbol, habla sobre las siguientes preguntas.

1. Generalmente, ¿cuántos años juega profesionalmente un deportista? ¿Siempre juega en el mismo equipo (*team*)?

2. ¿En ciertos deportes, hay un límite de dinero que puede recibir un jugador? ¿En ciertos deportes, hay un límite de dinero que puede gastar un equipo en sueldos (*wages*) para los jugadores?

3. ¿Reciben los jugadores primas o bonos, es decir dinero extra, si hacen algo especial (por ejemplo si un lanzador [*pitcher*] de béisbol gana más de 20 partidos)?

4. ¿Cuánto tiempo pasa hasta que un jugador puede ser un agente libre (*free agent*)?

5. ¿Cómo te sientes cuando un jugador cambia de equipo? ¿Y cuando un equipo cambia de ciudad como cuando los Rams fueron de Los Ángeles a St. Louis?

6. ¿Puedes nombrar jugadores de la NBA que no son de este país? ¿Y de béisbol?

Actividad 20 **Predicciones** **Parte A.** En el siguiente artículo llamado "El fútbol y yo", el escritor comenta que no está muy contento con el fútbol profesional. Piensa tú en algunos de los problemas de los deportes profesionales en los Estados Unidos y antes de leer el artículo, contesta esta pregunta: ¿Qué quejas (*complaints*) crees que puede tener el escritor sobre el fútbol? Escribe una lista de por lo menos tres quejas.

■■■ Los jugadores no son buenos modelos para los jóvenes.

Parte B. Lee el artículo rápidamente para confirmar o corregir tus predicciones.

El fútbol y yo
Adolfo Marsillach

▲ Un partido entre Bolivia y España.

Hay algunas cosas de **las** que últimamente me estoy quitando. Y entre **ellas** está el fútbol. Ya no me **gusta.** Recuerdo que cuando era jovencito jugué de
5 portero y me metían muchos goles, pero yo lo pasaba muy bien. Luego, **me** hice partidario de un equipo de mi ciudad que
10 **perdía** casi siempre. Este fracaso[1] continuo me parecía fascinante porque venía a coincidir con mi idea romántica de enten-
15 der la vida. (Me **encanta** sentirme al lado de los perdedores. No hay que darme las gracias, natural-mente.)
20 En aquella época, el fútbol reunía dos condi-ciones estupendas: era un juego que se basaba en atacar y hacer gol y, por
25 otra, los jugadores pertenecían a la región que **representaba** el equipo para el que **estaban**

jugando. En cuanto se **pusieron** de moda[2] las tácticas defensivas y se contrataron —a precios irritantes— futbolistas de todos los países del
30 mundo, comencé a abu-rrirme como una ostra. (No sé quién descubrió que las ostras se aburren: segu-ramente alguien que no
35 tenía nada que hacer.)
Y, además, está lo de las primas[3]. Me **parece** escandaloso que se premie a un individuo para que
40 haga bien algo que está obligado a no hacer mal. Vamos, como si a un actor **le** entregaran unas peseti-llas[4] para que diga su texto
45 sin equivocarse. Bueno, lo dejo, no vaya a dar ideas.

Adolfo Marsillach, español, ex director de la Compañía Nacional de Teatro Clásico.

1 *failure*   2 *became fashionable*   3 dinero extra   4 unas pocas pesetas (*old Spanish currency before the euro*)

Actividad 21 **Las referencias** Ahora lee el artículo otra vez para contestar estas preguntas.

1. ¿A qué o a quiénes se refieren estos pronombres?
   a. **las** (línea 1)
   b. **ellas** (línea 2)
   c. **me** (línea 8)
   d. **le** (línea 43)

2. ¿Cuáles son los sujetos de estos verbos?
   a. **gusta** (línea 3)
   b. **perdía** (línea 10)
   c. **encanta** (línea 15)
   d. **representaba** (línea 26)
   e. **estaban jugando** (líneas 26–27)
   f. **pusieron** (línea 27)
   g. **parece** (línea 37)

Actividad 22 **¿Qué opina?** **Parte A.** Adolfo Marsillach, que escribe el artículo, está un poco molesto con el fútbol. ¿Cuáles son las tres razones que menciona?

1. Ahora es un juego defensivo y no ofensivo.
2. Su equipo favorito siempre pierde.
3. Los jugadores del mismo equipo son de todas partes del mundo.
4. A los jugadores les dan demasiado dinero y hasta les dan pagos extra simplemente por hacer su trabajo.
5. Hay muchos escándalos hoy en día, como el consumo de drogas ilegales.

Parte B. En parejas, discutan las siguientes preguntas sobre los deportes.

1. ¿Los deportistas ganan (*earn*) poco, mucho o demasiado dinero?
2. ¿Abusan las universidades de sus deportistas?
3. Las mujeres deportistas normalmente ganan menos dinero que los hombres. ¿Va a cambiar en el futuro? ¿Va a ser más popular en el futuro el basquetbol o el voleibol de mujeres?
4. ¿Qué les gustaría ser: un político famoso, un deportista famoso, un actor famoso o una persona normal con un trabajo interesante? ¿Por qué?
5. Hay deportistas como Mike Tyson, Kobe Bryant, Diego Maradona y O. J. Simpson que tienen problemas con la ley. ¿Les molesta eso? ¿Por qué sí o no?
6. Sabemos que muchos deportistas toman esteroides. ¿Es esto un gran problema? ¿Debe haber controles más estrictos en las ligas profesionales? ¿En las universidades? ¿En las escuelas primarias y secundarias?

Escritura   ESTRATEGIA: **Avoiding Redundancy**

When writing in Spanish, you should avoid redundancy whenever possible to make the text more pleasing to read. One way of doing this is to use direct- and indirect-object pronouns to avoid needless repetition.

Another way to enrich your writing is to express similar thoughts using different words. For example:

me gusta $\longrightarrow$ me encanta $\longrightarrow$ me fascina
me molesta $\longrightarrow$ no me gusta $\longrightarrow$ no me gusta nada
la Universidad de Harvard $\longrightarrow$ la universidad $\longrightarrow$ Harvard

Actividad 23 **Tus impresiones** **Parte A.** Write two or three paragraphs on the following topic. Conclude with two or three sentences that summarize your opinions.

¿Te parece buena, mala o regular tu universidad? ¿Qué te gusta de la universidad y qué le falta a la universidad?

Parte B. Check your draft to see if you did the following and then make any necessary corrections.

- Did you support your opinions or simply state them?
- To support opinions, did you use words like **por eso, por lo tanto** (*therefore*), **como resultado** (*as a result*), **eso quiere decir que, es decir** (*that is*), **porque,** etc.?

Parte C. Staple all drafts together and turn them in to your instructor.

Vocabulario esencial II

Los artículos deportivos

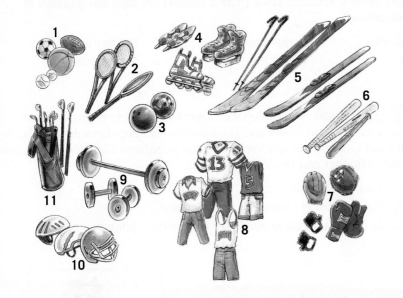

El Estadio del Deporte

312 Alcalá   Tel: 456 33 42

SE CIERRA EL NEGOCIO
GRANDES REBAJAS

Tenemos todo lo que Ud. necesita para los deportes: en el campo de fútbol, en la cancha de tenis, en el gimnasio. Uniformes de todo tipo.

1. los balones de fútbol, fútbol americano, basquetbol y las pelotas de tenis, squash, golf y béisbol
2. las raquetas de tenis y de squash
3. las bolas de bolos
4. los patines de hielo y en línea
5. los esquíes de agua y de nieve
6. los bates

7. los guantes de béisbol, boxeo y ciclismo
8. los uniformes
9. las pesas
10. los cascos de bicicleta, moto y fútbol americano
11. los palos de golf

■ ■ ■ **jugar a los bolos** = jugar al **boliche**

Otras palabras relacionadas con los deportes

el/la campeón/campeona champion
el campeonato championship
el equipo team; equipment, gear
ganar to win
el/la hincha fan
el/la jugador/a player
el partido game
el torneo tournament

To practice: Do Workbook, CD-ROM, and Web activities.

Actividad 24 Asociaciones Asocia estas personas con un deporte y los objetos que se usan en ese deporte.

1. Serena y Venus Williams
2. Pelé y Hugo Sánchez
3. Shaq y Kobe
4. Sammy Sosa y Nomar Garcíaparra
5. Michelle Kwan y Sasha Cohen
6. Arnold Schwarzenegger
7. Muhammad Ali y Óscar de la Hoya
8. Tiger Woods y Sergio García
9. Tom Brady, Tiki Barber y Peyton Manning
10. Laverne y Shirley

Actividad 25 ¿Son Uds. deportistas? En grupos de cuatro, identifiquen estos equipos y digan de dónde son, a qué deporte juegan, cómo se llama el estadio donde juegan, cuáles son los colores de su uniforme, y cuándo fue la última vez que ganaron la Serie Mundial o el Superbowl.

▪▪▪ El equipo de los Packers es de Green Bay, Wisconsin. Ellos juegan al fútbol americano en el Estadio Lambeau. Los colores de su uniforme son verde y amarillo. Hace (más o menos) XX años que ganaron el Superbowl.

1. los Yankees
2. los Bears
3. los Broncos
4. los Blue Jays
5. los Twins
6. los Patriots

Actividad 26 Opiniones Los deportes favoritos cambian de país en país. En grupos de cuatro, digan cuáles son los deportes más populares de su país, de Suramérica y del Caribe y por qué creen que son populares. Después de terminar, comparen sus opiniones con las de otros grupos.

▪▪▪ A: Para mí el béisbol es...
B: No, para mí el béisbol no es el deporte...
C: El fútbol americano puede ser el deporte... porque...

¿Lo sabían?

En la mayoría de los países hispanos el fútbol es el deporte más popular. Es un deporte muy económico porque solo se necesita un balón y se puede jugar en cualquier lugar. En los Estados Unidos vive un comentarista argentino de fútbol llamado Andrés Cantor. Él es famoso por su gran conocimiento de todos los aspectos de este deporte, pero quizá es más famoso por la manera en que grita la palabra **gol.** Un "¡GOOOOOOL!" de Cantor puede durar más de 20 segundos.

En el Caribe el deporte más popular es el béisbol. A principios del siglo XX, los norteamericanos lo llevaron a esa zona porque tiene un clima ideal que permite practicar el deporte todo el año. Otros deportes populares en el mundo hispano incluyen el voleibol y el atletismo (*track*) en Cuba, el boxeo en Panamá y Cuba y el basquetbol en España y en Puerto Rico.

En países como España, México y Perú, la corrida de toros es popular. A mucha gente le gusta ver la corrida y la considera un arte y no un deporte, pero también hay muchas personas a quienes no les gusta.

MARTES
DIA 18 DE AGOSTO
6 TOROS 6
DE LA GANADERIA DE
D. NAZARIO IBAÑEZ AZORIN,
DE YECLA (MURCIA),

(X)

PARA LOS ESPADAS:
PEPIN JIMENEZ
CRISTINA SANCHEZ
ANTONIO FERRERA

¿? ¿Te parece cruel la corrida de toros? ¿Por qué crees que algunos la consideran un arte? ¿Por qué el fútbol profesional no es tan popular en los Estados Unidos como en el resto del mundo?

Actividad 27 **¿Y tú?** En parejas, pregúntenle a su compañero/a qué deportes practica y qué equipo tiene para jugarlos. Averigüen también qué deportes le gusta ver (en el estadio o en la televisión) y cuáles no le gustan nada.

Para escuchar

Teresa, campeona de tenis

◄ Playa Brasilito, Costa Rica.

cambiando de tema	changing the subject
dejar de + *infinitive*	to stop/quit + -ing
Te va a salir caro.	It's going to cost you.

Vicente acaba de volver de sus vacaciones en Costa Rica y está hablando con Teresa.

Actividad 28 **¿Qué hizo?** Mientras escuchas la conversación, marca las cosas que hizo Vicente en Costa Rica.

1. _____ Pasó tiempo con sus padres.
2. _____ Salió con sus amigos.
3. _____ Votó en las elecciones.
4. _____ Fue a la playa.
5. _____ Jugó un partido de fútbol.
6. _____ Fue a un partido de fútbol.
7. _____ Vio a una estrella de cine.
8. _____ Notó tensión por problemas económicos.
9. _____ Jugó al tenis.
10. _____ Ganó un partido de tenis.

Actividad 29 ¿Entendiste? Escucha la conversación otra vez y contesta estas preguntas.

1. ¿Qué grita Andrés Cantor?
2. ¿Cómo es la situación económica de Costa Rica? ¿Y del resto de Centroamérica?
3. Teresa fue campeona de tenis, pero dejó de jugar. ¿Cuándo dejó de jugar?
4. Teresa y Vicente van a jugar al tenis. ¿Qué va a pasar si gana Vicente? ¿Y si gana Teresa?

Actividad 30 ¿Quién va a ganar? En parejas, usen la información de la conversación para predecir quién va a ganar el partido de tenis, Teresa o Vicente, y por qué.

■■■ En mi opinión... porque.../Para mí... porque...

Actividad 31 Problemas económicos Uds. acaban de recibir la cuenta de Visa y no tienen dinero para pagarla. En parejas, decidan qué van a dejar de hacer para ahorrar (*save*) el dinero.

■■■ Ahora tomo mucho café en Starbucks, pero puedo dejar de comprar café.

Gramática para la comunicación II

Describing in the Past: The Imperfect
■■■

■■■ **(tú) dices = (vos) decís** (Argentina)
mamuts = wooly mammoth

In the conversation, when talking about tennis, Vicente said, **"Practicaba todos los días..."** and Teresa responded, **"Yo también jugaba mucho."** In these sentences, do the verbs **practicaba** and **jugaba** refer to past actions that occurred only once or to habitual past actions?

If your response is habitual past actions, you are correct.

As you have already learned, the preterit in Spanish is used to talk about completed past actions. There is another set of past tense forms, the imperfect, whose main function is to describe and to report habitual actions.

A. Formation of the Imperfect

1 ▪ To form the imperfect of *all* -ar verbs, add **-aba** to the stem.

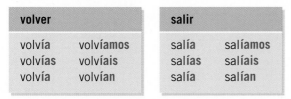

caminar	
caminaba	caminábamos
caminabas	caminabais
caminaba	caminaban

NOTE: All -ar verbs in the **nosotros** form have an accent.

2 ▪ To form the imperfect of -er and -ir verbs, add **-ía** to the stem.

volver		salir	
volvía	volvíamos	salía	salíamos
volvías	volvíais	salías	salíais
volvía	volvían	salía	salían

NOTE: Accents are used in -er and -ir verbs to break diphthongs.

3 ▪ There are only three irregular verbs in the imperfect.

ser		ver		ir	
era	éramos	veía	veíamos	iba	íbamos
eras	erais	veías	veíais	ibas	ibais
era	eran	veía	veían	iba	iban

B. Using the Imperfect

1 ▪ As you learned in Chapter 7, the imperfect **(el imperfecto)** is always used when telling time and one's age in the past.

Eran las diez de la mañana.	*It was ten in the morning.*
El salvavidas **tenía** unos 19 años.	*The lifeguard was about 19 years old.*

2 ▪ The imperfect is also used in the following situations.

▪ to describe people, places, things, or scenes in the past	El salvavidas **era** alto y **tenía** pelo corto. **Había** mucha gente en el mar.* **Hacía** mucho calor en la playa.
▪ to describe ongoing past states of mind and feelings	La gente **estaba** contenta.
▪ to describe habitual or recurring actions in the past	Todos los días **nadaban** en el mar y **jugaban** en la playa. (*habitual*)** Cada año **organizaban** un torneo de voleibol. (*recurring*)**

NOTE: *Había means both *there was* and *there were*.
**Habitual or recurring past actions can be expressed in English with the simple past, "used to + verb" or "would + verb":

Every day we *swam* and *played* at the beach.
Every day we *used to swim* and *play* at the beach.
Every day we *would swim* and *play* at the beach.

To practice: Do Workbook, Lab, CD-ROM, and Web activities.

■ ■ ■ Description of habitual past
actions.

Actividad *32* **Los deportes que jugabas** Habla con un mínimo de cinco personas para averiguar a qué deportes jugaban cuando estaban en la escuela primaria y cuáles en la escuela secundaria y de qué color eran sus uniformes si jugaban en equipo.

■ ■ ■ A: ¿A qué deportes jugabas en la escuela primaria? ¿Y de qué color era el uniforme?

B: Jugaba al fútbol, al béisbol, ... Cuando jugaba al béisbol llevaba camiseta blanca con mangas azules.

A: ¿Y en la secundaria?

B: ...

◄ Unos jóvenes juegan al béisbol en La Habana, Cuba.

Actividad *33* **La niñez** **Parte A.** Marca las actividades que hacías cuando eras pequeño/a bajo la columna **Tú.**

Tú	Tu compañero/a	Acción
		comer espinacas
		chuparse el dedo gordo
		asistir a una escuela privada
		asistir a una escuela pública
		tomar el autobús
		caminar a la escuela
		ir en coche con sus padres a la escuela
		llevar la comida a la escuela
		comer la comida de la escuela
		portarse bien en clase
		hablar en clase

■ ■ ■ **chuparse el dedo gordo** = to
suck one's thumb

■ ■ ■ Past habitual actions.

Parte B. Ahora, en parejas, entrevístense para ver qué hacían cuando eran niños/as. Marquen la respuesta de su compañero/a en la lista de la **Parte A.** Sigan el modelo.

■ ■ ■ A: ¿Caminabas a la escuela?

B: Sí, caminaba a la escuela./No, no caminaba a la escuela.

Parte C. Cuéntenle a la clase las cosas que hacían Uds. cuando eran niños.

■ ■ ■ Yo tomaba el autobús a la escuela, pero él caminaba. Nosotros llevábamos la comida a la escuela y...

Actividad 34 **Otra vida** En parejas, miren este dibujo y describan cómo era la señora cuando era joven y tres cosas que hacía. Luego describan cómo es ahora y tres cosas que hace.

■ ■ ■ Past habitual actions.

ANA VON REBEUR

Actividad 35 **Tus gustos** **Parte A.** Usa la siguiente escala de uno a cuatro para marcar en la columna que dice **Tú** qué actividades o cosas no te gustaban y cuáles te encantaban cuando eras niño/a.

1. no me gustaba/n nada
2. me gustaba/n
3. me gustaba/n mucho
4. me encantaba/n

	Tú	Tu compañero/a
leer novelas como *Harry Potter*	_____	_____
el fútbol	_____	_____
jugar en un equipo	_____	_____
nadar sin traje de baño	_____	_____
escuchar música	_____	_____
el helado	_____	_____
dormir en casa de amigos	_____	_____
las verduras	_____	_____
los perros calientes (*hot dogs*)	_____	_____
invitar a los amigos a la casa	_____	_____
mirar mucha televisión	_____	_____
la sopa	_____	_____
los juegos electrónicos	_____	_____
los maestros	_____	_____
hablar mucho en clase	_____	_____
las papas fritas	_____	_____

Parte B. En parejas, entrevisten a su compañero/a para averiguar qué actividades o cosas le gustaban o no cuando era niño/a. Marquen las respuestas en la lista de la **Parte A.** Sigan el modelo.

■ ■ ■ A: ¿Leías novelas como *Harry Potter*?
　　　 B: Sí, me gustaban mucho./Sí, me encantaban./No, no me gustaban nada.

Parte C. En parejas, piensen en las respuestas de su compañero/a para decirle cuáles de los siguientes adjetivos describen mejor cómo era él/ella de niño/a y por qué, y si comía bien o no.

1. extrovertido/a o introvertido/a
2. hablador/a o callado/a
3. travieso/a u obediente
4. activo/a o inactivo/a
5. bien/mal educado/a
6. comer bien/mal

■ ■ ■ Describing people in the past.

■ ■ ■ **travieso/a** = mischievous, naughty
■ ■ ■ **bien educado/a** = well behaved/mannered

Actividad 36 La rutina diaria En parejas, describan un día típico de su vida cuando tenían quince años. Incluyan qué comida comían y qué hacían con sus amigos.

Actividad 37 Ilusiones y desilusiones Parte A. En parejas, pregúntenle a su compañero/a (1) qué fantasías tenía cuando era niño/a y cuándo dejó de creer en ellas, y (2) si hacía ciertas cosas y cuándo dejó de hacerlas. Usen las siguientes listas.

¿Creías...?

en el Coco (*boogie man*)
en el ratoncito (*tooth fairy*)
que había monstruos (*monsters*)
   debajo de la cama
que la cigüeña (*stork*) traía a los bebés

¿Hacías estas cosas?

odiar a los chicos/las chicas
dormir con la luz encendida (*lit*)
jugar con pistolas/muñecas (*dolls*)
comer toda la comida

Parte B. Ahora comenten esta pregunta: Muchos niños tienen fantasías, ¿es bueno tener fantasías? ¿Por qué sí o no?

¿Lo sabían?

Por influencia de los Estados Unidos y Europa, en muchos países hispanos se habla de Santa Claus o Papá Noel. En algunos países, como Panamá, Uruguay y Puerto Rico, los niños reciben los regalos de Papá Noel o del Niño Jesús a la medianoche del veinticuatro de diciembre (Nochebuena).

En España, México y otros países hispanos, de la misma manera que en Bélgica y Francia, los Reyes Magos (*Three Wise Men*) les traen los regalos a los niños el 6 de enero, día de la Epifanía. Los Reyes Magos llegan en camello y dejan los regalos en los balcones o cerca de las ventanas. Con frecuencia, en las ventanas de la casa, los niños ponen los zapatos llenos de paja (*hay*) para los camellos y, al día siguiente, encuentran los regalos al lado de ellos.

▲ En Tizmín, estado de Yucatán en México, se celebra la Epifanía. ¿Sabes cuándo es la Epifanía?

¿? Ahora responde a las preguntas para decir cómo es la costumbre de Santa Claus en tu país.

■ ¿Santa viaja en una 4 × 4 o en trineo?

■ ¿Qué animales lo ayudan: perros o renos?

■ ¿Cómo entra en la casa: por la chimenea o por la puerta?

■ ¿Qué cuelgan los niños en la chimenea: medias o zapatos?

■ ¿Qué le dejan los niños a Santa: leche y galletas o una taza de café?

■ ¿Dónde les deja los regalos Santa: enfrente de la chimenea o debajo del árbol?

■ ¿En qué son similares y diferentes Santa y los Reyes Magos?

¿Tenías razón? Parte A. Piensa en las ideas que tenías sobre la universidad antes de comenzar el primer año y di qué piensas ahora. ¿Qué creías y qué crees ahora?

■ ■ ■ Describing past beliefs.

Lo que creía antes

las clases eran difíciles
¿ ?

Lo que creo ahora

las clases son fáciles
¿ ?

Parte B. En grupos de tres, compartan sus ideas y digan si cambiaron o no. Usen oraciones como:

■ ■ ■ Yo creía que las clases eran difíciles, pero ahora me parece que son fáciles.

Actividad 39 Descripciones En grupos de tres, describan cómo creen que eran las siguientes personas u otros personajes famosos y qué hacían.

■ ■ ■ Description in the past.

■ ■ ■ George Washington era honesto y nunca decía mentiras. Tenía pelo blanco, era alto y se dice que tenía dientes de madera, pero no es verdad. ...

Ray Charles, la princesa Diana, Don Quijote, Abraham Lincoln, Marilyn Monroe, John Belushi, Christopher Reeve, Martin Luther King, Jr.

Actividad 40 El extraterrestre Uds. vieron a un extraterrestre. En grupos de tres, contesten estas preguntas para describirlo. Después, léanle su descripción al resto de la clase.

■ ■ ■ Description of a person or thing.

1. ¿Dónde estaban Uds. cuando lo vieron?
2. ¿Día?
3. ¿Hora?
4. ¿Qué tiempo hacía?
5. ¿Cómo era el extraterrestre?
6. ¿Color?
7. ¿Cuántos ojos?
8. ¿Llevaba ropa?
9. ¿ ?

Actividad 41 Mi habitación En parejas, explíquenle a su compañero/a cómo era su habitación y qué hacían allí cuando tenían diez años. Sigan este bosquejo. Al terminar, cambien de papel.

 I. Descripción física
 Muebles: cama/s (dormir solo/a o con hermano/a), silla/s, escritorio/s

 II. Decoración y diversión
 A. color
 B. carteles (*posters*)
 C. juguetes (*toys*)
 D. televisión, equipo de audio, radio, computadora, etc.
 E. cosas para practicar deportes

III. Actividades y cuándo
 A. Con amigos
  jugar, hablar, dormir
 B. Solo/a
  leer, escuchar música, estudiar, mirar televisión, comer, jugar videojuegos

■ ■ ■ Póster is a common Anglicism for **cartel;** in many countries, **afiche** is used.

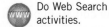 Do Web Search activities.

Más allá

El español y el ocio

▼ Jorge Drexler en los Oscars.

Sentados frente al televisor, en el teatro, en un concierto, en el cine o simplemente escuchando la radio, es inevitable oír español en los Estados Unidos. En el área musical, este país tuvo el primer boom latino en las décadas de 1930 y 1940, y más tarde al final del siglo XX empezó otro boom que continúa hoy día. Poco a poco, la música latina se ha integrado a la programación musical tanto de la radio como de la televisión. En el teatro, el tango llegó a Broadway con los shows *Tango Argentino* y *Tango Forever.* Y en 1999 empezaron a entregar los *Grammys latinos.* Las galerías y museos tienen mucho interés en exponer obras del mundo de habla española, y los artistas latinos que viven en los Estados Unidos tienen cada día más éxito (*success*). Todos los años, los americanos ven más y más películas en español y en 2005, le dieron el Oscar a la Mejor canción a Jorge Drexler por "Al otro lado del río", una canción en español que se escucha en la película *Diarios de motocicleta.* De la misma manera, el idioma español también se hace presente en la televisión, inclusive en programas dirigidos al público de habla inglesa. Esto se ve, por ejemplo, en *Ley y orden: Unidad especial para víctimas,* donde Olivia, una detective, entrevista a personas en español y luego le traduce todo a su compañero Elliot.

El numeroso público hispano sigue también los eventos deportivos en canales como Univisión, Telemundo, Telefutura y Galavisión ya que es enorme la participación de latinos en béisbol, boxeo y, por supuesto, fútbol. En realidad, es tan grande la teleaudiencia hispana que, recientemente, cuando en la ciudad de Nueva York se hizo un análisis del *raiting* a la hora de las noticias, el canal Univisión superó a ABC, CBS y NBC en cuanto a la cantidad de televidentes; y, como consecuencia, las grandes compañías crean cada vez más anuncios comerciales para canales en español para así atraer a los televidentes hispanos.

Es evidente que la vida y las culturas hispanas han llegado a ser parte de los Estados Unidos, y los medios de comunicación diariamente ayudan a transmitirlas y llevan al público la riqueza y variedad de estas culturas.

Major Photographic Exhibition "Americanos: Latino Life in the United States" Opens April 1

It is estimated that 100,000 Latinos call Greater Memphis home. The arrival of Americanos: Latino Life in the United States at the National Civil Rights Museum provides a unique and intimate view of the extensive and varied national Latino community through the work of 30 prize-winning photographers. The 120 photographs in the exhibition are organized around themes that reflect the diversity and scope of the Latino experience, ranging from family and community to work and sports.

Policía con su hijo en el Desfile ▲ Puertorriqueño de Nueva York.

¿? En la última semana, ¿viste u oíste algo en español en tu ciudad? ¿Y en la televisión o la prensa (*press*)? Si contestas que sí, ¿qué?

Vocabulario funcional

La comida
Las legumbres y los cereales — *Legumes and cereals*
el arroz — *rice*
las arvejas — *peas*
los frijoles — *beans*
las habichuelas — *green beans*
las lentejas — *lentils*

Las verduras — *Vegetables*
el ajo — *garlic*
la cebolla — *onion*
la coliflor — *cauliflower*
los espárragos — *asparagus*
las espinacas — *spinach*
la lechuga — *lettuce*
el maíz/el elote — *corn*
la papa — *potato*
  las papas fritas — *French fries*
  el puré de papas — *mashed potatoes*
el tomate — *tomato*
la zanahoria — *carrot*

Las carnes — *Meats*
el bistec/churrasco — *steak*
la carne de res — *beef*
el cerdo — *pork*
la chuleta — *chop*
el cordero — *lamb*
la ternera — *veal*

Las aves — *Poultry*
el pavo — *turkey*
el pollo — *chicken*

Los postres — *Desserts*
el flan — *Spanish egg custard*
la fruta — *fruit*
el helado — *ice cream*
  de chocolate — *chocolate*
  de vainilla — *vanilla*
el pastel — *cake*

Otras palabras relacionadas con la comida
el aceite — *oil*
la bebida — *beverage*
los camarones — *shrimp*
la ensalada — *salad*
el pan — *bread*
el pescado — *fish*
la pimienta — *pepper*
el queso — *cheese*
la sal — *salt*
la sopa — *soup*
el vinagre — *vinegar*
poner la mesa — *to set the table*
la copa de vino — *wine glass*
los cubiertos — *silverware*
  la cuchara — *spoon*
  el cuchillo — *knife*
  el tenedor — *fork*
el plato — *plate; dish, course*
la servilleta — *napkin*
la taza — *(coffee/tea) cup*
el vaso — *glass*
la cuenta — *the bill*

el primer plato — *first course*
el segundo plato — *second course*

Otros verbos como *gustar*
encantar — *to like a lot; to love*
faltar — *to lack, be missing*
fascinar — *to like a lot; to find fascinating*
molestar — *to be bothered by; to find annoying*
parecer — *to seem*

Artículos deportivos y deportes
el balón — *ball (large in size)*
el bate — *bat*
la bola de bolos — *bowling ball*
el casco — *helmet*
los esquíes de agua/nieve — *water skis/snow skis*
los guantes — *gloves*
el palo de golf — *golf club*
los patines de hielo/en línea — *ice skates/in-line skates*
la pelota — *ball (small in size)*
las pesas — *weights*
la raqueta — *racquet*
el uniforme — *uniform*
el basquetbol — *basketball*
el béisbol — *baseball*
el boxeo — *boxing*
el ciclismo — *cycling*
el fútbol — *soccer*
el fútbol americano — *football*
el golf — *golf*
el hockey — *hockey*
el squash — *squash*
el tenis — *tennis*
el voleibol — *volleyball*

Otras palabras relacionadas con los deportes
el campeón/la campeona — *champion*
el campeonato — *championship*
el equipo — *team; equipment, gear*
el estadio — *stadium*
ganar — *to win; to earn*
el/la hincha — *fan*
el/la jugador/a — *player*
el partido — *game*
patinar — *to skate*
el torneo — *tournament*

Palabras y expresiones útiles
aburrirse como una ostra — *to be really bored (literally: to be bored like an oyster)*
a lo mejor + *indicative* — *perhaps*
cambiando de tema — *changing the subject*
como resultado — *as a result*
dejar de + *infinitive* — *to stop, quit + -ing*
echar de menos — *to miss (someone or something)*
es decir — *that is*
limpiar — *to clean*
por lo tanto — *therefore*
Te va a salir caro. — *It's going to cost you.*
todavía — *still, yet*
todavía no — *not yet*
ya — *already; now*
ya no — *no longer, not any more*

Videoimágenes

El buen sabor

Antes de ver

Actividad 1 **¿Dónde comen qué?** Antes de ver el segmento, mira la siguiente lista de comidas e indica con qué país asocias cada comida.

1. _____ coco (*coconut*)
2. _____ carne a la parrilla (*grilled*)
3. _____ tacos
4. _____ paella

a. Argentina
b. España
c. México
d. Puerto Rico

Mientras ves

26:10–30:18

Actividad 2 **Cómo preparar y comer un taco** En este segmento Javier va a una taquería en el D. F. y una pareja le explica cómo preparar y comer un taco al pastor. Escucha la conversación y completa las siguientes instrucciones sobre los seis pasos para preparar un taco y los tres pasos para comerlo.

Seis pasos para preparar un taco al pastor

1. Cortar _____ de cerdo.
2. Ponerle _____ a la tortilla.
3. _____ un trocito de piña (*pineapple*).
4. Ponerle frijoles.
5. Ponerle _____ roja.
6. Ponerle _____.

Tres pasos para comerlo

1. Ponerse de pie.
2. Inclinarse hacia _____.
3. Extender los _____ y las manos hacia delante.

➤ Charo, Paquita y Javier en la cocina de La Corralada, un restaurante en Madrid.

Actividad 3 Restaurante La Corralada En este segmento Javier visita un restaurante en Madrid. Mientras miras el video, contesta las siguientes preguntas.

30:19–end

1. ¿Cuál es la especialidad de este restaurante los miércoles?
2. ¿De qué región de España es la comida de este restaurante?
3. ¿A qué hora almuerza la gente? ¿A qué hora cena?
4. ¿Cuántos platos pide una persona y qué bebe después de comer?

Después de ver

Actividad 4 Cuando eras niño/a Después de ver el segmento, en grupos de tres, hablen de las siguientes preguntas relacionadas con la comida.

1. ¿Qué comías en casa cuando eras niño/a?
2. ¿Cuántos platos había en una comida normal en tu casa?
3. ¿Cuál era tu restaurante favorito y qué comida pedías?
4. ¿Te gustaba comer en casa de amigos? ¿Por qué?

¿Lo sabían?

En varios países hispanos, el uso del tenedor y el cuchillo para ciertas comidas es mucho más frecuente que en este país. En casa o en restaurantes que no sirven comida rápida, es común usar estos cubiertos para comer sándwiches, pizza y papas fritas. Inclusive se usan los cubiertos para comer frutas tales como la sandía (*watermelon*). Hasta la banana se pela (*one peels it*), con frecuencia, con cuchillo y tenedor y no con la mano. Por otro lado, a la hora de comer pan en la mesa, es común partirlo (*break it*) con la mano en trozos pequeños a medida que se come. También en algunos lugares se usa el pan como otro utensilio para empujar (*push*) la comida hacia el tenedor. Las costumbres pueden variar de país a país; por eso, cuando estés en el mundo hispano, es importante observar e imitar.

9 Cosas que ocurrieron

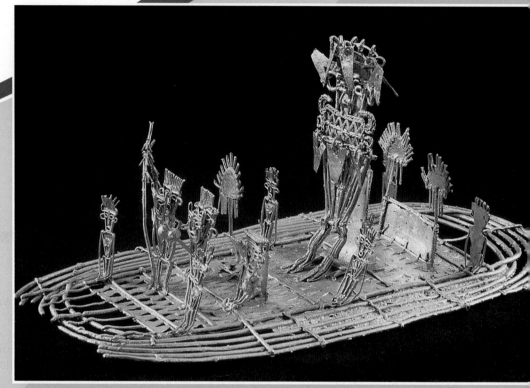

Chapter Objectives

- Explaining medical problems
- Discussing car-related needs and problems
- Describing and narrating past events

¿Qué saben?

1. ¿Qué país o países de Suramérica tiene(n) costa en dos océanos?
2. ¿De qué explorador famoso recibió su nombre Colombia?
3. ¿Qué colombiano famoso escribió el libro *Cien años de soledad?*
4. ¿Cuáles son las principales exportaciones de Colombia?
   a. petróleo y café
   b. carros y oro
   c. tecnología y flores

Para escuchar

De vacaciones y enfermo

(No) vale la pena.	It's (not) worth it.
(no) vale la pena + *infinitive*	it's (not) worth + *-ing*
ahora mismo	right now
además	besides

Don Alejandro, el tío de Teresa, tuvo que ir a Bogotá en un viaje de negocios y decidió llevar a toda la familia para hacer turismo. Cuando estaban allí, su hijo Carlitos no se sentía bien y lo llevaron al médico para ver qué tenía.

Actividad 1 Marca los síntomas Mientras escuchas la conversación en el consultorio de la doctora, marca los síntomas que tenía Carlitos.

_____ diarrea   _____ falta de apetito

_____ hemorragia   _____ dolor de cabeza

_____ dolor de estómago   _____ fiebre

_____ náuseas   _____ dolor de pierna

_____ vómitos

Actividad 2 ¡Pobre Carlitos! Después de escuchar la conversación otra vez, pon esta lista en orden cronológico. Luego, en parejas, comparen sus respuestas.

_____ antibióticos   _____ dolor de pierna

_____ tener dolor de estómago,   _____ 39° C de fiebre
        náuseas y no querer comer   _____ análisis de sangre

_____ operación

▪▪▪ 39° C = 102.2° F

Actividad 3 **Una llamada de larga distancia** En parejas, una persona hace el papel de don Alejandro, el tío de Teresa, y la otra persona hace el papel de Teresa. Don Alejandro llama a Teresa para informarle qué le pasa a Carlitos.

■■■
TERESA:	Aló.
ALEJANDRO:	Hola Teresa, te llamo desde Bogotá para decirte que Carlitos está en el hospital.
TERESA:	¡Por Dios! ¿Qué le pasó? ¿Tuvo un accidente? ¿Está bien ahora?
ALEJANDRO:	...
TERESA:	...

Actividad 4 **¿Vale la pena?** Habla de las cosas que valen o no valen la pena hacer, formando oraciones con frases de las tres columnas.

si no estás enamorado		tener aire acondicionado
si no hace mucho calor en tu ciudad		conocer Machu Picchu
si quieres saber esquiar bien		ver su última película
si te gusta Sean Penn	(no) vale la pena	tener alarma en la casa
si visitas Perú		tomar clases
si quieres sentirte seguro/a (*safe*)		casarte
si no te gusta el pescado		tener unos esquíes buenos
		ir por el Camino del Inca
		comer en Red Lobster

¿Lo sabían?

En Colombia hay muchos lugares de atracción turística. Uno de ellos es el Museo del Oro en Bogotá, que contiene más de 33.600 piezas precolombinas hechas de oro. Estas piezas son de pueblos como los tayronas o los muiscas que antes de la llegada de los españoles vivían en lo que hoy día es Colombia.

La Catedral de Sal es otro lugar de interés turístico. Está en Zipaquirá, a unos 50 kilómetros de Bogotá, y es una obra única de ingeniería, arquitectura y arte. Es una iglesia enorme, construida en varios niveles (*levels*) debajo de la tierra, en una mina de sal que los indígenas ya explotaban antes de la llegada de los españoles a América.

Catedral de Sal, Zipaquirá, Colombia. ➤

¿? En el año 2004, el Smithsonian abrió el *Museo nacional del indio americano* en Washington, D.C. que incluye grupos de todo el continente. ¿Conoces este museo? ¿Qué tipos de artefactos tiene?

Vocabulario esencial I

I. La salud

1. la sangre
2. el enfermero

3. tener escalofríos
4. la ambulancia

5. la fractura
6. la radiografía

Otras palabras útiles

caerse   to fall
cortarse   to cut oneself
doler* (ue)   to hurt
la enfermedad   sickness, illness
estar mareado/a   to be dizzy
estar resfriado/a   to have a cold
estornudar   to sneeze
la herida   injury, wound
la infección   infection
lastimarse   to hurt oneself
quemarse   to burn oneself
romperse (una pierna)   to
   break (a leg)
sangrar   to bleed

tener
 buena salud   to be in good health
 catarro   to have a cold
 diarrea   to have diarrhea
 dolor de cabeza   to have a headache
 fiebre   to have a fever
 gripe   to have the flu
 náuseas   to feel nauseous
 tos   to have a cough
tenerle alergia a (los gatos)   to be
   allergic to (cats)
torcerse (ue) un tobillo   to sprain an ankle
toser   to cough
vomitar/devolver (ue)   to vomit

*NOTE: The verb **doler,** like **gustar,** agrees with the subject that follows: **Me duelen los pies. Me duele la cabeza.**

■■■ Remember: In Spanish, the possessive adjectives (**mi, tu, su,** etc.) are seldom used with parts of the body: **Me duele <u>la</u> cabeza.**

Actividad 5 **Los síntomas** Di qué síntomas puede tener una persona que...

1. le tiene alergia al polen
2. tuvo un accidente automovilístico
3. está embarazada (*pregnant*)

4. tiene gripe
5. se cayó de una escalera (*ladder*)
6. tiene apendicitis

Actividad 6 **Los dolores** Después de jugar un partido de fútbol, los deportistas profesionales siempre tienen problemas. Mira el dibujo de estos futbolistas y di qué les duele.

■■■ Al número 10 le duele el codo.

Actividad 7 **Una emergencia** En parejas, lea cada uno solamente uno de los siguientes papeles. Luego mantengan una conversación telefónica.

A

Tú eres el Dr. Bello y vas a llamar a la Sra. Porta por teléfono para decirle que su esposo tuvo un accidente automovilístico. Usa la ficha médica para explicar qué ocurrió. Al contestar ella el teléfono, dile: —Buenas noches. ¿Habla la Sra. Porta?

B

Tú eres la Sra. Porta y estás preocupada porque son las 12 de la noche y tu esposo todavía no llegó a casa. Ahora suena el teléfono. Contesta el teléfono diciendo: —Aló.

Sala de Emergencias ✚ Hospital Privado Francés

Fecha: el 14 de mayo
Hora: 6:30 p.m.
Paciente: Mariano Porta Lerma
Dirección: Avenida Bolívar, 9
Ciudad: Asunción
Teléfono: 26-79-08
Estado civil: casado
Alergias: penicilina
Diagnóstico: contusiones; fractura de la tibia izquierda
Tratamiento: 5 puntos en el codo derecho
Causa: accidente automovilístico

Ernesto Bello

■■■ **puntos** = stitches

II. Los medicamentos y otras palabras relacionadas

el antibiótico antibiotic	**la inyección** injection, shot
la aspirina aspirin	**el jarabe** (cough) syrup
la cápsula capsule	**la píldora/pastilla** pill
la curita/tirita Band-Aid	**la receta (médica)** prescription
las gotas drops	**el vendaje** bandage

NOTE: With **curita/tirita, gotas, inyección,** and **vendaje** one can use the verb **poner** with a reflexive or an indirect-object pronoun.

Tuve que **ponerme** una inyección.	*I had to get a shot./I had to give myself a shot.*
El médico **me puso** una inyección.	*The doctor gave me a shot.*

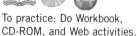
To practice: Do Workbook, CD-ROM, and Web activities.

▲ Puesto de un mercado de La Paz, Bolivia, donde se venden hierbas para combatir diferentes enfermedades: úlceras, gases de estómago, bronquitis, etc.

¿Lo sabían?

Si viajas a un país hispano y te enfermas a las tres de la mañana, ¿adónde vas para comprar medicamentos? En muchas ciudades hispanas hay farmacias de turno, o de guardia, adonde puedes ir durante la noche. Estas se anuncian en el periódico o en la puerta de las farmacias mismas.

Hay muchos medicamentos que no necesitan receta médica como en los Estados Unidos. Antes de comprar un medicamento para la tos, para un catarro o para algo más grave, la gente con frecuencia recurre al farmacéutico para saber qué tomar.

> **FARMACIAS**
>
> Farmacias en servicio de urgencia día y noche, ininterrumpidamente.
>
> **Tetuán-Fuencarral-Peña Grande y barrio del Pilar:** Bravo Murillo, 257 / San Modesto, 42 (delante de la clínica Ramón y Cajal) / San Benito, 20 (Ventilla) / Sangenjo, 5 (semiesquina a Ginzo de Limia) / Capitán Haya, 5.
>
> **Universidad-Moncloa:** Martín de los Heros, 48 (esquina a Rey Francisco) / Fernando el Católico, 12.
>
> **Chamberí:** Divino Pastor, 28 (próximo a San Bernardo) / Plaza de San Juan de la Cruz, 3 (frente al Ministerio de la Vivienda)
>
> **Centro-Latina:** Marqués de Valdeiglesias, 6 (semiesquina a Gran Vía, 2) / Paseo Imperial, 29 (semiesquina a Gil Imón, 10) / Argensola, 12 (semiesquina a Génova).

¿? ¿Adónde vas en tu país para comprar medicamentos a las tres de la mañana?

Actividad 8 Asociaciones Di qué palabras asocias con estas marcas: Bayer, Contac, Formula 44, ACE, Valium, Visine y Nyquil.

Actividad 9 Tratamientos Di cuáles son algunos tratamientos para los siguientes síntomas. ¡Ojo! Hay muchas posibilidades.

Problema	Tiene que/Debe...
1. Una persona se cortó y está sangrando.	a. comer poco y beber agua mineral
2. Tiene tos.	b. ponerse un vendaje
3. Tiene una infección de oído.	c. ponerse una inyección para la gripe
4. Está resfriado.	d. tomar pastillas para la alergia
5. Tiene fiebre.	e. tomar antibióticos
6. Tiene diarrea.	f. acostarse y dormir
7. Cree que se rompió el brazo.	g. tomar un jarabe
8. Estornuda cuando está cerca de los gatos.	h. tomar aspirinas
9. Tiene conjuntivitis.	i. ponerse unas gotas
10. Tiene 80 años y problemas de respiración.	j. hacerse una radiografía

Actividad 10 Consejos En parejas, "A" se siente enfermo/a y llama a su compañero/a para quejarse (to complain). "B" le da consejos (advice). Después cambien de papel.

■■■ B: ¿Aló?
    A: Hola, habla...
    B: Ah, hola. ¿Qué tal?
    A: La verdad, estoy fatal. Tengo fiebre y no tengo mucho apetito.
    B: Lo siento. Debes tomar dos aspirinas y acostarte.

Gramática para la comunicación I

I. Narrating and Describing in the Past (Part I): The Preterit and the Imperfect

■■■ Review uses of the imperfect in Ch. 8.

Before studying the grammar explanation, look at the following sentences and identify the uses of the imperfect that you have learned.

a. Paco **tenía** siete años.
b. (Él) **era** alto, **tenía** ojos color café y **era** muy simpático.
c. Él siempre **se levantaba** temprano.
d. Pero ese día, **eran** las 11:00 cuando se despertó.
e. **Era** un día fantástico; **hacía** calor y por eso fue a la playa con su familia.
f. **Estaba** contento de no tener clases.

Sentence **a** tells Paco's age, which provides a background for something that occurred; **b** describes what Paco looked like and was like; **c** expresses a habitual or recurring action in the past; **d** tells the time and provides a background for when he awoke; **e** describes the scene by telling what the weather was like; and **f** describes a state of mind or feeling.

1 ■ The basic difference between the preterit and the imperfect is one of focus. The preterit is generally used when recalling a completed action or state or the beginning or end of an action or state.

A gas line **exploded** in a hotel.	Completed action.
I **was scared** when it happened.	Completed state limited by time.
The building **burned** for three hours.	Completed action limited by time.
The fire **began** at 2:00 and **was put out** by 5:00.	Start and end of an action.

2 ■ In contrast, the imperfect is used to focus on the middle of an action or state. If you think of the preterit as a photograph that gives you individual, separate shots of events, you can think of the imperfect as a video camera that gives a series of continuous shots of a situation. Look at the following.

El edificio **se quemaba** cuando **llegó** la ambulancia.

In the preceding example, the use of the imperfect places the speaker's focus on the middle of the action of burning; it is an action in progress that was occurring when the ambulance arrived (a completed action = preterit). The start, duration, or end of the fire is irrelevant and is not the focus.

3 ■ Compare the uses of the preterit and imperfect in the charts below and on page 250.

Preterit	Imperfect
■ **Focus on a completed action or state or a series of actions or states**	■ **Focus on the middle of an action or state or a series of simultaneous actions in progress or states**
X	...〰〰〰...
Ayer el médico me **operó** de apendicitis.	Ayer a las 3:30 el médico me **operaba** de apendicitis.
X X X	〰〰〰〰
Primero me **pusieron** anestesia y luego me **hicieron** una incisión y me **sacaron** el apéndice.	Mientras el médico me **operaba**, **escuchaba** música clásica. **Estaba** muy tranquilo.

(continued)

Preterit	Imperfect
■ Focus on a completed action or state that occurred over a set time period	■ Focus on habitual or recurring events
$\boxed{X}$	
La operación **duró** un poco más de dos horas. El médico **trabajó** todo el tiempo sin sentarse.*	Cuando era niño, **me enfermaba** con frecuencia y por eso **pasaba** muchos días en cama.
■ Focus on the beginning or end of an action or state	■ Focus on time, age, or a description of people, places, or things
X... ...X	
Ayer a las 3:00 el médico me **operó** (= *began to operate*) en la sala 6. La operación **terminó** a las 5:15.	**Eran** las 5:15 cuando salí de la sala. Mi enfermero **era** simpático, bajo y gordo y **tenía** unos 25 años.

■ Focus on the middle of an action (imperfect) and a completed action (preterit) that may or may not interrupt the one in progress

Yo **dormía**** tranquilamente después de la operación cuando el enfermero me **despertó** para darme un antibiótico.

Mientras el médico me **explicaba**** los detalles de la operación, mi madre **salió** para comprarme unas revistas.

NOTE: *In English, you can either say *The doctor worked the whole time without sitting down* or *The doctor was working the whole time without sitting down.* The latter is usually preferred to place emphasis on the duration of the action. In Spanish, you can only use the preterit, even though it happened for a while, since it is viewed as a completed action that is limited by time (**un poco más de dos horas**).

**A past action in progress can also be expressed by using the past progressive.

■ ■ ■ To review the present participle, see p. 90.

estaba/estabas/etc. + *present participle* = imperfect

dormía = **estaba durmiendo**   explicaba = **estaba explicando**

4 ■ When telling a story, the imperfect sets or describes the background and tells what is going on, while the preterit moves the story forward. In the following story, notice how you can tell what happened by simply looking at the verbs in the preterit. The imperfect is used to add background details to the story.

Cuando **llegué** al hospital, **llovía**. Yo **tenía** fiebre y me **dolía** la pierna derecha. Entonces el médico **pidió** una sala para operarme de urgencia. Mientras yo **esperaba** en una cama, **llegó** una enfermera y me **puso** una inyección para el dolor. **Estuve** en el hospital tres días y **llovió** todo el tiempo. Cuando **salí**, ya no **llovía** más y yo **me sentía** bien.

todos conocemos. En parejas, digan qué cosas de la lista hacían los siguientes
personajes en su programa de televisión: Gilligan, Marcia Brady, Phoebe, el
Sr. Rogers.

■■■ Recurring or habitual actions
or states in the past.

    ■■■ Gilligan siempre llevaba la misma ropa y...

llevar suéter	cantar sobre un gato oloroso
siempre llevar la misma ropa	llevar ropa de los años setenta
hablar con Greg	ser masajista
caerse mucho	vivir en un apartamento
tocar la guitarra	tener problemas con sus novios
cambiarse los zapatos	nadar en una laguna
tener familia grande	ser amigo del cartero McFeely

Actividad *12* **Estaba...** En parejas, uno de Uds. es detective y está investi-
gando un crimen que ocurrió ayer. Háganle preguntas al sospechoso (*suspect*)
para saber qué estaba haciendo ayer a las siguientes horas. Luego cambien de
papel.

■■■ Actions in progress.

    ■■■ A: ¿Qué estaba haciendo ayer a las ocho y diez de la mañana?

         B: A las ocho y diez, yo estaba durmiendo./A las ocho y diez, yo
            dormía.

1. 7:00 a. m.	3. 12:15 p. m.	5. 6:05 p. m.	7. 10:30 p. m.
2. 9:30 a. m.	4. 3:30 p. m.	6. 8:45 p. m.	8. 11:45 p. m.

Actividad *13* **Dos cosas a la vez** **Parte A.** Muchas personas hacen dos
cosas a la vez (*at the same time*). Piensa en lo que hacías ayer mientras hacías
las siguientes cosas.

■■■ Simultaneous actions in
progress.

      ¿Qué hacías ayer mientras...

1. comías?	4. mirabas televisión?
2. hablabas por teléfono?	5. caminabas a clase?
3. escuchabas música?	6. escuchabas al/a la profesor/a?

Parte B. Ahora usa la siguiente lista para explicar las cosas que ocurrieron o que
hiciste mientras hacías las cosas de la **Parte A.**

■■■ Actions in progress that were
interrupted.

    ■■■ A: ¿Qué pasó ayer mientras hablabas por teléfono?

         B: Mientras hablaba por teléfono, un amigo llegó.

Cosas que ocurrieron

a. una amiga llamarte por teléfono	d. un amigo llegar
b. dormirte	e. empezar a tener náuseas
c. caerte y torcerte el tobillo	f. hacer una caricatura de él/ella

Actividad *14* **Todos somos artistas** **Parte A.** Rompe un papel en cuatro
partes iguales. En cada papel, dibuja una de las siguientes oraciones, pero no
escribas la oración en el papel.

    El terrorista salía del banco cuando explotó la bomba.
    El terrorista salió del banco y explotó la bomba.

    Ella besaba a su novio cuando su padre entró.
    Ella besó a su novio y su padre entró.

Parte B. Muéstrales tus dibujos a otras personas de la clase para que decidan a
cuál de las oraciones se refiere cada uno.

■ ■ ■ Middle of a state and completed action.

Actividad *15* Los problemas médicos

Ayer la enfermera estuvo muy ocupada. Combina ideas de las dos columnas para explicar cómo se sentía, qué síntomas tenía o qué le pasó a cada paciente y qué hizo la enfermera en cada caso.

■ ■ ■ No. 7: estar resfriado / darle antibióticos

El paciente de la habitación siete estaba resfriado y por eso la enfermera le dio antibióticos.

Habitación	Enfermera
No. 1: dolerle la cabeza	ponerle agua fría
No. 2: estar mareado	darle aspirinas
No. 3: tener tos	darle jarabe
No. 4: dolerle un ojo	ponerle una curita
No. 5: quemarse	ponerle gotas
No. 6: cortarse un poco el dedo	ofrecerle una silla

■ ■ ■ Ongoing action interrupted by another action.

Actividad *16* ¿Qué pasó?

En parejas, pregúntenle a su compañero/a si alguna vez le ocurrió alguna de estas cosas y averigüen qué estaba haciendo cuando le ocurrió.

■ ■ ■ A: ¿Alguna vez dejaste las llaves en el carro?
B: Sí.
A: ¿Qué pasó?/¿Qué estabas haciendo?
B: ...

1. encontrar dinero
2. torcerse el tobillo
3. romperse una pierna/un brazo
4. quemarse
5. ¿ ?

Actividad *17* ¿Aló?

Uds. están en la cola del supermercado y un hombre está hablando muy fuerte por su móvil. Uds. pueden escuchar todo lo que él dice. En parejas, intenten inventar la otra parte de la conversación telefónica.

—¿Dónde estaba José?
—¿Con quién?
—¿Qué estaban haciendo ellos mientras tú esperabas?
—¿Qué ocurrió?
—¡Por Dios! ¿Y después?
—¿Qué hizo la policía?
—¿De verdad?
—¿Qué hacían ellos mientras la policía hacía eso?
—¿Cómo se sentían?
—¿Adónde fueron?

■ ■ ■ Remember: **La policía** (*the police*) is singular.

II. Narrating and Describing in the Past (Part II): Time Expressions

■■■

1 ■ Some time expressions are often used with the imperfect when describing habitual or recurring actions or states in the past. Other expressions can be used with either the preterit or the imperfect when narrating a story.

To describe past habitual actions or states and recurring events (imperfect)	To narrate a story (preterit or imperfect)
a menudo frequently, often	**anoche** last night
cada día/mes/año every day/month/year	**ayer** yesterday
con frecuencia frequently, often	**anteayer** the day before yesterday
a veces at times	**la semana pasada** last week
de vez en cuando once in a while, from time to time	**el mes pasado** last month
muchas veces many times	**el año pasado** last year
siempre always	**hace dos/tres semanas/meses/años** two/three weeks/months/years ago
todos los días/meses every day/month	**mientras** while*
	de repente** suddenly

NOTE: *Most of the time, the imperfect is used with **mientras.**
****De repente** is always used with the preterit.

Cuando estaba en la escuela secundaria, **con frecuencia** tenía catarro o gripe. También tenía alergias y entonces, **a veces** cuando **comía** muchos chocolates, **vomitaba.** Ahora no me enfermo tanto, pero **ayer comía** un chocolate cuando **de repente empecé a sentir** náuseas.

2 ■ The expressions in the left-hand column of the preceding chart tend to be used with the imperfect to describe habitual or recurring actions. But, notice how, by adding a specific period of time, the same expressions can be used with the preterit to report events that were neither recurring nor habitual, but rather completed. Compare these sentences.

Habitual action/recurring event = Imperfect	Non-habitual action/non-recurring event = Preterit
Cuando era niño, todos los días mis padres me **daban** una sopa que no me **gustaba.**	Estuve en el hospital **durante tres días** y **todos los días** me **dieron** una sopa que no me **gustó** nada.
Durante los veranos, cada tarde **nadaba** en la piscina de mis abuelos.	Después de mi operación, fui a Cancún **para pasar unas vacaciones** y **cada tarde** **nadé** en la piscina.

To practice: Do Workbook, CD-ROM, and Web activities.

Actividad 18 **Las vacaciones** Los siguientes párrafos cuentan lo que les pasó a diferentes personas durante sus vacaciones. Primero lee cada uno y luego complétalos con el pretérito o el imperfecto de los verbos que aparecen después de cada historia. Los verbos están en orden.

A. Para mis últimas vacaciones _____ (1) a Puerto Rico por una semana. Me quedé en un hotel espectacular que _____ (2) al lado de la playa y _____ (3) cuatro piscinas y un club de golf. El hotel también _____ (4) televisión por cable, conexión a Internet, sauna y jacuzi. Durante toda la semana, _____ (5) al golf por la mañana y por la tarde, _____ (6) en la piscina. Al mediodía _____ (7) en los restaurantes del hotel y por la noche _____ (8) a los restaurantes locales. Un día _____ (9) un tour del interior de la isla y otro día _____ (10) a visitar San Juan. _____ (11) unas vacaciones estupendas.

ir, estar, tener, tener, jugar, nadar, comer, salir, hacer, ir, ser

B. Para nuestras últimas vacaciones de verano mi familia y yo _____ (1) a las Islas Canarias. Los primeros días _____ (2) diferentes partes de la isla, pero un día mientras _____ (3) por una playa que _____ (4) muchas rocas, yo _____ (5) y _____ (6) el tobillo. Mis padres me _____ (7) al hospital y los médicos me _____ (8) una radiografía. Me _____ (9) un vendaje y luego mi familia y yo _____ (10) al hotel. _____ (11) fatal y por eso _____ (12) una pastilla de Tylenol para el dolor. Durante el resto del viaje _____ (13) a la playa todos los días, pero no _____ (14). Después de las vacaciones, _____ (15) bronceada por el sol menos el tobillo que _____ (16) una raya blanca.

ir, visitar, caminar, tener, caerse, torcerse, llevar, hacer, poner, volver, sentirse, tomar, ir, nadar, estar, tener

C. De pequeño, me _____ (1) ir de vacaciones con mis padres y mis hermanos. Todos los veranos _____ (2) el mes de agosto en las montañas. En el carro _____ (3) canciones infantiles y _____ (4) a "veo una cosa que empieza con la letra **a**" y la otra persona _____ (5) que decir algo que empezaba con la letra **a** como "ambulancia". Pero un día _____ (6) una montaña cuando de repente _____ (7) otro carro. _____ (8) de un lado a otro a mucha velocidad y finalmente _____ (9) contra un árbol. Mi padre _____ (10) del carro, _____ (11) hacia el otro carro y _____ (12) al conductor. Le _____ (13) la vida porque el carro _____ (14) unos minutos después. Por eso, cuando yo era niño, mi padre _____ (15) mi héroe y todavía lo es.

encantar, pasar, cantar, jugar, tener, subir, ver, ir, chocar, salir, correr, sacar, salvar, explotar, ser

Actividad 19 **Con frecuencia** En parejas, digan cuándo o con qué frecuencia hicieron o hacían las siguientes actividades cuando eran niños. Usen el pretérito o el imperfecto, según el caso, y palabras como **una vez, dos veces, a veces, de vez en cuando, con frecuencia, a menudo, todos los sábados, una vez al año,** etc. Sigan el modelo.

■ ■ ■ Completed actions and habitual actions.

■ ■ ■ Cuando era pequeña, yo iba al dentista dos veces al año, ¿y tú?

1. ir al dentista
2. visitar Disneyworld o Disneylandia
3. ir a conciertos
4. comer pavo
5. ver películas
6. hacerte una operación
7. jugar videojuegos
8. visitar a tus abuelos
9. romper una ventana
10. asistir a un servicio religioso
11. romperte una pierna/un brazo
12. lastimarte

Actividad 20 **¿Qué hiciste ayer?** En parejas, hablen de las cosas que hicieron ayer. Usen palabras como **primero, después, a las 8:30, mientras,** etc.

■ ■ ■ Ayer me levanté a las... Después...

Actividad 21 **La bomba y Lulú** En parejas, miren una de las historias de la Actividad 13 en las páginas 194–195. Primero cuenten qué ocurrió usando expresiones de tiempo (**anoche, luego, más tarde,** etc.) y luego cuenten la historia otra vez para "decorarla" con la siguiente información.

■ ■ ■ Completed actions and description.

La bomba

- el aeropuerto estar lleno de gente
- hacer buen tiempo
- los aviones llegar y salir mientras el terrorista...
- la bomba estar debajo de un asiento
- la gente tener miedo
- el perro ser grande, inteligente
- la policía estar contenta

Lulú Camacho

- Lulú ser musculosa, bonita
- haber mucha gente en el público
- ella estar contenta
- los organizadores estar enojados
- el agente estar nervioso
- haber muchos periodistas
- Lulú estar triste

Actividad 22 **¿Una noche ideal?** En parejas, miren la siguiente historia y cuenten qué ocurrió el sábado pasado en la casa de Francisco. Usen el pretérito y el imperfecto y expresiones de tiempo como **mientras, de repente, luego, más tarde, después, al final** para contar la historia.

Nuevos horizontes

Lectura ESTRATEGIA: Approaching Literature

When reading a work of literature, it is important to separate what may be reality from what may be fantasy. Once you have distinguished between the two, the meaning of the work becomes clearer.

You will get a chance to practice separating reality from fantasy when reading "Tragedia" by the Chilean author Vicente Huidobro (1893–1948). In many Spanish-speaking countries, it is common to have two first names (Juan Carlos, José María, Miguel Ángel, etc.). Many of the women's names start with María (María Elena, María del Carmen, María José, etc.). In this story, the author tells us about a woman named María Olga who seems to have a dual personality, just as she has a double first name.

▲ Vicente Huidobro.

Actividad 23 Las relaciones de pareja Antes de leer "Tragedia", contesta las siguientes preguntas.

1. ¿Qué haces si tu pareja te critica mucho?
   a. No dices nada.
   b. Lo/La escuchas.
   c. Lo/La criticas también.
   d. Te vas con tus amigos/as.
   e. ¿ ?

2. En un matrimonio tradicional, ¿de qué manera cumple la mujer con su deber (*does what she is supposed to do*)?

   _____ tiene un trabajo fuera de casa   _____ adora a su esposo

   _____ prepara la comida   _____ tiene niños

   _____ da su opinión   _____ se ocupa de los niños

   _____ limpia la casa   _____ cocina

   _____ toma decisiones   _____ va al supermercado

3. ¿Cómo era el rol de tu abuela en su familia cuando tenía 40 años? ¿Qué hacía? ¿Era igual o diferente al rol que ocupa tu madre (o tú si eres madre) hoy?

Actividad 24 María Olga Mira esta lista de ideas y luego mientras lees el cuento, escribe una **M** si la oración se refiere a María o una **O** si se refiere a Olga.

1. _____ Se casó.
2. _____ Tenía un amante.
3. _____ Hacía todo lo que su esposo quería.
4. _____ Vio la pistola.
5. _____ No entendió.
6. _____ Murió.
7. _____ Es feliz, pero un poco zurda.

Tragedia
Vicente Huidobro

María Olga es una mujer encantadora. Especialmente la parte que se llama Olga.

5 Se casó con un mocetón grande y fornido, un poco torpe, lleno de ideas honoríficas, reglamentadas como árboles de paseo.

Pero la parte que ella casó era su parte que se llamaba María. Su parte
10 Olga permanecía soltera y luego tomó un amante que vivía en adoración ante sus ojos.

Ella no podía comprender que su marido se enfureciera[1] y le
15 reprochara[1] infidelidad. María era fiel, perfectamente fiel. ¿Qué tenía él que meterse con Olga?[2] Ella no comprendía que él no comprendiera[1]. María cumplía con su deber, la parte
20 Olga adoraba a su amante.

¿Era ella culpable de tener un nombre doble y de las consecuencias que esto puede traer consigo?

Así, cuando el marido cogió el
25 revólver, ella abrió los ojos enormes, no asustados, sino llenos de asombro, por no poder entender un gesto tan absurdo.

Pero sucedió que el marido se
30 equivocó y mató a María, a la parte suya, en vez de matar a la otra. Olga continuó viviendo en brazos de su amante, y creo que aún sigue feliz, muy feliz, sintiendo solo que es un
35 poco zurda[3].

1 Verb forms you will study in future: **enfureciera** *became angry*, **reprochara** *reproached*, **comprendiera** *understood* 2 *Why did he have to stick his nose in Olga's business?*
3 *left-handed; awkward; incomplete*

Actividad 25 **La narración** **Parte A.** Vuelve a leer el cuento y marca todos los verbos que aparecen en el pretérito.

Parte B. Ahora lee solo las frases del cuento que tienen un verbo en el pretérito y di para qué se usa el pretérito en este cuento.

a. para contar los hechos (*the events*) de la historia
b. para hablar de acciones pasadas en progreso
c. para describir escenas (*scenes*)

Parte C. Vuelve a leer el cuento y marca todos los verbos que aparecen en el imperfecto.

Parte D. Ahora lee solo las frases del cuento que tienen un verbo en el imperfecto y di cuáles de los siguientes usos tiene en cada caso.

a. describir un sentimiento o un estado
b. describir una acción habitual

Actividad 26 **¿Entendiste?** **Parte A.** Contesta estas preguntas sobre el cuento.

1. ¿Quién se casó? ¿Cómo era el esposo físicamente? ¿Era un hombre tradicional o moderno?
2. ¿Quién tenía un amante? ¿Cómo era su relación con el amante: romántica o aburrida?
3. ¿A quién mató el marido?
4. Al final, ¿el marido está contento? ¿Olga está contenta?

Parte B. En parejas, discutan (*discuss*) el final del cuento. Decidan si el marido de verdad mató a María o si la acción de matarla fue solamente una metáfora. Estén preparados para defender su opinión.

Escritura

ESTRATEGIA: **Narrating in the Past**

When narrating in the past, you need to say what happened (preterit) and usually add descriptive and background information (imperfect). As you saw while reading "Tragedia," it is by combining the preterit and the imperfect that one is able to give a complete narration in the past.

Actividad 27 **Una anécdota** **Parte A.** Think about something that occurred in the past. It can be a personal experience. Make two lists. The first should contain what happened and the second should contain description.

Qué pasó (pretérito)	Descripción (imperfecto)

Parte B. Now, combine the sentences from the first column with the descriptions in the second column to create a story with logical paragraphs.

Parte C. Hand in your lists from Part A, your drafts, and your final version to your instructor.

Vocabulario esencial II

El carro

1. la llanta
2. la puerta
3. el tanque de gasolina
4. el baúl
5. el parabrisas
6. el limpiaparabrisas
7. las luces

■ ■ ■ While in a car, practice vocabulary by quizzing yourself on car parts and actions relating to driving.

Otras palabras relacionadas con el carro

el aceite   oil
el aire acondicionado   air conditioning
automático   automatic
la batería   battery
el cinturón de seguridad   seat belt
con cambios   standard shift
el estacionamiento   parking lot
los frenos   brakes
la gasolinera   gas station
la licencia/el permiso de conducir   driver's license
la llave   key
la matrícula/placa   license plate
el motor   engine

Verbos útiles

abrocharse el cinturón   to buckle the seat belt
acelerar   to accelerate
alquilar   to rent
apagar   to turn off
arrancar   to start the car
atropellar   to run over
chocar (con)   to crash (into)
descomponerse   to break down
echarle gasolina al carro   to put gas in the car
estacionar   to park
frenar   to brake
funcionar   to work (things)
ponerle una multa (a alguien)
    Me puso una multa (por exceso de velocidad).   I got a (speeding) ticket.
    Le puse una multa.   I gave him/her a ticket.
revisar   to check

■ ■ ■ **Descomponserse** is conjugated like **poner (puso; se descom**<u>puso</u>**).**

To practice: Do Workbook, CD-ROM, and Web activities.

Actividad 28 **Definiciones y problemas** **Parte A.** En grupos de tres, una persona da definiciones de palabras asociadas con el carro y las otras personas tienen que adivinar qué cosas son.

■■■ A: Es un líquido que cambias cada tres meses.

B: El aceite.

Actividad 29 **¡Qué desastre!** Todos conocemos a alguien que tiene un carro desastroso. Combina ideas de las dos columnas para decir oraciones que normalmente oye un mecánico.

■■■ Tengo un problema con...

1. las llantas
2. el limpiaparabrisas
3. la batería
4. la llave
5. el motor
6. el aire acondicionado

a. no funcionar cuando llueve
b. no echar aire frío
c. no arrancar cuando hace frío
d. nunca tener suficiente aire
e. no abrir el baúl
f. el carro no tener electricidad

■■■ If you have never been in an accident, invent one.

Actividad 30 **El accidente automovilístico** En parejas, usen la siguiente información como guía para contar un accidente automovilístico que tuvieron o que vieron.

Antes del accidente

dónde y con quién estabas
cómo se sentían Uds.
qué tiempo hacía
qué hora era
a qué velocidad iban
si tenían el cinturón de seguridad
   puesto
si hacías algo mientras manejabas

El accidente

qué ocurrió
si había personas heridas
   (fracturas, sangrar, etc.)
si llegó la ambulancia o la policía
si al/a la otro/a conductor/a le
   pusieron una multa por exceso
   de velocidad / por estar borracho/a
cómo se sentían Uds.

Actividad 31 **La persuasión** En parejas, Uds. van a mantener una conversación en una tienda de carros (*car dealership*). Para prepararse, lea cada uno solamente el papel A o B. Luego empiecen la conversación así:

■■■ A: Buenos días. ¿En qué puedo servirle?

B: Me interesa comprar este carro.

A: ¡Ah! Es un carro fantástico. Tiene llantas Michelín...

radio con CD estéreo	estándar
llantas Michelín	estándar
cinturones de seguridad	estándar
limpiaparabrisas trasero	estándar
motor de seis cilindros	estándar
frenos hidráulicos	estándar
bolsas de aire	estándar
transmisión automática	$999
aire acondicionado	$799
ventanillas y cierre automático	$349
asientos de cuero	$689

Precio total sin IVA
   ni matrícula $28.995
Garantía: 7/70.000
35 millas por galón de gasolina

A

Eres vendedor/a de carros y recibes comisión si los clientes compran los accesorios adicionales del carro. Tu misión: El/La cliente debe gastar mucho dinero. Intenta convencerlo/la.

B

Eres cliente y estás interesado/a en comprar un carro. Quieres un buen precio, no tienes mucho dinero y le tienes fobia a los vendedores de carros.

Para escuchar

Si manejas, te juegas la vida

◄ Cordillera Real, los Andes, Bolivia. ¿Te gustaría manejar en esta carretera?

¡Qué lío!	What a mess!
¡Qué va!	No way!
para colmo	to top it all off
jugarse la vida	to risk one's life

Operaron a Carlitos y don Alejandro todavía tiene negocios que hacer. Por eso deja a la familia en Bogotá y se va en un carro alquilado hacia el sur del país. Ahora, don Alejandro tiene una conversación de larga distancia con su esposa.

Actividad 32 **¿Cierto o falso?** Mientras escuchas la conversación, marca **C** si la oración es cierta o **F** si es falsa. Corrige las oraciones falsas.

1. _____ Cuando don Alejandro llamó, su esposa estaba preocupada.
2. _____ Don Alejandro llegó tranquilo a Cali.
3. _____ El carro alquilado era un desastre.
4. _____ Las gasolineras estaban cerradas porque era mediodía.
5. _____ Carlitos va a salir mañana del hospital.
6. _____ Don Alejandro va a regresar en carro.
7. _____ A don Alejandro le gusta viajar en carro por Colombia.

Actividad 33 **¡Qué problemas!** Después de escuchar la conversación otra vez, contesta estas preguntas.

1. Cuando don Alejandro llamó, ¿dónde estaba él y dónde estaba su esposa Rosaura?
2. Don Alejandro tuvo muchos problemas. ¿Cuáles fueron?
3. ¿Cómo era el mecánico? ¿Qué le ofreció a don Alejandro y por qué?
4. ¿Por qué es difícil viajar en carro por Colombia?
5. ¿Manejaste alguna vez en las montañas? ¿Fue fácil o difícil? ¿Tenías miedo mientras manejabas?

Actividad 34 **Jugarse la vida** Di en cuáles de las siguientes situaciones te jugaste la vida.

Me jugué la vida cuando...

subirse a un árbol muy alto
estar en un carro con un/a conductor/a borracho/a
acelerar a más de 80 millas por hora en una calle
saltar con una cuerda bungee
comer pescado de la semana anterior
¿ ?

¿Lo sabían?

Si viajas, vas a notar que en muchos países hispanos no es común tener autoservicio en las gasolineras; normalmente hay personas que atienden a los clientes y es costumbre darles una pequeña propina.

El precio de la gasolina puede ser muy alto, a veces más de un dólar por litro o más o menos el doble que en los Estados Unidos. También es más común encontrar carros pequeños. Los carros con transmisión automática no son nada comunes y, por eso los carros de alquiler normalmente son con cambios.

¿? ¿Por qué crees que es común tener carros pequeños y con cambios en muchos países hispanos en vez de carros grandes? ¿Es igual en tu país?

▲ Una calle típica de Albarracín, España.

Gramática para la comunicación II

I. Narrating and Describing in the Past (Part III)

A. Expressing Past Intentions and Responsibilities: *Iba a* + infinitive and *tenía/tuve que* + infinitive

1 ■ To express what you were going to do, but didn't, use **iba a** + *infinitive*. To tell what you actually did, use the preterit.

Iba a estudiar, pero **fui** a una fiesta.	*I was going to study, but I went to a party.* (unfulfilled intention)

2 ■ To express what you had to do, and perhaps didn't, use **tenía que** + *infinitive*.

Tenían que trabajar, pero **fueron** al cine.	*They had to/were supposed to work, but they went to the movies.* (They did not fulfill their obligation.)
—**Tenía que** hablar con el profesor.	*I had to/was supposed to speak with the professor.*
—¿Y? ¡**Hablaste** con él o no?*	*And? Did you speak with him or not?*

*NOTE: The listener does not know whether or not the obligation was fulfilled and therefore has to ask for a clarification.

3 ■ To express what you had to do and did (a completed action), use **tuve que** + *infinitive*.

—**Tuve que ir** al médico.	*I had to go to the doctor.* (I had to and did go.)
—¿Qué te dijo el médico?	*What did the doctor tell you?*

(continued)

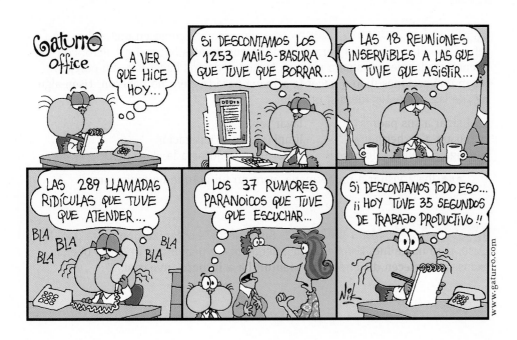

After studying the grammar explanation, answer the following questions.

▪ In the sentences that follow, who actually went to buy a present, the man or the woman?

Ella fue a comprarle un regalo.   Él iba a comprarle un regalo.

If you said "the woman," you were correct since the words **iba a** imply merely an unfulfilled intention to do something.

▪ If someone said, **"Tenía que comprarle un regalo"**, what would be a logical response?

¿Qué compraste?   ¿Y lo compraste?

If you chose the second, you were correct. **Tenía que** simply indicates an obligation; if that obligation was met or not is up in the air.

B. *Saber* and *conocer* in the Imperfect and Preterit

Saber and **conocer** express different meanings in English depending on whether they are used in the preterit or the imperfect. When used in the preterit, they express the beginning of knowing. Note that the imperfect retains the original meaning of the verb.

▪▪▪ To review uses of **saber** and **conocer**, see Ch. 4.

	Imperfect	Preterit
conocer	knew	met (for the first time), became acquainted with
saber	knew	found out

Virginia **supo** que recibió una oferta de trabajo de InTec.	*Virginia found out that she received a job offer from InTec.*
Ella **sabía** demasiado para tener un trabajo tan fácil, pero aceptó la oferta de todos modos.	*She knew too much to have such an easy job, but she accepted the offer anyway.*
Conoció a mi padre el lunes cuando empezó el trabajo —es su jefe.	*She met my father on Monday when she started the job—he's her boss.*
Ya **conocía** a mi primo Fernando que también trabaja en InTec.	*She already knew my cousin Fernando who also works for InTec.*

Actividad 35 **Buenas intenciones** En español, como en inglés, hay un refrán que dice "No dejes para mañana lo que puedas hacer hoy". Pero, con frecuencia, todos dejamos para mañana lo que podemos hacer hoy. En parejas, digan qué acciones iban a hacer la semana pasada, pero no hicieron. Usen algunas de las siguientes ideas si quieren.

llamar a sus padres   lavar ropa
visitar a su hermana   limpiar la casa/habitación
pagar la cuenta del móvil   hacer un trabajo para la clase de...

▪▪▪ Iba a visitar a mi hermana, pero no fui porque no tenía carro.

Actividad 36 **¿Mala memoria?** Su profesor/a organizó una fiesta para la clase, pero nadie fue. Ustedes tienen vergüenza y tienen que inventar buenas excusas. Empiecen diciendo: **"Lo siento. Iba a ir, pero tuve que..."**

Actividad 37 **¿Eres responsable?** Escribe tres cosas que tenías que hacer y que no hiciste el fin de semana pasado y tres cosas que tuviste que hacer. Luego, en parejas, comenten por qué las hicieron y por qué no.

Actividad 38 **¿Cuántos años tenías?** Di cuántos años tenías cuando conociste a las siguientes personas o supiste la siguiente información.

1. ¿Cuántos años tenías cuando conociste a las siguientes personas?
   a. tu mejor amigo
   b. tu mejor amiga
   c. tu profesor favorito de la escuela secundaria

2. ¿Cuántos años tenías cuando supiste la siguiente información?
   a. de dónde venían los niños
   b. que Santa Claus no existía
   c. que un/a amigo/a tomaba drogas ilegales

Actividad 39 **¿Ya sabías?** En parejas, digan a qué personas o qué cosas ya conocían o qué información ya sabían el primer día de clases de su primer año de universidad y qué personas o lugares conocieron o qué información supieron después de empezar el año.

> ■■■ A: ¿Sabías el número de tu habitación?
> B: Sí, ya lo sabía./No, no lo sabía todavía.
> A: ¿Cuándo lo supiste?
> B: Lo supe cuando llegué a la residencia.

1. la ciudad universitaria
2. dónde ibas a vivir
3. el nombre de tu compañero/a de cuarto
4. tu compañero/a de cuarto o apartamento
5. tu número de teléfono
6. tus profesores
7. tu horario de clases
8. tu email de la universidad

II. Describing: Past Participle as an Adjective
■■■

1 ■ The past participle (**participio pasivo**) can function as an adjective to describe a person (the *injured* woman), place (the *constructed* shopping mall), or thing (a *finished* assignment, a *rented* car), and agrees in gender and number with the noun it modifies. To form the past participle in Spanish, add **-ado** to the stem of all **-ar** verbs, and **-ido** to the stem of most **-er** and **-ir** verbs.

alquilar ⟶ alquil**ado**	perder ⟶ perd**ido**	servir ⟶ serv**ido**

Él fue a Cali en un carro **alquilado**.   *He went to Cali in a rented car.*
Solo encontró gasolineras **cerradas**.   *He only found closed gas stations.*

2 ■ Use **estar** + *past participle* to describe a condition resulting from an action. The past participle functions as an adjective.

Cerraron las gasolineras.	*They closed the gas stations.*
Ahora las gasolineras **están cerradas.**	*The gas stations are closed now.*
Él arregló los frenos.	*He fixed the brakes.*
Los frenos **están arreglados.**	*The brakes are fixed.*

3 ■ The following verbs have irregular past participles.

abrir	**abierto**	morirse	**muerto**
cubrir (*to cover*)	**cubierto**	poner	**puesto**
decir	**dicho**	romper (*to break*)	**roto**
escribir	**escrito**	ver	**visto**
hacer	**hecho**		

To practice: Do Workbook, Lab, CD-ROM, and Web activities.

—Alguien entró en mi apartamento.	*Someone entered my apartment.*
—¿Robaron algo?	*Did they steal anything?*
—No, pero un vaso **estaba roto** y la mesa **estaba cubierta** de leche.	*No, but a glass was broken and the table was covered with milk.*

Actividad 40 ¿Qué pasó? Terminen estas oraciones usando **estar** + *el participio pasivo* de un verbo apropiado: **abrir, aburrirse, beber, cubrir, dormir, encantar, morirse, pagar, preocuparse, resfriarse, romper, vender** y **vestirse.**

■ ■ ■ Use **estaba/n** + *past participle*, since you are describing in the past.

■ ■ ■ Remember: Past participles as adjectives agree in gender and number with the nouns they modify.

1. El carro iba haciendo eses (*was zigzagging*) porque el conductor _____.

2. La chica estaba en una clase de matemáticas y el profesor hablaba y hablaba y ella _____.

3. Ella se fue el fin de semana a la playa y desafortunadamente no les puso agua a las flores. Cuando llegó, todas _____.

4. Salí a comer con mi amigo y cuando iba a pagar la cuenta, el camarero me dijo que la cuenta ya _____.

5. Mi esposo y yo estábamos en el carro y hacía un calor terrible. Entonces decidí poner el aire acondicionado, pero _____ así que casi nos morimos de calor.

6. El tenor José Carreras no pudo cantar porque _____.

7. Mi padre _____ en el sillón cuando terminó el programa de televisión.

8. Cuando llegué al carro, no lo podía creer. La puerta del conductor _____ y me faltaba la radio.

9. Queríamos comprar entradas para el cine, pero todas _____.

10. No pude sentarme. Como siempre, el sofá y las sillas _____ de periódicos.

11. Mi novio llegó temprano y tuvo que esperar porque todavía yo no _____.

12. Su esposa debía de llegar a las 8:00 y ya era la medianoche. El señor _____.

Actividad 41 Detectives En parejas, Uds. son el detective Sherlock Holmes y su ayudante Watson. Describan la escena que encontraron al entrar en un apartamento donde ocurrió un asesinato. Usen el participio pasivo de los siguientes verbos: **abrir, cubrir, escribir, hacer, morirse, poner, preparar, romper** y **servir.**

■■■ Un plato estaba roto...

■■■ Vocabulario útil: **la cortina** = curtain; **el asesino** = assassin, murderer; **la vela** = candle.

Actividad 42 Un poema Parte A. Alfonsina Storni (1892–1938), poeta argentina, escribió el poema "Cuadrados y ángulos" para hacer un comentario social. Primero, cierra los ojos y escucha mientras tu profesor/a lee el poema en voz alta. Después contesta esta pregunta: ¿Oíste mucha repetición de letras? ¿De palabras?

Parte B. En parejas, pongan las letras de los dibujos al lado de la línea del poema que representan.

Cuadrados y ángulos

Casas enfiladas[1], casas enfiladas,
casas enfiladas. _____
Cuadrados[2], cuadrados, cuadrados. _____
Casas enfiladas. _____
Las gentes ya tienen el alma[3] cuadrada, _____
ideas en fila _____
y ángulo en la espalda. _____
Yo misma he vertido[4] ayer una lágrima[5],
Dios mío, cuadrada. _____

1 *in rows* 2 *Squares* 3 *soul* 4 *shed* 5 *tear*

Parte C. Ahora, decidan cuál de las siguientes oraciones describe mejor el mensaje del poema. Justifiquen su respuesta.

1. Storni dice que la vida es aburrida porque todo es igual —no hay variedad.
2. Storni dice que la gente se conforma con las normas establecidas de la sociedad —no hay individualismo.

Parte D. Discutan estas preguntas y justifiquen sus respuestas.

1. ¿Storni se conforma con las normas establecidas o es individualista?
2. ¿Uds. se conforman con las normas establecidas o son individualistas?

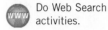

Actividad 43 Músicos, poetas y locos "De músico, poeta y loco, todos tenemos un poco", dice el refrán. Escribe un poema siguiendo las indicaciones.

primera línea: un sustantivo

segunda línea: dos adjetivos (es posible usar participios)

tercera línea: tres acciones (verbos)

cuarta línea: una frase relacionada con el primer sustantivo (cuatro o cinco palabras máximo)

quinta línea: un sustantivo que resuma la idea del primer sustantivo

Do Web Search activities.

¿Lo sabían?

Entre los grandes poetas del mundo hispano se encuentran los chilenos Gabriela Mistral (1889–1957) y Pablo Neruda (1904–1973). Mistral, que llegó a ser diplomática y ministro de cultura, fue la primera mujer de América Latina en recibir el Premio Nobel de Literatura. Los temas principales de su poesía son el amor, la tristeza y los recuerdos dolorosos. Entre sus obras más famosas está *Sonetos de la muerte*. Neruda, que fue diplomático y estaba afiliado al partido marxista, también recibió el Premio Nobel de Literatura. Entre sus obras más famosas está *Veinte poemas de amor y una canción desesperada.* Él habla no solo del amor sino también de la lucha política de la izquierda y del desarrollo histórico-social de Suramérica.

En los países de habla española, generalmente, los estudiantes de la primaria y la secundaria tienen que memorizar poemas de escritores famosos para recitarlos, pues se considera que la poesía se escribe para ser escuchada. Esto lleva a tener cierta apreciación por la poesía y no es de sorprender que si un grupo de adultos hacen un tour en autobús, en vez de cantar canciones, alguien recite un poema.

▲ Para conmemorar los 100 años del nacimiento de Pablo Neruda los chilenos escribieron un poema de dos kilómetros de largo en Valparaíso, Chile.

¿? ¿Cuáles son unos grandes poetas de tu país? ¿Los estudiantes tienen que memorizar poemas en la escuela? ¿Puedes recitar un poema? Para ti, ¿es mejor leer u oír un poema? Cuando lees poesía, ¿lees los poemas en voz alta?

Más allá

La medicina

Cada día en el campo de la medicina en los Estados Unidos, se necesitan más y más personas que puedan comunicarse en español. Hay situaciones muy delicadas en las que un doctor debe explicarle claramente al paciente la condición física en que se encuentra. Con frecuencia, el paciente habla español y poco inglés y si el médico no sabe el idioma, necesita la ayuda de un intérprete. Existen también servicios de traducción telefónica que pueden usarse en situaciones de emergencia. Por ejemplo, cuando los paramédicos atienden a un paciente que no habla inglés, usan la ayuda de un intérprete telefónico para comunicarse con el paciente. Para evitar el uso de intérpretes, muchas personas que trabajan en el campo de la medicina—tanto paramédicos y enfermeras como psicólogos y médicos—se preocupan por aprender español para poder darles un mejor servicio a sus pacientes. Por esa razón, muchas universidades ofrecen clases de español para estas profesiones.

Las compañías de seguro médico, así como el Departamento de Salud y otras organizaciones públicas de este país, se preocupan por crear folletos (*brochures*) en español para educar, informar y atender a las necesidades de la población hispana.

Somos ginecólogos bilingües y trabajamos en una clínica del condado (*county*) de Joliet cerca de Chicago. El 50% de nuestras pacientes son de habla española, la gran mayoría de ellas de ascendencia mexicana. Como médicos, es esencial para nosotros poder comunicarnos directamente con nuestras pacientes.

—*Dr. Frank Garcini y Dra. Hysoo Ka*

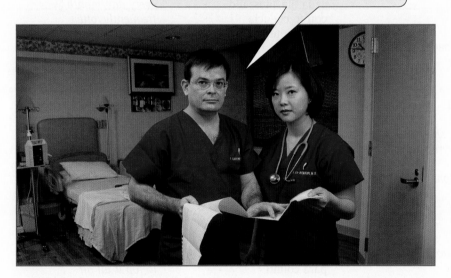

¿? Imagina que estás en otro país y que tienes un accidente de tráfico, ¿en qué idioma te gustaría comunicarte con los médicos, en inglés o en español? ¿Sabes si tu doctor/a habla otro idioma? ¿Hay intérpretes en los hospitales de tu ciudad?

Vocabulario funcional

La salud (*Health*)

la ambulancia	ambulance
caerse	to fall
cortarse	to cut oneself
doler (o → ue)	to hurt
la enfermedad	sickness, illness
el/la enfermero/a	nurse
estar mareado/a	to be dizzy
estar resfriado/a	to have a cold
estornudar	to sneeze
la fractura	fracture, break
la herida	injury, wound
la infección	infection
lastimarse	to hurt oneself
quemarse	to burn oneself
la radiografía	X-ray
romperse (una pierna)	to break (a leg)
sangrar	to bleed
la sangre	blood
tener	
buena salud	to be in good health
catarro	to have a cold
diarrea	to have diarrhea
dolor de cabeza	to have a headache
escalofríos	to have the chills
fiebre	to have a fever
gripe	to have the flu
náuseas	to feel nauseous
tos	to have a cough
tenerle alergia a (los gatos)	to be allergic to (cats)
torcerse un tobillo (o → ue)	to sprain an ankle
toser	to cough
vomitar/devolver (o → ue)	to vomit

Los medicamentos y otras palabras relacionadas

el antibiótico	antibiotic
la aspirina	aspirin
la cápsula	capsule
la curita/tirita	Band-Aid
las gotas	drops
la inyección	injection, shot
el jarabe	(cough) syrup
la píldora/pastilla	pill
la receta (médica)	prescription
el vendaje	bandage

El carro

el aceite	oil
el aire acondicionado	air conditioning
automático	automatic
la batería	battery
el baúl	trunk
el cinturón de seguridad	seat belt
con cambios	standard shift
el estacionamiento	parking lot
los frenos	brakes
la gasolinera	gas station
la licencia/el permiso de conducir	driver's license
el limpiaparabrisas	windshield wipers
la llanta	tire
la llave	key
las luces	lights
la matrícula/placa	license plate
el motor	engine
el parabrisas	windshield
el tanque de gasolina	gas tank

Acciones relacionadas con el carro

abrocharse el cinturón	to buckle the seat belt
acelerar	to accelerate
alquilar	to rent
apagar	to turn off
arrancar	to start the car
atropellar	to run over
chocar (con)	to crash (into)
descomponerse	to break down
echarle gasolina al carro	to put gas in the car
estacionar	to park
frenar	to brake
funcionar	to work, function (things)
ponerle una multa (a alguien)	to give (someone) a ticket
revisar	to check

Expresiones de tiempo

a menudo	frequently, often
a veces	at times
cada día/mes/año	every day/month/year
con frecuencia	frequently, often
de repente	suddenly
de vez en cuando	once in a while, from time to time
mientras	while
muchas veces	many times
todos los días/meses	every day/month

Palabras y expresiones útiles

además	besides
ahora mismo	right now
la calle	street
cubrir	to cover
jugarse la vida	to risk one's life
(No) Vale la pena.	It's (not) worth it.
(No) Vale la pena + infinitive.	It's (not) worth + -ing.
para colmo	to top it all off
¡Qué lío!	What a mess!
¡Qué va!	No way!
romper	to break
quejarse	to complain

10 Mi casa es tu casa

➤ Aeropuerto Ronald Reagan en Washington, D.C., diseñado por César Pelli, arquitecto argentino.

Chapter Objectives

- Indicating sequence
- Describing wants and needs
- Describing the layout of a house
- Describing furnishings and household items
- Expressing hope, giving advice, and making requests

¿Qué saben?

1. Calatrava es el arquitecto español que diseñó...
   a. la terminal de transportes en la "zona cero" de Nueva York.
   b. la Catedral de Nuestra Señora de Los Ángeles.
   c. el Museo Guggenheim en Bilbao, España.
2. Los edificios del arquitecto español Antonio Gaudí son famosos por el uso de...
   a. la línea recta.　　b. la curva.
3. ¿Qué creó el artista español Jaume Plensa?
   a. la fuente de Trevi en Roma
   b. la estatua de la Libertad en Nueva York
   c. la fuente de Corona en Chicago

Para escuchar

En busca de apartamento

➤ La Pedrera, edificio de apartamentos en Barcelona, España, diseñado por el arquitecto español Antonio Gaudí. Se pueden visitar el techo (*roof*) y el ático del edificio, donde hay una exhibición de las obras del arquitecto español.

o sea	that is to say
Fulano, Mengano y Zutano	Tom, Dick, and Harry
¡Vaya!	Wow!

Las cuatro chicas buscan apartamento porque el colegio mayor se cierra el mes de agosto durante las vacaciones. Ahora Diana, Marisel y Teresa están hablando sobre qué tipo de apartamento quieren.

Actividad 1 Marca qué buscan Lee la siguiente lista. Después, mientras escuchas la conversación, marca qué cosas buscan las chicas en un apartamento.

dormitorios	2	· 3	4
cocina grande	· sí	no	opcional
muebles	sí	no	opcional
portero	sí	no	opcional
línea de teléfono	sí	no	· opcional
balcón	· sí	no	opcional
muchas ventanas	· sí	no	opcional

■■■ **Departamento** is sometimes used for **apartamento** in some Latin American countries.

Actividad 2 ¿Comprendiste? Después de escuchar la conversación otra vez, contesta estas preguntas.

1. ¿Qué comentario hace Marisel sobre los novios de Teresa y de Claudia?
2. ¿Qué es un portero? ¿Es común tener portero en los Estados Unidos? ¿Te gustaría vivir en un edificio con portero?
3. ¿Por qué dice Marisel que no hay problema por ahora si no tienen línea de teléfono en el apartamento?

4. Cuando Diana dice, "¡Uf! ¡No pedimos nada!", ¿quiere decir que va a ser fácil o difícil encontrar apartamento?
5. ¿En qué piso/s (*floor/s*) no quieren vivir las chicas: en la planta baja (*ground floor*), el primero o el segundo? ¿Por qué?
6. ¿Prefieres vivir en un apartamento o en una residencia estudiantil?

Actividad *3* **¿Qué prefieren Uds.?** En grupos de cinco, decidan cuáles son las cosas más importantes para Uds. en un apartamento. Clasifiquen las siguientes cosas con una escala de uno a tres. Después díganle al resto de la clase las cosas que son importantes para Uds.

1 no es importante
2 es importante
3 es muy importante

_____ el número de dormitorios		_____ que tenga garaje	
_____ que sea barato		_____ que tenga cocina grande	
_____ que tenga balcón		_____ el piso en que esté	
_____ que esté amueblado		_____ que tenga portero	
_____ la parte de la ciudad en que esté		_____ que tenga aire acondicionado	

¿Lo sabían?

Los países de habla española le han dado al mundo un grupo de arquitectos con gran visión artística. Entre ellos se encuentra el minimalista mexicano Luis Barragán (1902–1988), quien recibió el Premio Pritzker en 1980 por sus diseños de casas que incluyen no solo aspectos autóctonos mexicanos sino también árabes y mediterráneos. Otro arquitecto incomparable es Antonio Gaudí (1852–1926) de Barcelona, España, quien parecía no conocer la línea recta. Sus edificios se caracterizan por sus curvas sensuales y su diseño casi surrealista que les dan un aspecto de fantasía. El argentino César Pelli (1926–), que fue decano (*dean*) de la Facultad de Arquitectura de Yale, tiene una empresa de arquitectura que diseña torres de oficinas, teatros, museos, hoteles, estadios deportivos, etc., en todo el mundo. Santiago Calatrava, español (1951–), quien también

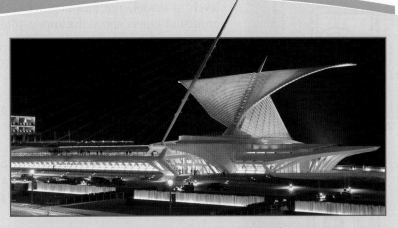

▲ *El Pabellón Quadracci*, extensión del Museo de Arte de Milwaukee realizada por Santiago Calatrava, arquitecto español. Esta estructura simula un pájaro con alas que se abren y se cierran y funciona como un parasol para el pabellón que está debajo.

diseña en diferentes partes del mundo, es conocido por sus estructuras dinámicas de estilo muy abierto y que, algunas veces, hasta se mueven (*they even move*). Es el arquitecto del nuevo centro de transporte en la "zona cero" de Nueva York.

¿? ¿Sabes los nombres de algunos arquitectos famosos de tu país? ¿Sabes si un arquitecto hispano construyó algo en tu ciudad o país?

■■■ Pelli and Calatrava have their own web pages, and Barragán as well as Gaudí have many web pages written about them. All contain photos and descriptions of their works.

Vocabulario esencial I

I. Los números ordinales

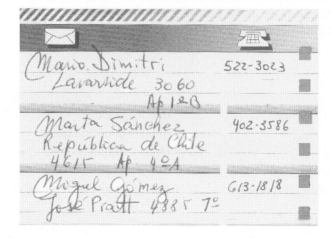

1° primero
2° segundo
3° tercero
4° cuarto
5° quinto
6° sexto
7° séptimo
8° octavo
9° noveno
10° décimo

1 ▪ Ordinal numbers are used to refer to things such as floor numbers, grade levels in school, and finishing positions in races. It is not common to use ordinal numbers above **décimo;** cardinal numbers are used instead.

Felipe II **(segundo)** construyó El Escorial.
BUT: Alfonso XIII **(trece)** murió en 1941.

▪▪▪ Felipe II and Alfonso XIII are former Spanish kings. Alfonso XIII is the grandfather of the present king, Juan Carlos I.

2 ▪ Ordinal numbers agree in gender and number with the nouns they modify. **Primero** and **tercero** drop the final **-o** when modifying a masculine singular noun.

—¿Sabías que en las pruebas para los Juegos Olímpicos la **primera** esquiadora en llegar fue la chilena Macarena Benvenuto?
—No sabía. Y ella vive en el **tercer** piso del edificio donde vive mi tía.

Actividad 4 **La manifestación** Ayer por la noche empezó una manifestación (*protest*) afuera del edificio que ves aquí. Mira los balcones y describe qué estaba haciendo la gente en su apartamento cuando empezó la manifestación. Incluye el piso donde vive cada uno. Sigue el modelo.

▪▪▪ La chica del sexto piso estaba durmiendo cuando empezó la manifestación.

Actividad 5 **La carrera de ciclismo** En una carrera (*race*) de ciclismo este fin de semana participaron seis ciclistas de Hispanoamérica. En parejas, lean las pistas (*clues*) y adivinen el número de llegada (primero, segundo, etc.), nombre, nacionalidad y color de camiseta de cada ciclista.

1. Claudio Vardi, con camiseta roja, es de un país suramericano.
2. El uruguayo llegó en tercer lugar.
3. El hombre de camiseta amarilla se llama Augusto Terranova y no es uruguayo.
4. El colombiano que llegó primero tiene camiseta roja.
5. Hernando Calasa, con camiseta morada, no llegó cuarto.
6. Francisco Lara, que tiene camiseta azul, es el único que no es suramericano.
7. Silvio Scala, de nacionalidad chilena, llegó justo después del boliviano de camiseta amarilla.
8. El peruano de camiseta morada llegó último.
9. El guatemalteco llegó justo después del colombiano.
10. La camiseta del uruguayo Marcelo Ruso es verde y no negra como la del ciclista chileno.

¿Lo sabían?

El ciclismo es un deporte muy popular en muchos países y cada año hay carreras internacionales. Quizás las más interesantes sean las de España y de Colombia, por la habilidad de los participantes y también por ser muy difíciles, pues hay muchas montañas. La carrera más importante del mundo es la Vuelta a Francia, que tiene lugar todos los años en el mes de julio. En 1988, la ganó un español, Pedro Delgado, y la ganó otro español, Miguel Indurráin, de 1991 a 1995. Aunque la mayoría de los ciclistas profesionales son de Europa o los Estados Unidos, los ciclistas colombianos generalmente se clasifican entre los mejores del mundo.

¿? ¿Sabes los nombres de algunos ciclistas norteamericanos que ganaron la Vuelta a Francia? Piensa en los deportes más populares de tu país. ¿Qué lugar crees que ocupa el ciclismo?

II. Las habitaciones de una casa

■■■ Dormitorio = habitación, alcoba, cuarto, recámara, pieza

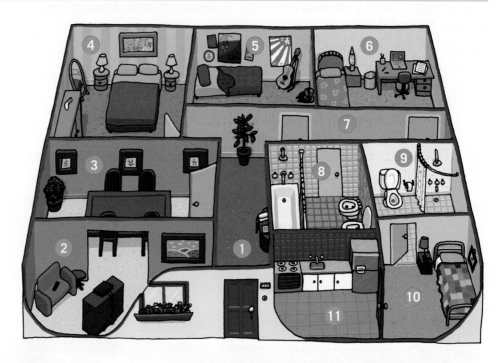

1. hall de entrada
2. sala
3. comedor
4. } dormitorio
5. }
6. dormitorio
7. pasillo
8. } baño
9. }
10. cuarto de servicio
11. cocina

Otras palabras relacionadas con la casa

el agua   water
el alquiler   rent
amueblado/a   furnished
la calefacción   heat

la electricidad/luz   electricity
la fianza/el depósito   security deposit
el gas   gas
los gastos   expenses

To practice: Do Workbook, CD-ROM, and Web activities.

Actividad 6   Asociaciones   Di qué cuartos de la casa asocias con las siguientes actividades o cosas: dormir, mirar televisión, comer, estudiar, hablar con amigos, leer, ducharse, escuchar música, lavarse las manos, preparar comida.

Actividad 7   ¿Cómo es tu casa? Parte A. En grupos de tres, cada persona les describe la casa de su familia a sus compañeros. Digan si es grande o pequeña, qué tiene (cuántos dormitorios, etc.) y si tiene alguna característica especial.

Parte B. Ahora describan cómo era la casa en que vivían cuando tenían entre 8 y 10 años. Si es la misma casa que tiene su familia ahora, digan las cosas que eran diferentes.

En grupos de tres, "A" y "B" van a trabajar en Montevideo, Uruguay, por seis meses y tienen que alquilar un departamento. "C" es un/a amigo/a y les dice que hay un departamento para alquilar en su edificio. "A" y "B" quieren información sobre el departamento y le hacen preguntas a "C". Lean solo su papel.

A y B

Quieren saber:
1. cuánto es el alquiler
2. si es necesario pagar depósito
3. si está amueblado
4. si hay calefacción
5. si hay otros gastos como gas, agua y luz

C

Sabe:
1. el alquiler es 5.500 pesos al mes
2. un mes de depósito
3. está amueblado (con muebles viejos)
4. hay calefacción central
5. el alquiler incluye gas, agua y luz

Gramática para la comunicación I

I. Using Other Affirmative and Negative Words

■■■

In Chapter 6 you learned some affirmative and negative expressions such as **algo-nada, alguien-nadie, siempre-nunca.** Here are some more expressions.

Affirmative and Negative Adjectives	Affirmative and Negative Pronouns
algún/alguna/algunos/algunas + noun some/any + *noun* **ningún/ninguna** + singular noun not any + *noun*	**alguno/alguna/algunos/algunas** some/any **ninguno/ninguna** none/no one/not any

■■■ Review other affirmative and negative words, Ch. 6.

Note that **alguno** and **ninguno** can <u>never</u> be followed by a noun because they are pronouns. Also note that the adjectives **ningún/ninguna** and the pronouns **ninguno/a** are seldom used in the plural.

—¿**No** vamos a ver **ningún** apartamento este fin de semana?

Aren't we going to see any apartments this weekend?

—Sí, es posible. ¿Tienes **algunos** teléfonos para llamar?

Possibly. Do you have any telephone numbers to call?

—Tengo **algunos,** pero **no** tengo **ninguno** aquí.

I have some, but I don't have any here.

Actividad 9 **¿Qué hay?** En algunas salas de clase hay muchas cosas, pero otras no tienen mucho. ¿Cuáles de las siguientes cosas hay y no hay en tu clase? Fotografías, mapas, televisor con video, ventanas, proyector, pantalla (*screen*), computadora, reloj, equipo de audio, tablón de anuncios, aire acondicionado, reproductor de DVD. Sigue el modelo.

■ ■ ■ En nuestra clase no hay ninguna...
    En nuestra clase hay...

Actividad 10 **La habitación desordenada** En parejas, "A" cubre el dibujo B y "B" cubre el dibujo A. El dibujo A está incompleto y por eso "A" debe averiguar qué cosas de las que están debajo de su dibujo se necesitan para completarlo, cuántas hay y dónde están. Cuando averigüe, "A" debe dibujar las cosas en el lugar apropiado.

■ ■ ■   A: ¿Hay alguna camisa en esta habitación?

B: Sí, hay una.   B: No, no hay ninguna.
A: ¿Dónde está?   A: ¿Hay algunos televisores?
B: ...   B: ...

II. Talking About the Unknown: The Present Subjunctive

Up to now, you have used all verbs in the indicative mood. There is another verbal mood called the subjunctive (**el subjuntivo**), which is used to express things such as doubt, uncertainty, hope, influence, and to talk about the unknown. You will learn about these uses little by little in this and the next chapter.

A. Use of the Present Subjunctive

1 ■ When talking about something or someone, you may describe it/him/her with an adjective or with an adjective clause usually introduced by **que**.

■■■ clause: a phrase that has a conjugated verb

> **Vivo en un apartamento** *grande.* (adjective)
> **Vivo en un apartamento** *que es grande.* (adjective clause with a conjugated verb in the indicative mood)

The two previous sentences describe an apartment where the speaker lives. The apartment actually exists: the speaker knows the address, how many bedrooms it has, what color the walls are, etc. When describing something that you are not sure exists, you may also use an adjective or an adjective clause, normally introduced by **que,** that contains a verb in the subjunctive mood.

> **Busco un apartamento** *grande.* (adjective)
> **Busco un apartamento** *que sea grande.* (adjective clause with a conjugated verb in the subjunctive mood)

2 ■ Compare the following sentences.

Exists	May or may not exist
Conozco al portero **que trabaja en mi edificio.**	Busco un portero **que trabaje bien.** *
Tengo una cama **que es pequeña.**	Necesito una cama **que sea grande.**
Mis padres viven en un apartamento **que tiene balcón.**	Mis padres quieren un apartamento **que tenga balcón.**
Conozco un apartamento **que tiene una cocina grande que es perfecta para ti.**	¿Hay algún apartamento **que tenga una cocina grande que sea perfecta para mí?**

***NOTE:** The *personal* **a** is not used when the direct object refers to a person or persons that may or may not exist, unless it is **alguien** or **algún/alguna:**
Busco a alguien/alguna persona que conozca bien la zona.

3 ■ A verb in the subjunctive mood is also used in adjective clauses to describe something that does not exist from the point of view of the speaker. This type of construction is frequently used to complain or whine about a problem.

No encuentro una persona **que me alquile un apartamento amueblado.** *	*I can't find a person who will rent me a furnished apartment.*
No conozco a ningún portero **que sea eficiente.** *	*I don't know any doorman who is efficient.*
No conozco a nadie **que sepa cocinar bien.** *	*I don't know anybody who knows how to cook well.*

***NOTE:** The *personal* **a** is not used when the direct object refers to a person or persons that do not exist, unless it is **nadie** or **ningún/ninguno/a.**

B. Forms of the Present Subjunctive

1 ■ To conjugate most verbs in the subjunctive, apply the following rules.

a. Take the present indicative **yo** form: **hablo, como, salgo**

b. Drop the **-o** from the verb ending: **habl-, com-, salg-**

c. Add **-e** for **-ar** verbs: que hable
   Add **-a** for **-er** and **-ir** verbs: que coma, que salga

d. Add the endings for the other persons as shown in the following charts.

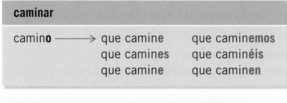

■ ■ ■ When practicing the subjunctive, say **que** before each form to emphasize the dependency of the subjunctive clause.

caminar	
camino ⟶ que camine	que caminemos
que camines	que caminéis
que camine	que caminen

correr	
corro ⟶ que corra	que corramos
que corras	que corráis
que corra	que corran

salir	
salgo ⟶ que salga	que salgamos
que salgas	que salgáis
que salga	que salgan

NOTE:

a. Remember that reflexive pronouns precede a conjugated form.

levantarse	
que **me** levante	que **nos** levantemos
que **te** levantes	que **os** levantéis
que **se** levante	que **se** levanten

■ ■ ■ Remember these spelling conventions:

ca **que** qui co cu
ga **gue** gui go gu
za **ce** ci zo zu
ja ge gi **jo** ju

b. Verbs ending in **-car, -gar, -zar,** and **-ger** require spelling changes in all present subjunctive forms.

	Indicative	Subjunctive
to**car**	toco	que to**que**
pa**gar**	pago	que pa**gue**
empe**zar**	empiezo	que empie**ce**
esco**ger** (*to choose*)	esco**jo**	que esco**ja**

■ ■ ■ Review **-ir** stem-changing verbs, Chs. 5 and 7.

2 ■ In the subjunctive, stem-changing verbs ending in **-ar** and **-er** have the same changes as in the present indicative: **que yo piense, que tú vuelvas, que él quiera, que ellos jueguen.** Remember that there is no change in the **nosotros** and **vosotros** forms: **que almorcemos, que empecéis.** Stem-changing verbs ending in **-ir** have the same stem change as in the present indicative. In addition, the **nosotros** and **vosotros** forms require a stem change from **-e-** to **-i-** or from **-o-** to **-u-**.

mentir	
que m**ie**nta	que m**i**ntamos
que m**ie**ntas	que m**i**ntáis
que m**ie**nta	que m**ie**ntan

dormir	
que d**ue**rma	que d**u**rmamos
que d**ue**rmas	que d**u**rmáis
que d**ue**rma	que d**ue**rman

3 ■ The following verbs are irregular in the present subjunctive.

| dar → que **dé** | haber → que **haya** | saber → que **sepa** |
| estar → que **esté** | ir → que **vaya** | ser → que **sea** |

Here are the complete conjugations of **dar** and **estar.**

dar	
que d**é**	que d**emos**
que d**es**	que d**eis**
que d**é**	que d**en**

estar	
que est**é**	que est**emos**
que est**és**	que est**éis**
que est**é**	que est**én**

■ ■ ■ The accent distinguishes **dé**, the subjunctive, from **de**, the preposition. Accents on **estar** reflect pronunciation.

■ ■ ■ **hay** = indicative
que haya = subjunctive

To practice: Do Workbook, CD-ROM, and Web activities.

Actividad // **Por teléfono** En parejas, una persona busca apartamento y necesita llamar a una agencia de alquiler. Tomen un minuto para pensar en la siguiente información y después una persona llama a la otra buscando apartamento.

■ ■ ■ If something exists, use the indicative. If something may or may not exist, use the subjunctive.

ser grande/pequeño
estar cerca de la universidad/del centro
tener cocina grande/pequeña
ser moderno/antiguo
tener 1 ó 2 baños

tener garaje (para 1 ó 2 carros)
(no) estar amueblado
estar en el 1er/2°/3er/... piso
tener muchas ventanas con luz natural
tener vista de la ciudad

■ ■ ■ A: Busco un apartamento que tenga..., que sea... y que esté...

  B: Tenemos un apartamento que tiene..., que es... y que está...

Actividad /2 **Nuestra primera casa** **Parte A.** En parejas, imagínense que Uds. son una pareja de recién casados (*newlyweds*) y quieren comprar una casa. Obviamente, tienen que pensar en el futuro y la vida que van a tener. Decidan cómo debe ser su casa. **Queremos una casa que...**

Parte B. Ahora, comparen lo que quieren Uds. con lo que quiere la pareja de la siguiente tira cómica de Maitena.

Actividad 13 Lo ideal En grupos de cuatro, describan a su profesor/a, jefe/a (*boss*), secretario/a, padre/madre o amigo/a ideal. El/La secretario/a del grupo toma apuntes. Después, comparen su descripción con las de otros grupos.

■■■ Queremos tener un profesor que...

Buscamos un jefe que...

Actividad 14 Se busca Parte A. Busca personas de la clase que tengan o hagan las siguientes cosas.

■■■ que tenga dos hijos

A: ¿Tienes dos hijos?

B: Sí, tengo dos hijos./No, no tengo dos hijos.

1. que trabaje en un restaurante
2. que termine los estudios este año
3. que vaya a Bolivia este verano
4. que tenga tres hermanos
5. que sepa hablar catalán
6. que sea de Illinois
7. que hable japonés
8. que piense casarse este año
9. que tenga perro
10. que sepa preparar mole poblano

■■■ **Catalán** = idioma que se habla en Calatuña (noreste de España). La capital de Cataluña es Barcelona.

■■■ **Mole poblano** = salsa picante (*spicy*) mexicana que se prepara con chocolate.

Parte B. Ahora, contesta las preguntas de tu profesor/a.

■■■¿Hay alguien en la clase que trabaje en un restaurante?

↙ ↘

Sí, hay alguien que trabaja en un restaurante; [Charlie] trabaja en [Red Lobster].

No, no hay nadie que trabaje en un restaurante.

■■■ Nonexistence from the speaker's point of view = subjunctive

Actividad 15 El eterno pesimista Eres una persona pesimista. Completa estas oraciones de forma original.

■■■ No hay ninguna persona que sea inteligente.

1. No hay nadie que...
2. No tengo nada que...
3. No conozco a ningún estudiante que...
4. El presidente no hace nada que...
5. En las tiendas no encuentro nada que...
6. No tengo ningún profesor que...

Actividad 16 **Se necesita** **Parte A.** Lee y completa los siguientes anuncios. Después decide cuáles pueden combinarse.

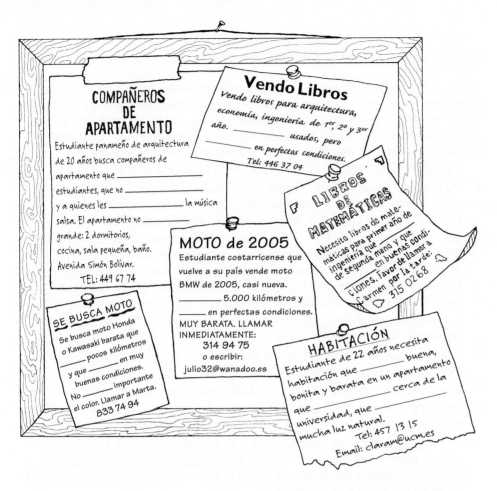

COMPAÑEROS DE APARTAMENTO

Estudiante panameño de arquitectura de 20 años busca compañeros de apartamento que _____ estudiantes, que no _____ y a quienes les _____ la música salsa. El apartamento no _____ grande: 2 dormitorios, cocina, sala pequeña, baño. Avenida Simón Bolívar.
TEL: 449 67 74

Vendo Libros

Vendo libros para arquitectura, economía, ingeniería de 1er, 2º y 3er año. _____ usados, pero _____ en perfectas condiciones.
Tel: 446 37 04

LIBROS DE MATEMÁTICAS

Necesito libros de matemáticas para primer año de ingeniería que _____ de segunda mano y que _____ en buenas condiciones. Favor de llamar a Carmen por la tarde: 315 0268

MOTO de 2005

Estudiante costarricense que vuelve a su país vende moto BMW de 2005, casi nueva. _____ 5.000 kilómetros y _____ en perfectas condiciones. MUY BARATA. LLAMAR INMEDIATAMENTE:
314 94 75
o escribir:
julio32@wanadoo.es

SE BUSCA MOTO

Se busca moto Honda o Kawasaki barata que _____ pocos kilómetros y que _____ en muy buenas condiciones. No _____ importante el color. Llamar a Marta.
833 74 94

HABITACIÓN

Estudiante de 22 años necesita habitación que _____ buena, bonita y barata en un apartamento que _____ cerca de la universidad, que _____ mucha luz natural.
Tel: 457 13 15
Email: claram@ucm.es

■■■ The infinitive is frequently used to give impersonal written commands: **Llamar a Marta.**

Parte B. En parejas, una persona llama para pedir más información y la otra da información adicional.

■■■ A: ¿Aló?
B: Sí, llamo por la moto...

¿Lo sabían?

En los países hispanos no es común vender cosas de segunda mano delante de la casa o en el garaje (*tag or garage sales*). Generalmente, la gente les regala la ropa usada a miembros de la familia, a personas pobres o también a la iglesia. Las cosas usadas como equipos de audio, computadoras y libros se anuncian en la sección de avisos clasificados del periódico, en revistas o periódicos como *Segundamano* o en Internet.

¿? ¿Conoces algún periódico como este en tu ciudad o un lugar en Internet que venda cosas de segunda mano? ¿Compras o vendes cosas usadas por Internet?

Nuevos horizontes

Lectura ESTRATEGIA: Using the Dictionary

■■■ Note: Since all dictionaries are not the same, it is important to familiarize yourself with your dictionary. Consult the Table of Contents and indexes.

So far in this text you have practiced a number of strategies to help you understand the meaning of a passage you are reading; for example, predicting, identifying cognates, and guessing meaning from context. In this chapter, you will practice using the dictionary to discern meaning. Remember: Use a dictionary only when the word is essential to your understanding of the passage.

The following guidelines will help you make better use of the dictionary.

1. Try to guess meaning from context. Then, look up the word to confirm your guess. Remember that a word may have more than one meaning, so you should check the context in which it appears when making your choice.

■■■ In Spanish, the verb *to leave* can be transitive or intransitive and has two equivalents when translated. Transitive (takes a direct object): He always *leaves his keys* on the table. **Siempre deja las llaves en la mesa.** Intransitive (doesn't take a direct object): Every morning she *leaves* at seven. **Todas las mañanas ella sale a las siete.**

2. Check the grammatical form of the word. This may help you determine which definition is correct according to context. Important grammar abbreviations are: *m.* (masculine noun), *f.* (feminine noun), *adj.* (adjective), *adv.* (adverb), *v. tr.* (a transitive verb—one that is followed by a direct object), *v. intr.* (an intransitive verb—one that does not admit a direct object), and *reflex.* (reflexive verb).

3. If a word you are looking up is part of an idiom, you will find it referenced under the main word of the idiom.

4. Nouns are usually presented in the singular form of the corresponding gender: masculine singular, feminine singular.

5. Adjectives are normally presented in their masculine singular form.

■■■ In the sentence **Busco una persona que tenga estas credenciales**, the word **tenga** is the subjunctive of the verb **tener** and you should look up the word **tener**.

6. Verbs are normally listed only in the infinitive form; therefore, it is necessary to determine what the infinitive is from the conjugated form.

7. Knowing some common abbreviations may be helpful: ARTS fine arts; BOT. botany; CHEM. chemistry; COLL. colloquial; FIG. figurative; ZOOL. zoology; etc. There is normally a key to abbreviations in the dictionary itself, which should be consulted when a question arises.

Actividad 17 El contexto histórico Parte A. Antes de leer un poema de la poeta española Ángela Figuera, que escribió después de la guerra civil en su país, lee sobre la historia de España.

La guerra civil española entre los nacionalistas (conservadores, entre ellos militares y monarquistas con tendencias fascistas) y los republicanos (izquierdistas, entre ellos los sindicatos, comunistas y anarquistas) duró tres años, de 1936 a 1939. Los nacionalistas, que recibieron ayuda de Hitler y Mussolini, ganaron y el general Francisco Franco subió al poder. Después de la guerra, España estaba totalmente destruida: el pueblo español pasó por una época difícil de mucha censura y no

■■■ During the post-war years, labor unions, demonstrations, civil marriage, and divorce were banned. The Catholic church played a prominent role in society and religious education was compulsory in schools.

había ni las cosas necesarias para la vida diaria como la comida. Había mucha inflación y por eso, algunas personas sacaron su dinero del país. Muchos republicanos también salieron del país y otros fueron a la cárcel (*prison*). En esos años España no recibió ningún tipo de ayuda internacional porque pronto empezó la segunda guerra mundial. Hitler y Mussolini perdieron la guerra y entonces España, que estaba bajo el gobierno de Franco, se encontró aislada (*isolated*) del resto del mundo. Europa recibió dinero del Plan Marshall para su reconstrucción, pero España no.

Ángela Figuera ➤
Aymerich
(1902–1984).

Parte B. Ahora marca si las siguientes oraciones son ciertas **(C)** o falsas **(F)** para ver cuánto sabes sobre la guerra civil y la posguerra española.

1. ¿Qué es lo que no puede hacer la gente bajo un gobierno militar?

_____ criticar al gobierno

_____ leer periódicos objetivos

_____ organizar manifestaciones

_____ leer los libros que quieren

_____ los hombres llevar pelo largo

_____ llevar ropa sexy

_____ estar en la calle después de las 10 p. m.

_____ hablar con libertad

_____ viajar libremente

2. Después de una guerra civil, ¿en qué condiciones crees que se encuentre un país?

_____ No hay comida para todos.

_____ La gente está muy triste.

_____ La gente está contenta.

_____ La gente no confía en (*trust*) el vecino.

_____ La gente está dividida.

_____ Hay mucha pobreza.

_____ La gente está enojada.

Actividad 18 **Lectura rápida** Lee el poema una vez y mira los dibujos para comprender mejor el significado de algunas palabras. No uses el diccionario. Contesta estas preguntas al terminar.

1. ¿Cómo se siente la poeta Ángela Figuera, triste o contenta?
2. ¿Qué aspecto de la sociedad critica: que la gente es demasiado materialista o que no tiene libertad de expresión?
3. En tu país, ¿pueden pasar las cosas que ella critica? ¿Por qué sí o no?

No quiero

Ángela Figuera

1 No quiero
    que los besos se paguen
    ni la sangre se venda
    ni se compre la brisa
    ni se alquile el **aliento**.

2 No quiero
    que el trigo se queme y el pan se **escatime**.

3 No quiero
    que haya frío en las casas,
    que haya miedo en las calles,
    que haya rabia en los ojos.

4 No quiero
    que en los labios se encierren mentiras,
    que en las arcas se encierren millones,
    que en la cárcel se encierre a los buenos.

5 No quiero
    que el **labriego** trabaje sin agua,
    que el marino navegue sin brújula,
    que en la fábrica no haya **azucenas,**
    que en la mina no vean la aurora,
    que en la escuela no **ría** el maestro.

6 No quiero
    que las madres no tengan perfumes,
    que las mozas no tengan amores,
    que los padres no tengan tabaco,
    que a los niños les pongan los **Reyes**
    camisetas de **punto** y cuadernos.

7 No quiero
    que la tierra se parta en porciones,
    que en el mar se establezcan dominios,
    que en el aire se **agiten** banderas,
    que en los trajes se pongan señales.

8 No quiero
    que mi hijo desfile,
    que los hijos de madre desfilen
    con fusil y con muerte en el hombro:
    que jamás se **disparen** fusiles,
    que jamás se fabriquen fusiles.

9 No quiero
    que me manden Fulano y Mengano,
    que me **fisgue** el vecino de enfrente,
    que me pongan carteles y sellos,
    que decreten lo que es poesía.

10 No quiero
    amar en secreto,
    llorar en secreto,
    cantar en secreto.

11 No quiero
    que me **tapen** la boca
    cuando digo NO QUIERO.

Lee el poema otra vez con más cuidado (*care*). Mira las palabras que están en negrita (*boldface*) y busca el significado de cada palabra. A continuación se presentan definiciones de estas palabras.

a·gi·tar tr. (*sacudir*) to wave, shake; FIG. (*alborotar*) to agitate, excite —reflex. (*sacudirse*) to wave, flutter; FIG. (*perturbarse*) to be agitated *or* excited; MARIT. to be rough or choppy.

a·lien·to m. (*soplo*) breath; (*respiración*) breathing, respiration; FIG. (*valor*) strength, courage ♦ **dar a. a** FIG. to encourage • **de un a.** FIG. in one breath, without stopping • **cobrar a.** FIG. to take heart • **sin a.** breathless.

a·zu·ce·na f. BOT. white *or* Madonna lily; CUBA, BOT, nard; FIG. pure *or* delicate person ♦ **a. anteada** day *or* fire lily • **a. atigrada** tiger lily • **a. de agua** water lily.

dis·pa·rar tr. to fire, shoot; (*echar*) to throw, hurl.

es·ca·ti·mar tr. to skimp on, to be sparing with • **e. la comida** to skimp on food; to spare • **no e. esfuerzos** to spare no effort.

fis·gar tr. (*pescar*) to spear, harpoon (fish); (*husmear*) to pry into, snoop on —intr. & reflex. to make fun of, mock.

la·brie·go, -ga m.f. farm hand or worker.

pun·to m. (*señal pequeña*) small dot; (*sitio*) point, spot ♦ **p. de reunión** the meeting point; (*ocasión*) point, verge • *ellos están a p. de lograrlo* they are on the verge of accomplishing it; GRAM. dot • *el p. de la i* the dot of the i; period; • **al p.** at once, immediately • **a p.** just in time • **a p. de** on the verge of, about to • **de p.** knitted • **calcetines de p.** knitted socks • **dos puntos** GRAM. colon • **en p.** on the dot, sharp.

reír intr. to laugh *echarse a. r.* to burst out laughing; FIG. (*burlar de*) to make fun of, laugh at; (*brillar*) to be bright, sparkle, (one's eyes).

rey m. (*monarca*) king, sovereign; (*en juegos*) king; FIG. king • **r. de los animales** the king of beasts ♦ **a cuerpo de r.** FIG. like a king *vivir a cuerpo de r.* to live like a king • **cada uno es r. en su casa** a man's home is his castle • **día de Reyes** Epiphany, Twelfth Night • **Reyes magos** the Three Magi *or* Wise Men.

rí·a f. estuary.

rí·a, río *see* reír

ta·par tr. (*cubrir*) to cover, cover up; (*cerrar*) to plug up, to stop up; (*ocultar*) to block, obstruct (the view); FIG. (*esconder*) to conceal, hide —reflex. to cover oneself up.

Actividad *20* **En otras palabras** Indica qué idea representa mejor cada estrofa (*stanza*) del poema.

_____ El mundo debe estar unido y nadie debe controlar nada.

_____ Los jóvenes no deben tener que ser soldados y llevar armas.

__1__ La gente necesita ser libre: poder respirar y amar libremente.

_____ La gente no debe esconder (*to hide*) ideas ni dinero y el gobierno no debe poner en la cárcel a los inocentes.

_____ La gente debe tener calefacción, y no debe tener miedo ni estar enojada.

_____ Los trabajadores deben tener buenas condiciones de trabajo y sentirse contentos.

_____ Nadie debe darle órdenes a nadie ni censurar lo que escribe.

_____ La poeta quiere poder hablar y criticar cuando quiere.

_____ La poeta quiere poder hacer las cosas más personales abierta y libremente sin tener a nadie vigilándola cuando las hace.

_____ Debe haber comida para todos.

_____ Todos deben tener pequeños placeres (*pleasures*).

ESTRATEGIA: Pastiche

Escritura

When you read in English, you frequently learn new words and phrases that you then incorporate in your speech and writing. By using your knowledge of Spanish, your observational skills, and common sense, you can learn about the Spanish language while reading. Not only can you pick up vocabulary words and idiomatic phrases, but structures as well. Trust your instincts, take calculated risks, and try to use new knowledge with someone who will correct you when needed. Risk takers are good language learners.

Test your observational skills by doing the following activity.

1. Answer these questions about part of the sixth stanza of the poem **"No quiero."**

   No quiero   What is the subject of **No quiero?**
      que las madres no tengan perfumes,   What is the subject of **no tengan?**

   Therefore, the sentence **"No quiero que las madres no tengan perfumes,"** has two subjects. What word comes right after the first verb? Is **tengan** in the indicative or the subjunctive mood?

2. Reread this stanza and answer the questions.

   No quiero
      amar en secreto,
      llorar en secreto,
      cantar en secreto.

   What is the subject of **No quiero?** Are there any other subjects in the next three lines of the stanza? Is the word **que** present? What form of the verb are **amar, llorar,** and **cantar?**

Parte B. Imitate Figuera's style and apply what you have just learned through observation to write your own poem, titled **"Quiero."**

Quiero
   que _____
   que _____   Did you use a subject other than
   que _____   **yo** after **que** in each line?
Quiero
   que _____
   que _____   Did you use a subject other than
   que _____   **yo** after **que** in each line?
Quiero

   _____
   _____   Did you use an infinitive to start
                                  each line to describe what you
   _____   want to do?

Quiero
   que _____
   que _____   Did you use a subject other than
   que _____   **yo** after **que** in each line?

Vocabulario esencial II

En la casa

En la cocina

1. la estufa/cocina eléctrica/de gas
2. el (horno de) microondas
3. el lavaplatos
4. el fregadero
5. la cafetera

6. la nevera/el refrigerador
7. el congelador
8. la aspiradora
9. la lavadora
10. la tostadora

■ ■ ■ Clothes dryers (**secadoras**) are not as common in Spain and Hispanic America as in the U.S. **La secadora** = (clothes) dryer; **el secador** = hair dryer.

■ ■ ■ Some people say **el lavavajillas** for **el lavaplatos.**

En el baño

1. el inodoro
2. el bidé
3. la bañera
4. la ducha
5. el espejo
6. el lavabo

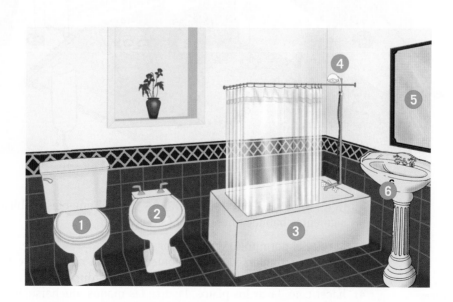

Actividad 22 **¿Dónde se ve?** Lee las siguientes situaciones y decide si estas se ven generalmente en los Estados Unidos (**E**), en un país hispano (**H**) o en los dos (**EH**).

1. _____ Hay portero en el edificio.
2. _____ Los ascensores tienen espejos.
3. _____ En el congelador hay mucha comida congelada.
4. _____ Hay televisor en la cocina.
5. _____ No hay secadora en la casa.
6. _____ Hay bidé en el baño.

Actividad 23 **Asociaciones** Asocia estas marcas con el vocabulario de la cocina y el baño.

Maytag	Mr. Coffee	Mr. Bubble	Hoover
Frigidaire	Toastmaster	Kenmore	Saniflush

Actividad 24 **Describe y dibuja** En parejas, "A" le describe a "B" su cocina o baño. "A" debe indicar qué muebles y otras cosas tiene en ese cuarto y dónde están. "B" dibuja un plano del lugar con muebles y otras cosas. Después cambien de papel.

Los muebles

1. la alfombra
2. el armario/el ropero
3. el sillón
4. el estante
5. la cómoda

Actividad 25 **Otras asociaciones** Di qué muebles u objetos asocias con las siguientes habitaciones, acciones o cosas.

1. la sala, el dormitorio, el comedor
2. dormir, maquillarse, escribir, comer, sentarse, bañarse, lavar ropa
3. suéteres, vestidos, peine, diccionario, las verduras
4. hacer café, lavar los platos, lavarse las manos, ducharse, leer

To practice: Do Workbook, CD-ROM, and Web activities.

Actividad 26 **Casa amueblada** Mira el plano (*diagram*) de la casa en la página 276 y describe los muebles que ves y di en qué parte de la casa están.

Actividad 27 **El apartamento** En grupos de tres, Uds. acaban de alquilar un apartamento semiamueblado. El apartamento tiene tres dormitorios, sofá, dos camas, dos cómodas, una mesa grande en el comedor y solamente tres sillas para la mesa. Miren la siguiente lista y decidan las cuatro cosas más importantes que van a comprar.

alfombras	cómodas	una lavadora	un teléfono
una aspiradora	equipo de audio	un microondas	un televisor
una cafetera	espejos	sillas para el comedor	una tostadora
camas	estantes	sillones	

Para escuchar

Todos son expertos

◄ El Rastro, un mercado al aire libre en Madrid, España. Solo se abre los domingos.

ojalá (que) + *subjunctive*	I hope (that) . . .
Ojalá que quiera venderla.	I hope (that) he wants to sell it.
la plata	slang for "money" (literally: *silver*)
¡Por el amor de Dios!	For heaven's sake! (literally: *For the love of God!*)

Don Alejandro, el tío de Teresa, tiene algunos muebles para el apartamento que acaban de alquilar las chicas, pero ellas tienen que comprar algunas cosas. Vicente y don Alejandro le están dando consejos a Teresa sobre los muebles de la casa.

■ ■ ■ **Ojalá** = may God grant (from Arabic).

Actividad 28 Marca los muebles Mientras escuchas la conversación, marca solo las cosas que necesitan las chicas.

____ alfombra

____ cama

____ cómoda

____ escritorio

____ estantes

____ lámpara

____ lavadora

____ sofá

Actividad 29 ¿Hay soluciones? Después de escuchar la conversación otra vez, explica cómo va a obtener Teresa la cama, una lámpara, dos estantes y la lavadora.

Actividad 30 Los deseos de Año Nuevo Uds. están celebrando el Año Nuevo y están brindando (*toasting*) por el año que comienza. Hagan un deseo para el año nuevo.

■■■ Ojalá que este año pueda ir de vacaciones a México.

¿Lo sabían?

El famoso mercado de El Rastro se encuentra en el corazón de Madrid y ocupa varias calles. Allí puedes encontrar de todo: ropa, zapatos, juguetes, muebles e inclusive antigüedades. Se abre solo los domingos por la mañana y se cierra a eso de las 2:00 de la tarde. En contraste con este y otros mercados en grandes metrópolis, hay otros como el mercado de Chichicastenago que se encuentra en una ciudad pequeña de Guatemala donde los indígenas de la zona venden sus productos. En este colorido mercado, los jueves y los domingos, se venden flores, artesanías (*crafts*), textiles, muebles, frutas, condimentos y hierbas medicinales, entre otras cosas.

▲ Vendedoras de comida en el mercado de Chichicastenango, Guatemala.

¿Hay mercados en tu ciudad que sean como los que se mencionan? ¿Qué es posible comprar?

■■■ flea market = **mercado de (las) pulgas**

Gramática para la comunicación II

Giving Advice and Stating Desires: Other Uses of the Subjunctive

▪▪▪

¿Qué lugares me recomiendas que visite?

Te recomiendo que empieces en la Plaza San Martín.

In the conversation you heard between Teresa and her uncle, (1) how many subjects are there in each sentence in the following exchange? (2) Is the uncle asking for permission not to do something or is he requesting her not to do something?

TÍO **No quiero que compres una cama usada.**

TERESA **...¿quieres que duerma en la alfombra?**

If you said two in each for the first question and requesting her not to do something for the second question, you were correct. What form of the verb follows the word **que?** The correct answer is *subjunctive*.

1 ▪ Look at how you can give advice, and express hopes, desires, and requests in a personal way.

To give someone advice, make requests of others, or express hopes and desires about others, use a verb that expresses advice, hope, or request + **que** + *subjunctive*.	To express what you want for yourself or what other people want for themselves, use a verb that expresses desire or hope + *infinitive*.
Quiero que (tú) vayas al Rastro. *I want you to go to the Rastro.*	**Quiero ir** al Rastro. *I want to go to the Rastro.*
Espero que encuentres algunos estantes. *I hope that you find some bookshelves.*	**Espero encontrar** algunos estantes. *I hope to find some bookshelves.*
Te recomiendo que llegues temprano porque hay mucha gente. *I recommend that you arrive early because there are a lot of people.*	**Pienso llegar** temprano porque hay mucha gente. *I plan on arriving early because there are a lot of people.*

The sentence **Quiero que (tú) vayas al Rastro** has two clauses. **Quiero** is called an independent clause since it is actually a sentence all by itself. But, **que (tú) vayas al Rástro** is simply a phrase that cannot stand on its own, and is therefore called a dependent clause. In order to form a sentence there must be an independent clause prior to the dependent.

2 ■ The following verbs are frequently used to give advice, to request an action, or to express hopes and desires.

desear		**aconsejarle (a alguien)** to advise
esperar	to hope	**pedirle (e ⟶ i, i) (a alguien)**
querer		**prohibirle (a alguien)** to forbid, prohibit
		recomendarle (e ⟶ ie) (a alguien) to recommend

Ella **me pide que no use** su aspiradora.   *She asks me not to use her vacuum cleaner.*

Y yo **le prohíbo que coma** mi comida.   *And I forbid her to eat my food.*

3 ■ Now look at how you can give advice, and express hopes, desires, and requests in an impersonal way.

To give advice, express hopes or desires, or make requests in an impersonal way about someone or something, use an impersonal expression + **que** + *subjunctive*.	To give advice, express hopes or desires, or make requests of no one in particular, use an impersonal expression + *infinitive*.
Es mejor que mires mucho antes de comprar. *It's better that you look around a lot before buying.*	**Es mejor mirar** mucho antes de comprar. *It is better to look around a lot before buying.*
Es importante que busques buen precio. *It's important that you look for a good price.*	**Es importante buscar** buen precio. *It's important to look for a good price.*

4 ■ The following impersonal expressions are frequently used to give advice, request an action, or express hopes and desires.

es mejor	**(no) es necesario**
es bueno	**(no) es importante**

You now know many ways to give people advice, all with different degrees of forcefulness. Compare the following.

To practice:
Do Workbook, Lab, CD-ROM, and Web activities.

1. Es importante estudiar.
2. Debes estudiar.
3. Es importante que estudies.
4. Quiero que estudies.
5. Te aconsejo que estudies.
6. Tienes que estudiar.

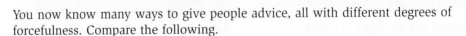

Actividad 3/ La búsqueda Termina esta conversación entre Mario y un señor que trabaja para la agencia Vivir Feliz. Escribe las formas apropiadas de los verbos indicados usando el subjuntivo, el indicativo o el infinitivo.

MARIO   Necesito un apartamento que _____ (1) cerca de la universidad. (estar)

AGENTE   Hay un apartamento a cinco minutos de aquí que _____ (2) un dormitorio. (tener)

MARIO   No, ese no me va a servir. Busco un apartamento que _____ (3) tres dormitorios y dos baños. (tener)

AGENTE   Te aconsejo que _____ (4) con otra agencia porque nosotros solo tenemos apartamentos pequeños. (hablar)

MARIO   ¿Algún otro consejo?

AGENTE   Sí, es importante que _____ (5) a buscar ahora, porque hay pocos apartamentos y muchos estudiantes. (empezar)

MARIO   Buena idea. ¿Es necesario que yo _____ (6) un depósito o solamente tengo que firmar un contrato? (pagar)

AGENTE   Generalmente es necesario _____ (7) en el momento de firmar. (pagar)

MARIO   Ahora tengo que _____ (8), pero como Ud. dice, es importante que yo _____ (9) temprano para buscar apartamento. Muchas gracias, Sr. Moreno. (estudiar, levantarse)

Actividad 32   **¿Quién lo dice?**   Mira las siguientes ideas y marca quién te las dice generalmente. Luego comparte la información con el resto de la clase.

■■■ Mi compañero de habitación me dice "Es importante que..."

	Tu compañero/a de habitación	Tu profesor/a de español	Un/a compañero/a de esta clase
Te aconsejo que hagas la tarea todos los días.	____	____	____
Te pido que me expliques la tarea.	____	____	____
Es importante que pases la aspiradora.	____	____	____
Espero que estudies conmigo para el examen del subjuntivo.	____	____	____
Es necesario pagar el alquiler a tiempo.	____	____	____
Es importante que no escuches música a todo volumen.	____	____	____
Te recomiendo que no comas la comida de la cafetería.	____	____	____
Es importante que no copies las respuestas.	____	____	____
Quiero que me ayudes con el subjuntivo.	____	____	____

Actividad 33 **Todos quieren algo de mí** Combina las ideas de las dos columnas para decir lo que diferentes personas quieren que tu hagas y contrástalo con lo que tú quieres hacer.

■■■ Mi madre quiere que yo sea dentista, pero yo quiero ser director/a de cine.

1. mi madre
2. mi padre
3. mis amigos
4. mi profesor/a de...
5. mi perro/gato

ser (+ ocupación)
estudiar mucho
llamarlos con frecuencia
darle comida
llevarlo al parque
jugar al (deporte)
sacar buenas notas
pasar las vacaciones con ellos

Actividad 34 **Consejos para presidentes** **Parte A.** Imagina que tienes la oportunidad de hablar directamente con el/la presidente/a de tu país. Dale consejos.

1. No querer / que / Ud. / subir / los impuestos (*taxes*)
2. Es importante / que / Ud. / preocuparse / por los pobres
3. Es mejor / que / los candidatos / no recibir / dinero de grupos con intereses económicos
4. Es necesario / que / haber / menos corrupción en el gobierno
5. Esperar / que / Ud. / escuchar / al pueblo (*people*)
6. Aconsejarle / que / ser / (más o menos) liberal
7. ¿ ?

Parte B. Tu universidad es buena, pero no es perfecta. En parejas, preparen cuatro consejos para el/la presidente/a de su universidad con cambios que les gustaría ver.

Actividad 35 **Los consejos de un padre** En parejas, "A" es un padre o una madre que tiene que darle consejos a su hijo/a sobre las drogas y el alcohol. "B" es el/la hijo/a que reacciona y también da consejos. Lean sus papeles y al hablar, usen frases como **te aconsejo (que), te prohíbo (que), es importante (que),** etc.

A (El padre/La madre)

Crees que tu hijo/a de 16 años consume drogas y bebe alcohol. Quieres mucho a tu hijo/a. Habla con él/ella y explícale lo que sabes. Luego dale consejos. Recuerda: tú no eres perfecto/a tampoco. Tú empiezas diciendo, "Hijo/a, quiero que hablemos. Estoy muy preocupado/a."

B (El hijo/La hija)

Tienes 16 años y eres muy rebelde. Últimamente tu padre toma una copa de vino cuando llega del trabajo y también con la comida. Tu madre siempre toma un whisky antes de la comida. Los dos fuman. Explícale a tu padre/madre lo que sabes y luego dale algún consejo. Recuerda: tú no eres perfecto/a tampoco.

Actividad 36 Querida Esperanza Parte A. Dos personas con problemas personales le escribieron a Esperanza, una señora que da consejos en Internet. Para completar sus emails, primero escoge el verbo correcto de la lista y luego escribe la forma correcta del indicativo (presente, pretérito, imperfecto), el infinitivo o el subjuntivo.

cambiar
comprar
empezar
escribir
hablar
hacer
poder
salir
ser
tener
tener

Querida Esperanza:

_____ (1) un hombre de 35 años y tengo un problema: hace una semana _____ (2) una crema especial y muy cara para cambiarme el color del pelo. Mi pelo _____ (3) de color, pero también _____ (4) a caerse. Antes _____ (5) mucho pelo, pero ahora ya no _____ (6) pelo.

¡Imagínese! Me da vergüenza _____ (7) de casa. ¿Qué puedo _____ (8)? ¿Comprar un sombrero? ¿Qué es mejor, que le _____ (9) a la compañía que hizo la crema o que _____ (10) con un abogado? ¿Hay algún abogado que Ud. me _____ (11) recomendar?

Calvo y sin plata

Para la respuesta de Esperanza, haz clic **aquí**.

_____

Querida Esperanza:

Hace un mes _____ (1) mi suegra y ahora _____ (2) problemas con la herencia. Ella _____ (3) enferma durante tres años y yo la _____ (4) al médico, le di de comer y cuando ya no pudo _____ (5), le _____ (6) una silla de ruedas. Ella _____ (7) feliz con la silla que le compré. El hermano de mi esposa no _____ (8) nada, pero recibió todo el dinero y a nosotros mi suegra nos dejó solamente el gato y un álbum de fotos. ¿Qué nos aconseja que _____ (9)? ¿Es necesario que _____ (10) con el hermano de mi esposa?

Responsable pero pobre

Para la respuesta de Esperanza, haz clic **aquí**.

caminar
comprar
estar
estar
hablar
hacer
hacer
llevar
morirse
tener

Do Web Search activities.

Parte B. Ahora imagínate que eres Esperanza y tienes que escribir respuestas a estas personas. Usa expresiones como **es necesario que, le aconsejo que,** etc.

Más allá

Trabajo en el ámbito legal

Con la gran cantidad de personas de habla española que hay en los Estados Unidos y con los acuerdos comerciales como el Tratado de Libre Comercio (*NAFTA*) que existen en la actualidad, cada día se necesitan más y más personas que sepan español para trabajar en el ámbito legal. Esto incluye desde secretarios e intérpretes para juicios (*court cases*) hasta abogados. Algunas especialidades de derecho tienen más demanda que otras, como el derecho migratorio, el derecho penal y el derecho internacional. Hasta los abogados de bienes raíces (*real estate*) que hablan español tienen muchas oportunidades de trabajo en ciertas regiones del país.

Otro campo donde hay gran demanda de personas bilingües es el policial. En ciudades como Pittsburgh y Nueva York la policía ofrece clases de "Survival Spanish" para sus trabajadores donde se estudian no solo el vocabulario de uso frecuente sino también las diferentes culturas hispanas y sus costumbres. Por ejemplo, en muchos países hispanos, cuando un policía le pide al conductor de un carro que pare, es común que el conductor inmediatamente baje del carro y camine hacia donde está el policía. Saber las diferencias ayuda a reducir conflictos innecesarios.

Law Office of Shawn C. Brown
A Professional Corporation
540 South St. Marys Street
San Antonio, TX 78205
Ph: (210) 224-8200

Se Habla Español

Estudié ciencias políticas, derecho y tomé cursos de español en la universidad. Hoy día soy abogado y también fotógrafo profesional. Gracias a mi español, tuve la oportunidad de conocer todo un continente y sus culturas. También pude documentarlas en mis trabajos como consultor sobre sociedad civil y en industrias de alta tecnología que tienen operaciones en Latinoamérica.
—*David Kupferschmidt*

¿? En tu comunidad o estado, ¿es común que los policías, los abogados o los trabajadores de las cortes hablen español? ¿Por qué?

Vocabulario funcional

Los números ordinales

primero	*first*
segundo	*second*
tercero	*third*
cuarto	*fourth*
quinto	*fifth*
sexto	*sixth*
séptimo	*seventh*
octavo	*eighth*
noveno	*ninth*
décimo	*tenth*

Las habitaciones de la casa

el baño	*bathroom*
la cocina	*kitchen*
el comedor	*dining room*
el cuarto de servicio	*maid's room*
el dormitorio	*bedroom*
el hall (de entrada)	*entrance hall*
el pasillo	*hallway*
la sala	*living room*

Palabras relacionadas con la casa o el apartamento

el agua	*water*
el alquiler	*rent*
amueblado/a	*furnished*
el apartamento	*apartment*
la calefacción	*heat*
el edificio	*building*
la electricidad	*electricity*
la fianza/el depósito	*security deposit*
el garaje	*garage*
el gas	*gas*
los gastos	*expenses*
la luz	*light; electricity*
el piso	*floor*
el portero	*doorman; janitor*

En la cocina

la aspiradora	*vacuum cleaner*
la cafetera	*coffee maker*
el congelador	*freezer*
la estufa/cocina eléctrica/ de gas	*electric/gas stove*
el fregadero	*kitchen sink*
el (horno de) microondas	*microwave (oven)*
la lavadora	*washing machine*
el lavaplatos	*dishwasher*
la nevera/el refrigerador	*refrigerator*
la tostadora	*toaster*

En el baño

la bañera	*bathtub*
el bidé	*bidet*
la ducha	*shower*
el espejo	*mirror*
el inodoro	*toilet*
el lavabo	*sink*

Los muebles

la alfombra	*carpet*
el armario/el ropero	*armoire, closet*
la cómoda	*dresser*
el estante	*bookshelf; shelf*
el sillón	*easy chair*

Palabras afirmativas y negativas

algún, alguna, algunos, algunas (*adjectives*)	*some; any*
alguno, algunas, algunos, algunas (*pronouns*)	*some; any*
ningún, ninguna (*adjectives*)	*(not) any*
ninguno, ninguna (*pronouns*)	*none; no one; not any*

Más verbos

aconsejarle (a alguien)	*to advise (someone)*
escoger	*to choose, select*
esperar	*to hope*
prohibirle (a alguien)	*to forbid, prohibit*
recomendarle (e ⟶ ie) (a alguien)	*to recommend (to someone)*

Palabras y expresiones útiles

el consejo	*advice*
de segunda mano	*secondhand, used*
es bueno	*it's good*
es importante	*it's important*
es mejor	*it's better*
es necesario	*it's necessary*
la esperanza	*hope*
Fulano, Mengano y Zutano	*Tom, Dick, and Harry*
el/la jefe/a	*boss*
o sea	*that is to say*
ojalá (que) + *subjunctive*	*I hope that . . .*
la plata	*slang for "money" (literally: silver)*
¡Por el amor de Dios!	*For heaven's sake! (literally: For the love of God!)*
¡Vaya!	*Wow!*

Videoimágenes

La vida de la ciudad

Antes de ver

Actividad 1 **El barrio ideal** Antes de ver el video, en parejas, digan qué cosas de la siguiente lista buscan Uds. en el barrio (*neighborhood*) ideal y por qué. Sigan el modelo.

> ■■■ Es importante que tenga un supermercado cerca porque no quiero usar mi carro para hacer compras.

ser tranquilo
haber mucha gente joven
ser seguro
tener tiendas muy cerca
(no) haber muchos niños

poder estacionar el carro en la calle
tener restaurantes económicos
estar en un lugar céntrico
tener acceso a transporte público

Mientras ves

34:34–37:33

Actividad 2 **Busca un apartamento que...** Javier quiere alquilar un apartamento en Madrid en el mes de agosto. Mientras miras el siguiente segmento, escribe qué muebles y otras cosas ves en las diferentes habitaciones del apartamento de Carmen, una secretaria administrativa que vive con su hija en un barrio de clase media.

salón comedor	dormitorio	baño	cocina

Javier con Carmen Fernández. ➤

Actividad 3 Visita por el barrio En este segmento, Carmen lleva a Javier a conocer el barrio. Escribe una lista de lugares que están cerca del apartamento.

37:44–38:41

Después de ver

Actividad 4 A comparar Después de ver el video, compara tu casa o apartamento con el de Carmen Fernández. Luego compara el barrio de Madrid donde vive Carmen con el de tu casa o apartamento.

Mientras ves

Actividad 5 Visita por Buenos Aires En este segmento Mariela habla con una amiga en Buenos Aires, Argentina, sobre el centro de esa ciudad. Mientras escuchas la conversación, completa las siguientes ideas.

38:42–end

1. San Martín es el _____ de Argentina.
2. El Kavannagh es el _____ rascacielos (*skyscraper*) de América Latina.
3. La zona de la calle Florida es el centro _____.
4. El horario de trabajo es de _____ a _____.
5. El horario del almuerzo es de _____ a _____.
6. La ropa típica que llevan los hombres al trabajo es pantalones _____, saco _____ y camisa _____.
7. Después del trabajo la gente va a la casa, _____ o a _____.

Después de ver

Actividad 6 Costumbres de este país Después de ver el segmento, en parejas, digan cuáles son algunas costumbres del país donde viven Uds. para poder describírselas a un turista.

1. horario de trabajo
2. horario del almuerzo
3. ropa típica que llevan al trabajo los hombres y las mujeres
4. cosas típicas que hace una persona después del trabajo
5. número de semanas de vacaciones

El tiempo libre

➤ **Indígenas zapotecas en un mercado del estado de Oaxaca, México.**

Chapter Objectives

- Discussing leisure-time activities
- Expressing doubt and certainty
- Telling how an action is done (quickly, etc.)
- Discussing food and its preparation
- Giving instructions
- Expressing emotion

¿Qué saben?

1. México es _____ veces más grande que Texas.
   a. dos   b. tres   c. cinco

2. México tiene más de 20.500.000 turistas al año. Entre ellos el _____ son estadounidenses.
   a. 67,5%   b. 77,5%   c. 87,5%

3. ¿Qué países forman parte del Tratado de Libre Comercio de Norteamérica? (*NAFTA*)?

4. ¿Cómo se llaman las fábricas en México y Centroamérica donde hacen productos para luego venderlos principalmente en los Estados Unidos?

5. ¿Cómo se llama la ciudad mexicana que está al otro lado de la frontera de El Paso, Texas?

Para escuchar

El trabajo y el tiempo libre

◄ Un restaurante en México.

tal vez/quizá(s) + *subjunctive*	perhaps/maybe
Somos dos.	There are two of us.
¡Qué (buena) suerte!/	What (good) luck!/
¡Qué mala suerte!	What bad luck!

■■■ **Tal vez** and **quizá** (or **quizás**) don't use **que;** they are followed directly by the subjunctive.

Raúl, un amigo de Vicente y Juan Carlos que es sociólogo, está ahora en México haciendo investigación sobre las maquiladoras. Las maquiladoras, plantas que importan materiales para ensamblar (assemble) *y luego exportar, generalmente están en México o Centroamérica y muchas son de compañías de los Estados Unidos y Japón. Ahora Raúl entra a almorzar en un restaurante con su amiga Rosa, una asistente social mexicana.*

Actividad *1* **¿Cierto o falso?** Lee las siguientes oraciones y luego, mientras escuchas la conversación, identifica si son ciertas (**C**) o falsas (**F**).

1. _____ La gente de Nogales que trabaja en las maquiladoras no tiene tiempo libre.
2. _____ Muchas mujeres trabajan durante el día.
3. _____ Raúl compara a Rosa con Frida Kahlo.
4. _____ A las mujeres les pagan igual que a los hombres.
5. _____ Las mujeres trabajan menos que los hombres.
6. _____ El sábado Raúl va a comer en un restaurante.

Actividad *2* **Preguntas** Después de escuchar la conversación otra vez, contesta estas preguntas.

1. ¿Por qué muchas mujeres trabajan por la noche en las maquiladoras?
2. ¿Por qué conoce Rosa los problemas que existen en las maquiladoras?
3. ¿Por qué Raúl compara a Rosa con Frida Kahlo?
4. ¿Cómo es el salario de los trabajadores de las maquiladoras: alto, bajo o normal?
5. En tu país, ¿cómo es la situación laboral para los hombres y las mujeres?

¿Lo sabían?

FRIDA KAHLO USA24

Diego Rivera (1886–1957) y Frida Kahlo (1907–1954) fueron una pareja de famosos pintores mexicanos. Se conoce a Rivera por sus murales que representan la historia y los problemas sociales de su país y de otros países del hemisferio occidental. Pintó muchos murales en edificios públicos, ya que consideró que la clase trabajadora debía tener acceso a ellos. En los Estados Unidos se pueden ver sus murales en Detroit y en San Francisco.

Kahlo, quien de joven sufrió un terrible accidente que la afectó durante toda la vida, pintó mayormente autorretratos. Ella dijo: "Me pinto a mí misma porque estoy a menudo sola y porque soy la persona a la que mejor conozco". Muchas de sus pinturas, tristes y con elementos fantásticos, se encuentran hoy día en el Museo Frida Kahlo en Coyoacán, México, que está en la casa donde vivieron los dos pintores.

¿? ¿Hay murales en tu ciudad? ¿Están en edificios públicos o privados? ¿Quiénes los pintaron? ¿Cuál son los temas de los murales?

Actividad 3 ¿Qué crees? Parte A. Contesta estas preguntas escogiendo las opciones que describen tu opinión.

1. ¿Crees que exista la suerte?

_____ Sí, creo que existe. _____ Es posible que exista.

_____ No, no creo que exista.

2. ¿Crees que se pueda ver el futuro en la palma de la mano?

_____ Sí, creo que se puede ver el futuro en la palma de la mano.

_____ Es posible que se pueda ver el futuro en la palma de la mano.

_____ No, no creo que se pueda ver el futuro en la palma de la mano.

3. ¿Crees que haya vida en otros planetas (Venus, Marte, Plutón, Urano)?

_____ Sí, creo que la hay. _____ Es posible que la haya.

_____ No, no creo que la haya.

4. ¿Crees que algunas personas tengan percepción extrasensorial (*ESP*)?

_____ Sí, creo que algunas personas tienen percepción extrasensorial.

_____ Es posible que algunas personas tengan percepción extrasensorial.

_____ No, no creo que ninguna persona tenga percepción extrasensorial.

Parte B. En parejas, háganle a su compañero/a las preguntas de la **Parte A** para ver qué opina y por qué.

Actividad 4 Quizás... quizás... quizás En parejas, Uds. tienen problemas y quieren hablar con un/a amigo/a para pedirle consejos. "A" cubre la columna B y "B" cubre la columna A. Primero "A" le explica sus problemas a "B" para ver que cree que debes hacer. Después cambien de papel.

■ ■ ■ A: Dejé las llaves dentro del coche.
B: Tal vez tengas que romper la ventanilla./Quizás debas llamar a la policía.

A	B
1. No funciona el televisor nuevo que compraste.	1. Acabas de empezar un nuevo trabajo y de repente te obligan a trabajar sábados y domingos.
2. Acabas de recibir una cuenta de teléfono de $325. Hay tres llamadas de larga distancia a Japón y no llamaste a nadie allí.	2. Un buen amigo bebe mucho y crees que es alcohólico.
3. Te acaban de poner una multa.	3. Acabas de romper un espejo.

Vocabulario esencial I

Los pasatiempos

1. hacer rompecabezas
2. jugar juegos de mesa
3. jugar (a las) cartas
4. jugar (al) ajedrez
5. jugar (al) billar
6. jugar con juegos electrónicos/videojuegos

Otros pasatiempos

arreglar el carro to fix the car
cocinar to cook
coleccionar to collect
  estampillas stamps
  monedas coins
  tarjetas de béisbol baseball cards
coser to sew
cuidar plantas (hacer jardinería)
  to take care of plants (to do gardening)
escribir poesía to write poetry

hacer artesanías to make crafts
hacer crucigramas to do crossword puzzles
navegar por Internet to surf the Net
pasar tiempo con amigos to hang out with friends
pescar to fish
pintar to paint
tejer to knit; to weave

■■■ Associate people you know with their hobbies.

To practice: Do Workbook, CD-ROM, and Web activities.

Actividad 5 **Los pasatiempos** **Parte A.** Escribe la primera letra de tu nombre en el primer espacio en blanco de la columna apropiada para describir tus pasatiempos. Luego, escribe una **M** o una **P** en el segundo espacio en blanco de la columna apropiada para describir los pasatiempos de tu madre o tu padre.

Me/Le gusta	mucho	poco	nada
1. pintar	___ ___	___ ___	___ ___
2. cuidar plantas	___ ___	___ ___	___ ___
3. navegar por Internet	___ ___	___ ___	___ ___
4. pescar	___ ___	___ ___	___ ___
5. hacer crucigramas	___ ___	___ ___	___ ___
6. jugar juegos de mesa	___ ___	___ ___	___ ___
7. ¿ ?	___ ___	___ ___	___ ___

Parte B. En parejas, hablen con su compañero/a para ver qué hacen él/ella y su madre o padre en el tiempo libre. Hagan preguntas como **¿Te gusta cocinar? ¿Pintas en tu tiempo libre? ¿A tu madre/padre le gusta cuidar plantas?**

Parte C. En parejas, escriban tres oraciones para describir qué hacen Uds. en su tiempo libre. Por ejemplo:

■■■ A nosotros nos gusta mucho navegar por Internet, pero a la madre de Phil no le gusta nada.

Actividad 6 Los intereses En grupos de tres o cuatro, háganse las siguientes preguntas para averiguar qué hacen en su tiempo libre.

1. jugar a las cartas
   Si contestan que sí: ¿A qué juegan? ¿Con quiénes? ¿Juegan por dinero? En general, ¿pierden o ganan dinero?
   Si contestan que no: ¿Por qué no?

2. tener alguna colección
   Si contestan que sí: ¿De qué? ¿Cuántos/as tienen en su colección? ¿Cuántos años tenían cuando empezaron esa colección?
   Si contestan que no: ¿Les gustaría tener una colección? ¿Qué les gustaría coleccionar?

3. hacer crucigramas o rompecabezas
   Si contestan que sí: ¿Dónde? ¿Cuándo? ¿Son expertos?
   Si contestan que no: ¿Por qué? ¿Son interesantes esos juegos o les causan frustración?

4. jugar con juegos electrónicos
   Si contestan que sí: ¿Cuáles? ¿Dónde? ¿Son expertos? ¿Cuánto tiempo hace que juegan?
   Si contestan que no: ¿Por qué no juegan? ¿Tienen computadora?

5. ¿Qué otra actividad hacen en su tiempo libre?

Actividad 7 El juego apropiado Uno de Uds. tiene que organizar una reunión donde va a haber personas de diferentes edades y la otra persona trabaja en una tienda de juegos. Cada uno mire solamente un papel.

Organizador/a

Necesitas buscar actividades o juegos para las siguientes personas:

- niños de 10 años
- un grupo de adolescentes
- una persona a quien le encanta estar sola
- personas entre 40 y 60 años
- una persona muy intelectual

Usa frases como **Busco un juego/una actividad que sea...**

Vendedor/a

Estos son algunos de los juegos o pasatiempos que puedes sugerir:

- juegos de mesa: Monopolio, Pictionary, ajedrez
- cartas para jugar a "Texas Hold'em", al solitario, al bridge
- revistas de crucigramas
- juegos electrónicos

Recuerda dar consejos con expresiones como **Le aconsejo que..., Es bueno que...**

Gramática para la comunicación I

I. Expressing Doubt and Certainty: Contrasting the Subjunctive and the Indicative

■■■

In the conversation between Rosa and Raúl at the beginning of the chapter, Rosa says, **"Dudo que yo pinte tan bien como la Kahlo."** Is she expressing certainty or doubt? Which of the two verbs in the sentence is in the indicative mood and which is in the subjunctive?

If you said doubt to the first question, and **dudo** (indicative) and **pinte** (subjunctive) to the second one, you were correct.

1 ■ To express doubt, denial, or certainty in a personal way, use the following.

Expression of doubt/denial + **que** + subjunctive	Expression of certainty + **que** + indicative
dudar que... **¿creer que...?** **no creer que...**	**no dudar que...** **estar seguro/a de que...** **creer que...**
Dudo que ellos **sean** buenos amigos. *I doubt that they are good friends.*	**Estoy segura que son** buenos amigos. *I'm sure that they are good friends.*
¿Crees que ellos **se diviertan** con el ajedrez? *Do you believe (think) that they have fun with chess?*	Él **está seguro de que** ellos **se diviertan** con el ajedrez. *You are sure they have fun with chess.*
No creo que ella **salga** con él esta noche. *I don't think that she will go out with him tonight.*	**Creo* que** ella **sale** esta noche. *I believe (think) that she will go out tonight.*

*NOTE: Creer in an affirmative statement does not imply doubt.

2 ■ To express doubt, denial, or certainty in an impersonal way, use the following.

Expression of doubt/denial + **que** + subjunctive	Expression of certainty + **que** + indicative
(no) es posible que... **(no) es probable que...** **quizás/tal vez*** **es dudoso que...** **no está claro que...** **no es evidente que...** **no es cierto que...** **no es verdad que...**	**no hay duda que...** **está claro que...** **es evidente que/es obvio que...** **es cierto que...** **es verdad que...**
No es cierto que Diana **escriba** poesía. *It isn't true that Diana writes poetry.*	**Es cierto que** Diana **escribe** poesía. *It's true that Diana writes poetry.*
Es probable que ellos **jueguen** a las cartas. *It's probable that they play cards.*	

*NOTE: Quizás and **tal vez** do not use **que.**

3 ■ You can use **(no) es posible** + *infinitive* to express doubt, when referring to no one in particular.

Es posible ir mañana. *It's possible to go tomorrow.*

■ ■ ■ Doubt = subjunctive
Certainty = indicative

Actividad *8* **La política** **Parte A.** En parejas, turnénse para dar sus opiniones sobre el presidente de los Estados Unidos, formando oraciones con frases de las tres columnas.

Es evidente		ser inteligente
Dudo		entender los problemas del país
(No) creo		querer mejorar la educación
(No) es cierto	que el presidente	ser liberal
Es obvio		ser bueno
(No) es posible		trabajar mucho
(No) es probable		decir la verdad
(No) es verdad		saber hablar con otros líderes

■ ■ ■ Doubt = subjunctive
Certainty = indicative

Parte B. Después de escuchar las oraciones de tu pareja, ¿crees que él/ella sea liberal, conservador/a o que tenga poco interés en la política?

Actividad *9* **En la calle** Hace calor y Uds. están caminando por la calle. Todas las ventanas están abiertas y oyen conversaciones. En parejas, hagan conjeturas sobre qué está haciendo la gente o de qué está hablando. Usen frases como **es posible que..., es probable que..., creo que...**

1. —Voy a comprar un hotel.
   —¡Caray! ¡Otro hotel! Ya tienes cinco.
   —Vas a perder.
   —No creo. Vamos a ver. Uno, dos, tres, cuatro, cinco, seis, siete.
   —Ja, ja, ja. Tienes que ir a la cárcel. ¿Ves? Como te dije, no vas a ganar.

2. —¡Gané yo! Tengo tres ochos.
   —Un momento, dos... tres... cuatro... cinco... y seis y todas de corazón.
   —¡Caray!

3. —Comida de viejas.
   —¿Cuántas letras?
   —Ocho y la primera es una "l" y la tercera es una "n".
   —Lentejas.
   —Gracias.

4. —Esta tarjeta me la regaló mi padre.
   —¿Y quién es ese en la foto?
   —Es Roberto Clemente y jugó para los Tigres de Pittsburgh.
   —Y, dime, ¿cuántas tienes?
   —Más o menos 250 ahora.

◀ Ruinas mayas de Chichén Itzá, península de Yucatán, México.

Actividad *10* Los mexicanos Parte A. Lee la siguiente información sobre los mexicanos y responde a las preguntas de tu profesor/a.

- México es un país principalmente católico pues casi el 90% de la población es católica aunque muchos no van a la iglesia.

- En el país se hablan más de 250 idiomas diferentes y la gran mayoría son idiomas indígenas como el náhuatl.

- La composición étnica de la población es la siguiente:
mestizo	60%
amerindio	30%
blanco	9%
otro	1%

- La educación pública a nivel primario, secundario y universitario es gratuita o casi gratuita, pero la gente de clase alta generalmente asiste a instituciones privadas.

- Con frecuencia, los hijos no se van de la casa de sus padres hasta casarse. Algunos de la clase trabajadora se quedan en la casa después de casarse y al tener hijos, si ya no hay más lugar en la casa, se van.

- El 10% más rico de la población consume el 35,6% del mercado interno mientras que el 10% más pobre consume el 1,6%.

Parte B. Ahora, en parejas, usen la información que leyeron en la **Parte A** para expresar su opinión sobre las siguientes ideas. Al opinar, usen frases como **creo que...**, **dudo que...**, **no creo que...** y expliquen por qué piensan de esa manera.

1. Hay mucha diversidad en México.
2. No existe la discriminación racial en México.
3. Hay igualdad de oportunidades.
4. Las familias son muy unidas.
5. El porcentaje de divorcios es muy bajo.

En grupos de tres, averigüen de qué signo son sus compañeros/as de grupo.

■■■ A: ¿Cuándo es tu cumpleaños?/¿De qué signo eres?
B: Mi cumpleaños es el... de...
C: Entonces eres de virgo/acuario/etc.

Ahora lean su propio horóscopo y el de sus compañero/as para este mes y coméntenlos usando las siguientes frases.

es evidente que hoy debo... porque...   es probable que yo/tú...
no creo que sea verdad porque yo/tú...   dudo que tú...
es posible que yo/tú...   es mejor que tú...
es necesario que tú...   te aconsejo que...

ARIES
21 de marzo—20 de abril

Alguien que te ama secretamente va a confesarte su amor. Vas a perder mucho dinero este mes jugando a las cartas. Suerte: días 25 y 29.

TAURO
21 de abril—21 de mayo

Entras en una etapa de expansión sentimental. Debes escribir poesía romántica. Conoces a una persona que va a ser muy importante en tu vida. Suerte: días 17 y 29.

GÉMINIS
22 de mayo—21 de junio

Esa cosa que esperas hace mucho tiempo finalmente llega. Estás muy nervioso; debes tomar bebidas sin cafeína y hacer crucigramas para relajarte. Suerte: días 14 y 27.

CÁNCER
22 de junio—22 de julio

Este mes vas a estar lejos de una persona que quieres mucho. Vas a sentirte un poco triste, pero si te mantienes activo todo va a ser mucho mejor. Hacer jardinería o arreglar el carro te pueden ayudar a estar activo. Suerte: días 17 y 18.

LEO
23 de julio—23 de agosto

Días muy positivos en tu vida. Buena semana para buscar un trabajo nuevo. Si navegas por Internet, puedes encontrar opciones interesantes. Tu situación económica va a mejorar considerablemente. Suerte: días 15 y 16.

VIRGO
24 de agosto—23 de septiembre

Toda la energía que pusiste en tu trabajo hasta ahora va a darte resultados inesperados. Vas a recibir un gran regalo. Es hora de pasar tiempo con los amigos y la familia. Suerte: días 19 y 20.

LIBRA
24 de septiembre—22 de octubre

Días de contraste entre tu vida sentimental y tu vida laboral. Llega una sorpresa. Suerte: días 12 y 17.

ESCORPIÓN
23 de octubre—22 de noviembre

Una persona que conoces hace mucho tiempo te va a decir que está loca de amor por ti. Debes actuar con calma. Suerte: días 14 y 29.

SAGITARIO
23 de noviembre—20 de diciembre

Alguien que conoces quiere invitarte a bailar. Acepta esa invitación. Va a hacerte feliz. Suerte: días 13 y 17.

CAPRICORNIO
21 de diciembre—20 de enero

No te preocupes demasiado por tus obligaciones. Necesitas dormir más. Debes quedarte en casa y hacer cosas allí. Suerte: días 11 y 29.

ACUARIO
21 de enero—19 de febrero

Un amigo te da un buen consejo. ¡Ojo! Puede afectar tu futuro. Suerte: días 10 y 27.

PISCIS
20 de febrero—20 de marzo

Un amigo de la escuela secundaria viene a pasar tiempo contigo. Vas a recordar momentos felices. ¡Ojo con las comidas que cocina él! Suerte: días 11 y 29.

Actividad 12 **¿Verdad o mentira?** **Parte A.** Escribe tres oraciones sobre tu vida actual y dos sobre tus pasatiempos. Dos deben ser falsas y tres deben ser ciertas. Por ejemplo:

■■■ Vivo en un apartamento con cinco personas y dos perros.

Uno de mis pasatiempos favoritos es.../Tengo una colección de...

Parte B. En parejas, túrnense para leerle las oraciones a su compañero/a. El/La compañero/a debe decir si cree que son verdad o mentira. Usen frases como **(No) creo que..., Dudo que..., (No) es verdad que..., Es cierto que...** y justifiquen sus respuestas. Sigan el modelo.

■■■ A: Vivo en un apartamento con cinco personas y dos perros.

B: Creo que sí vives en un apartamento con... porque...

B: No creo que vivas en un apartamento con... porque...

II. Saying How an Action is Done: Adverbs Ending in *-mente*

■■■

1 ■ An adverb of manner indicates how the action expressed by the verb is done. In English, many adverbs of manner end in *-ly*. In Spanish, adverbs of manner are formed by adding **-mente** to the feminine singular form of the adjective. However, if the adjective ends in a consonant or **-e**, simply add **-mente**. If the adjective has an accent, it is retained when **-mente** is added.

rápid**o** ⟶ rápid**amente**   frecuente ⟶ frecuent**emente**
general ⟶ general**mente**

Speedy González corre **rápidamente.**   *Speedy González runs rapidly.*

2 ■ If used in a series, only the last adverb ends in **-mente;** the others, however, use the feminine form of the adjective.

Speedy González corre **rápida** y **frecuentemente.**

3 ■ Common adverbs include:

constantemente	frecuentemente	probablemente
continuamente	generalmente	rápidamente
divinamente	inmediatamente	solamente*
fácilmente	posiblemente	tranquilamente

*NOTE: solamente = **solo** (*only*)
It is common to say **solamente** or simply **solo.** (You may see this word written with an accent: **sólo.**)

To practice: Do Workbook, CD-ROM, and Web activities.

ADVERTENCIA DEL CIRUJANO GENERAL: Dejar de Fumar Ahora Reduce Enormemente Los Graves Riesgos Para Su Salud.

Actividad 13 **¿Cómo son?** Pon el nombre apropiado de una persona famosa en cada oración. Luego, en parejas, comparen sus respuestas.

1. _____ baila divinamente.

2. _____ maneja rápidamente.

3. Frecuentemente _____ tiene problemas con la policía.

4. _____ solo hace papeles dramáticos en las películas.

5. _____ cambia de novio/a constantemente.

6. Generalmente _____ le miente al pueblo (*the people*).

7. Normalmente _____ es muy cómico/a.

■ ■ ■ solo = solamente

Actividad 14 **¿Qué hace?** ¿Conoces bien a tu compañero/a? Escribe oraciones para expresar tu opinión sobre las costumbres de tu compañero/a combinando ideas de todas las columnas. Usa expresiones como **dudo que, no creo que, estoy seguro que, creo que...** y justifica tus ideas. Después, en parejas, léanse las oraciones para ver si Uds. se conocen bien o no.

■ ■ ■ A: Dudo que duermas tranquilamente porque siempre estás cansada/o en clase.

B: Es verdad que no duermo tranquilamente.

B: No, yo duermo tranquilamente todas las noches.

		hacer rompecabezas	constante
		leer poesía	continuo
		jugar con videojuegos	divino
tú	(no)	conducir	fácil
		dormir	frecuente
		dormirte	general
		navegar por Internet	inmediato
		¿ ?	tranquilo
			rápido

Nuevos horizontes

ESTRATEGIA: Reading an Informative Interview Article

Interview articles are normally easier to read than prose since the questions serve as a guide or outline that helps the reader focus on the important points. Here are a few tips that can help you when reading an informative interview article.

1. Read the headline and introductory paragraph; these usually contain or summarize the main idea of the article.
2. Look at the pictures, tables, or graphs that may accompany the text; they illustrate themes in the article.
3. Scan the text to read only the interviewer's questions, which will clue you in to the main ideas.
4. Find out who is being interviewed: Is the person considered an expert on the subject because of research he or she has done? Is the person relating a life experience? Is the person a spokesperson for a company?, etc.

By following these steps, you will gain background knowledge about the topic, which will increase your understanding when reading the complete text.

Actividad 15 Lee y adivina Antes de leer un artículo sobre las maquiladoras o maquilas, haz las siguientes cosas.

1. Lee el título y la introducción y mira la foto de esta página. Explica en una oración la idea del artículo. Luego lee solamente las preguntas de la entrevistadora para confirmar tu predicción.
2. Mira el artículo para buscar quién es la persona entrevistada:
   a. el dueño de una maquiladora
   b. la presidenta del sindicato (*union*) de trabajadores
   c. una persona que trabajó en las maquiladoras
   d. la directora de una película documental

Ahora, sin leer el artículo, trata de responder a las siguientes preguntas.
3. ¿Crees que el trabajo en la maquiladora sea fácil o difícil?
4. ¿Crees que el salario que se gana en la maquiladora sea bueno o malo?
5. ¿Por qué dejó de trabajar en la maquiladora la persona entrevistada?

Ahora lee la entrevista para confirmar tus respuestas y saber más sobre las maquiladoras.

◄ Mujeres trabajando en una maquiladora en México.

LA VIDA EN LA MAQUILA

Por sólo 60 dólares al mes, la joven nicaragüense Miriam V. trabajó durante ocho años en una maquila, industrias manufactureras ubicadas en zonas francas de México y Centroamérica, principalmente. La explotación que sufren estas trabajadoras se retrata en el documental "Maquiladoras".

Durante ocho años, Miriam V. trabajó los siete días de la semana, catorce horas diarias, en varias maquilas de Nicaragua. La necesidad de alimentar y vestir a sus tres hijos llevó a esta joven de 26 años a trabajar en condiciones de explotación, "como una máquina" como ella misma dice, y por unos quince dólares a la semana.

La historia de Miriam y de muchas otras mujeres nicaragüenses que trabajan en las maquilas se narra en el documental "Maquiladoras" que estos días se presenta en Barcelona. Para explicar de primera mano las condiciones en las que trabajan las maquiladoras, Miriam viajó hasta España. "Espero que el documental sea un granito de arena[1] y ayude a mejorar las condiciones en las maquilas", explica esperanzada.

¿Cómo es un día de trabajo en una maquila?

► Mi jornada comenzaba a las seis de la mañana y acababa a las siete o las ocho de la tarde, sábados y domingos incluidos. La jornada era bien dura porque trabajaba numerando un montón de piezas de tela, para después poder armar pantalones, y el trabajo venía y venía sin cesar. En un sólo día podía contar miles de piezas y pantalones, siempre de pie, en un área con mucho polvo y sin descanso en todo el día, sólo con 45 minutos para almorzar.

¿Qué derechos tenías como trabajadora?

► Tenemos el derecho al pago de nuestras horas extras, pero no a un salario digno. También tenemos derecho a ir a la clínica, pero siempre y cuando en tu tarjeta del seguro especifique la fecha en la que vas, así que si tienes dolor de cabeza o te sientes mal no puedes ausentarte. En toda nuestra jornada laboral, además, sólo podemos ir dos veces al baño.

¿Cuánto se cobra por realizar este trabajo?

► En una de las cuatro fábricas en las que trabajé tenía un salario básico de 15 dólares a la semana, trabajando las 48 horas legales más un mínimo de 24 horas extra.

En comparación con otros empleos, ¿es un trabajo bien pagado?

► Está mal pagado. Mucha gente me pregunta cómo entré a trabajar en una maquila. La verdad es que me casé a los 16 años, ahora tengo 26 y tres niñas, una de 9 años y un par de gemelas de 8 años. Empecé a trabajar en una maquila para verlas alimentadas, vestidas y con su salud pagada porque al cotizar[2], mi seguro de asistencia médica también las cubría a ellas.

¿Todas las prendas de ropa que confeccionan se exportan o algunas se comercializan en Nicaragua?

► Todo lo que producen las maquilas sale al exterior, sólo se instalan en Nicaragua para explotar la mano de obra.

Es algo impresionante, porque por poner un ejemplo, una camiseta sencilla para una niña pequeña la pueden vender por 18 dólares, ¡más de uno de mis sueldos semanales! ¿Puedes imaginar un encargo de 100.000 camisas a la maquila que con cada prenda gana 18 dólares y se produce en un país donde no paga impuestos?

LA ACTITUD DEL GOBIERNO

A pesar de las malas condiciones laborales en las maquilas, ¿favorece el gobierno la entrada de estas fábricas en Nicaragua?

► Sí, porque al Estado no le conviene tener a tanta gente desempleada. El trabajo que ofrecen las maquilas no respeta las leyes laborales, pero eso el Estado no lo tiene en cuenta, no piensa en crear una ley que obligue a estas fábricas a respetar a los ciudadanos. El sueldo y el trato que reciban los trabajadores no les importa.

Fuente: Canal Solidario Catalunya
1 *grain of sand*   2 *when calculating (the contents of her benefit package)*

Durante ocho años trabajaste en varias maquilas pero finalmente abandonaste este trabajo, ¿cómo te decidiste?

► Llevaba nueve meses trabajando en una maquila y, a causa de las condiciones en las que tenemos que trabajar, tuve problemas de salud. Pero no me querían dar permiso para ir al médico porque había mucho trabajo. Me dio neumonía, padecí de asma, tuve fiebre muy alta... llevé un documento en el que constaba que debía hacer 15 días de reposo, de tan grave que estaba, y estuve dos días internada en una clínica.

Hasta que el jefe me dijo que era demasiado tiempo de permiso, que tenía que trabajar. Yo todavía andaba mal y al final me planté en su despacho y le dije que no trabajaba, que priorizaba mi salud, y salí de la maquila.

El documental, un 'granito de arena'

Ahora que has dejado de trabajar en las maquilas, que has pasado unas semanas en España y que regresas a tu país con tu marido y tus hijas, ¿cómo ves tu futuro?

► Mi sueño es estudiar Derecho. Me gustaría darle otra imagen a mi vida, no tanto por mí como por mis hijas, para que valoren el estudio y no tengan que trabajar en una maquila.

Actividad 16 Preguntas Lee el artículo otra vez y contesta las siguientes preguntas usando tus propias palabras.

1. ¿Cuántas horas por semana, contando el almuerzo, trabajaba la entrevistada?
2. ¿Qué tipo de trabajo hacía y cuánto dinero ganaba por semana?
3. Menciona dos derechos que tiene un trabajador en las maquiladoras y dos que no tiene.
4. ¿Por qué trabajó Miriam V. en una maquiladora?
5. ¿Por qué son las maquiladoras buenas para el gobierno de Nicaragua?
6. ¿Por qué decidió dejar el trabajo?
7. ¿Qué quiere que hagan sus hijas?

Actividad 17 Tu opinión Parte A. En el artículo que acabas de leer, no se publica el apellido de Miriam. En grupos de tres, digan un mínimo de tres razones por las que no se lo publicó.

Parte B. El documental "Maquiladoras" muestra las injusticias que ocurren en las maquiladoras. ¿Conocen Uds. otras películas o documentales que muestren injusticias? ¿Qué problemas presentan?

ESTRATEGIA: Describing and Giving Your Opinion   *Escritura*

In the article on the maquiladoras, the author hopes to raise the reader's consciousness about an issue. Through her writing, she wants people to be moved enough by the article to see the documentary and even to take action so that conditions in the maquiladoras improve. In order to reach this goal, she chose to simply introduce the theme and print the transcript of the interview, letting Miriam V.'s comments speak for themselves. Another way to educate the reader and to promote action through writing is to provide commentary and opinions about a topic or situation. To do this:

1. Summarize the main idea, situation, theory, or point of view you want to convey by answering the question *what?*

2. Address the questions *who?*, *when?*, *where?*, *how?*, and *why?* to provide supporting details and background information so that your reader gains an understanding of the situation.
3. Include statistics, first-hand accounts, and quotes to support your point of view.
4. Use expressions such as **es importante notar, se dice, es bueno/malo que,** etc., to introduce your point of view. In informal writing, you may express your point of view or interpretation of the topic with phrases such as **dudo que, en mi opinión, creo que,** and **tal vez.**

Actividad 18 Querida Esperanza Parte A. A mother wrote an email to "Querida Esperanza" explaining a problem she is having with her daughter. Read it to learn what the problem is.

Querida Esperanza:

Le escribo porque estoy preocupada por mi hija Isabel. La chica tiene 13 años y es adicta a los videojuegos. Cuando regresa de la escuela se sienta frente a la computadora y juega eternamente. Solamente se levanta para comer algo y siempre navega por Internet, chatea con gente que no conoce y juega a las cartas con sus amigos virtuales. Ella dice que le gusta porque puede conocer a gente de todo el mundo. También dice que yo la quiero controlar y que no le doy suficiente libertad. Isabel es buena estudiante, pero no tiene amigos de verdad, solo amigos virtuales, y su único pasatiempo es usar la computadora. No hace nada de ejercicio físico y eso me preocupa también porque está un poco gorda. Necesito ayuda urgentemente.
Una madre desesperada

Parte B. You are "Querida Esperanza". Write your response to the mother in Part A and remember to address her formally.

- Summarize in your own words the problem that the mother has and give her your opinions using expressions like **(no) creo que, dudo que, (no) es verdad que,** etc.
- You can research the issue and include statistics, quotes, or personal accounts of others to support your opinion (lack of outside interests, lack of physical activity, disconnecting from friends, dangers of Internet chat rooms, etc.).
- End the email with advice for the mother using expressions like **le aconsejo que, es necesario que, Ud. tiene que,** etc.

■ ■ ■ Keep a copy of your email in case your partner loses it!

Parte C. Exchange your email with a partner. At home, critique (in Spanish) your partner's email.

- Is it clear? Logical? Well explained?
- Are ideas from the mother's email paraphrased or are they copied too closely from the text?
- Are there supporting details? Is there a need for a justification somewhere?
- Are there grammar or vocabulary problems (agreement of subjects with verbs and of adjectives with nouns)?

When commenting, use phrases like: **Interesante. Bien explicado. Buena justificación. No entiendo. Necesitas más explicación. No entiendo la lógica. No es correcto. La forma del verbo es incorrecta.** (etc.) Make at least <u>five</u> comments. When finished, write at the top of the paper: "**Revisado por**" and your name.

Parte D. Read your partner's comments and make all necessary changes in your final draft. Staple together all drafts and hand them in to your instructor.

Vocabulario esencial II

I. El desayuno

■■■ Practice these words when cooking, eating breakfast, etc.

1. el jugo/zumo (España)
2. la mermelada
3. la tostada
4. el yogur
5. la mantequilla
6. la galleta
7. el azúcar
8. el café
9. el croissant/la medialuna

Otras palabras relacionadas con el desayuno

el cereal   cereal
el chocolate con churros   hot chocolate with Spanish crullers
las fresas   strawberries
los huevos (fritos, revueltos, duros)   eggs (fried, scrambled, hard boiled)
el jamón   ham
la manzana   apple
la naranja   orange
la salchicha   sausage
el tocino   bacon

¿Lo sabían?

En muchos países hispanos generalmente se toma un desayuno ligero (*light*) que puede consistir en café con leche y galletas, croissants o tostadas con mantequilla y mermelada. Hoy día algunas personas también comen cereal para el desayuno, pero no comen huevos con tocino. En España, muchos jóvenes pasan la noche en las discotecas y a primera hora de la mañana van a una churrería para tomar un desayuno de chocolate con churros.

¿? ¿El desayuno de tu país es grande o pequeño? ¿En qué consiste y por qué crees que sea así?

Actividad 19 Las calorías Divide las comidas de la lista de vocabulario en dos categorías: comidas que tienen muchas calorías y comidas que tienen pocas.

Actividad 20 Las preferencias En grupos de tres, cuenten qué desayunan durante la semana y el fin de semana. Si comen huevos, averigüen cómo los prefieren.

Actividad 21 Un café ¡Marchando! En grupos de cuatro, "A" es el/la camarero/a y "B", "C" y "D" son tres amigos que entran en la cafetería para tomar el desayuno. Antes de pedir, cada persona debe leer solamente las instrucciones para su papel. Después de pedir, "B", "C" y "D" deben dar su opinión sobre el lugar y el/la camarero/a.

A (Camarero/a)	**B**
No hay tocino, croissants, churros, jugo de naranja. Hay tostadas, salchichas, jugo de tomate, huevos, chocolate y café. Si un cliente te pide algo que no hay, dale un consejo sobre lo que puede comer.	Hoy te gustaría un desayuno fuerte porque no vas a poder almorzar. Te gusta mucho el jugo de naranja fresco. Da tu opinión sobre el/la camarero/a usando expresiones como **Dudo que..., Creo que...**
C	**D**
Te gustaría comer un croissant y tomar un café con leche para despertarte. Da tu opinión sobre esta cafetería usando expresiones como **Dudo que..., Creo que...**	Te encanta el chocolate con churros. Siempre comes algo dulce por la mañana. Da tu opinión sobre la comida usando expresiones como **Dudo que..., Creo que...**

¿Lo sabían?

En español hay muchos dichos relacionados con la comida:

- **Se vende como pan caliente/Se venden como churros** se usa cuando una cosa es muy popular y se vende mucho en las tiendas.
- **Estoy hecho/a una sopa** se dice cuando una persona está muy mojada después de caminar en la lluvia o después de hacer ejercicio.
- **Se puso rojo como un tomate** se dice cuando una persona tiene vergüenza y se pone rojo.
- **No sabe ni papa** se usa cuando una persona es ignorante.

¿? ¿Hay equivalentes en inglés para estos dichos? ¿Qué dichos relacionados con la comida conoces en inglés?

II. La preparación de la comida

1. el recipiente
2. la sartén
3. la olla

4. revolver (o ⟶ ue)
5. añadir
6. darle la vuelta

7. freír (e ⟶ i, i)
8. cortar
9. hervir (e ⟶ ie, i)

■■■ **Freír** is an irregular verb. See Appendix A.

To practice: Do Workbook, CD-ROM, and Web activities.

Actividad 22 **Los cocineros** Di qué cosas de la siguiente lista de comida se pueden cortar, freír, revolver, añadir, etc.

■■■ Note: **Se cort*a* el jamón,** but **Se cort*an* los tomates.**
Se *le* da la vuelta al huevo, but **Se *les* da la vuelta a los huevos.**

	los huevos
	la mantequilla
se corta/n	las papas
se fríe/n	el jamón
se añade/n	el café con azúcar
se le/s da la vuelta a	las zanahorias
se revuelve/n	el queso
se hierve/n	las cebollas
	el tocino
	la coliflor

Actividad 23 **El buen comer** En parejas, una persona le explica a la otra cómo se prepara uno de los siguientes platos. Al terminar la otra persona le explica cómo se prepara otro plato típico que se come en este país.

macarrones con queso
French toast
tacos
ensalada de pollo

Para escuchar

Después de comer, nada mejor que la sobremesa

◄ *Making Tortillas*, Diego Rivera, 1926.

hay que + *infinitive*	one/you must + *verb*
mientras tanto	meanwhile
No puedo más.	I can't eat/take it/do it anymore.
tomarle el pelo a alguien	to pull someone's leg (literally: *hair*)

 platicar = to chat (*Mexico*); many other countries use **charlar**.

Después de la cena en casa de Rosa y Mauricio, Raúl y sus amigos hacen la sobremesa, es decir, platican y beben un café después de la comida.

Actividad 24 ¿Cierto o falso? Mientras escuchas la conversación entre Rosa, Mauricio y Raúl, escribe **C** si la oración es cierta y **F** si es falsa.

1. _____ Rosa y Mauricio son cocineros excelentes.
2. _____ Raúl quiere postre con el café.
3. _____ Comieron tacos en la comida.
4. _____ En muchos hogares (*homes*) de México, la tortilla es más importante que el pan.
5. _____ El maíz (*corn*) se cultiva en pocas zonas de México.
6. _____ Con la comida, Raúl bebió una bebida hecha de maíz.

Actividad 25 **Preguntas** Después de escuchar la conversación otra vez, contesta estas preguntas.

1. ¿Quiénes son buenos cocineros? Y tú, ¿cocinas bien?
2. ¿Qué comidas con tortillas comió Raúl en México?
3. ¿Cuál es el ingrediente principal de las tortillas y por qué es tan importante en México?
4. ¿Dónde se compran las tortillas en México? ¿Y en tu ciudad?
5. ¿Qué bebida tomó Raúl con la cena?
6. ¿Con qué dice Rosa que hay que acompañar el café y por qué?
7. ¿Sabes cuál es la diferencia entre la tortilla española y la tortilla mexicana?

¿Lo sabían?

El año 1492 fue muy importante para el mundo entero. El encuentro entre culturas cambió la dieta en el continente europeo y el americano. Los europeos conocieron en América el maíz, el tomate, la papa, el pavo, los chiles y el chocolate y trajeron a este continente la caña de azúcar. Muchas comidas de los dos continentes se combinaron y el chocolate, como lo conocemos hoy día, es un buen ejemplo de la fusión de culturas.

- Los aztecas bebían chocolate caliente, una bebida amarga (*bitter*) que no les gustaba mucho a los europeos.

- En 1492 Colón llevó semillas de cacao a España.
- Cortés mezcló el chocolate con el azúcar de caña.
- En España empezaron a mezclarlo con vainilla y canela (*cinammon*) y así los europeos comenzaron a beberlo. Era muy popular entre la clase alta.
- En 1847 una compañía inglesa produjo chocolate sólido.
- En 1876 los suizos le añadieron leche y así crearon el chocolate que conocemos hoy día.

¿? ¿Conoces algunas comidas o algunos animales que existían en Europa y no en América en 1492? ¿Qué comidas de América luego influyeron en la comida de Irlanda e Italia?

Actividad 26 **Hay que...** Termina estas frases, usando **hay que.**

▪▪▪ Para aprender más sobre México...

Hay que buscar información en Internet./Hay que ir a la biblioteca y leer./Hay que hablar con los mexicanos./Hay que hablar con el/la profesor/a de español./etc.

1. Para ver las pinturas de Frida Kahlo y Diego Rivera...
2. Para hacer un viaje a México...
3. Para preparar un taco...
4. Para comer comida mexicana auténtica,...

Gramática para la comunicación II

I. Giving Instructions: The Passive *se*

One way to give instructions in Spanish is to use the *passive* **se (se pasivo).** You already did this in **Actividad 22.** The *passive* **se** is used when it is not important to know who is performing the action. Study the following formulas and examples.

se +	*third person singular of verb* +	*singular noun*
	third person plural of verb +	*plural noun or series of nouns*

Primero, **se lava la lechuga.**	*First, you wash the lettuce.* (literally: *First, the lettuce is washed.*)
Segundo, **se cortan los tomates** en trozos pequeños.	*Second, you cut the tomatoes in small pieces.* (literally: *Second, the tomatoes are cut in small pieces.*)
Tercero, **se cortan una cebolla y una papa.**	*Third, you cut an onion and a potato.* (literally: *Third, an onion and a potato are cut.*)

*NOTE: You may also use the *passive* **se** to request or give information as in the following sentences.

¿Dónde **se venden verduras** frescas en esta ciudad?	*Where do they sell fresh vegetables in this city?* (literally: *Where are fresh vegetables sold in this city?*)
Se necesitan camareros.	*Waiters (are) needed.* (Sign seen in a restaurant window.)

Gazpacho andaluz

2 kilos de tomates muy maduros
1/2 pepino
1 barrita de pan pequeña
un vaso (de los de vino) de aceite
sal
1 pimiento grande
1 cebolla grande
2 dientes de ajo
2 ó 3 cucharadas (de las de sopa) de vinagre

Primero, se pelan los tomates y se pasan por la licuadora. Mientras tanto, se ponen a remojar el pan y los pepinos (cortados en rodajas) en un poco de agua con sal. Se trituran juntos, en la licuadora, el pepino, el pimiento, la cebolla, el ajo, el aceite, el pan, el agua del pan, el vinagre y sal a gusto. Se mezcla este líquido con los tomates y se pasa todo, otra vez, por la licuadora. Se pone todo en la nevera. Se sirve con trocitos de pimiento, pepino, tomate y pan.

◄ Una tortilla española, jamón serrano y pan. ¿Tienes hambre?

Actividad 27 **Una receta** La tortilla española es muy diferente de la tortilla mexicana. Da instrucciones para preparar una tortilla española usando el **se** pasivo.

> ■■■ Lavas las patatas. ⟶ Se lavan las patatas.

1. Cortas las patatas y la cebolla.
2. Fríes las patatas y la cebolla.
3. Pruebas (*Taste*) las patatas y la cebolla.
4. Revuelves los huevos.
5. Pones las patatas y la cebolla en un recipiente.
6. Revuelves las patatas y la cebolla con los huevos.
7. Añades la sal.
8. Quitas casi todo el aceite de la sartén.
9. Lo pones en la sartén.
10. Le das la vuelta a la tortilla.
11. Comes la tortilla.

Actividad 28 **El "chef"** **Parte A.** En parejas, Uds. son cocineros y ahora van a inventar un plato nuevo. Escriban la receta (*recipe*). Por ejemplo: **Primero se cortan..., Después se...,** etc. **Se llama... y es delicioso.**

Parte B. Cada pareja debe leerle su receta a la clase y los miembros de la clase deben hacer comentarios y dar recomendaciones: **Creo que ese plato es un asco** (*disgusting*) **porque... Dudo que sea delicioso porque... Les aconsejo que le añadan...**

II. Other Uses of *para* and *por*

You have already learned some uses of **para** and **por** in Chapter 5. The following table presents some new uses as well as the ones you have already learned.

Time	
Use **para**:	Use **por**:
■ to express a deadline	■ to express duration of an action. You can use **durante** instead or just the time period.
El pastel es **para** mañana.	Se revuelven los ingredientes **(por/durante)** diez minutos.
	■ to express a general time period
	Se preparan churros **por** la mañana y sándwiches **por** la tarde.

Direction	
Use **para**:	Use **por**:
■ to indicate direction towards a destination	■ to express *along, by, through*
Salgo **para** el restaurante en cinco minutos.	El guitarrista camina **por** el restaurante mientras toca canciones románticas.
	Tienes que pasar **por** el pueblo para llegar al restaurante que está al otro lado.
	Voy a pasar **por** el banco antes de ir a comer.

Other Uses	
Use **para**:	Use **por**:
■ to express purpose (**para** + *infinitive*)	■ to indicate *by means of*
Compré comida **para** preparar unos sándwiches.	Mandé los chocolates **por** avión.
■ to indicate the recipient of a thing or an action	■ to express exchange or substitute for
El yogur es **para** mi hermana.	Te cambio mi medialuna **por** tus churros.
Trabajo **para** Inka Cola.	Si mi amigo está enfermo, yo trabajo **por** él.
■ to give a personal opinion	
Para mí, la comida mexicana es fantástica.	

Actividad 29 **Las deportistas** Compara estos dibujos y completa cada oración con **para** o **por.**

Ana y Raquel juegan _____ los Tigres.

Perla va a jugar _____ Raquel.

Actividad 30 **La encuesta** Haz una encuesta (*poll*) para averiguar si tus compañeros hacen las siguientes cosas conectadas con la universidad y el trabajo. Intenta encontrar a dos personas para cada situación. Completa las ideas con **para** o **por** y haz preguntas como **¿Trabajas para tus padres en el verano?/¿Para quién trabajas en el verano?**

1. en el verano trabaja _____ sus padres
2. toma apuntes _____ un/a compañero/a si no va a clase
3. _____ él/ella, esta es una universidad divertida
4. trabaja mientras estudia _____ tener dinero
5. pagó más de 60 dólares _____ su mochila
6. estudia _____ ser hombre/mujer de negocios
7. pasa _____ una cafetería antes de ir a clase

Actividad 31 **Opiniones** **Parte A.** En grupos de tres, expresen sus opiniones sobre estas oraciones.

■■■   A: ¿Crees que los colegios mayores sean excelentes?

B: Sí, para mí son excelentes porque...

C: No, para mí son horribles porque...

1. El Mini Cooper es un carro fantástico.
2. El programa de "Jeopardy" es muy aburrido.
3. La música rap es antifeminista.
4. El presidente es muy inteligente.

Parte B. Ahora, forma oraciones para describir las opiniones de las personas de tu grupo.

■■■ Para mí, el Mini Cooper es un carro fantástico porque..., pero para ellos, el Mini Cooper es un carro feo.

Actividad 32 **Quinceañera** Sandra vive en un pueblo de México y hoy cumple 15 años. Sus padres le organizaron una fiesta muy grande. Forma oraciones para las siguientes situaciones relacionadas con la fiesta usando **para** o **por**.

1. Los padres de Sandra alquilaron un salón de fiestas y celebraron su cumpleaños.
2. Los padres le compraron un vestido blanco a Sandra. Les costó 5.000 pesos.
3. Óscar compró doce rosas porque es el cumpleaños de su novia.
4. El padre de Sandra trabaja en el Banco Central de México.
5. Hoy su padre no fue al trabajo para asistir a la fiesta. Su amigo Ramón trabajó en su lugar.
6. Su tío de Los Ángeles le mandó un regalo. Usó la compañía FedEx.
7. Después de la misa, la quinceañera, su familia y sus invitados caminaron de la iglesia al salón de fiestas detrás de una banda de músicos. Caminaron a través del pueblo.
8. En la fiesta, su padre le cambió los zapatos a Sandra. Le quitó los zapatos de tacón bajo y le puso unos de tacón alto.
9. Sandra cree que su cumpleaños de quince años fue un evento muy especial.

¿Lo sabían?

En México y en partes de los Estados Unidos donde hay influencia mexicana, cuando las chicas cumplen los 15 años se hace una celebración que marca el paso de niña a mujer. El día del cumpleaños, la quinceañera, su familia y otros invitados van a una misa especial en la iglesia. Después, es común organizar un baile en la casa o en un salón de fiestas. En pueblos pequeños la quinceañera, su familia y sus amigos caminan detrás de una banda desde la iglesia hasta el lugar de la fiesta. En las grandes ciudades, algunos alquilan limosinas para este corto viaje. En la fiesta, el padre da un discurso para presentar a su hija en sociedad y luego empieza el baile con música en vivo. La quinceañera primero baila con su padre, generalmente un vals, pero después baila música moderna con sus chambelanes. En algunos casos, las damas de honor y los chambelanes hacen un baile con coreografía. En algunos festejos, la quinceañera lleva zapatos de tacón bajo a la iglesia, y luego en la fiesta, el padre le cambia los zapatos y le pone zapatos de tacón alto para representar que ya no es una niña.

▲ Tarjeta de Hallmark.

■ ■ ■ **chambelanes y damas de honor** = a group of young men and women similar to a prom court

¿? ¿Hay fiestas similares en tu país? ¿Cómo se celebran?

III. Expressing Emotions: More Uses of the Subjunctive

Up to now, you have seen that the subjunctive is used in sentences that describe what you are looking for, to give advice, to indicate hope, and express doubt. It is also used to express emotion about other people's actions.

1 ▪ As with other uses of the subjunctive, notice how you can express emotion in a personal way.

To express emotion in a personal way about another person's actions or about a situation, use a verb that expresses emotion + **que** + *subjunctive.*	To express emotion in a personal way about someone's own actions or a situation, use a verb that expresses emotion + *infinitive.*
Me alegro de que vayamos a ese restaurante. *I am happy that we are going to that restaurant.*	**Me alegro de ir** a ese restaurante. *I am happy about going to that restaurant.*
A ella le **gusta que** tú seas buen cocinero. *She likes it that you are a good cook.*	A ella le **gusta ser** buena cocinera. *She likes to be a good cook.*

2 ▪ The following verbs are frequently used to express emotions.

esperar	**tener miedo de** to be scared of	**alegrarse de** to be happy about
gustar	**temer** to be afraid of	**sorprenderse de** to be surprised about
molestar	**sentir** (e ⟶ ie, i) to feel/ be sorry	

3 ▪ Now notice how you can express emotion in an impersonal way.

To express emotion in an impersonal way about someone or something specific, use an impersonal expression + **que** + *subjunctive.*	To express emotion in an impersonal way about no one in particular, use an impersonal expression + *infinitive.*
¡Es fantástico que ella **tome** el desayuno en la cama! *It's great that she has breakfast in bed.*	**Es fantástico tomar** el desayuno en la cama. *It's great to have breakfast in bed.*

4 ▪ The following impersonal expressions are frequently used to express emotions.

es fantástico	**qué pena** what a pity	
qué lástima what a shame	**es una pena** it's a pity	

▪▪▪ At the end of the Workbook chapter, you will find a complete review of the subjunctive.

To practice: Do Workbook, Lab, CD-ROM, and Web activities.

Actividad 33 La esperanza y el miedo Todos tenemos esperanzas y miedos sobre el futuro. Lee la siguiente lista de frases y di si te dan miedo o si son tus esperanzas. Empieza con **Espero (que)...** o **Tengo miedo de (que)...**, etc.

1. la gente / preocuparse / por la ecología
2. (yo) ayudar / a otras personas
3. el mundo / tener / una guerra nuclear
4. la gente del mundo / vivir / en paz
5. California / tener / un terremoto (*earthquake*)
6. (yo) conseguir / un trabajo bueno
7. (yo) sacar / buenas notas
8. todos los grupos religiosos / aprender a vivir / juntos

Actividad 34 Esperanzas Haz una lista de cosas que esperas hacer en el futuro y otra de cosas que esperas que hagan tus compañeros de clase.

■ ■ ■ Espero vivir en una ciudad grande porque...

Espero que Steve sea profesor de filosofía porque...

Actividad 35 Nada es perfecto En parejas, hagan una lista de algunas características positivas y otras negativas de su universidad. Usen expresiones como:

Positivas	Negativas
Me alegro de que...	Es una pena...
Es fantástico que...	¡Qué pena que...!
Me sorprendo de que...	Me sorprendo de que...
Estoy contento/a de...	Es una lástima que...
Espero que...	Siento que...
Me gusta que...	Me molesta que...

Actividad 36 La salud Parte A. Mira y completa las siguientes cosas que puede hacer una persona para adelgazar usando **para** o **por.**

1. correr _____ un parque grande
2. hacer dieta _____ un mes
3. no comer tarde _____ la noche
4. reemplazar huevos fritos _____ huevos duros
5. cocinar comida de bajas calorías _____ él/ella y sus amigos
6. reemplazar el tocino _____ el jamón
7. cambiar el juego de ajedrez _____ el Twister
8. no pasar tanto tiempo navegando _____ Internet
9. salir _____ el trabajo temprano y caminar _____ hacer ejercicio

Parte B. En parejas, uno/a de Uds. es una persona que tiene el colesterol muy alto y va a ver al médico. La otra persona es el/la doctor/a. Lea cada uno un papel solamente.

Paciente

Ahora entras al consultorio (*office*) de un/a doctor/a para hablar de tu colesterol alto. Tu problema es que te encanta comer y no te gusta hacer ejercicio. Expresa tus emociones sobre las recomendaciones del/de la doctor/a usando frases como **Es terrible que yo no pueda... porque...**

Doctor/a

Eres doctor/a y tu paciente tiene el colesterol muy alto. Debes darle recomendaciones sobre las comidas que puede y no puede comer. Recomiéndale también algunos pasatiempos activos. Usa ideas de la **Parte A** si quieres y expresiones como **Le aconsejo que..., Es necesario que...**

Actividad 37 **¿Cuál?** **Parte A.** Tus amigos y tú siempre intentan tomar las mismas clases juntos. Uds. tienen que tomar una clase de Anatomía I porque quieren ser médicos. Lee las siguientes descripciones de los profesores y decide con cuál de los tres quieres estudiar. Escribe tres razones por las que quieres tener a esta persona como profesor/a y escribe dos razones en contra de los otros dos.

Profesor Emilio Escarpanter

56 años. Es muy inteligente y va a clase bien preparado, pero tiene una voz monótona. Sus clases no son interesantes, pero siguen una organización lógica y es muy fácil tomar apuntes. La asistencia a clase es obligatoria y te baja la nota final si tienes muchas faltas. Hay que leer muchísimo para la clase. Hay dos exámenes parciales y un examen final. Sus exámenes son muy difíciles (se basan en los apuntes de clase y las lecturas), pero el 45% de la clase recibe buenas notas.

■ ■ ■ **apuntes** = class notes
notas = grades
lecturas = readings

Profesora Rosalía Obregón

45 años. Es muy inteligente y muy organizada en clase. Es cómica y explica las lecciones a base de ejemplos divertidos. A veces trae su guitarra a clase y canta canciones para ayudar a los estudiantes a recordar la materia importante. Es necesario asistir a clase todos los días. También hay que leer mucho y saber la materia antes de ir a clase porque la participación cuenta un 25% de la nota final. Hay un proyecto que también cuenta un 25% y un examen final que cuenta el 50%. Ella no tiene fama de dar buenas notas, pero es justa. Hay que trabajar mucho en su clase, pero los estudiantes saben la materia al terminarla.

Profesora Enriqueta Maldonado

45 años. Es muy inteligente, pero muy desorganizada en clase. Si un estudiante tiene preguntas, es mejor verla fuera de clase. Es muy simpática y escribe buenas cartas de recomendación. La asistencia no es obligatoria y los exámenes se basan en las lecturas, no en la materia presentada en clase. Sus exámenes son relativamente fáciles y el 65% de la clase recibe buena nota, pero por lo general no están bien preparados para Anatomía II al terminar el curso.

Parte B. En grupos de tres, decidan con quién van a tomar la clase. Usen frases como:

es posible que	creo que	es mejor que
es una lástima que	dudo que	me molesta que
me gusta que	es una pena que	es fantástico que

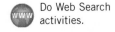
Do Web Search activities.

Más allá

Asistencia social

Con más de veintiocho millones de habitantes de habla española en los Estados Unidos, la demanda de asistentes sociales en los campos de gerontología, de servicios para niños y de asistencia para familias es urgente. En lugares como el condado de Los Ángeles, por ejemplo, hay una ley que exige que el asistente social le hable al cliente en su propio idioma si es que este no habla bien el inglés. Desafortunadamente, hay casos en que el asistente social no habla español y generalmente un hijo, a veces menor de diez años, traduce para sus padres, muchas veces sobre temas muy delicados o complicados. Como sabemos, hay inmigrantes de una variedad de países hispanos. La mayoría habla español y las diferencias gramaticales entre los dialectos son mínimas, casi sin importancia, pero el uso del vocabulario regional puede causar problemas de comunicación para el asistente social. Así por ejemplo, para la palabra **autobús,** los caribeños usan **guagua** y los inmigrantes mexicanos usan **camión.** Por esa razón, el asistente social debe conocer por lo menos las diferencias léxicas más importantes. Imagina a un paciente mexicano que, cuando un asistente social le pregunta por qué se siente mal, le explica que está **endrogado.** El asistente sin experiencia tal vez tenga una impresión equivocada del paciente si cree que la palabra significa **drogado** cuando en realidad significa **abrumado** (*overwhelmed*). Sin embargo, y quizá lo más importante, es que el asistente social debe estar familiarizado con las diferencias culturales de los grupos de inmigrantes. Esto puede eliminar obstáculos entre el cliente y su asistente y hacer que la comunicación sea mucho más fácil.

¿? Después de estudiar casi dos semestres de español, contesta estas preguntas para ver si ya sabes algunas cosas que pueden ayudarte a trabajar con clientela hispana.

- Al hablar con una persona de más de 25 años, ¿es mejor usar **tú** o **Ud.**?

- Al conocer a una persona, ¿crees que sea apropiado solo decirle "Encantado/a" o "Mucho gusto" o también debes darle la mano?

- Si una persona entra en una habitación y otra persona te presenta a esa persona, ¿es mejor que te levantes o que te quedes sentado/a?

- ¿Crees que sea buena idea hablar de cosas sin importancia antes de hablar de cosas serias o es mejor hablar de las cosas más importantes al principio?

Vocabulario funcional

Los pasatiempos (*Hobbies*)

arreglar el carro	to fix the car
cocinar	to cook
coleccionar estampillas/ monedas/tarjetas de béisbol	to collect stamps/coins/ baseball cards
coser	to sew
cuidar plantas/hacer jardinería	to take care of plants, do gardening
escribir poesía	to write poetry
hacer artesanías	to make crafts
hacer crucigramas	to do crossword puzzles
hacer rompecabezas	to do jigsaw puzzles
jugar (al) ajedrez	to play chess
jugar (al) billar	to play billiards
jugar (a las) cartas	to play cards
jugar con juegos electrónicos/videojuegos	to play videogames
jugar juegos de mesa	to play board games
navegar por Internet	to surf the Net
pasar tiempo con amigos	to hang out with friends
pescar	to fish
pintar	to paint
tejer	to knit; to weave

El desayuno

el azúcar	sugar
el café	coffee
el cereal	cereal
el chocolate con churros	hot chocolate with Spanish crullers
el croissant/la medialuna	croissant
las fresas	strawberries
la galleta	cookie/cracker
los huevos (fritos, revueltos, duros)	eggs (fried, scrambled, hard boiled)
el jamón	ham
el jugo/zumo (España)	juice
la mantequilla	butter
la manzana	apple
la mermelada	marmalade
la naranja	orange
la salchicha	sausage
el tocino	bacon
la tostada	toast
el yogur	yoghurt

La preparación de la comida

añadir	to add
cocinar	to cook
cortar	to cut
darle la vuelta	to turn over, flip
freír (e $\longrightarrow$ i, i)	to fry
hervir (e $\longrightarrow$ ie, i)	to boil
la olla	pot
probar (o $\longrightarrow$ ue)	to taste
el recipiente	bowl
revolver (o $\longrightarrow$ ue)	to mix
la sartén	frying pan

Expresiones impersonales de duda y negación

no es cierto/verdad	it isn't true
no está claro	it isn't clear
es dudoso	it's doubtful
no es evidente	it isn't evident
(no) es posible	it is/isn't possible
(no) es probable	it is/isn't probable
quizá/quizás/tal vez	perhaps

Expresiones impersonales de certeza

es cierto/verdad	it's true
está claro	it's clear
es evidente	it's clear, evident
es obvio	it's obvious
no hay duda (de)	there's no doubt

Expresiones impersonales de emoción

es fantástico	it's fantastic
es una pena	it's a pity
qué lástima	what a shame
qué pena	what a pity

Adverbios

constantemente	constantly
continuamente	continually
divinamente	divinely
fácilmente	easily
frecuentemente	frequently
generalmente	generally
inmediatamente	immediately
posiblemente	possibly
probablemente	probably
rápidamente	rapidly
solamente	only
tranquilamente	calmly

Verbos

alegrarse de	to be happy about
dudar	to doubt
estar seguro/a (de)	to be sure (of)
sentir (e $\longrightarrow$ ie, i)	to be/feel sorry
sorprenderse de	to be surprised about
temer	to be afraid (of)
tener miedo de	to be scared of

Palabras y expresiones útiles

hay que + *infinitive*	one/you must + verb
mientras tanto	meanwhile
No puedo más.	I can't eat/take it/do it anymore.
¡Qué (buena) suerte!	What (good) luck!
¡Qué mala suerte!	What bad luck!
Somos dos.	There are two of us.
tener (buena) suerte/tener mala suerte	to be lucky/unlucky
tomarle el pelo a alguien	to pull someone's leg (literally: *hair*)

12 ¡Viva la música!

➤ Una pareja baila un tango sensual para un grupo de turistas, en el barrio de La Boca en Buenos Aires.

Chapter Objectives

- Talking about music
- Discussing postal services and the Internet
- Making comparisons
- Giving orders
- Describing geographical features

¿Qué saben?

1. La música salsa se originó en...

   a. Cuba.   b. Puerto Rico.   c. Nueva York.

2. La música que se asocia con Ecuador es...

   a. el tango.   b. el flamenco.   c. la música andina.

3. Celia Cruz era conocida como la reina...

   a. del flamenco.   b. de la salsa.   c. del tango.

4. Tres cantantes españoles de ópera son...

   a. Segovia, Casals y Cugat.

   b. Domingo, Carreras y Caballé.

   c. Puente, Arnaz y Ferrer.

Para escuchar

¡Qué música!

¿Qué es poesía? — dices mientras clavas en mi pupila tu pupila azul, ¿Qué es poesía? ¿Y tú me lo preguntas? Poesía . . . ¡eres tú!

¡Qué chévere!	Great! (*Caribbean expression*)
¡Qué cursi!	How tacky!
¿Algo más?	Something/Anything else?
ni... ni	neither . . . nor

Teresa jugó un partido de tenis con Vicente y ganó ella. Por eso él tuvo que invitarla a comer. Ahora están en un restaurante argentino donde hay un conjunto de música.

Actividad 1 **¿Cierto o falso?** Mientras escuchas la conversación, marca **C** si la oración es cierta y **F** si es falsa.

1. _____ Teresa aprendió a jugar al tenis en un parque de Puerto Rico.
2. _____ Vicente juega bien al tenis.
3. _____ El profesor de tenis de Teresa le daba muchas órdenes (*orders*).
4. _____ Vicente es un hombre muy romántico.
5. _____ A Teresa le gusta mucho que los músicos le toquen una canción.

Actividad 2 **Preguntas** Después de escuchar la conversación otra vez, contesta estas preguntas.

1. ¿Qué tipo de música se asocia con Argentina?
2. ¿Por qué es buena jugadora de tenis Teresa?
3. ¿Qué van a comer Vicente y Teresa?
4. ¿Por qué a Vicente le gusta Teresa?
5. ¿Crees que la última canción que tocan los músicos sea un tango?
6. ¿Por qué crees que los músicos fueron a la mesa de Vicente y Teresa a tocar esa canción?

¿Lo sabían?

El tango se originó en los barrios pobres de inmigrantes en las afueras de Buenos Aires al final del siglo XIX. Los instrumentos originales del tango eran la guitarra, la flauta y el violín, pero más tarde se introdujo el bandoneón, que es una especie de acordeón con botones. Al principio se consideraba el tango como una música vulgar, pero en los años 20 el cantante Carlos Gardel empezó a tener fama y a llevar el tango a los escenarios de Europa y de todo el continente americano y llegó a hacer películas para la Paramount Pictures. Lamentablemente en 1935, Gardel falleció en un accidente aéreo en Colombia. Hoy día Gardel sigue siendo un símbolo del tango, y su estatua, que se encuentra en el Cementerio de la Chacarita en Buenos Aires, tiene placas y flores frescas de admiradores de todas partes del mundo.

▲ El mausoleo de Carlos Gardel, cantante de tango.

¿? ¿Qué tipo de música se originó en tu país?

Actividad 3 **¿Cursi o chévere?** Di si las siguientes cosas son cursis o chéveres o ninguna de las dos.

> ■■■ ¡Qué chévere es la foto de la pareja bailando tango!
> ¡Qué cursis son las tarjetas del día de San Valentín!
> El Mini Cooper no es ni cursi ni chévere.

jugar al bingo
Graceland y Elvis
los videojuegos
unas vacaciones en el Caribe
el concurso de Miss Universo
ganar la lotería

Actividad 4 **¿Qué sabes de música?** El bandoneón es el instrumento principal del tango como la guitarra es el del flamenco. En parejas, decidan cuáles de los instrumentos de la lista necesitan estos grupos musicales: **una orquesta sinfónica, una banda municipal** y **un conjunto de rock.**

la flauta
la trompeta
el violín
el saxofón
el trombón
la batería (*drums*)
el clarinete
el violonchelo
la guitarra eléctrica

Vocabulario esencial I

El correo y la red

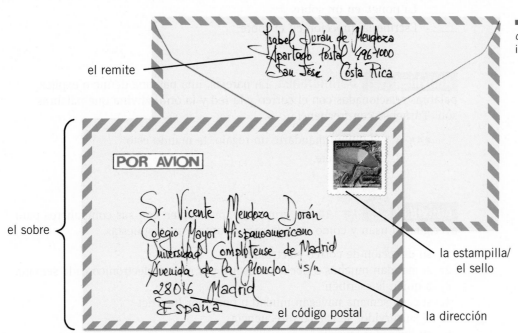

el remite

el sobre

POR AVION

la estampilla/
el sello

el código postal

la dirección

■■■ **Correo** = post office *or* mail. **Oficina de correos** is also used.

Otras palabras relacionadas con el correo y la red

el buzón   mailbox
la carta   letter
el/la cartero   letter carrier
el fax
hacer cola   to stand in line
mandar (una carta)   to send (a letter)
el paquete   package
la (tarjeta) postal   postcard

bajar información/música   to download information/music
el buscador   search engine
caerse el servidor   to go down/crash (server)
la contraseña   password
el correo electrónico/mensaje electrónico/email
el enlace/link
el/la Internet
navegar por Internet   to surf the Net
el nombre de usuario   user name
perder la conexión   to lose the connection
el sitio web   website
la tarjeta (virtual)   (virtual) greeting card

■■■ Practice this vocabulary while receiving and sending letters, and working on the Internet.

■■■ In Spanish, many people use English terms with Spanish pronunciation when discussing cyberspace; others choose to use the Spanish equivalent. Note: The term **Internet** is frequently used without an article in Spanish: **Lo leí en Internet.**

This is how you read an Internet address in Spanish:

http://www.gauchonet.com = **h t t p dos puntos barra barra w w w punto gauchonet punto com**

This is how to read an email address:

smith@abc.edu = **smith arroba a b c punto edu**

In Spanish, if one can easily pronounce part of an address, it is pronounced vs. spelled. For example: "dot e d u" would be read as two words: **punto edu.**

To practice: Do Workbook, CD-ROM, and Web activities.

Actividad 5 **En orden, por favor** En parejas, pongan estas oraciones sobre el correo en orden lógico.

_____ Busco un buzón.

_____ Escribo el remite en el sobre.

_____ Le pongo una estampilla.

_____ Echo la carta en el buzón.

_____ Escribo la carta.

_____ La pongo en un sobre.

_____ Escribo la dirección en el sobre.

Actividad 6 **Definiciones** En parejas, una persona define o explica palabras relacionadas con el correo y la red y la otra adivina qué palabras son. Túrnense con frecuencia.

■■■ A: Si quiero mandarte un regalo, te mando esto.
B: Un paquete.

Actividad 7 **La red** En grupos de tres, hablen con sus compañeros para averiguar si usan y cómo usan la red. Apunten sus respuestas.

1. su dirección de correo electrónico
2. si mandan muchos o pocos mensajes por correo electrónico cada semana
3. a quién le escriben
4. si cada semana navegan mucho o poco por Internet
5. si su servidor se cae con frecuencia
6. su buscador favorito
7. su enlace favorito y la dirección (si la saben)
8. qué bajan de Internet
9. si usan muchos nombres de usuario y contraseñas diferentes
10. qué hacen para recordar sus nombres de usuario y contraseñas

Actividad 8 **El toque personal** Mira este anuncio del Correo Argentino. Luego, di si hay ocasiones cuando uno debe mandar una carta o una tarjeta en vez de un email o una tarjeta virtual.

Querida Laura:

Aquí te escribe tu amado Fernando y lo hago en forma manual porque creo en la revalorización de la escritura, en la sensibilidad del trazo personal y en el valor agregado de la tinta y el papel.

Te escribo de todo corazón, Laura, porque todo argentino tiene derecho a tener su "carta manuscrita"

Las cartas son pensamientos que quedan.

www.correoargentino.com.ar

CORREO ARGENTINO

Gramática para la comunicación I

I. Making Comparisons (Part I)

A. Comparisons of Inequality

1 ▪ To compare two people or two things that are different (**comparación de desigualdad**), use the following formula.

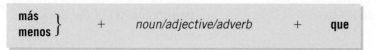

| más / menos | + | noun/adjective/adverb | + | que |

Mando **más emails que** tú.
Bajo **menos música que** mi hermana.
Mi conexión es **más rápida que** tu conexión.
Me acosté **más tarde que** tú porque estaba bajando canciones.

I send more emails than you.
I download less music than my sister.
My connection is faster than your connection.
I went to bed later than you because I was downloading songs.

2 ▪ To indicate that there is more or less than a certain *amount*, use the following formula.

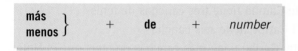

| más / menos | + | de | + | number |

Más de 1.500 personas visitaron mi sitio web ayer.
Mi conexión de alta velocidad cuesta **menos de $40** por mes.

More than 1,500 people visited my website yesterday.
My high-speed connection costs less than $40 a month.

3 ▪ Some adjectives have an irregular comparative form.

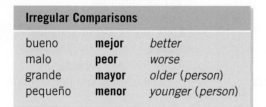

Irregular Comparisons		
bueno	**mejor**	*better*
malo	**peor**	*worse*
grande	**mayor**	*older* (*person*)
pequeño	**menor**	*younger* (*person*)

Mandar un email es **mejor que** mandar una carta.
Mi sitio web es **peor que** tu sitio.
Carlitos es **menor que** tu primo y ya navega por Internet.
Creo que Steve Jobs es **mayor que** Bill Gates.

Sending an email is better than sending a letter.
My website is worse than your site.
Carlitos is younger than your cousin and he already surfs the Net.
I think that Steve Jobs is older than Bill Gates.

La música caribeña y sus diferentes ritmos son la mejor expresión de la mezcla europea y africana.

B. The Superlative

When you want to compare three or more people or things, use the superlative (**el superlativo**).

> **el/la/los/las** (noun) **más** ⎫
> **el/la/los/las** (noun) **menos** ⎭ + *adjective*

Esta es **la mejor** (tarjeta de cumpleaños).*

This is the best (birthday card).

Para mí, entre Google, Yahoo! y AOL, Google es **el** (buscador) **más eficiente de** los tres.*

For me, among Google, Yahoo! and AOL, Google is the most efficient (search engine) of the three.

*NOTE:

a. **Mejor** (*Best*) and **peor** (*worst*) usually precede the nouns they modify: **Calatrava.com es** *el mejor sitio* **que conozco.**

b. In the superlative, *in* = **de: Para mí, Calatrava es el mejor arquitecto** *del* **mundo.**

Actividad 9 Las vacaciones En parejas, "A" cubre la columna B y "B" cubre la columna A. Uds. deben decidir adónde quieren ir de vacaciones. Con su compañero/a, describan y comparen diferentes características de los lugares para decidir cuál de los dos lugares les parece mejor.

■■■ A: El Hotel Casa de Campo tiene tres canchas de tenis.

B: Pues el Hotel El Caribe tiene seis canchas.

A: Entonces el Hotel Caribe tiene más canchas de tenis que el Hotel Casa de Campo.

■■■ 30°C = 86°F
27°C = 81°F

A	B
La Romana, República Dominicana	Cartagena, Colombia
Hotel Casa de Campo ★ ★ ★ ★	Hotel El Caribe ★ ★ ★ ★ ★
Media pensión	Pensión completa
Temperatura promedio 30°C	Temperatura promedio 27°C
Increíble playa privada	Playas fabulosas
Tres canchas de tenis	Seis canchas de tenis
Golf, windsurfing	Golf, pesca, esquí acuático
Discoteca	Casino
US$2.199 por persona en habitación doble por semana	US$2.599 por persona en habitación doble por semana

Actividad 10 ¿Cuánto gane? Di cuánto crees que gana una persona en las siguientes ocupaciones durante el primer año de trabajo. Sigue el modelo.

■■■ El primer año de trabajo, un médico gana más de 50.000 dólares y menos de 75.000 dólares.

1. un/a abogado/a
2. un/a policía
3. un/a asistente social
4. un/a recepcionista

5. un/a diseñador/a de sitios web
6. un beisbolista profesional
7. un/a profesor/a de escuela secundaria
8. un/a cartero

◄ Las playas del Caribe son unas de las mejores del mundo. Playa Flamenco en la isla Culebra, Puerto Rico.

Actividad 11 ¿Mejor o peor? **Parte A.** En parejas, túrnense para preguntar cuál de las siguientes cosas son mejores o peores. Justifiquen sus respuestas. Digan si están de acuerdo o no con su compañero/a y por qué.

1. unas vacaciones en las montañas o en la playa
2. tener un trabajo aburrido donde se gana muchísimo dinero o tener un trabajo interesante donde se gana poco dinero
3. tener un hijo o tener muchos hijos
4. vivir en una ciudad o vivir en el campo
5. una cena romántica o un concierto
6. ir de camping o quedarse en un hotel elegante
7. el machismo o el feminismo
8. mandar una tarjeta de cumpleaños de Hallmark o una tarjeta virtual con música y animalitos que bailan

Parte B. Basándose en sus respuestas de la **Parte A,** discutan si Uds. son compatibles o no.

Actividad 12 Comparaciones **Parte A.** Rompe un papel en tres partes. Sin consultar con nadie, escribe el nombre de una persona famosa en el primer papel. En el segundo papel, escribe el nombre de un lugar famoso. En el tercero, escribe el nombre de una cosa. Dobla cada papel.

Parte B. Tu profesor/a tiene tres sobres grandes, uno dice **gente famosa,** otro dice **lugares** y el tercero dice **cosas.** Pon los papeles en los sobres correspondientes.

Parte C. Un estudiante debe escoger dos o tres papeles del mismo sobre y leer el contenido en voz alta. La clase debe hacer comparaciones. Repitan este proceso cinco o seis veces.

▪▪▪ Alicia Keys / Beyonce / Britney Spears
Alicia Keys es la más inteligente y la mejor cantante de las tres.

¿Lo sabían?

En español hay muchos dichos que son comparaciones. Es común oír expresiones como "es más viejo que (la moda de) andar a pie", "es más viejo que Matusalén", "es más largo que una cuaresma (*Lent*)" o "es más largo que una semana sin carne". Para hablar de la mala suerte se dice: "es más negra que una noche". Para decir que una persona es muy religiosa, los hispanoparlantes dicen "es más papista que el Papa".

¿? ¿Qué se puede aprender de una cultura y los valores de su gente a través de sus dichos?

Actividad 13 **Los recuerdos de la escuela secundaria** En parejas, hablen sobre los siguientes recuerdos de la escuela secundaria.

1. el mejor profesor que tuviste: cómo se llamaba, cómo era, por qué te gustaba su clase
2. el peor profesor que tuviste: cómo se llamaba, cómo era, por qué no te gustaba su clase
3. las mejores vacaciones que tuviste: adónde fuiste, con quién, por qué te gustaron

Actividad 14 **El mejor o el peor** Uds. quieren comprar un perro. En grupos de tres, miren los perros y decidan cuál van a comprar y por qué. Usen frases como **Chuchito es más bonito que Toby. Toby es el más inteligente de todos. Rufi es la mejor porque...**

 Rufi (hembra), 8 semanas

 Chuchito (macho), 6 meses

 Toby (macho), 6 meses

Actividad 15 **El Oscar** En grupos de tres, hagan una lista de las mejores películas de este año y hagan nominaciones para estas categorías: película dramática, película cómica, actor y actriz. Digan por qué cada una de sus nominaciones es mejor que las otras y por qué debe ganar. Después, hagan una votación (*vote*).

II. Making Requests and Giving Commands (Part I): Commands with *usted* and *ustedes*

You have already learned several ways to ask somebody to do something.

Es importante que mandes este paquete ahora.
No quiero que usen mis estampillas.
Debes mandar esta carta.
Tiene que mandarle este fax al Sr. Pérez.

■ ■ ■ To review formation of the subjunctive, see Ch. 10.

1 ■ To make a direct request or to give a command (**órdenes**) to people you address as **Ud.** or **Uds.**, use the corresponding present subjunctive verb forms.

Busque (Ud.) la información en Internet.* ⎱
Busquen (Uds.) la información en Internet.* ⎰ *Look for the information on the Internet.*
¡**No pierdan** mi dirección de email! *Don't lose my email address.*

*****NOTE:** Subject pronouns **Ud.** and **Uds.** are often omitted with commands, but if they are used, they follow the verb and are used for emphasis.

2 ■ When reflexive or object pronouns are used with commands, follow these rules.

a. When the command is affirmative, the pronouns are attached to the end of the verb.

■ ■ ■ Remember to use accents.
To review double object pronouns, see Ch. 8.

Mánde**lo** por FedEx. *Send it by FedEx.*
Díganse**lo** a él. *Tell it to him.*
Siénte**se** enfrente de esa computadora, señor. *Sit in front of that computer, sir.*

b. When the command is negative, the pronouns immediately precede the verb.

¡**No se lo** mande tarde!
No se lo digan a él, por favor.
Sr. Palacios, **no se siente** enfrente de esa computadora porque no funciona.

Don't send it to him late!
Please, don't tell it to him.
Mr. Palacios, don't sit in front of that computer because it doesn't work.

To practice: Do Workbook, CD-ROM, and Web activities.

Actividad 16 Sigan las instrucciones Escuchen las instrucciones de su profesor/a y hagan las acciones del siguiente gesto (*gesture*) hispanos.

Para indicar que una persona es tacaña (*stingy*):

1. Levántense.
2. Doblen el brazo derecho con la mano hacia arriba.
3. Cierren la mano derecha.
4. Abran la mano izquierda.
5. Pongan la mano izquierda debajo del codo derecho.
6. Con la palma de la mano izquierda, tóquense el codo varias veces.

Actividad 17 Te toca a ti Lee las siguientes instrucciones y escribe órdenes con los verbos entre paréntesis para poder hacer otros gestos típicos de la cultura hispana. Usa la forma de Uds. al escribir las instrucciones.

1. Para indicar que se debe tener cuidado:

   _____ el dedo índice debajo del ojo y _____ hacia abajo.
   (Poner, tirar = *to pull*)

2. Para indicar que una persona es delgada:

   _____ la mano y _____ el dedo meñique (*little finger*) hacia arriba. (Cerrar, levantar)

3. Para indicar que hay muchas personas en un lugar:

   Con la palma de la mano hacia arriba, _____ la mano. _____ los dedos hacia arriba. _____ el pulgar (*thumb*) con los otros dedos.
   (cerrar, Extender **(ie)**, Tocar)

Actividad 18 ¿Quién dice qué? Parte A. Completa las siguientes órdenes con la forma de Uds.

1. No _____ en voz alta. (hablar)
2. No _____ canciones en nuestras computadoras. (bajar)
3. No _____. (fumar)
4. No _____. (tocar)
5. _____ a la policía. (Llamar)
6. _____ cola. (Hacer)
7. _____ el cinturón de seguridad. (Abrocharse)

Parte B. Ahora en parejas, decidan en qué situaciones o lugares se dicen estas órdenes.

Actividad *19* **La clase de Internet** Trabajas como voluntario dando clases de computación en un centro para personas mayores. Hoy tienes solo un estudiante de 80 años en clase que va a usar Internet por primera vez. Dale órdenes para hacer todo correctamente.

1. usar buscadores buenos como Google
2. no dar el número de su tarjeta de crédito por Internet si no conoce la tienda
3. escoger un nombre de usuario y contraseña fáciles
4. escribir su nombre de usuario y contraseña en un lugar seguro
5. guardar sus enlaces favoritos
6. no mandarles demasiados chistes a sus amigos
7. tener cuidado con los virus

Actividad *20* **Los asistentes de vuelo** **Parte A.** Lee las siguientes medidas de seguridad que se escuchan en un avión y subraya todas las órdenes que encuentres.

Buenos días y bienvenidos a bordo. Ahora unas medidas de seguridad. Abróchense el cinturón de seguridad. Mantengan el respaldo del asiento en posición vertical, la mesa en la posición inicial y pongan su equipaje de mano completamente debajo del asiento de adelante o en uno de los compartimientos de arriba. Recuerden: no usen móviles durante el vuelo. Por favor, apaguen el móvil. Se prohíbe fumar en todos los vuelos de TACA. Obedezcan el aviso de no fumar. En el respaldo del asiento, delante de Uds., hay una tarjeta con información. Esta tarjeta les indica la salida de emergencia más cercana. Tomen unos minutos para leerla. En este avión hay dos puertas en cada extremo de la cabina y dos salidas sobre las alas. En caso de que sea necesario, el cojín del asiento puede usarse como flotador: pasen los brazos por los tirantes que están debajo del cojín. Si hay un cambio brusco de presión en la cabina, los compartimientos que contienen las máscaras de oxígeno se abren automáticamente. Entonces, pónganse la máscara sobre la nariz y la boca y respiren normalmente. Después, tomen la cinta elástica y póngansela sobre la cabeza. Después de ponerse la máscara, ajusten bien la máscara de sus niños. Gracias por su atención y esperamos que tengan un buen viaje a bordo de TACA.

Parte B. La aerolínea costarricense TACA va a hacer un video para demostrar las medidas de seguridad en sus vuelos. En grupos de cuatro, lean las siguientes instrucciones para su papel.

Estudiantes A, B y C	**Estudiante D**
Uds. quieren ser actores en el video de TACA. Van a hacer una prueba (*audition*) para ver quién es el/la mejor actor/actriz. Un empleado de TACA va a leer el guion del video mientras Uds. hacen las acciones.	Trabajas para TACA y tienes que seleccionar a la mejor persona para actuar en un video que demuestra las medidas de seguridad de la aerolínea. Lee en voz alta el texto que aparece en la **Parte A** de esta actividad y observa como actúan los posibles actores. Selecciona a la mejor persona para el trabajo.

Parte C. Ahora las personas que trabajan para TACA van a decirle a la clase cuál fue el/la mejor actor/actriz de su grupo en las siguientes categorías y por qué:

cómico/a   claro/a   energético/a   creativo/a

▪▪▪ El más cómico fue... porque...

Nuevos horizontes

Lectura

When reading an article, an essay, a poem, a novel, or song lyrics **(la letra de una canción)** on a specific topic, your background knowledge helps you to interpret the message being conveyed. Song lyrics may draw attention to an event in an attempt to enact change, or simply to keep the event in the memory of the people. This was particularly true in the United States during the tumultuous 1960s, when songwriters such as Bob Dylan, Joan Baez, and John Lennon wrote songs in opposition to the Vietnam War.

You will read the lyrics to a song entitled **"El padre Antonio y el monaguillo** (*altar boy*) **Andrés"** by Rubén Blades. In order to best understand this song you must know the following background information.

■■■ Rubén Blades is a Panamanian singer, actor, politician, lawyer, and Minister of Tourism. He has acted in over 30 films, including *The Cradle Will Rock, Gideon's Crossing, All the Pretty Horses, Crossover Dreams, The Milagro Beanfield War, The Two Jakes, Mo' Better Blues,* and *The Devil's Own.*

■■■ To learn more about Archbishop Romero, search the Internet.

El 24 de marzo de 1980, el arzobispo Óscar Arnulfo Romero fue asesinado en El Salvador. Una persona desconocida entró en la iglesia donde el padre Romero celebraba misa (*mass*) y lo mató. Se especula que el asesino era militar porque Romero era considerado portavoz (*spokesman*) de los pobres y había expresado su oposición a la represión y la violencia de los militares. Desde su muerte, el padre Romero es un símbolo político y, en Roma, se han recibido peticiones para canonizarlo (hacerlo santo).

▲ El arzobispo Óscar Arnulfo Romero.

Actividad 21 Otras canciones En grupos de tres, nombren por lo menos tres canciones populares que tienen mensaje social y expliquen cuál es el mensaje de cada una.

Actividad 22 Mensajes Ahora vas a leer la letra de "El padre Antonio y el monaguillo Andrés". Al leer, contesta estas preguntas. Recuerda que no necesitas entender todas las palabras para contestar las preguntas.

1. Según la primera estrofa, ¿cómo es el padre Antonio?
   a. burocrático
   b. agresivo
   c. sencillo
2. Según la segunda estrofa, ¿cómo es Andrés?
   a. un niño normal
   b. un niño muy inteligente
   c. un niño con conflictos
3. ¿Qué tragedia ocurrió y dónde tuvo lugar?
4. ¿El final de la canción es pesimista o expresa esperanza para el futuro?
5. ¿Cómo crees que sea la música de la canción?
   a. rápida, con buen ritmo para bailar
   b. una balada lenta
   c. ni rápida ni lenta, pero seria

"El padre Antonio y el monaguillo Andrés"
Rubén Blades

(canción dedicada al Padre A. Romero)

El padre Antonio Tejeira vino de España buscando
Nuevas promesas en esta tierra.
Llegó a la selva sin la esperanza de ser obispo,
Y entre el calor y entre los mosquitos habló de Cristo.
5 El Padre no funcionaba en el Vaticano entre papeles
Y sueños de aire acondicionado,
Y fue a un pueblito en medio de la nada a dar su sermón.
Cada semana pa'[1] los que busquen la salvación.

El niño Andrés Eloy Pérez tiene diez años
10 Y estudia en la elementaria Simón Bolívar.
Todavía no sabe decir el credo correctamente.
Le gusta el río, jugar al fútbol y estar ausente.
Le han dado el puesto en la iglesia de monaguillo
A ver si la conexión compone al chiquillo.
15 Y su familia está muy orgullosa porque a su vez se cree
Que con Dios conectando a uno conecta a diez.

Suenan las campanas un – dos – tres
Del padre Antonio y su monaguillo Andrés.
Suenan las campanas otra vez...
20 Del padre Antonio y su monaguillo Andrés.

El Padre condena la violencia.
Sabe por experiencia que no es la solución.
Les habla de amor y de justicia
De Dios va la noticia vibrando en su sermón.

25 Suenan las campanas un – dos – tres
Del padre Antonio y su monaguillo Andrés.
Suenan las campanas otra vez...
Del padre Antonio y su monaguillo Andrés.

Al Padre lo halló la guerra un domingo en misa,
30 Dando la comunión en manga de camisa.
En medio del Padre Nuestro entró el matador
Y sin confesar su culpa le disparó.
Antonio cayó hostia[2] en mano y sin saber por qué.
Andrés se murió a su lado sin conocer a Pelé.
35 Y entre el grito y la sorpresa agonizando otra vez
Estaba el Cristo de palo pegado a la pared.
Y nunca se supo el criminal quién fue
Del padre Antonio y su monaguillo Andrés.
Pero suenan las campanas otra vez
40 Por el padre Antonio y su monaguillo Andrés.

Suenan las campanas tierra va a temblar.
Suenan las campanas por América.
Suenan las campanas ¡O Virgen Señora!
Suenan las campanas ¿Quién nos salva ahora?
45 Suenan las campanas de Antonio y Andrés.
Suenan las campanas óyelas otra vez.
Suenan las campanas centroamericanas.
Suenan las campanas por mi tierra hermana.
Suenan las campanas mira y tú verás.
50 Suenan las campanas el mundo va a cambiar.

Suenan las campanas para celebrar.
Suenan las campanas nuestra libertad.
Suenan las campanas porque un pueblo unido.
Suenan las campanas no será vencido.
55 Suenan las campanas de Antonio y Andrés.
Suenan las campanas suénenlas otra vez.
Suenan las campanas por un cura bueno.
Suenan las campanas Arnulfo Romero.
Suenan las campanas de la libertad.
60 Suenan las campanas por América.

▲ Rubén Blades.

1 pa' = para   2 *the Host*

Actividad 23 **Descripción** **Parte A.** En tus propias palabras, describe qué pasó en la iglesia. ¿Qué estaba haciendo el padre Antonio? ¿Y Andrés? ¿Qué ropa llevaba el padre Antonio? ¿Qué ocurrió?

Parte B. Rubén Blades intenta mostrarnos (*is trying to show us*) que el padre Antonio es una persona común y corriente y que Andrés es un niño típico. Busca partes de la canción que muestren esto.

Actividad 24 **Las ideas** En un concierto, Rubén Blades dijo: "En Latinoamérica matan a la gente, pero no la idea". Di qué opinas sobre este comentario.

ESTRATEGIA: Comparing and Contrasting

Escritura

To compare or contrast two ideas is to present their similarities and differences. This may be done by presenting one idea and then the other or by presenting the similarities of both ideas followed by their differences. The following linking words can help create cohesive and coherent sentences.

a diferencia de	**como**
a pesar de (*in spite of*)	**sin embargo** (*nevertheless*)
al igual que (*just like*)	**por un lado** (*on the one hand*)
pero	**por otro lado** (*on the other hand*)
más/menos... que	

When writing a comparison, you may want to use a Venn Diagram to help organize your ideas. The following diagram reflects information on **el padre Antonio** and **Andrés.** The circle on the left contains information about **el padre Antonio,** and the other has data about **Andrés.** Where the circles overlap there is information common to both of them.

■ ■ ■ Remember: Use an infinitive after a preposition: **A pesar de ser una persona sencilla,...** vs. **A pesar de que era una persona sencilla,...**

El padre Antonio   **Andrés**

El padre Antonio: ser mayor, no ser un cura (*priest*) típico, no funcionar en el Vaticano, condenar la violencia, hablar de Cristo

Común: persona simple, vivir en un pueblo, estar en misa, morir

Andrés: tener diez años, ser un niño típico, jugar al fútbol, estar ausente, ayudar al padre Antonio

Actividad 25 **Contrastes** **Parte A.** Vas a escribir un párrafo que contraste y compare elementos positivos y negativos de tu personalidad, dos ciudades o dos universidades. Primero, escoge el tema y haz un diagrama Venn para organizar tus ideas. Después, escribe el párrafo.

Parte B. Revisa bien el párrafo. ¿Usaste frases como **sin embargo, más/menos... que** y **a diferencia de**? Al terminar, entrégale el diagrama Venn, los borradores y la copia final a tu profesor/a.

Vocabulario esencial II

La geografía

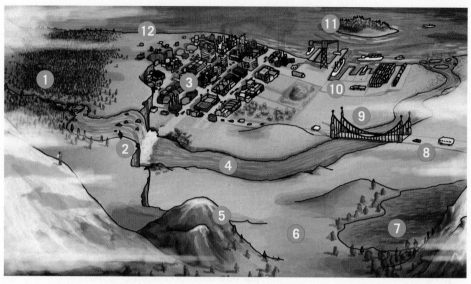

1. el bosque
2. la catarata
3. el pueblo
4. el río
5. la montaña
6. el valle
7. el lago
8. la carretera
9. el puente
10. el puerto
11. la isla
12. la costa

el norte = north,
el sur = south,
el este/oriente = east,
el oeste/occidente = west

To practice: Do Workbook,
CD-ROM, and Web activities.

Otras palabras relacionadas con la geografía

la autopista   freeway, toll road
el campo   countryside
la ciudad   city
la colina   hill
el desierto   desert

el mar   sea
el océano   ocean
la playa   beach
la selva   jungle
el volcán   volcano

Actividad 26 Asociaciones Asocia estos nombres con las palabras presentadas.

Amazonas	Cuba	Andes	Quito
Cancún	Mediterráneo	Iguazú	Atacama
Pacífico	Titicaca	Baleares	Panamericana

Actividad 27 Categorías En parejas, organicen las palabras relacionadas con la geografía en las siguientes categorías.

1. cosas que asocian Uds. con el agua
2. lugares donde normalmente hace calor
3. lugares donde normalmente hace frío
4. cosas que no forman parte de la naturaleza (*nature*)

¿Lo sabían?

La variedad geográfica de Hispanoamérica incluye fenómenos naturales como el lago de Nicaragua que, aunque es de agua dulce (*fresh water*), tiene tiburones (*sharks*) y el lago Titicaca, entre Bolivia y Perú, que es el lago navegable más alto del mundo. En los Andes está el Aconcagua, la montaña más alta del hemisferio. También hay erupción de volcanes y terremotos causados por una falla (*fault line*) que va de Centroamérica a Chile. Esta variedad geográfica que les da su encanto a diferentes partes de América Latina, también trae problemas catastróficos. Algunos desastres que ocurrieron al final del siglo XX hicieron eco en todo el mundo.

▲ El Salto Ángel, Venezuela, la catarata más alta del mundo.

■■■ **agua salada** = salt water

1985   La erupción de un volcán en Colombia destruyó un pueblo de más de 20.000 habitantes.

1998   El huracán Mitch mató a 8.000 personas en Honduras y un millón de personas se quedaron sin casa.

1999   En la ciudad de La Guaira, en la costa venezolana, hubo terribles inundaciones y derrumbamientos de lodo (*mud slides*). Murieron más de 30.000 personas.

¿? Menciona algún desastre natural que ocurrió en el mundo recientemente. ¿Está bien preparado tu país para los desastres naturales?

Actividad 28   **¿Dónde naciste tú?**   **Parte A.** En parejas, descríbanle a su compañero/a la geografía de la zona donde nacieron.

Parte B. Ahora, descríbanle a su compañero/a la geografía de una zona donde les gustaría vivir. Empiecen diciendo: **Quiero vivir en un lugar que tenga...**

Actividad 29   **La propaganda**   **Parte A.** En grupos de cuatro, cada uno de Uds. va a preparar un anuncio para la televisión hispanoamericana para atraer más turismo a una zona específica. Deben poner énfasis en la variedad de belleza natural que tiene cada lugar. Escojan uno de los siguientes lugares.

- Las islas Galápagos
- El Petén
- La Patagonia
- Los Picos de Europa

Como tarea, cada uno debe investigar su lugar en Internet y preparar un anuncio comercial de un mínimo de 30 segundos e incluir fotos del lugar.

Parte B. Cada persona debe presentarle el anuncio a su grupo.

Para escuchar

La propuesta

Una pareja en Mérida, ➤ Venezuela.

hoy (en) día	today; nowadays
verdadero/a	real, true
Ya era hora.	It's about time.

Vicente tiene una pequeña sorpresa (surprise) planeada para Teresa. Todos sus amigos los esperan en el apartamento para ver qué pasa.

 Actividad 30 Reacciones iniciales Escucha la conversación y marca tus reacciones a estas preguntas.

1. ¿Cómo está Teresa al principio de la conversación?

_____ triste

_____ contenta

_____ preocupada

_____ distraída (*distracted*)

2. ¿Cómo es Vicente?

_____ romántico

_____ chistoso (*funny*)

_____ estúpido

_____ absurdo

Actividad 31 Preguntas Después de escuchar la conversación otra vez, contesta estas preguntas que continúan en la página siguiente.

1. ¿Cómo son las canciones que canta Vicente: románticas, violentas, cómicas, cursis, tristes?
2. ¿Qué le propone Vicente a Teresa?
3. ¿Teresa le contesta que sí o que no?
4. ¿Cómo sabes que Vicente estaba convencido de que Teresa iba a decir que sí?
5. ¿Te gustaría tener un/a novio/a tan chistoso/a como Vicente o prefieres una persona más romántica?

6. Las cuatro primeras canciones que canta Vicente son canciones de amor y todas tienen un tema en común. ¿Cuál es?
   a. la atracción física entre el cantante y la mujer
   b. solo hay una mujer para el cantante y es la mujer a quien le canta
   c. la atracción espiritual entre el cantante y la mujer
   d. el cantante salió con muchas mujeres, pero la mujer a quien le canta es la mejor de todas

¿Lo sabían?

En España, muchas facultades de las diferentes universidades tienen conjuntos musicales llamados tunas, formadas de estudiantes que cantan y tocan guitarras, bandurrias (*mandolins*) y panderetas (*tambourines*). Los tunos, o miembros de la tuna, llevan trajes al estilo de la Edad Media y cantan canciones tradicionales en restaurantes, en plazas y por las calles. Esta tradición también se puede ver en algunas universidades en lugares como México, Perú y Puerto Rico. Generalmente, los tunos son hombres, pero últimamente también es posible ver tunas de mujeres.

▲ Un miembro de la Tuna de Derecho de Valladolid se casa en la iglesia de Santa María en Wamba, España.

¿? ¿Hay grupos de estudiantes que canten en tu universidad? ¿Cómo se llaman algunos de estos grupos? ¿Qué tipo de música cantan? ¿Participas tú en alguno de esos grupos?

Gramática para la comunicación II

I. Making Comparisons (Part II): Comparisons of Equality

When you want to compare things that are equal (**comparaciones de igualdad**), you can apply the following formulas.

tan + *adjective/adverb* + **como**

Esa isla es **tan bonita como** la isla de Pascua.
Llegaste **tan tarde como** tus hermanos porque no fuiste por la autopista.

That island is as pretty as Easter Island.
You arrived as late as your brothers because you didn't go on the freeway.

tanto/a/os/as + *noun* + **como**

La República Dominicana tiene **tantas playas como** Puerto Rico.
Hay **tantas mujeres como** hombres en el tour del volcán.

The Dominican Republic has as many beaches as Puerto Rico.
There are as many women as men on the tour of the volcano.

Actividad 32 **La comparación** Forma oraciones lógicas para comparar lugares famosos del mundo usando **tan... como, tanto/a/os/as... como.**

■■■ El Gran Cañón de Colorado es tan impresionante como las cataratas del Iguazú.

el Gran Cañón del Colorado es	caliente	en Alaska
el agua cristalina del lago Titicaca es	playas blancas	los Pirineos
	carros	las cataratas del
en Seatle llueve	impresionante	Iguazú
en Puerto Rico hay	frío	el cielo (sky)
las montañas de los Andes son	azul	en la selva tropical
en la Patagonia hace	bonitas	del Amazonas
el agua de mar Mediterráneo es	frecuentemente	en Costa Rica
en México D. F. hay		en las autopistas de Los Ángeles
		el agua del Caribe

Actividad 33 **Tan... como...** Usa la imaginación para comparar dos personas o animales de la siguiente lista. Incluye las expresiones **tan... como..., tantos/tantas... como** y **más/menos... que...**

■■■ Bart Simpson es tan inteligente como Ozzy Osbourne, pero es más inteligente que Regis Philbin.

Jennifer López   Ozzy Osbourne   Jim Carrey   Flipper   Gael García Bernal   Tiger Woods   Halle Berry
Pedro Martínez   Martha Stewart   Matt Damon
Charlize Theron   Donald Trump   Tom Cruise   Drew Barrymore   Brad Pitt
Bart Simpson   Adam Sandler   Jon Stewart   Ricky Martin
Lucy Liu   Beyonce Knowles   Johnny Depp   Jackie Chan
Denzel Washington   Serena Williams   Catherine Zeta-Jones   Queen Latifah   Angelina Jolie
Jesse Jackson   Marc Anthony
Shakira   Shaquille O'Neal   Regis Philbin   Will Smith   Winona Ryder   Lassie

Actividad 34 **Las comparaciones** En parejas, comparen a Adela y Consuelo, dos buenas amigas que tienen muchas cosas en común. "A" cubre la columna B y "B" cubre la columna A. Túrnense para dar información.

■■■ A: Adela tiene 28 años. ¿Y Consuelo?
　　B: Veintinueve. Entonces Adela es menor que Consuelo./Entonces Consuelo es mayor que Adela.

A	B
Adela	Consuelo
medir 1,70 (uno setenta)	medir 1,65 (uno sesenta y cinco)
pesar 65 kilos	pesar 65 kilos
ser bonita	ser bonita
jugar bien al tenis	jugar bien al tenis
tener dos carros	tener dos carros
tener $10.000 en el banco	tener $1.000 en el banco

■■■ **medir** (e ⟶ i, i)
■■■ 1,70 = 1 metro 70 centímetros = 5 pies 6 pulgadas
■■■ 65 kilos = 142 libras

II. Making Requests and Giving Commands (Part II): Commands with *tú*

At the start of the conversation, Marisel says, **"Juan Carlos, cállate."** Is she making a suggestion or giving a command? Do you think Marisel is using the **Ud.** or the **tú** form when talking to her friend?

If you said command to the first question and the **tú** form to the second question, you were correct.

¡Bésame, bésame mucho!

1 ▪ In this book you have seen the singular familiar command (**tú**) used in the directions for many activities (**imagina, escribe**). To give an affirmative familiar command or to make a request, use the present indicative **tú** form of the verb omitting the -**s** at the end: **hablas** ⟶ **habla.**

> practicar ⟶ practica   traer ⟶ trae   subir ⟶ sube

—**Sube** al carro y **maneja** con cuidado.
—¡**Espera** un momento! ¿Cómo llego a la autopista?

Get in the car and drive with care.
Wait a minute! How do I get to the freeway?

2 ▪ The familiar commands for the following verbs are irregular.

decir	**di**	salir	**sal**
hacer	**haz**	ser	**sé**
ir	**ve**	tener	**ten**
poner	**pon**	venir	**ven**

▪▪▪ **Sé** is a familiar command, **se** is a reflexive pronoun and an object pronoun.

Ve al campo para relajarte.
Sé bueno y **ven** a la costa conmigo.

Go to the country to relax.
Be good and come to the coast with me.

3 ▪ To give a negative familiar command, use the **tú** form of the present subjunctive.

No salgas de la ciudad esta tarde.
No vayas por las montañas; hay muchas curvas.

Don't leave the city this afternoon.
Don't go through the mountains; there are lots of curves.

▪▪▪ To review formation of the subjunctive, see Ch. 10.

NOTE: Subject pronouns are seldom used with familiar commands, but if they are, they follow the verb: **Estoy ocupado; ven tú. No lo hagas tú; yo voy a hacerlo.**

4 ▪ In familiar commands, as in formal commands (**Ud.** and **Uds.**), reflexive and object pronouns are attached to the end of an affirmative command and immediately precede the verb in a negative command.

Levánta**te**.
No se lo digas.

Get up.
Don't tell it to her.

▪▪▪ Note the need for an accent.

▪▪▪ **Vosotros** affirmative commands: **decir = deci + d** ⟶ **decid.**
▪▪▪ Negative **vosotros** commands use the corresponding subjunctive forms: **no digáis.**
▪▪▪ Reflexive affirmative **vosotros** commands: **lavarse = lava + os** ⟶ **lavaos.**

5 ▪ The following chart summarizes the forms used for commands.

Ud./Uds.		Tú	
Affirmative: subjunctive	Negative: subjunctive	Affirmative: present indicative **tú** form without -**s**	Negative: subjunctive
suba/n	**no suba/n**	**sube***	**no subas**

To practice: Do Workbook, Lab, CD-ROM, and Web activities.

*NOTE: All forms are identical to the subjunctive except the affirmative command form of **tú**.

Prepara un delicioso y refrescante vaso de Nescafé Frappé.

1. Pon Nescafé y azúcar a tu gusto en la coctelera.

2. Añade agua fría y hielo (hasta la mitad, aproximadamente).

3. Agita la coctelera, hasta hacer espuma.

4. Sírvelo en vaso largo.

Actividad 35 **Los mayores siempre mandan** **Parte A.** Los niños reciben muchas órdenes inclusive cuando están de vacaciones. Completa las siguientes órdenes que escucha un niño.

1. No _____ por el puente solo. (caminar)
2. _____ del mar porque es hora de comer. (Salir)
3. _____ el protector solar. (Ponerse)
4. _____ la colina conmigo. (Subir)
5. No _____ arena a la gente. (tirarle)
6. No _____ flores. (cortar)
7. _____ aquí ahora mismo. (Venir)
8. _____ dónde estabas. (Decirle)
9. _____ y _____ helados. (Correr, comprarnos)

Parte B. Ahora, en parejas, hagan una lista de, por lo menos, cinco órdenes afirmativas y cinco órdenes negativas que un niño o una niña de cinco años normalmente oye de sus padres, hermanos o maestros.

Actividad 36 **¡Cuántas órdenes!** En grupos de tres, Uds. son tres hermanos que viven juntos e invitaron a comer a un amigo de su padre que está de visita en la ciudad. Tienen que darse órdenes para preparar la comida. Normalmente, los hermanos se contradicen (*contradict each other*) mucho.

hacer papas fritas   hacer una ensalada   limpiar la casa
ir al supermercado y comprar carne
salir y comprar Coca-Cola   comprar manzanas
preparar el pollo   lavar y secar los platos   servir vino

■ ■ ■ A: ¡Corre a la tienda y compra café!
B: ¡No compres café, compra té!
C: No, voy a comprar Pepsi.

Actividad 37 **¿Quién hace qué?** En parejas, Uds. son Vicente y Teresa y están organizando su boda. Lean primero solo las instrucciones para su papel; luego denle órdenes a su novio/a. Si hay algo que no quieren hacer, negocien con la otra persona. Sigan el modelo.

■ ■ ■ VICENTE: Yo no sé nada de flores, así que escoge tú las flores, ¿bien?
TERESA: No, escógelas tú porque luego vas a decir que no te gustan.
VICENTE: Si las escoges, puedo hacer otra cosa.
TERESA: ...

Vicente

Quieres que Teresa:
■ escoja las flores para la iglesia
■ haga la lista de regalos
■ baje de Internet música para la fiesta
■ vaya a ver la iglesia
■ reserve el salón para la fiesta
■ busque un hotel en Ibiza para la luna de miel

Tú ya: escribiste el remite en todos los sobres

Teresa

Quieres que Vicente:
■ baje de Internet música para la fiesta
■ te diga cuántos invitados tiene
■ busque un hotel en Ibiza para la luna de miel
■ escriba el remite en todos los sobres
■ escoja las flores para la iglesia
■ mande las invitaciones

Tú ya: reservaste el salón para la fiesta

Actividad 38 Lo bueno y lo malo Parte A. En grupos de tres, "A" tiene dudas sobre qué debe hacer en ciertas situaciones. "B" y "C" son su conciencia buena y su conciencia mala. Después de escuchar las dos voces de la conciencia, la persona "A" tiene que decidir qué va a hacer y por qué.

El vendedor me dio 10 dólares de más. ¿Debo devolverle el dinero o no decirle nada?

Devuélvele el dinero. Tú no lo necesitas...

No se lo devuelvas y no le digas nada. Con el dinero puedes...

Creo que voy a devolverle el dinero porque soy honrado y no lo necesito.

1. No tengo dinero y quiero un helado. ¿Debo robarle el dinero a mi madre?
2. No sé la respuesta, pero puedo ver el examen de Gonzalo. ¿Debo copiar la respuesta?
3. Hay una cola larga y no tengo mucho tiempo. ¿Debo ponerme adelante de alguien o debo ir al final de la cola?
4. No fui al trabajo ayer porque fui a la montaña. ¿Debo mentirle a mi jefa y decirle que estuve enfermo/a?
5. Me encanta esa canción y está en Internet. ¿Debo bajarla ilegalmente o comprarme el CD?

Parte B. Todos sabemos que es malo robar como también es malo ser deshonesto. En su grupo, miren las siguientes acciones y digan si una es peor que la otra o si una es tan **mala, deshonesta** o **irresponsable** como la otra.

> ■■■ Es tan irresponsable copiar... como...
> Es peor copiar... que...

1. robarle $10 a tu madre o robárselo a tu novio/a
2. copiar la respuesta de un compañero en un examen o dejar que se copien de ti
3. mentirle a un jefe y decir que estuviste enfermo/a y por eso no fuiste a trabajar o mentirle a un profesor y no ir a clase
4. bajar una canción ilegalmente o comprar un CD pirata

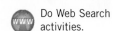 Do Web Search activities.

Más allá

El español te abre puertas

A lo largo de este libro has leído sobre diferentes maneras de usar el español en este país o en un país de habla española. Ya sea en un trabajo pagado o voluntario, saber español te ofrece oportunidades en el campo de las comunicaciones, los negocios, la medicina, el mundo legal y el de la diversión o el entretenimiento. Asimismo, el español te abre puertas a nivel personal: Te permite leer artículos de revistas y poesía, cuentos cortos y novelas en su versión original. Te permite también disfrutar de la música y de películas hispanas en el idioma original, ya que se pierden muchas sutilezas (*subtleties*) al traducir una película o una canción.

El saber español te abre además las puertas de la comunicación con gente de habla española en cualquier parte del mundo. En el trabajo, puedes sentir el placer de comunicarte con un colega en su propia lengua. Si viajas, no hay nada mejor que hablar el idioma del país que visitas; así puedes conocer a la gente del lugar, comprender su cultura, entender cómo piensa, cómo actúa y cuáles son sus costumbres. Todas estas son cosas que un libro apenas puede explicar. Y, quién sabe, quizá a través del español, puedas llegar a conocer a alguien muy especial con quien decidas pasar el resto de tu vida.

▲ Irma (cubana) y Richard (norteamericano) llevan más de 50 años de casados.

▼ Sarah (norteamericana) y Hernán (venezolano), recién casados.

 ¿Cómo crees que puedas usar el español en el futuro? Para ti, ¿cuáles son las ventajas más importantes de saber español?

Vocabulario funcional

La música y los instrumentos
la batería — *drums*
el clarinete — *clarinet*
el conjunto — *band, group*
la flauta — *flute*
la orquesta — *orchestra*
el saxofón — *saxophone*
el trombón — *trombone*
la trompeta — *trumpet*
el violín — *violin*
el violonchelo — *cello*

El correo
el buzón — *mailbox*
la carta — *letter*
el/la cartero — *letter carrier*
el código postal — *zip code*
la dirección — *address*
la estampilla/el sello — *stamp*
el fax — *fax*
hacer cola — *to stand in line*
mandar (una carta) — *to send (a letter)*
el paquete — *package*
el remite — *return address*
el sobre — *envelope*
la (tarjeta) postal — *postcard*

La red
bajar información/música — *to download music*
el buscador — *search engine*
caerse el servidor — *to go down/crash (server)*
la contraseña — *password*
el correo electrónico/ mensaje electrónico/email — *email*
el enlace/link — *link*
el/la Internet — *Internet*
navegar por Internet — *to surf the Net*
el nombre de usuario — *user name*
perder la conexión — *to lose the connection*
el sitio web — *website*
la tarjeta (virtual) — *(virtual) greeting card*

barra /
arroba @
dos puntos :

Las comparaciones
más — *more*
mayor — *older; greater* (+ noun)
mejor — *better*
menor — *younger; lesser* (+ noun)
menos — *less*
peor — *worse*
tan — *so*
tan... como — *as . . . as*
tanto/a... como — *as much . . . as*
tantos/as... como — *as many . . . as*

La geografía
la autopista — *freeway, toll road*
el bosque — *woods*
el campo — *countryside*
la carretera — *highway*
la catarata — *waterfall*
la ciudad — *city*
la colina — *hill*
la costa — *coast*
el desierto — *desert*
la isla — *island*
el lago — *lake*
el mar — *sea*
la montaña — *mountain*
el océano — *ocean*
la playa — *beach*
el pueblo — *town*
el puente — *bridge*
el puerto — *port*
el río — *river*
la selva — *jungle*
el valle — *valley*
el volcán — *volcano*

Los puntos cardinales
el este — *east*
el norte — *north*
el oeste — *west*
el sur — *south*

Palabras y expresiones útiles
¿Algo más? — *Something/Anything else?*
hoy (en) día — *today; nowadays*
¡Qué chévere! — *Great! (Caribbean expression)*
¡Qué cursi! — *How tacky!*
ni... ni — *neither . . . nor*
verdadero/a — *real, true*
Ya era hora. — *It's about time.*

Videoimágenes

Ritmos

Antes de ver

 Actividad 1 La música ¿Cuánto sabes sobre la música hispana? Antes de ver el segmento, marca qué país o región asocias con estos tipos de música.

1. _____ flamenco
2. _____ mariachi
3. _____ merengue
4. _____ música andina
5. _____ salsa
6. _____ tango

a. Argentina
b. el Caribe
c. España
d. México
e. Perú, Ecuador y Bolivia

Mientras ves

 42:14–46:20

Actividad 2 En España La música nos revela mucho de una cultura. Escucha esta entrevista con Carmen Cubillos y contesta las siguientes preguntas sobre el flamenco, la música típica de Andalucía, una región del sur de España.

1. ¿Qué instrumento musical se asocia con este tipo de música?
   a. la trompeta
   b. la guitarra
   c. el piano

2. Al escuchar la música, ¿qué influencia notaste?
   a. polkas de Alemania
   b. música del Medio Oriente
   c. cantos gregorianos

3. Según Carmen Cubillos, ¿qué partes del cuerpo son importantes al bailar flamenco?
   a. los brazos
   b. las piernas
   c. todo el cuerpo

4. ¿Qué adjetivo es el que describe mejor el flamenco?
   a. alegre
   b. dramático
   c. lento

46:21–51:55

Actividad 3 En Ecuador Mientras escuchas una entrevista con el conjunto otavaleño Ñanda Mañachi ("Préstame el camino", en quichua), completa las siguientes ideas y contesta las preguntas sobre la música andina. Lee las preguntas antes de mirar el video.

1. La música andina tiene influencias...
   a. indígena, española y africana.
   b. indígena y española.
   c. indígena y africana.

2. El señor toca y habla de varios instrumentos. Escribe una **V** si el instrumento es de viento o una **C** si es un instrumento de cuerda (*string*).

_____ bandolín

_____ guitarra

_____ bocina

_____ rondador

_____ charango

_____ zampoña o sikus

3. ¿Qué animal se usa para hacer un charango?
   a. el armadillo
   b. el cocodrilo
   c. la tortuga (*turtle*)

▲ El charango, un instrumento típico de la zona andina.

4. ¿Cuál es el tema principal de las canciones de Ñanda Mañachi?
   a. la naturaleza
   b. los problemas de los indígenas
   c. el amor

Actividad 4 **En Puerto Rico** La salsa es un baile típico del Caribe. Mira este segmento del video para completar estas ideas sobre la salsa.

51:56–end

1. La salsa tiene influencias...
   a. indígena, española y africana.
   b. indígena y española.
   c. africana y española.

2. Para bailar salsa, ¿qué es importante? Es posible marcar más de una respuesta.
   a. mantener la espalda recta
   b. mover mucho las caderas (*hips*)
   c. comunicarse con su pareja
   d. nunca separarse de su pareja

Después de ver

Actividad 5 **¿Tocas?** En grupos de tres, descubran el talento musical de sus compañeros. Pregúntenles qué instrumentos tocan o tocaban y averigüen algo sobre su experiencia musical, según las indicaciones.

Nombre _____

Instrumento(s) _____

Toca/Tocaba _____ muy bien _____ bien _____ un poco

Cuándo empezó a tocar _____

Dónde aprendió a tocar _____

Quién le enseña/enseñaba _____

Cuánto tiempo practica/practicaba _____

Si ya no toca, cuándo dejó de tocar y por qué _____
_____

Si no toca ningún instrumento, pregúntale cuál le gustaría tocar y por qué _____

Temas suplementarios

I. Review of Narrating and Describing in the Past: The Preterit and the Imperfect

To narrate in the past tense in Spanish, you need to use the preterit and the imperfect. To review uses, see the explanations in Chapters 8 and 9. The following is a brief summary of some of the major concepts underlying the use of the preterit and the imperfect. Since correct usage is conceptual in nature, the discussion is in English but readily applied to Spanish.

1 ■ The imperfect sets the scene and is used to describe habitual actions and recurring events. Keeping this in mind, look at the following paragraph.

> When I **was** young, I **attended** a public school. It **was** a small rural school with about 300 students. It was about six miles from my house. My father **drove** me to school and **picked** me **up** afterwards every day because I **used to get sick** on the bus. Sometimes I **stayed** after school because I **played** sports . . .

In the preceding paragraph, all verbs would be in the imperfect in Spanish since they refer to description or habitual actions. Now, look at this paragraph.

> When I **was** eight years old, my father **drove** me to school and **picked** me **up** afterwards every day. One day in February, when it **was** very cold, I **lost** my mittens at recess, and later my father **had** an accident and **didn't come** to get me afterwards. It **was** five o'clock and it **was snowing**. No one **called** me and I **walked** the six miles to my house . . . without mittens!

The verbs in red move the story along and tell what happened that day. These verbs would be in the preterit in Spanish.

2 ■ The distinction between habitual actions and recurring events as opposed to something that occurred but was not habitual nor a recurring event is quite simple. Basically, if you can insert the words *used to* in a sentence without changing meaning, then you should use the imperfect. If not, use the preterit. Study these examples.

When I was little, we *spent* the summers at the lake.	When I was little, we *used to spend* the summers at the lake.

Both of the preceding sentences convey the same idea and *used to spend* makes perfect sense; therefore, the imperfect would be used in Spanish.

Last year we *spent* the summer at the lake.	Last year we *used to spend* the summer at the lake.

In the preceding pair of sentences, the first makes sense, but the second makes no sense whatsoever; therefore, the preterit is needed.

3 ■ The imperfect is also used to describe an action in progress and the preterit is used for an interrupting action. Compare these sentences.

He **was leaving** the bank when the mugger **attacked** him.	He **left** the bank and the mugger **attacked** him.

These two sentences describe completely different scenes. In the first sentence, the victim was in the doorway of the bank. In the second, the victim was outside the bank when he was attacked. By visualizing what you are trying to relate, you can more easily choose between the preterit and imperfect.

Actividad / **Ricitos de Oro** Lee la siguiente historia de "Ricitos de Oro y los tres osos" y complétala con el pretérito o el imperfecto de los verbos que están entre paréntesis.

En el bosque _____ (1. vivir) una familia con tres osos: papá oso, mamá osa y el hijo osito. Ellos _____ (2. tener) una casa pequeña, pero _____ (3. estar) muy felices de vivir allí. Todos los días _____ (4. levantarse) temprano y _____ (5. desayunar) juntos antes de empezar el día. Pero un día, que _____ (6. ser) el primer día de la primavera y _____ (7. hacer) muy buen tiempo, ellos _____ (8. decidir) salir a caminar antes de desayunar.

En otra parte del bosque una niña, que _____ (9. tener) siete años y que _____ (10. llamarse) Ricitos de Oro, _____ (11. empezar) a recoger flores y a alejarse (*to get further away*) de su casa. De repente, cuando _____ (12. levantar) los ojos, _____ (13. ver) una casa pequeña muy bonita. Como ella _____ (14. ser) muy curiosa y como la puerta _____ (15. estar) abierta, _____ (16. decidir) entrar. En la sala de la casa _____ (17. haber) una mesa con tres recipientes. Uno _____ (18. ser) grande, el otro mediano y el último pequeño, pero todos _____ (19. tener) leche con miel (*honey*). Ricitos _____ (20. probar) la leche del primer recipiente y luego del segundo, pero _____ (21. estar) muy caliente. Sin embargo, la leche del recipiente más pequeño _____ (22. estar) perfecta y Ricitos la _____ (23. tomar). Después de caminar y de comer, _____ (24. estar) cansada y por eso en la sala _____ (25. probar) las tres sillas. Al final le _____ (26. gustar) la silla más pequeña porque _____ (27. ser) la más cómoda, pero la _____ (28. romper) al sentarse. Luego _____ (29. ir) a la habitación de la casa y _____ (30. probar) todas las camas. Finalmente _____ (31. acostarse) y _____ (32. dormirse) en la más pequeña.

Mientras _____ (33. dormir) muy tranquilamente, _____ (34. llegar) a la casa los tres osos. _____ (35. Tener) mucha hambre y _____ (36. ir) inmediatamente a la mesa para desayunar, pero cuando _____ (37. sentarse), el hijo osito _____ (38. protestar) porque su recipiente no _____ (39. tener) leche. Luego en la sala, él _____ (40. ver) que su silla favorita _____ (41. estar) rota. Después los tres _____ (42. ir) a la habitación y _____ (43. ver) que en la cama más pequeña _____ (44. haber) una niña que _____ (45. dormir). Ninguno de los tres la _____ (46. conocer). De repente, Ricitos _____ (47. despertarse) y _____ (48. ver) a los tres osos que la _____ (49. mirar). Ellos _____ (50. estar) muy enojados y entonces Ricitos _____ (51. levantarse) rápidamente de la cama y _____ (52. escapar) de la casa. _____ (53. Estar) muy nerviosa y _____ (54. correr) por el bosque una hora hasta que finalmente _____ (55. encontrar) su casa.

Actividad 2 Jack y la habichuela gigante En grupos de tres, Uds. van a contar ahora la versión abreviada de otro cuento de niños muy popular. Primero, lean las ideas de las dos columnas y luego cuenten la historia usando el pretérito y el imperfecto. Incluyan también las siguientes expresiones de tiempo para conectar su historia.

un día   cuando   mientras   de repente
más tarde   luego/después   generalmente   de vez en cuando

Descripciones y acciones en progreso	Acciones completas
(1.) Jack tener diez años y vivir con su madre	
(2.) Los dos ser muy pobres: no tener comida, pero tener una vaca (*cow*) lechera	
	(3.) La madre decidir vender la vaca
	(4.) Jack ir a vender la vaca conocer a un hombre
(5.) Jack caminar →	(6.) El hombre cambiarle la vaca por unas habichuelas mágicas
	(7.) Jack volver a la casa y mostrarle las habichuelas a la madre
(8.) La madre estar muy enojada →	(la madre) tirar las habichuelas por la ventana
	(9.) Por la noche, Jack mirar por la ventana y ver una planta
(10.) La planta ser enorme	(11.) (Jack) subir por la planta y llegar a un castillo
(12.) El castillo ser muy grande: tener muchos muebles de oro	(13.) Entrar en el castillo y una señora enorme en la cocina esconderlo en la estufa
	(14.) Un gigante sentir olor (*scent*) a niño y entrar en la sala pero no ver a Jack
	(15.) El gigante dormirse
	(16.) Jack salir de la estufa y
	(17.) (Jack) ver una gallina (*hen*) y decidir escapar con ella
(18.) La madre estar muy nerviosa porque no saber dónde estar su hijo	
(19.) Jack bajar por la planta →	ver que el gigante empezar a bajar por la planta también
	(20.) Jack tomar un hacha (*ax*) y cortar la planta
	(21.) El gigante volver inmediatamente a su castillo
	(22.) La gallina poner un huevo (*to lay an egg*) de oro
(23.) Jack y su madre estar sorprendidos	(24.) Así ellos hacerse (*to become*) ricos

Actividad 3 Las vacaciones Parte A. En grupos de tres, describan qué hacían durante las vacaciones de verano cuando estaban en la escuela primaria. Hable cada uno de un mínimo de cinco actividades.

Parte B. Ahora cuenten qué hicieron durante unas vacaciones en particular.

II. Speaking About Past Experiences: The Present Perfect

■■■

1 ■ The present perfect (**el pretérito perfecto**) is frequently used to ask and answer the question *"Have you ever . . .?"*

haber (present)		
he	hemos ⎫	
has	habéis ⎬ + *past participle*	
ha	han ⎭	

—¿**Han ido** Uds. a Suramérica alguna vez?
Possible answers include:
—No, nunca **hemos ido**.
—No, todavía no **hemos ido** a Suramérica, pero nos gustaría.
—Sí, ya **hemos ido** y nos gustaría volver pronto.
—Sí, ya fuimos y nos encantó.

Have you (ever) gone to South America?

No, we have never gone.
No, we haven't gone to South America yet, but we would like to.
Yes, we have gone already and we would like to return soon.
Yes, we already went and we loved it.

NOTE: The past participle always ends in -**o** in the present perfect. Compare:

Description		Action
La puerta está abierta.	versus	**Ellas han abierto la puerta.**
(*adjective*)		(*present perfect*)

2 ■ The present perfect can also be used to talk about the recent past. As in English, it can be used interchangeably with the preterit without changing the message of the sentence or question.

¿**Has visto** el nuevo video de Marc Anthony?
¿**Viste** el nuevo video de Marc Anthony?

Have you seen the new video by Marc Anthony?
Did you see the new video by Marc Anthony?

Ya **he comido**.
Ya **comí**.

I have already eaten.
I already ate.

Actividad 4 **De viaje** **Parte A.** Entre todos, hagan una lista en la pizarra de lugares interesantes para visitar.

Parte B. Pregúntenles a algunos de sus compañeros si han estado en esos lugares. Si contestan que sí, pregúntenles cuándo fueron, con quién, cuánto tiempo estuvieron y qué hicieron.

■■■ A: ¿Has estado en el parque de Yellowstone?
↙   ↘

B: Sí, he estado.
A: ¿Cuándo fuiste?
B: Fui en el 99.
A: ¿Qué hiciste?
B: ...

B: No, no he estado nunca.
A: ¿Te gustaría ir?
B: Sí/No...
A: ¿Por qué?
B: ...

■■■ **En el 99 = en 1999**

Actividad *5* **El Club Med** El Club Med de Punta Cana, República Dominicana, está entrevistando gente para el puesto (*position*) de director de actividades. Esta es la persona que entretiene a todos los huéspedes (*guests*) durante una semana, organizando bailes, competencias deportivas y otras actividades. En parejas, escojan el Papel A o B y sigan las instrucciones para su papel.

A

Trabajas para el Club Med y vas a entrevistar a una persona para el puesto de director de actividades. La persona que buscas debe haber hecho las siguientes cosas: trabajar para el Club Med antes y tener experiencia con adultos o con niños y con primeros auxilios (*first aid*). Buscas una persona que sea dinámica. Haz preguntas como la siguiente: ¿Has trabajado antes para el Club Med?

B

Estás en una entrevista para el puesto de director de actividades del Club Med. Esta es la información que puede ayudarte a conseguir el trabajo: fuiste huésped en un Club Med hace dos años, tienes cuatro hermanos pequeños y enseñas educación física en una escuela. En este momento, eres estudiante en un curso de primeros auxilios (*first aid*).

III. Expressing Feelings About the Past: *Haya* + Past Participle

▪▪▪ Review the subjunctive, Ch. 10 and 11.

To express present doubts, feelings, and desires about past actions or events, use an expression of doubt, emotion, hope, etc. in the present, followed by a clause with a verb in the present perfect subjunctive (**pretérito perfecto del subjuntivo**). It is formed as follows.

que + *present subjunctive of* **haber** + *past participle*

haber (present subjunctive)		
que **haya**	que **hayamos**	
que **hayas**	que **hayáis**	+ *past participle*
que **haya**	que **hayan**	

—Dudo que ella **haya viajado** mucho y yo busco personas que **hayan estado** en Suramérica.
—¿Crees que ella **haya ido** a Bolivia a visitar a su novio?

I doubt that she has traveled a lot, and I'm looking for people who have been in South America.
Do you think she has gone to Bolivia to visit her boyfriend?

Compare:

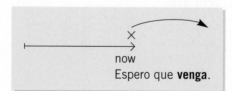

now
Espero que **venga**.

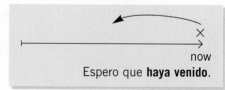

now
Espero que **haya venido**.

Actividad 6 **El puesto** Una jefa y su asistente hablan sobre los posibles candidatos para un puesto en un Club Med. Completa la conversación con el pretérito perfecto o el pretérito perfecto del subjuntivo de los verbos que se presentan.

ASISTENTE: Tenemos una candidata que es muy buena. _____ (1. trabajar) con niños de cinco a siete años. También _____ (2. estudiar) primeros auxilios y eso es esencial para este trabajo.

JEFA: ¿Crees que _____ (3. estar) en alguno de nuestros Club Med del Caribe?

ASISTENTE: Es posible que _____ (4. ir) a alguno, pero no sé si en el Caribe porque en su currículum solo _____ (5. escribir) que le gusta mucho el sistema de entretenimiento de nuestros Club Med y que ella y su familia _____ (6. ir) a varias islas del Caribe.

JEFA: Estoy segura, entonces, que _____ (7. conocer) alguno de nuestros clubes. Tenemos varios allí y si le interesa este trabajo es porque _____ (8. ver) nuestros clubes y sabe cómo funcionan. ¿Y nos _____ (9. mandar) el currículum algún otro candidato?

ASISTENTE: Sí, pero ninguno tiene la experiencia de esta chica.

JEFA: ¡Qué lástima que no _____ (10. recibir) el currículum de más candidatos con las condiciones que queremos porque no hay muchos para elegir!

Actividad 7 **¿Alguna vez...?** **Parte A.** Pregúntales a un mínimo de cuatro compañeros si han hecho las cosas de la siguiente lista. Si contestan que sí, pregúntales cuándo, cuántas veces, con quién y si les gustó. Si contestan que no, pregúntales si les gustaría hacerlas algún día.

■■■ A: ¿Has piloteado un avión?
   B: No, nunca.
   A: ¿Te gustaría hacerlo?
   B: Sí, me gustaría porque.../No, no me interesa porque...

1. nadar en el Caribe o en el Golfo de México
2. hablar con un cubano de Miami
3. hacer un viaje a la Patagonia
4. ver el desfile (*parade*) puertorriqueño en Nueva York
5. comer ropa vieja, paella o gazpacho
6. viajar en un tour a Tikal en Guatemala
7. visitar Puerto Rico o la República Dominicana
8. estudiar sobre el TLC (*NAFTA*)

Parte B. Ahora tu profesor/a va a hacerte algunas preguntas.

■■■ Profesor/a: ¿Hay alguien en la clase que haya nadado en el Caribe?

S1: No, no hay nadie que haya nadado en el Caribe.

S2: Sí, hay alguien que ha nadado en el Caribe.
   Profesor/a: ¿Quién es?
   S2: Jim nadó en el Caribe el año pasado.

Actividad 8 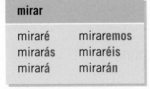 **Los preparativos para el viaje** En parejas, tu esposo/a y tú se van de viaje con sus siete hijos a una playa de Puerto Rico. "A" preparó una lista de cosas que cada persona de la familia tenía que hacer y ahora quiere saber si las hicieron. "B" sabe qué hizo o no hizo cada uno. Miren solo su papel.

■■■ Juan: hacer la maleta

    A: Espero que Juan haya hecho la maleta.

    B: Ya la ha hecho./Todavía no la ha hecho, pero va a hacerla hoy.

A

1. Pablo: comprar los pasajes
2. Pepe y Manuel: ir al banco
3. Victoria y Ángela: comprar gafas de sol
4. Elisa: llevar el perro a la casa de su amiga
5. Guillermo y Manuel: recoger (*pick up*) sus pasaportes
6. Tu esposo/a: poner el Pepto-Bismol en la maleta
7. Victoria: hacer la reserva del hotel
8. Todos: poner los trajes de baño en la maleta

B

Tú sabes que tus hijos y tú han hecho las cosas que tenían que hacer, pero que tus hijas no las han hecho.

Actividad 9 **Una llamada urgente** En parejas, imaginen que su profesor/a de español hoy no vino a clase. Reaccionen a esa situación usando frases como **Dudo que haya..., Es posible que..., No creo que...,** etc.

■■■ Es posible que haya tenido problemas con la policía.

IV. Expressing the Future: The Future Tense

■■■

1 ■ As you have already seen, the future may be expressed with the present indicative or with the construction **ir + a + *infinitive*: Te veo mañana. Voy a ver a mi padre mañana.** The future may also be expressed with the future tense **(el futuro).** To form the future tense, add the following endings to the infinitives of **-ar, -er,** and **-ir** verbs.

mirar	
miraré	miraremos
mirarás	miraréis
mirará	mirarán

traer	
traeré	traeremos
traerás	traeréis
traerá	traerán

ir	
iré	iremos
irás	iréis
irá	irán

■■■ Note that only the **nosotros** form has no accent.

El año que viene, Marta y Laura **irán** a Suramérica.

Si él se gradúa en junio, **trabajará** para el Club Med en el verano.

Marta and Laura will go to South America next year.

If he graduates in June, he'll work for Club Med in the summer.

2 ▪ The following groups of verbs have an irregular stem in the future tense, but use the same endings as regular verbs.

Infinitive	Stem	Future
haber	habr-	**habré**
poder	podr-	**podré**
querer	querr-	**querré**
saber	sabr-	**sabré**
poner	pondr-	**pondré**
salir	saldr-	**saldré**
tener	tendr-	**tendré**
venir	vendr-	**vendré**
decir	dir-	**diré**
hacer	har-	**haré**

Habrá muchos amigos esperando a las jugadoras de fútbol en el aeropuerto.

Si Felipe llega hoy, él y Juana **saldrán** a cenar esta noche.

There will be many friends waiting for the soccer players at the airport.

If Felipe arrives today, he and Juana will go out to eat tonight.

▪▪▪ **hay** = there is/are
▪▪▪ **habrá** = there will be

Actividad 10 El futuro Completa estas oraciones sobre qué pasará en el mundo en el año 2022 con la forma apropiada del futuro de los verbos indicados.

1. J. Lo _____ un Grammy y un Oscar el mismo año. (ganar)
2. Los médicos _____ la cura para el cáncer. (encontrar)
3. Madonna _____ cirugía plástica y los médicos le _____ un kilo de celulitis de cada pierna. (hacerse, quitar)
4. La gente _____ bajar de peso sin ponerse a dieta. (poder)
5. El equipo norteamericano de fútbol _____ campeón de la Copa Mundial. (ser)
6. Los coches no _____ gasolina y las condiciones del medio ambiente _____. (usar, mejorar)
7. Ricky Martin _____ un programa que _____ *Menudo*. En el programa les _____ a muchos cantantes jóvenes la oportunidad de salir en la televisión. (tener, llamarse, dar)
8. La NASA _____ un centro de investigación en el planeta Marte. (poner)
9. Una mujer hispana _____ a la presidencia de los Estados Unidos. (subir)
10. No _____ llaves ni tarjetas de crédito ni dinero en efectivo. Todo _____ con máquinas que _____ los ojos de las personas. (haber, funcionar, leer)

Actividad 11 La bola de cristal Escribe predicciones sobre el mundo de Hollywood y de Washington.

1. el próximo presidente de este país
2. el próximo escándalo en Washington
3. la mejor película del año
4. la boda del año en Hollywood
5. el divorcio menos esperado

V. Expressing Pending Actions: The Subjunctive in Adverbial Clauses

■■■

■■■ Remember: After a preposition, use an infinitive: **Después de llegar a casa...**

1 ■ When using adverbial conjunctions of time such as **cuando, después de que,** and **hasta que,** use the indicative to express *habitual* or *completed actions.*

Habitual

Siempre preparo la cena **cuando llego** a casa.	*I always prepare dinner when I get home.*
Preparaba la cena **cuando llegaba** a casa.	*I used to prepare dinner when I got home.*
Generalmente trabaja **hasta que está** cansada.	*She generally works until she is tired.*

Completed

Preparé la cena **cuando llegué** a casa.	*I prepared dinner when I got home.*
Trabajó **hasta que se jubiló.**	*He worked until he retired.*

2 ■ Use the subjunctive to express states or actions that are pending (haven't happened yet) in clauses starting with **cuando, después de que,** and **hasta que.**

Pending

Voy a preparar la cena **cuando llegue** a casa.	*I'm going to prepare dinner when I get home.*
Trabajará en esa compañía **hasta que se jubile.**	*He'll work at that company until he retires.*

Actividad 12 Vacaciones presentes, pasadas y futuras Completa estas oraciones sobre las vacaciones con la forma correcta del subjuntivo o del indicativo (presente o pasado) de los verbos indicados.

1. Normalmente, cuando _____ a la playa, me divierto mucho, pero no sé lo que va a pasar este año cuando mi familia y yo _____ las vacaciones en la montaña. (ir, pasar)

2. Todos los años mis padres _____ de la ciudad para las vacaciones y _____ a un pueblo pequeño porque no tienen mucho dinero. Como ahora están jubilados, no van a poder conocer otras partes del mundo hasta que no _____ la lotería. (salir, viajar, ganar)

3. A mis hermanos les gusta mucho el mar. De pequeños se quedaban en el agua hasta que _____ el sol. (ponerse)

4. El año que viene, mis amigos y yo iremos a Perú para las vacaciones y caminaremos por el Camino del Inca. Me dicen que se necesitan cuatro días para recorrerlo. Cuando _____, estaremos en Machu Picchu. Después, nos quedaremos en Lima hasta que _____ otros amigos y luego pensamos ir al lago Titicaca. (terminar, llegar)

5. Después de que _____ mi último examen final, pienso viajar en moto por todo el país. No voy a volver hasta que _____ las clases en el otoño. (tener, empezar)

Actividad 13 Un poco de variedad **Parte A.** Muchas personas se quejan de no tener variedad en la vida y de que su rutina diaria es siempre igual. Termina estas oraciones con lo que haces normalmente.

1. Todos los días cuando termina esta clase, yo...
2. Siempre cuando llega el verano, yo...
3. Todos los días cuando entro en casa, yo...
4. Cuando llega el fin de semana, mis amigos y yo...
5. Los sábados cuando voy a fiestas, yo...

Parte B. Ahora selecciona tres ideas de la Parte A y escribe cómo vas a cambiar tu rutina. Sigue el modelo.

> ▪▪▪ Todos los días cuando termina esta clase, voy a la cafetería de la universidad y como una hamburguesa, pero mañana cuando termine la clase, pienso ir a un restaurante mexicano y pediré una quesadilla.

VI. Discussing Imaginary Situations: The Conditional

1 ▪ The conditional tense **(el condicional)** may be used to express something that you would do in an imaginary situation. The formation of this tense is similar to that of the future tense in that it uses the same stems. To form the conditional, add the conditional endings (**-ía, -ías, -ía,** etc.) to the infinitive of regular verbs or to the future stem of irregular verbs.

mirar	
miraría	miraríamos
mirarías	miraríais
miraría	mirarían

traer	
traería	traeríamos
traerías	traeríais
traería	traerían

ir	
iría	iríamos
irías	iríais
iría	irían

▪▪▪ The conditional endings are the same as those of imperfect **-er** and **-ir** verbs. Unlike the imperfect endings, they are added to the infinitive or to an irregular stem.

¿¡El carro de Gonzalo!? Yo que tú, no lo **compraría.**
Sería mejor idea buscar en los anuncios del periódico.

Gonzalo's car!? If I were you, I wouldn't buy it.
It would be a better idea to look in the newspaper ads.

2 ▪ The following groups of verbs have the same irregular stems in the conditional as they do in the future.

Infinitive	Stem	Conditional
haber	habr-	**habría**
poder	podr-	**podría**
querer	querr-	**querría**
saber	sabr-	**sabría**
poner	pondr-	**pondría**
salir	saldr-	**saldría**
tener	tendr-	**tendría**
venir	vendr-	**vendría**
decir	dir-	**diría**
hacer	har-	**haría**

▪▪▪ **hay** = there is/are
▪▪▪ **habría** = there would be

Con el dinero que gana en la agencia, Teresa **podría** ir a Puerto Rico.
Vicente no sabe qué **haría** sin Teresa.

With the money she earns at the agency, Teresa could (would be able to) go to Puerto Rico.
Vicente doesn't know what he would do without Teresa.

Actividad 14 **Posibilidades** Un grupo de amigos te sugieren países donde podrías pasar tu tercer año de la universidad. Completa estas oraciones con la forma apropiada del condicional de los verbos indicados.

1. Yo que tú, _____ a Chile. Allí _____ en los Andes y _____ en las playas del Pacífico. También _____ los glaciares del sur. (ir, esquiar, nadar, visitar)

2. Yo que tú, _____ en Madrid. Tú _____ ver el Museo del Prado, el Reina Sofía y el Thyssen Bornemiza, tres museos magníficos. Como Madrid está en el centro del país, _____ fácil viajar a cualquier parte de España para pasar un fin de semana. Yo no _____ los festivales regionales como Semana Santa en Sevilla, las Fallas de Valencia y San Fermín en Pamplona. Pero yo no _____ delante de los toros en Pamplona porque es muy peligroso. (estudiar, poder, ser, perderse, correr)

3. Ecuador es un país espectacular. Tú _____ estudiar más español en Quito. Desde Quito _____ bueno hacer excursiones a Otavalo donde tú _____ a tocar instrumentos indígenas. También _____ la oportunidad de ir a las islas Galápagos donde _____ animales super interesantes. Yo que tú, _____ una semana o más después de terminar el curso y _____ trekking en los Andes. (poder, ser, aprender, tener, ver, quedarse, hacer)

4. México, D. F. es un lugar ideal, especialmente si te gustan las culturas precolombinas. Allí yo _____ museos y _____ a eventos culturales. Tú y tus amigos _____ hacer muchas excursiones a los pueblos cercanos para conocer las costumbres de la gente. Para el Día de los Muertos, yo _____ a Mixquic donde tienen una celebración muy tradicional. (visitar, asistir, poder, ir)

Actividad 15 **¿Qué harías?** Completa estas conversaciones con tus consejos. Usa el condicional.

1. —No sé qué hacer; mi jefe quiere que yo salga con él.
   —En tu lugar, yo...

2. —Tengo un problema: los frenos de mi carro están muy mal y no tengo dinero.
   —Yo que tú...

3. —Me están molestando muchísimo los lentes de contacto. Siempre lloro.
   —En tu lugar, yo...

4. —Lo bueno es que tengo una entrevista con una compañía muy buena, pero lo malo es que es el mismo día de mi examen final de economía. No quiero cambiar la entrevista y el profesor es muy estricto en cuanto a los exámenes.
   —En tu lugar, yo...

Reference Section

Appendix A: Verb Charts

■■■

Regular Verbs

Infinitive	hablar	comer	vivir
Present participle	hablando	comiendo	viviendo
Past participle	hablado	comido	vivido

Simple Tenses

	hablar	comer	vivir
Present indicative	hablo	como	vivo
	as	es	es
	a	e	e
	amos	emos	imos
	áis	éis	ís
	an	en	en
Imperfect indicative	hablaba	comía	vivía
	abas	ías	ías
	aba	ía	ía
	ábamos	íamos	íamos
	abais	íais	íais
	aban	ían	ían
Preterit	hablé	comí	viví
	aste	iste	iste
	ó	ió	ió
	amos	imos	imos
	asteis	isteis	isteis
	aron	ieron	ieron
Future indicative	hablaré	comeré	viviré
	ás	ás	ás
	á	á	á
	emos	emos	emos
	éis	éis	éis
	án	án	án
Conditional	hablaría	comería	viviría
	ías	ías	ías
	ía	ía	ía
	íamos	íamos	íamos
	íais	íais	íais
	ían	ían	ían
Affirmative and negative commands	**tú:** habla, no hables	come, no comas	vive, no vivas
	Ud.: hable, no hable	coma, no coma	viva, no viva
	Uds.: hablen, no hablen	coman, no coman	vivan, no vivan
	vosotros/as: hablad, no habléis	comed, no comáis	vivid, no viváis
Present subjunctive	que hable	que coma	que viva
	es	as	as
	e	a	a
	emos	amos	amos
	éis	áis	áis
	en	an	an
Imperfect subjunctive	que hablara	que comiera	que viviera
	aras	ieras	ieras
	ara	iera	iera
	áramos	iéramos	iéramos
	arais	ierais	ierais
	aran	ieran	ieran

Compound Tenses

	hablar	comer	vivir
Present perfect indicative	he hablado has hablado, *etc.*	he comido has comido, *etc.*	he vivido has vivido, *etc.*
Pluperfect indicative	había hablado habías hablado, *etc.*	había comido habías comido, *etc.*	había vivido habías vivido, *etc.*
Future perfect	habré hablado habrás hablado, *etc.*	habré comido habrás comido, *etc.*	habré vivido habrás vivido, *etc.*
Conditional perfect	habría hablado habrías hablado, *etc.*	habría comido habrías comido, *etc.*	habría vivido habrías vivido, *etc.*
Present perfect subjunctive	que haya hablado hayas hablado, *etc.*	que haya comido hayas comido, *etc.*	que haya vivido hayas vivido, *etc.*
Pluperfect subjunctive	que hubiera hablado hubieras hablado, *etc.*	que hubiera comido hubieras comido, *etc.*	que hubiera vivido hubieras vivido, *etc.*

Stem-Changing Verbs

Note: Only forms in which a change occurs are shown.

	-ar verbs: **e ⟶ ie**		**-er** verbs: **e ⟶ ie**	
Infinitive	**pensar** to think		**entender** to understand	
Present indicative	**pienso** **piensas** **piensa**	pensamos pensáis **piensan**	**entiendo** **entiendes** **entiende**	entendemos entendéis **entienden**
Affirmative and negative commands	**piensa** / **no pienses** **(no) piense**	pensad / no penséis **(no) piensen**	**entiende** / **no entiendas** **(no) entienda**	entended / no entendáis **(no) entiendan**
Present subjunctive	que **piense** **pienses** **piense**	pensemos penséis **piensen**	que **entienda** **entiendas** **entienda**	entendamos entendáis **entiendan**

	-ar verbs: **o ⟶ ue**		**-er** verbs: **o ⟶ ue**	
Infinitive	**contar** to tell; to count		**volver** to return	
Present indicative	**cuento** **cuentas** **cuenta**	contamos contáis **cuentan**	**vuelvo** **vuelves** **vuelve**	volvemos volvéis **vuelven**
Affirmative and negative commands	**cuenta** / **no cuentes** **(no) cuente**	contad / no contéis **(no) cuenten**	**vuelve** / **no vuelvas** **(no) vuelva**	volved / no volváis **(no) vuelvan**
Present subjunctive	que **cuente** **cuentes** **cuente**	contemos contéis **cuenten**	que **vuelva** **vuelvas** **vuelva**	volvamos volváis **vuelvan**

-ir verbs: e → i, i		
Infinitive	**servir** to serve	
Present indicative	**sirvo**	servimos
	sirves	servís
	sirve	**sirven**
Affirmative and negative commands	**sirve / no sirvas** **(no) sirva**	servid / **no sirváis** **(no) sirvan**
Present subjunctive	que **sirva**	**sirvamos**
	sirvas	**sirváis**
	sirva	**sirvan**
Preterit	serví	servimos
	serviste	servisteis
	sirvió	**sirvieron**
Imperfect subjunctive	que **sirviera**	
	sirvieras, *etc.*	
Present participle	**sirviendo**	

-ir verbs: e → ie, i			-ir verbs: o → ue, u		
Infinitive	**sentir** to feel; to regret			**dormir** to sleep	
Present indicative	**siento**	sentimos		**duermo**	dormimos
	sientes	sentís		**duermes**	dormís
	siente	**sienten**		**duerme**	**duermen**
Affirmative and negative commands	**siente / no sientas** **(no) sienta**	sentid / **no sintáis** **(no) sientan**		**duerme / no duermas** **(no) duerma**	dormid / **no durmáis** **(no) duerman**
Present subjunctive	que **sienta**	**sintamos**		que **duerma**	**durmamos**
	sientas	**sintáis**		**duermas**	**durmáis**
	sienta	**sientan**		**duerma**	**duerman**
Preterit	sentí	sentimos		dormí	dormimos
	sentiste	sentisteis		dormiste	dormisteis
	sintió	**sintieron**		**durmió**	**durmieron**
Imperfect subjunctive	que **sintiera**			que **durmiera**	
	sintieras, *etc.*			**durmieras,** *etc.*	
Present participle	**sintiendo**			**durmiendo**	

Verbs with Spelling Changes

Note: Only forms in which a change occurs are shown.

Verbs in **-car:** c → qu before e			Verbs in **-gar:** g → gu before e		
Infinitive	**buscar** to look for			**llegar** to arrive	
Preterit	**busqué**	buscamos		**llegué**	llegamos
	buscaste	buscasteis		llegaste	llegasteis
	buscó	buscaron		llegó	llegaron
Affirmative and negative commands	busca / **no busques** **(no) busque**	buscad / **no busquéis** **(no) busquen**		llega / **no llegues** **(no) llegue**	llegad / **no lleguéis** **(no) lleguen**
Present subjunctive	que **busque**	**busquemos**		que **llegue**	**lleguemos**
	busques	**busquéis**		**llegues**	**lleguéis**
	busque	**busquen**		**llegue**	**lleguen**

	Verbs in **-ger** and **-gir**: g → j before **a** and **o**		Verbs in **-guir**: gu → g before **a** and **o**	
Infinitive	**escoger** to choose		**seguir** to follow	
Present indicative	**escojo**	escogemos	**sigo**	seguimos
	escoges	escogéis	sigues	seguís
	escoge	escogen	sigue	siguen
Affirmative and negative commands	escoge / **no escojas** **(no)** escoja	escoged / **no escojáis** **(no)** escojan	sigue / **no sigas** **(no)** siga	seguid / **no sigáis** **(no)** sigan
Present subjunctive	que **escoja**	**escojamos**	que **siga**	**sigamos**
	escojas	**escojáis**	**sigas**	**sigáis**
	escoja	**escojan**	**siga**	**sigan**

	Verbs in **-zar**: z → c before **e**	
Infinitive	**empezar** to begin	
Preterit	**empecé**	empezamos
	empezaste	empezasteis
	empezó	empezaron
Affirmative and negative commands	empieza / **no empieces** **(no) empiece**	empezad / **no empecéis** **(no) empiecen**
Present subjunctive	que **empiece**	**empecemos**
	empieces	**empecéis**
	empiece	**empiecen**

	Verbs in **-eer**: unstressed **i** → **y**	
Infinitive	**creer** to believe	
Preterit	creí	creímos
	creíste	creísteis
	creyó	**creyeron**
Imperfect subjunctive	que **creyera**	**creyéramos**
	creyeras	**creyerais**
	creyera	**creyeran**
Present participle	**creyendo**	

Reflexive Verbs

	levantarse to get up; to stand up
Present indicative	me levanto, te levantas, se levanta nos levantamos, os levantáis, se levantan
Participles	levantándose, levantado
Affirmative and negative commands	**tú:** levántate / no te levantes **Ud.:** levántese / no se levante **Uds.:** levántense / no se levanten **vosotros/as:** levantaos / no os levantéis

Irregular Verbs

	caerse to fall	conducir to drive
Present indicative	me caigo, te caes, se cae, nos caemos, os caéis, se caen	conduzco, conduces, conduce, conducimos, conducís, conducen
Preterit	me caí, te caíste, se cayó, nos caímos, os caísteis, se cayeron	conduje, condujiste, condujo, condujimos, condujisteis, condujeron
Imperfect	me caía, te caías, etc.	conducía, conducías, etc.
Future	me caeré, te caerás, etc.	conduciré, conducirás, etc.
Conditional	me caería, te caerías, etc.	conduciría, conducirías, etc.
Present subjunctive	que me caiga, te caigas, se caiga, nos caigamos, os caigáis, se caigan	que conduzca, conduzcas, conduzca, conduzcamos, conduzcáis, conduzcan
Imperfect subjunctive	que me cayera, te cayeras, se cayera, nos cayéramos, os cayerais, se cayeran	que condujera, condujeras, condujera, condujéramos, condujerais, condujeran
Participles	cayendose, caído	conduciendo, conducido
Affirmative and negative commands	_____ / no te caigas _____ / no se caiga _____ / no se caigan	conduce / no conduzcas conducid / no conduzcáis (no) conduzca (no) conduzcan

	conocer to know, be acquainted with	construir to build
Present indicative	conozco, conoces, conoce, conocemos, conocéis, conocen	construyo, construyes, construye, construimos, construís, construyen
Preterit	conocí, conociste, conoció, conocimos, conocisteis, conocieron	construí, construiste, construyó, construimos, construisteis, construyeron
Imperfect	conocía, conocías, etc.	construía, construías, etc.
Future	conoceré, conocerás, etc.	construiré, construirás, etc.
Conditional	conocería, conocerías, etc.	construiría, construirías, etc.
Present subjunctive	que conozca, conozcas, conozca, conozcamos, conozcáis, conozcan	que construya, construyas, construya, construyamos, construyáis, construyan
Imperfect subjunctive	que conociera, conocieras, conociera, conociéramos, conocierais, conocieran	que construyera, construyeras, construyera, construyéramos, construyerais, construyeran
Participles	conociendo, conocido	construyendo, construido
Affirmative and negative commands	conoce / no conozcas conoced / no conozcáis (no) conozca (no) conozcan	construye / no construyas construid / no construyáis (no) construya (no) construyan

	dar to give	**decir** to say; to tell
Present indicative	doy, das, da, damos, dais, dan	digo, dices, dice, decimos, decís, dicen
Preterit	di, diste, dio, dimos, disteis, dieron	dije, dijiste, dijo, dijimos, dijisteis, dijeron
Imperfect	daba, dabas, *etc.*	decía, decías, *etc.*
Future	daré, darás, *etc.*	diré, dirás, *etc.*
Conditional	daría, darías, *etc.*	diría, dirías, *etc.*
Present subjunctive	que dé, des, dé, demos, deis, den	que diga, digas, diga, digamos, digáis, digan
Imperfect subjunctive	que diera, dieras, diera, diéramos, dierais, dieran	que dijera, dijeras, dijera, dijéramos, dijerais, dijeran
Participles	dando, dado	diciendo, dicho
Affirmative and negative commands	da / no des dad / no deis (no) dé (no) den	di / no digas decid / no digáis (no) diga (no) digan

	estar to be	**freír** to fry
Present indicative	estoy, estás, está, estamos, estáis, están	frío, fríes, fríe, freímos, freís, fríen
Preterit	estuve, estuviste, estuvo, estuvimos, estuvisteis, estuvieron	freí, freíste, frió, freímos, freísteis, frieron
Imperfect	estaba, estabas, *etc.*	freía, freías, *etc.*
Future	estaré, estarás, *etc.*	freiré, freirás, *etc.*
Conditional	estaría, estarías, *etc.*	freiría, freirías, *etc.*
Present subjunctive	que esté, estés, esté, estemos, estéis, estén	que fría, frías, fría, friamos, friáis, frían
Imperfect subjunctive	que estuviera, estuvieras, estuviera, estuviéramos, estuvierais, estuvieran	que friera, frieras, friera, friéramos, frierais, frieran
Participles	estando, estado	friendo, frito
Affirmative and negative commands	está / no estés estad / no estéis (no) esté (no) estén	fríe / no frías freíd / no friáis (no) fría (no) frían

	haber to have (*auxiliary verb*)	**hacer** to do; to make
Present indicative	he, has, ha, hemos, habéis, han	hago, haces, hace, hacemos, hacéis, hacen
Preterit	hube, hubiste, hubo, hubimos, hubisteis, hubieron	hice, hiciste, hizo, hicimos, hicisteis, hicieron
Imperfect	había, habías, *etc.*	hacía, hacías, *etc.*
Future	habré, habrás, *etc.*	haré, harás, *etc.*
Conditional	habría, habrías, *etc.*	haría, harías, *etc.*
Present subjunctive	que haya, hayas, haya, hayamos, hayáis, hayan	que haga, hagas, haga, hagamos, hagáis, hagan
Imperfect subjunctive	que hubiera, hubieras, hubiera, hubiéramos, hubierais, hubieran	que hiciera, hicieras, hiciera, hiciéramos, hicierais, hicieran
Participles	habiendo, habido	haciendo, hecho
Affirmative and negative commands	————	haz / no hagas haced / no hagáis (no) haga (no) hagan

ir to go   oír to hear

Present indicative	voy, vas, va, vamos, vais, van	oigo, oyes, oye, oímos, oís, oyen
Preterit	fui, fuiste, fue, fuimos, fuisteis, fueron	oí, oíste, oyó, oímos, oísteis, oyeron
Imperfect	iba, ibas, iba, íbamos, ibais, iban	oía, oías, *etc.*
Future	iré, irás, *etc.*	oiré, oirás, *etc.*
Conditional	iría, irías, *etc.*	oiría, oirías, *etc.*
Present subjunctive	que vaya, vayas, vaya, vayamos, vayáis, vayan	que oiga, oigas, oiga, oigamos, oigáis, oigan
Imperfect subjunctive	que fuera, fueras, fuera, fuéramos, fuerais, fueran	que oyera, oyeras, oyera, oyéramos, oyerais, oyeran
Participles	yendo, ido	oyendo, oído
Affirmative and negative commands	ve / no vayas id / no vayáis (no) vaya (no) vayan	oye / no oigas oíd / no oigáis (no) oiga (no) oigan

poder (ue) to be able, can   poner to put

Present indicative	puedo, puedes, puede, podemos, podéis, pueden	pongo, pones, pone, ponemos, ponéis, ponen
Preterit	pude, pudiste, pudo, pudimos, pudisteis, pudieron	puse, pusiste, puso, pusimos, pusisteis, pusieron
Imperfect	podía, podías, *etc.*	ponía, ponías, *etc.*
Future	podré, podrás, *etc.*	pondré, pondrás, *etc.*
Conditional	podría, podrías, *etc.*	pondría, pondrías, *etc.*
Present subjunctive	que pueda, puedas, pueda, podamos, podáis, puedan	que ponga, pongas, ponga, pongamos, pongáis, pongan
Imperfect subjunctive	que pudiera, pudieras, pudiera, pudiéramos, pudierais, pudieran	que pusiera, pusieras, pusiera, pusiéramos, pusierais, pusieran
Participles	pudiendo, podido	poniendo, puesto
Affirmative and negative commands	_____	pon / no pongas poned / no pongáis (no) ponga (no) pongan

querer (ie) to want; to love (someone)   saber to know (how)

Present indicative	quiero, quieres, quiere, queremos, queréis, quieren	sé, sabes, sabe, sabemos, sabéis, saben
Preterit	quise, quisiste, quiso, quisimos, quisisteis, quisieron	supe, supiste, supo, supimos, supisteis, supieron
Imperfect	quería, querías, *etc.*	sabía, sabías, *etc.*
Future	querré, querrás, *etc.*	sabré, sabrás, *etc.*
Conditional	querría, querrías, *etc.*	sabría, sabrías, *etc.*
Present subjunctive	que quiera, quieras, quiera, queramos, queráis, quieran	que sepa, sepas, sepa, sepamos, sepáis, sepan
Imperfect subjunctive	que quisiera, quisieras, quisiera, quisiéramos, quisierais, quisieran	que supiera, supieras, supiera, supiéramos, supierais, supieran
Participles	queriendo, querido	sabiendo, sabido
Affirmative and negative commands	quiere / no quieras quered / no querráis (no) quiera (no) quieran	sabe / no sepas sabed / no sepáis (no) sepa (no) sepan

	salir de to leave; to go out		**ser** to be	
Present indicative	salgo, sales, sale, salimos, salís, salen		soy, eres, es, somos, sois, son	
Preterit	salí, saliste, salió, salimos, salisteis, salieron		fui, fuiste, fue, fuimos, fuisteis, fueron	
Imperfect	salía, salías, salía, salíamos, salíais, salían		era, eras, era, éramos, erais, eran	
Future	saldré, saldrás, *etc.*		seré, serás, *etc.*	
Conditional	saldría, saldrías, *etc.*		sería, serías, *etc.*	
Present subjunctive	que salga, salgas, salga, salgamos, salgáis, salgan		que sea, seas, sea, seamos, seáis, sean	
Imperfect subjunctive	que saliera, salieras, saliera, saliéramos, salierais, salieran		que fuera, fueras, fuera, fuéramos, fuerais, fueran	
Participles	saliendo, salido		siendo, sido	
Affirmative and negative commands	sal / no salgas (no) salga	salid / no salgáis (no) salgan	sé / no seas (no) sea	sed / no seáis (no) sean

	tener to have		**traer** to bring	
Present indicative	tengo, tienes, tiene, tenemos, tenéis, tienen		traigo, traes, trae, traemos, traéis, traen	
Preterit	tuve, tuviste, tuvo, tuvimos, tuvisteis, tuvieron		traje, trajiste, trajo, trajimos, trajisteis, trajeron	
Imperfect	tenía, tenías, *etc.*		traía, traías, *etc.*	
Future	tendré, tendrás, *etc.*		traeré, traerás, *etc.*	
Conditional	tendría, tendrías, *etc.*		traería, traerías, *etc.*	
Present subjunctive	que tenga, tengas, tenga, tengamos, tengáis, tengan		que traiga, traigas, traiga, traigamos, traigáis, traigan	
Imperfect subjunctive	que tuviera, tuvieras, tuviera, tuviéramos, tuvierais, tuvieran		que trajera, trajeras, trajera, trajéramos, trajerais, trajeran	
Participles	teniendo, tenido		trayendo, traído	
Affirmative and negative commands	ten / no tengas (no) tenga	tened / no tengáis (no) tengan	trae / no traigas (no) traiga	traed / no traigáis (no) traigan

	venir to come		**ver** to see	
Present indicative	vengo, vienes, viene, venimos, venís, vienen		veo, ves, ve, vemos, veis, ven	
Preterit	vine, viniste, vino, vinimos, vinisteis, vinieron		vi, viste, vio, vimos, visteis, vieron	
Imperfect	venía, venías, venía, veníamos, veníais, venían		veía, veías, veía, veíamos, veíais, veían	
Future	vendré, vendrás, *etc.*		veré, verás, *etc.*	
Conditional	vendría, vendrías, *etc.*		vería, verías, *etc.*	
Present subjunctive	que venga, vengas, venga, vengamos, vengáis, vengan		que vea, veas, vea, veamos, veáis, vean	
Imperfect subjunctive	que viniera, vinieras, viniera, viniéramos, vinierais, vinieran		que viera, vieras, viera, viéramos, vierais, vieran	
Participles	viniendo, venido		viendo, visto	
Affirmative and negative commands	ven / no vengas (no) venga	venid / no vengáis (no) vengan	ve / no veas (no) vea	ved / no veáis (no) vean

Appendix B: Accentuation and Syllabication

Stress

1 ■ If a word ends in **-n, -s,** or a **vowel**, the stress falls on the *next-to-last syllable*.

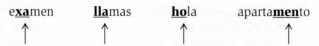

ex**xa**men   **lla**mas   **ho**la   aparta**men**to

2 ■ If a word ends in any **consonant** other than **n** or **s,** the stress falls on the *last syllable*.

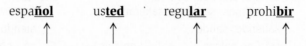

espa**ñol**   us**ted**   regu**lar**   prohi**bir**

3 ■ Any exception to rules 1 and 2 has a written accent mark on the stressed vowel.

tele**vi**sión   tel**é**fono   **ál**bum   cent**í**metro

4 ■ Question and exclamation words (**cómo, dónde, cuál, qué,** etc.) always have accents.

5 ■ Certain words change meaning when written with an accent although pronunciation remains the same.

cómo	how	**como**	like
dé	give	**de**	of/from
él	he/him	**el**	the
más	more	**mas**	but
mí	me	**mi**	my
sé	I know	**se**	*refl. pro.*
sí	yes	**si**	if
té	tea	**te**	you
tú	you	**tu**	your

6 ■ Demonstrative pronouns have a written accent to distinguish them from demonstrative adjectives in cases of ambiguity (except for **esto, eso,** and **aquello,** which are always neuter pronouns).

este niño ⟶ este (éste *if ambiguous*)
esas blusas ⟶ esas (ésas *if ambiguous*)

Diphthongs

1 ■ A diphthong is the combination of a weak vowel (**i, u**) and a strong vowel (**a, e, o**), or the combination of two weak vowels. When two vowels are combined, the strong vowel or the second of two weak vowels takes a slightly greater stress in the syllable.

l**ue**go   **au**to   t**ie**ne   conc**ie**nc**ia**   c**iu**dad   Mar**io**

2 ■ When the stress of the word falls on the weak vowel of a strong-weak combination, no diphthong occurs and the weak vowel takes a written accent mark to break the diphthong.

pa-ís   dí-a   tí-o   ac-tú-a   Ra-úl   Ma-rí-a

■ ■ ■ Note:
solo/a = alone (*adj.*)
solo/sólo = only (*adv.*); **sólo** is only used in cases of ambiguity between the adjective and the adverb.

Syllabication

1 ■ Syllables usually end in a vowel.

    ca-sa   Chi-le   dro-ga

2 ■ A diphthong is never separated. When the stress of the word falls on the weak vowel of a strong-weak vowel combination, no diphthong occurs and two separate syllables are present.

    Bue-nos   Ai-res   Bo-li-via   BUT: dí-a

3 ■ Two consonants are usually separated except **ch, ll,** and **rr,** which are never separated.

    en-can-ta-do   i-gual-men-te   es-ta-dos   BUT: ca-rro

4 ■ The consonants **l** and **r** are never separated from the preceding letters **b, c, d, f, g, p,** or **t.**

    po-si-ble   a-brir   es-cri-be   BUT: is-la

5 ■ When there is a cluster of three consonants, the first two stay with the preceding vowel unless the third consonant is an **l** or an **r** and one of the pairs described in rule 4 is formed, in which case the last two consonants stay with the vowel that follows.

    ins-ti-tu-ción   BUT: ex-pli-car; des-crip-ción

6 ■ When there is a cluster of four consonants, they are always divided between the second and third consonants.

    ins-crip-ción   ins-truc-ción

Appendix C: **Para escuchar**

Capítulo *1* En el Colegio Mayor Hispanoamericano

	RECEPCIONISTA	Un momento... ¿Sí? Buenos días.
	TERESA	Buenos días.
	RECEPCIONISTA	¿Cómo se llama Ud.?
	TERESA	Soy Teresa Domínguez Schroeder.
■■■ Asking for a repetition	RECEPCIONISTA	Domínguez... Domínguez... ¿Cómo? ¿Cómo es el segundo apellido?
	TERESA	Schroeder.
	RECEPCIONISTA	¿Cómo se escribe?
	TERESA	Ese-ce-hache-ere-o-e-de-e-ere.
	RECEPCIONISTA	Emmm... Domínguez Sánchez, Domínguez Salinas, ¡ah, Domínguez Schroeder! Y ¿cuál es su número de pasaporte?
	TERESA	Un momento... por Dios... momentito... Ah, aquí está. Cero-dos-tres...
■■■ Discussing origin	RECEPCIONISTA	Pasaporte americano... Ud. es puertorriqueña, ¿no?
	TERESA	Sí, soy de Puerto Rico.
	RECEPCIONISTA	Bueno, ¿y el número?
	TERESA	Sí, sí, cero-dos-tres-uno-cinco-tres...
	RECEPCIONISTA	Cero-dos-uno-cinco...
	TERESA	No, cero-dos-tres-uno-cinco.
	RECEPCIONISTA	Ah, tres-uno-cinco, ¿sí?
	TERESA	Tres-seis-cuatro-cuatro.
	RECEPCIONISTA	Treinta y seis, cuarenta y cuatro. Bien. Su habitación es la ocho, señorita.
	TERESA	¿Cómo?
	RECEPCIONISTA	La ocho.
	TERESA	¡Ah! Muchas gracias, señor. Hasta luego.
	RECEPCIONISTA	Adiós. No hay de qué.

En la cafetería del colegio mayor

	TERESA	Hola, Marisel.
	MARISEL	Hola, ¿qué hay?
	TERESA	Oye, dime, ¿quién es ella?
	MARISEL	¿La chica? Es Diana.
	TERESA	¿Es de España?
■■■ Negating	MARISEL	No, es de los Estados Unidos, pero es de origen mexicano.
	CAMARERO	¿Qué toman Uds.?
	TERESA	Yo, una Coca-Cola.
	MARISEL	Para mí, una Fanta de limón.
	CAMARERO	Una Coca-Cola y una Fanta de limón.
	MARISEL	Eso es. Gracias.
	TERESA	¿Y... y ellos? ¿Quiénes son?
■■■ Giving information	MARISEL	Se llaman Juan Carlos y Vicente. Juan Carlos es de Perú y Vicente es de Costa Rica.
■■■ Expressing amazement	TERESA	¡Huy! ¡Entonces todos somos de América!
	MARISEL	No, no. El chico que está con Diana es de España, de Córdoba.
	TERESA	¿Y, cómo se llama?
	MARISEL	Álvaro Gómez.
■■■ Asking for confirmation	TERESA	Todos son estudiantes, ¿no?
	MARISEL	Pues, sí y no; son estudiantes, pero Diana también es profesora de inglés.
	CAMARERO	La Coca-Cola y la Fanta, tres euros cincuenta, por favor.
	MARISEL	Gracias.
	CAMARERO	No hay de qué.

Capítulo 2 ¡Me gusta mucho!

MARISEL	Sí, pasa.
TERESA	Hola Marisel. ¿Cómo estás?
MARISEL	Bien. ¿Y tú?
TERESA	Más o menos, tengo que estudiar mucho.
MARISEL	Yo también porque mañana tengo clase de arte moderno y tenemos examen.
TERESA	Pero tienes un minuto, ¿no?
MARISEL	Por supuesto.
TERESA	Oye, ¿tienes café?
MARISEL	¡Claro que sí!
TERESA	¡Ah, Marisel! Tienes computadora portátil.
MARISEL	Sí, es una Macintosh. Me gusta mucho la Macintosh.
TERESA	¿De veras? A mí no me gusta la Mac.
MARISEL	Entonces, ¿qué computadora tienes tú, Teresa Domínguez Schroeder, experta en tecnología?
TERESA	Yo tengo una Toshiba y ¿sabes? ahora tengo conexión ADSL a Internet.
MARISEL	¡Conexión ADSL! Yo tengo conexión a Internet por teléfono normal y no es muy rápida. Oye, ¿te gusta el café solo o con leche?
TERESA	Solo… Mmm. Me gusta mucho. ¡Ah! ¡Qué música tan buena tienes!
MARISEL	Tengo muchos CDs de salsa. ¿Te gusta la música del Caribe?
TERESA	Por supuesto. ¿Tienes CDs de Rubén Blades?
MARISEL	Claro, y de Gilberto Santarrosa, la India, Víctor Manuelle, Óscar de León, Charanga Habanera…

■■■ Discussing future actions

■■■ Getting someone's attention

■■■ Indicating possession

■■■ Asking preferences

Planes para una fiesta de bienvenida

MARISEL	Bueno, Álvaro, la fiesta es mañana.
ÁLVARO	¿Qué? ¿Mañana es sábado?
MARISEL	Sí, claro. Lo tenemos que preparar todo.
ÁLVARO	Bueno, entonces yo voy a llevar la música.
MARISEL	Pero tú tienes muchos CDs de ópera. No quiero ópera en la fiesta.
ÁLVARO	¡Pero, bueno! Tengo muchos CDs de ópera, pero también tengo CDs de rock y de salsa.
MARISEL	¡O.K., fantástico! Yo tengo guitarra. ¿Y de beber?
ÁLVARO	¿Qué te gusta más, la cerveza o el vino?
MARISEL	¿Qué tal una sangría?
ÁLVARO	Sí, sí… sangría. ¿Quién va a comprar los ingredientes para mañana?
MARISEL	Juan Carlos, quizás.
ÁLVARO	¿Moreno?
MARISEL	Sí, Juan Carlos Moreno.
ÁLVARO	Vale. Y también tenemos que comprar Coca-Cola.
MARISEL	Ah sí, por supuesto. Claudia va a llevar la Coca-Cola y las papas fritas.
ÁLVARO	Vale. Y Vicente va a llevar la tortilla de patatas, ¿no?
MARISEL	¡Es tortilla de PAPAS!
ÁLVARO	¡Bueno! Papas o patatas, no importa. Eso sí, yo les voy a escribir un email a Juan Carlos, Vicente y Claudia para explicarles quién va a llevar qué a la fiesta.
MARISEL	Buena idea.

■■■ Stating an obligation

■■■ Expressing agreement

■■■ Offering an option

■■■ Expressing agreement

■■■ Expressing future actions

Capítulo 3 Una llamada de larga distancia

PADRE	¿Aló?
CLAUDIA	Hola, papá. ¿Cómo estás? ¿Qué tal la preparación del concierto de Shakira?
PADRE	Yo bien y la preparación del concierto fantástica. Shakira está en Colombia, pero mañana va a estar aquí en Quito.
CLAUDIA	Pero, ¡qué bueno!

PADRE	Sí, muy bueno, pero ahora tengo que salir porque necesito hablar con los representantes de Sony y el agente de Shakira. Adiós, hija. Aquí está tu mamá.
CLAUDIA	Adiós, papi... ¿Mami?
MADRE	Sí, mi hijita. ¿Cómo estás?
CLAUDIA	Muy bien, ¿y tú?
MADRE	Muy bien aquí en Quito. Y tus clases, ¿qué tal?

■ ■ ■ Describing

CLAUDIA	Muy bien. Tengo una clase de economía fabulosa y otra de historia con un profesor excelente.
MADRE	¿Y las otras clases?
CLAUDIA	Pues... más o menos.
MADRE	¿Y quién es tu compañera en la residencia?

■ ■ ■ Stating profession and origin

CLAUDIA	Se llama Teresa Domínguez Schroeder; su papá es un actor famoso de Puerto Rico y su mamá es de los Estados Unidos.
MADRE	¿Y qué hace su mamá?
CLAUDIA	Es abogada.
MADRE	Si su padre es de Puerto Rico y su madre es de los Estados Unidos, ¿de dónde es Teresa?
CLAUDIA	De Puerto Rico... es de Ponce.
MADRE	¿Y qué estudia en España?
CLAUDIA	Estudia turismo y trabaja en una agencia de viajes. Pero, y Uds., ¿qué van a hacer en Quito?

■ ■ ■ Discussing the future

MADRE	Bueno... vamos a visitar la parte colonial esta noche y el sábado vamos al pueblo de Santo Domingo de los Colorados.
CLAUDIA	Uds. viajan y yo estudio... Bueno mami, tengo que ir a la biblioteca.
MADRE	Claudia... ¡Tú estudias demasiado!

■ ■ ■ Asking about plans
■ ■ ■ Expressing a desire

CLAUDIA	Es que tengo examen de economía mañana. ¿Cuándo regresan Uds. a Bogotá?
MADRE	No tengo idea, pero me gustaría regresar la semana próxima.
CLAUDIA	Bueno, mami, entonces hablamos la semana próxima.
MADRE	Bueno, hija, un beso. Adiós.
CLAUDIA	Adiós, mamá.

Hay familias... y... FAMILIAS

■ ■ ■ Inviting

TERESA	Vicente, ¿qué haces?
VICENTE	Estoy mirando el periódico, la sección de cines. Oye, ¿te gustaría ir al cine el jueves?
TERESA	Me gustaría, pero antes tenemos que tomar un café con mi tío.
VICENTE	¡¿Tu tío... ?! Pero, ¿por qué?

■ ■ ■ Giving a reason

TERESA	Porque es mi tío y por eso, es como mi papá en España.
VICENTE	Bbbbbueno, pero ¿cómo es?

■ ■ ■ Giving physical description

TERESA	No te preocupes. Es alto, moreno, un poco gordo...
VICENTE	¡No, no! Pero, ¿cómo es? ¿Simpático? ¿Antipático?

■ ■ ■ Describing personality traits

TERESA	Es muy simpático, y qué más... es un hombre muy optimista y siempre está contento.
VICENTE	Pero... es tu familia... y las familias...
TERESA	Y las familias, ¿qué?

■ ■ ■ Expressing feelings

VICENTE	No sé, pero, estoy nervioso. ¿Es tradicional tu tío?
TERESA	No, hombre. Es un poco serio, eso sí. Mi tío es serio, pero muy liberal.
VICENTE	Bueno, voy, pero después vamos al cine, ¿O.K.?
TERESA	Sí, por supuesto, pero con mi tío, ¿no?
VICENTE	¿Cómo? ¿Estás loca?

Capítulo 4 Noticias de una amiga

■ ■ ■ Showing excitement

RAFAEL	Oye, José Manuel. Mira, tienes email.
JOSÉ MANUEL	Ah, muchas gracias. Vamos a ver quién escribe. ¡Qué bueno! Es de Marisel.
RAFAEL	¿Marisel?
JOSÉ MANUEL	¡Marisel, hombre! Es venezolana. Ella está ahora en Madrid.
RAFAEL	Ah, sí. Es una chica muy simpática e inteligente. Estudia geología, ¿no?
JOSÉ MANUEL	Exacto. Le gusta mucho la geología.
RAFAEL	Y... ¿Qué dice?

JOSÉ MANUEL	A ver... Pregunta mucho sobre el proyecto en Machu Picchu: qué hago en el trabajo, cómo son las ruinas incaicas, si hablo con los indígenas sobre su cultura. Tú sabes, preguntas.	
RAFAEL	¿Y qué más?	
JOSÉ MANUEL	Pregunta si continúo con mi trabajo voluntario con niños que no tienen padre o madre.	
RAFAEL	Sí, sí, eres muy bueno y tienes un corazón grande pues trabajas con niños que no tienen padres. Eres perfecto. ¿Pero dice algo más?	
JOSÉ MANUEL	Ah... También dice que tengo que afeitarme porque estoy feo con la barba que tengo.	■ ■ ■ Reporting
RAFAEL	Es verdad que estás feo, pero ¿cómo sabe que tienes barba?	
JOSÉ MANUEL	Porque tiene una foto.	
RAFAEL	¡Ahh!	
JOSÉ MANUEL	También dice que estoy loco y que voy a tener un accidente.	■ ■ ■ Expressing future actions
RAFAEL	¿Y por qué dice que vas a tener un accidente?	
JOSÉ MANUEL	Porque en la foto hago andinismo... subo una montaña totalmente vertical.	
RAFAEL	¡Qué inteligente es Marisel! Porque, en realidad, tú estás loco.	

El mensaje telefónico

TELECOM	Bienvenido a Telecom, ingrese su número de clave. Ud. tiene dos mensajes nuevos. Primer mensaje nuevo:	
DON ALEJANDRO	Hola Teresa, habla tu tío Alejandro. Tengo que ir a la librería La Casa del Libro, pero hace muuuucho frío hoy y no estoy bien. ¿Podrías ir tú? La... la librería se llama La Casa del Libro, ¿eh? ¿Sabes dónde está? Pues... eh... si no sabes, está en la Gran Vía, sí. Tomas el metro o el autobús número... dos. Allí en la librería trabaja mi cliente Federico de Rodrigo. Él y su familia desean ir a Chile y a Argentina el mes de agosto. Mmm... Tienes que llevarle un paquete de información sobre vacaciones en Suramérica. El paquete está...	■ ■ ■ Expressing obligation ■ ■ ■ Asking if someone knows something ■ ■ ■ Expressing desires
TELECOM	Para borrar el mensaje, pulse siete. Para oír el siguiente mensaje, pulse tres. Segundo mensaje nuevo.	
DON ALEJANDRO	Perdón. Soy yo otra vez. El paquete para el Sr. de Rodrigo está en mi escritorio. Tú conoces al Sr. de Rodrigo, ¿no? Es bajo, rubio, un poco gordo y tiene la nariz larga. Trabaja en la librería en la sección de arte. ¡Ah! ¿Podrías también comprar el libro... El libro que tienes que comprar se llama *Los comentarios reales* del Inca Garcilaso de la Vega. Perdón, el autor es el Inca Garcilaso de la Vega. Es para Federico. Va a ser un buen regalo para él porque le gusta la historia y esta es la historia de los incas narrada por una persona con sangre incaica. Un millón de gracias. Besos. Ah.... y también y también me gustaría...	■ ■ ■ Talking about who you know ■ ■ ■ Thanking

Capítulo 5 ¿Qué hacemos esta noche?

JUAN CARLOS	Bueno, entonces ¿qué te gustaría hacer?	
CLAUDIA	Pues... No sé.	
JUAN CARLOS	¿Te gusta el jazz?	
CLAUDIA	¡Huy! Me fascina, pero esta noche no.	
JUAN CARLOS	¿Y entonces? ¿Prefieres ir al cine?	
CLAUDIA	Sí, me gustaría ver una película clásica.	
JUAN CARLOS	Bueno, puedo mirar en un periódico. ¡Camarero! ¿Tiene por casualidad un periódico de hoy?	
CAMARERO	¿Qué sección quiere?	
JUAN CARLOS	La sección de espectáculos.	
CAMARERO	Es posible. Un momento... Sí. Aquí está.	
JUAN CARLOS	Gracias, y por favor, otra cerveza que tengo sed... Quiero ver una película... una película vieja. Vamos a ver... en el Palafox tienen *Carmen* de Saura. Saura es un director muy bueno y en la película baila Antonio Gades... ¡Vaya! Mira, en el Alphaville podemos ver *El Norte*...	■ ■ ■ Offering an option
CLAUDIA	¡Huy! *El Norte* es una película clásica. Es de unos jóvenes guatemaltecos que... que emigran a los Estados Unidos, ¿no? Sé que es excelente, pero esta noche quiero algo diferente.	

JUAN CARLOS	¿Y conoces la película *La historia oficial*? Empieza a las diez menos cuarto en el cine Amaya. Creo que actúa la argentina Norma Aleandro.
CLAUDIA	Sí, sí, pero *La historia oficial* es muy triste... Esta noche quiero una película con un poco de romance.
JUAN CARLOS	Bueno, está *Casablanca*.
CLAUDIA	¡No me digas! ¡*Casablanca*! ¡Qué bueno! Vamos a esa.
JUAN CARLOS	¿Te gusta Humphrey Bogart?
CLAUDIA	Sí, y me fascina Ingrid Bergman.
JUAN CARLOS	Bueno. La película empieza a las diez menos cuarto en el Cine Luna.
CLAUDIA	¡Huy! Y son las ocho y media. Después del cine, vamos a salir a comer con Vicente y Teresa para celebrar su cumpleaños.
JUAN CARLOS	¿El cumpleaños de quién?
CLAUDIA	El de Teresa.
JUAN CARLOS	¡Ah, qué bueno!
CLAUDIA	Y entonces, como es su cumpleaños, ella invita, así que no pagamos nada —tenemos comida gratis. Podemos ir a comer a un restaurante chino. ¿Qué tal el Buda Feliz?
JUAN CARLOS	¡Perfecto! Se come muy bien allí. La comida es excelente.

■ ■ ■ Discussing future time
■ ■ ■ Telling time

De compras en San Juan

TERESA	Luis, ¡qué grande está Plaza! Cada vez que vengo hay más tiendas.
LUIS	¿Sabes que es el centro comercial más grande del Caribe?
TERESA	¿De verdad? Bueno, no me sorprende, porque es inmenso, pero no sé si puedo encontrar la tienda que quiero. Busco unas camisetas de algodón que me fascinan y que son políticamente correctas.
LUIS	¿Políticamente correctas? ¿De qué estás hablando?
TERESA	Cuando compras una de estas camisetas, la tienda da dos pesos a UNICEF para ayudar a niños necesitados.
LUIS	Pero qué hermana tan buena tengo, ayuda a niños necesitados con su compra. Mira, allí en esa tienda de hombres tienen una rebaja. Me gustaría comprar una guayabera nueva para la fiesta del sábado. ¿Tenemos tiempo?
TERESA	¡Por supuesto! Y después, ¿qué tal si almorzamos? En España, siempre pienso en la comida típica puertorriqueña.

■ ■ ■ Indicating purpose

En la tienda de hombres

LUIS	Por favor, busco una guayabera elegante, para una fiesta.
VENDEDOR	Tenemos unas muy elegantes de seda de China que acaban de llegar y... también hay de algodón.
LUIS	Me gustaría ver una blanca de talla 40, pero no de algodón, de seda.
VENDEDOR	Aquí tiene Ud. dos guayaberas muy finas.
TERESA	¿Por qué no te pruebas esta? ¡Me gusta mucho! ¿Cuánto cuesta?
VENDEDOR	Ciento noventa pesos.
LUIS	¡Cómo! ¡Ciento... ciento noventa? ¡Cuesta un ojo de la cara! Creo que me pruebo una de algodón.
LUIS	¡Oye! ¿Te gusta?
TERESA	Te queda muy bien. Y esta, ¿cuánto cuesta?
VENDEDOR	Cuesta treinta pesos.
LUIS	Bueno, me llevo esta.
TERESA	Claro, es que a ti te gustan las tres "bes": **b**ueno, **b**onito y **b**arato. Y vamos, que tenemos que comprar mi camiseta todavía.

■ ■ ■ Asking prices
■ ■ ■ The currency used in Puerto Rico is the U.S. dollar. In colloquial usage, **dólares** are called **pesos.**

Capítulo *6* Una llamada de Argentina

ALEJANDRO	Dígame.
FEDERICO	¿Alejandro? Aquí un amigo que está en Mendoza, Argentina.
ALEJANDRO	Hombre. Federico. ¿Qué tal el viaje?

FEDERICO	Excelente. Por fin estoy sentado sin nada que hacer. Los niños y mi esposa están esquiando en la montaña. A toda la familia le fascina eso de esquiar en agosto. ¡Oye! Los Andes son impresionantes y muy diferentes de los Pirineos en España, y el Aconcagua... es que el Aconcagua es una montaña realmente increíble. Y Las Leñas es un lugar fantástico para esquiar.
ALEJANDRO	Así que te gusta la zona. Pero, ¿qué tal por Buenos Aires?
FEDERICO	Llegamos la semana pasada, el 15, y fuimos directamente al hotel.
ALEJANDRO	Fueron al Hotel Presidente, ¿no?
FEDERICO	Exacto, y ¡qué hotel más lujoso! Gracias por la recomendación. Buenos Aires es maravillosa. Es una ciudad muy europea y bellísima. Es igual que estar en Barcelona, París o Milán. Bellísima te digo, bellísima.
ALEJANDRO	¿Y qué tal los argentinos?
FEDERICO	Nos divertimos escuchando hablar a los argentinos con ese acento tan bonito que tienen —no perdón, lo dije mal—Nos divertimos escuchando hablar a los argentinos con ese acento tan bonito que tienen. Casi cantan al hablar y siempre dicen "che".
ALEJANDRO	¿Qué más hicieron? Perdón, ¿qué más hicieron, che?
FEDERICO	Bueno, fuimos a la calle Florida y compramos ropa, chaquetas de cuero y otras cosas. El cuero aquí es fabuloso. Y Elena compró un mate porque quiere aprender a beber "yerba mate". Por la noche, Elena y yo fuimos a un lugar para bailar tangos y nuestros hijos fueron a la Recoleta.
ALEJANDRO	La Recoleta... interesante el lugar. ¿Les gustó a tus hijos?
FEDERICO	Les sorprendió ver esa zona de cafeterías y restaurantes enfrente de un cementerio donde están las tumbas de las personas más importantes del país. Una zona con mucha gente que está muy contenta, que bebe café y que come al lado de un cementerio lleno de muertos...
ALEJANDRO	De veras es curioso, ¿no? ¿Adónde van después de esquiar en Mendoza?
FEDERICO	Bueno, tenemos que ir a Chile para la boda de la hija de unos amigos y después...
ALEJANDRO	¿Dónde en Chile?
FEDERICO	Santiago. Y después de Chile, volvemos a Argentina para visitar las cataratas del Iguazú y ya para la semana que viene vamos a estar en Madrid.
ALEJANDRO	Si quieres, ¿los voy a buscar al aeropuerto? Perdón, si querés, ¿los voy a buscar al aeropuerto, che?
FEDERICO	Fantástico, che. Un millón de gracias.

■ ■ ■ Discussing actions in progress

■ ■ ■ **El Aconcagua** is the highest peak in the western hemisphere.

■ ■ ■ Talking about past actions

■ ■ ■ Expressing location

■ ■ ■ Asking about future plans

■ ■ ■ Discussing future plans

La boda en Chile

ANDRÉS	Buenos días. ¿Cómo están?
FEDERICO	Estoy cansadísimo. Y se debe decir buenas tardes porque ya son las dos.
ANDRÉS	¡Las dos de la tarde! ¡No me digas! Es que nos acostamos muy tarde después de la boda.
FEDERICO	Pero qué divertido estuvo, ¿no?
CAMILA	Sí, la verdad es que los padres de Olga echaron la casa por la ventana... comida, música, champán... Pero a mí me gustó la ceremonia. ¡Me encantó ver entrar en la iglesia a Olga del brazo de su padre! ¡Y qué buen mozo estaba el novio! Y su madre, ¡qué madrina[1] más elegante!
ANDRÉS	¿Y sabes qué regalos les dieron?
FEDERICO	Una tía de él les dio un televisor gigante de plasma.
ANDRÉS	¡Gigante y de plasma!
CAMILA	Claro y con control remoto para Olga que siempre cambia de canal.
ANDRÉS	¡Qué buena tía! ¡Un televisor gigante de plasma! ¡Eso sí que es un regalo! Si algún día yo me caso, la tía Carmina me va a regalar toallas, no un televisor.
CAMILA	Sí, te va a regalar toallas. Y feas.
ANDRÉS	Sí, toallas bien feas.
CAMILA	Feísimas.
FEDERICO	Basta, la tía Carmina es mi hermana. No critiquen.
ANDRÉS	Superfeas.

■ ■ ■ Talking about past actions

■ ■ ■ Stating who gave what to whom

[1]*maid of honor*

■■■ Exaggerating	CAMILA	Requetefeas.
	FEDERICO	Bueno, bueno, ¿quieres saber qué otras cosas recibieron los novios?
	ANDRÉS	Sí, sí.
	FEDERICO	El abuelo de Nando les dio un equipo de audio.
	ANDRÉS	¡Fantástico!
	CAMILA	Sí, están contentísimos con el equipo de audio.
	ANDRÉS	¿Y nosotros no les regalamos nada?
	FEDERICO	Pues sí, hombre. Nosotros les regalamos un sofá precioso que compramos aquí en Santiago.
	ANDRÉS	Claro. Así puede dormir Olga mientras mira la televisión.
	CAMILA	¿Y saben? Nando me dijo que los padres de él les pagaron el viaje de luna de miel.[1]
	ANDRÉS	¡No me digas! ¿Adónde?
	CAMILA	Hoy salen para Santo Domingo y después van a viajar por el Caribe.
■■■ Expressing desires	FEDERICO	¡Qué romántico! Yo tengo muchas ganas de ir a la República Dominicana.
	CAMILA	Sí, las islas del Caribe deben ser muy bonitas.
	ANDRÉS	Y si yo me caso, Uds., mis queridos y adorables padres, ¿me van a regalar un viaje a un lugar tropical?
	FEDERICO	Claro, pero primero necesitas novia y eso lo veo muy difícil porque con ese pelo tan largo que tienes y con esa barba estás más feo que las toallas de tu tía Carmina.

Capítulo 7 ¿En un "banco" de Segovia?

	JUAN CARLOS	Por favor, ¿dónde está el autobús para Madrid?
	EMPLEADO	Lo siento, señor, salió hace diez minutos.
■■■ Discussing transportation schedules	JUAN CARLOS	¡Caray! No puede ser, son las nueve y diez y el autobús no sale hasta las nueve y veinte.
	EMPLEADO	Sí, puede ser porque son las nueve y media.
	JUAN CARLOS	¡Caray! ¿Las nueve y media? Pero... pero en mi reloj...
	CLAUDIA	¿Y cuándo sale el próximo?
	EMPLEADO	Mañana a las ocho y cuarto.
	JUAN CARLOS	Gracias. Bueno, perdimos el autobús a Madrid y no hay más esta noche. ¿Qué vamos a hacer?
	CLAUDIA	Pues, comprar un reloj nuevo... no... en serio, debemos buscar o un hotel o un hostal, ¿no?
	JUAN CARLOS	Mira, allí hay uno... el Hotel Acueducto.
	JUAN CARLOS	Buenas noches, señor.
	RECEPCIONISTA	Hola, buenas noches. ¿Qué desean?
■■■ Making a request	JUAN CARLOS	Quisiéramos dos habitaciones sencillas.
	RECEPCIONISTA	Lo siento, pero no hay.
	JUAN CARLOS	Y, ¿una habitación doble?
	CLAUDIA	¿Doble?
	JUAN CARLOS	No te preocupes. Ya nos arreglamos.
	CLAUDIA	Mmm...
■■■ Negating	RECEPCIONISTA	Hace tres días que el hotel está completo. No hay nada, pero si quiere, puedo llamar a otros hoteles.
	JUAN CARLOS	Sí, por favor.
	CLAUDIA	¿No sabe dónde hay un teléfono público? Quisiera llamar a Madrid. Mi móvil no tiene batería.
	RECEPCIONISTA	Sí, hay uno en el bar de enfrente.
	CLAUDIA	Ahora vuelvo. Voy a llamar a Marisel...
	DON ANDRÉS	Colegio Mayor. Dígame.
	CLAUDIA	¿Quién habla? ¿Don Andrés?
	DON ANDRÉS	Sí, ¿quién habla?
■■■ Identifying oneself on the phone	CLAUDIA	Habla Claudia. ¿Está Marisel?
	DON ANDRÉS	No, hace dos horas que la vi salir.
■■■ Leaving a message	CLAUDIA	¿Le puedo dejar un mensaje?

[1]*honeymoon*

DON ANDRÉS	Sí, cómo no.
CLAUDIA	¿Le puede decir que Juan Carlos y yo perdimos el autobús y estamos en Segovia? Nos dijeron que no hay autobuses hasta mañana.
DON ANDRÉS	Vale, vale. Adiós, Claudia.
CLAUDIA	Gracias, don Andrés. Hasta mañana.

CLAUDIA	Bueno, ¿pudo encontrar habitación para nosotros?	
RECEPCIONISTA	No, lo siento...	■ ■ ■ Apologizing
JUAN CARLOS	Bueno, Claudia, ¿sabes qué? Hay un parque muy bonito cerca de aquí... y tiene unos bancos muy buenos...	

Un día normal en el aeropuerto

TERESA	Siguiente, por favor.	
SEÑOR	¡Por fin! Hace media hora que estoy en esta cola. Aquí está el pasaje, mi pasaporte, la maleta y quiero un asiento de pasillo.	■ ■ ■ Expressing how long an action has been taking place
TERESA	Lo siento, pero no hay asiento de pasillo.	
SEÑOR	¿Cómo que no hay asiento de pasillo? ¿Y de ventanilla?	
TERESA	Perdón señor, pero es tarde y sólo hay asientos en el medio. Aquí está su tarjeta de embarque. ¡Buen viaje!	■ ■ ■ Apologizing
SEÑOR	Pues, va a ser difícil tener un buen viaje... como una sardina en lata voy a viajar...	

TERESA	Siguiente.	
MADRE	Aquí está el pasaje y el pasaporte de mi hijo Ramoncito.	
TERESA	¿Y su hijo viaja solo o con Ud.?	
MADRE	Solo, pero lo espera su tío Ramón en Miami. Yo regreso a casa.	
NIÑO	Mamá, ¿dónde pongo estas botellas de ron?	
MADRE	Las llevas en la mano.	
TERESA	Pero señora, su hijo no puede entrar en los Estados Unidos con alcohol porque no tiene veintiún años.	
MADRE	Pero no lo va a beber él; es para su tío.	■ ■ ■ Giving a reason
TERESA	Señora, tiene que darse cuenta de que es ilegal.	
MADRE	¡Bueno! Las ponemos en el bolso de mano. Ramoncito, si te preguntan en la aduana qué llevas, ¿qué les dices?	
NIÑO	Les digo que no llevo nada, que no hay ron.	

TERESA	Siguiente.	
SEÑORA	¡Ay! Por fin llegué. Eran las cinco y es que estaba en la peluquería y no me di cuenta de la hora y es que vine en taxi y, y, y el taxista manejó muy rápidamente. Casi tuvimos un accidente. ¡Qué nervios! Y luego dejé la maleta en el taxi. Tuve que hablar con un policía, muy simpático por cierto...	■ ■ ■ Narrating a series of past actions
TERESA	Su pasaje y pasaporte, por favor.	
SEÑORA	Sí, aquí están... bueno el policía muy simpático...	
TERESA	Ejem... señora, lo siento pero su vuelo salió hace 24 horas...	
SEÑORA	¿Qué? ¿Cómo que ya salió?	

Capítulo *8* ¡Feliz cumpleaños!

VICENTE	No saben cuánto me gusta estar en Costa Rica otra vez; siempre los echo de menos a Uds. y a mis amigos.	
MADRE	Y a nosotros nos encanta tenerte en casa, hijo. Y muchas gracias por la tarjeta virtual que me mandaste para mi santo.	
VICENTE	¿Ves que estoy muy lejos, en España, pero me acuerdo de tu santo? Cuando vi esa tarjeta en Internet, te la mandé inmediatamente.	■ ■ ■ Avoiding redundancies
MADRE	Sí, hijo, gracias. ¡Qué tarjeta más bonita! Pero, mi mejor regalo es tener a mi hijo aquí con nosotros, gracias a Dios.	

	VICENTE	Gracias, mamá. Bueno, ¿qué vamos a hacer hoy?
	PADRE	Primero, vamos a darte tu regalo de cumpleaños; aquí está. Te lo compramos porque sabemos que es algo que te gusta. ¡Feliz cumpleaños!
	VICENTE	...¡Una raqueta de tenis! Hace mucho tiempo que no juego. Muchas gracias, mamá... papá.
	PADRE	¿Te gusta?
■■■ Expressing likes	VICENTE	¡Me fascina!
	PADRE	Bueno, ahora vamos a ir a Sarchí para ver las carretas.
	VICENTE	¿Para el festival?
	PADRE	Sí, lo celebran hoy.
■■■ Discussing memories	VICENTE	¡Pura vida![1] Echo de menos el "canto" de las carretas. Tenía tres años cuando subí a la carreta del abuelo por primera vez y me fascinó. ¿Vas a venir con nosotros, mamá?
	MADRE	No, me quedo en casa porque no me siento bien y quiero dormir un poco.
	VICENTE	Pero mamá, te vas a aburrir como una ostra.
	MADRE	No, Uds. deben ir solos. ¡Ah! ¡Oye! Sarchí es un buen lugar si Uds. quieren comprarle algo de artesanía típica a Teresa.
	VICENTE	Ahhh, a lo mejor le regalo una carreta pequeña.
	PADRE	Sí, yo conozco un lugar perfecto donde se la puedes comprar.
■■■ Talking about food	MADRE	Y no se olviden de ir a comer al Restaurante "Las carretas". Me parece que la comida allí es excelente —especialmente el pollo.
	VICENTE	Mmmm, ya tengo hambre. Gracias por la sugerencia. Bueno, voy a echarle gasolina al carro. Ahorita vengo, papá. Adiós mamá. Debes dormir un poco si puedes.
	MADRE	Hasta luego, mi amor; que Dios te acompañe.
	PADRE	¿Ya llamaste a todos sus amigos?
	MADRE	Sí, vienen como a las ocho. A Vicente le va a encantar verlos a todos. Tengo mucho que hacer mientras Uds. están en Sarchí. No pueden llegar hasta las nueve, ¿eh?

Teresa, campeona de tenis

	TERESA	¿Qué tal todo por Costa Rica?
	VICENTE	¡Pura vida!,[1] como decimos allí.
	TERESA	¿Qué hiciste?
■■■ Telling about a series of completed past actions	VICENTE	Visité a mis padres, salí con mis amigos, fui al interior y a la playa...
	TERESA	O sea... un viaje típico.
■■■ Telling about a completed past event	VICENTE	¡Ah! ¿No te dije que fui a un partido de fútbol en que jugó Marcelo Salas? ¿Y sabes quién estaba sentado enfrente de mí?
	TERESA	No, pero tiene que ser alguien famoso. ¿Una estrella de cine?
	VICENTE	Te doy una pista: "¡GOOOOOOOOOOOOOOOOOOOOOOOOOOOL!"
	TERESA	No me digas. ¿Viste a Andrés Cantor? No te creo.
	VICENTE	Fue estupendo. Me divertí mucho.
	TERESA	¡Qué bueno! Y tu familia, ¿cómo está?
	VICENTE	Todos bien, pero hay muchos problemas económicos en Centroamérica y aun en Costa Rica se siente la tensión.
	TERESA	Pero la situación en Costa Rica es bastante buena, ¿no?
	VICENTE	Sí, es cierto, pero igual hay tensión.
	TERESA	Bueno, pero cambiando de tema, ¿qué hiciste con tus amigos?
	VICENTE	Pues... salir, nadar, jugar al tenis; mis padres me regalaron una raqueta de tenis fenomenal para mi cumpleaños.
	TERESA	¡Ah! ¿Te gusta el tenis? No sabía que jugabas.
	VICENTE	Sí, empecé a jugar cuando tenía ocho años. Practicaba todos los días, pero dejé de jugar cuando vine a España.
■■■ Describing habitual past actions	TERESA	Yo también jugaba mucho.
	VICENTE	¿Y ya no juegas?
■■■ Indicating the end of an action	TERESA	Muy poco, pero me encanta. ¿Sabes? Fui campeona de mi club en Puerto Rico hace tres años, pero dejé de jugar cuando tuve problemas con una rodilla.
	VICENTE	Pero, vas a jugar conmigo, ¿no?

[1]*That's great!* (Costa Rican expression)

TERESA	Claro que sí... y te voy a ganar.
VICENTE	¿Y qué pasa si le gano a la campeona?
TERESA	No me vas a ganar. Pero, si ganas tú, te invito a comer y si gano yo, tú me invitas. ¿De acuerdo?
VICENTE	De acuerdo, pero creo que debes ir al banco ya para sacar dinero porque la comida te va a salir muy cara.

Capítulo 9 De vacaciones y enfermo

ENFERMERA	Pasen Uds.
ALEJANDRO	Gracias... Buenos días, doctora.
DOCTORA	¿Cómo están Uds.?
ALEJANDRO	Mi esposa y yo bien, pero Carlitos nos preocupa. Ayer, el niño estaba bien cuando se levantó; fuimos a visitar la Catedral de Sal y cuando caminábamos en la mina, de repente el niño empezó a quejarse de dolor de estómago, tenía náuseas, vomitó una vez y no quiso comer nada en todo el día.

■■■ Narrating and describing in the past

■■■ Explaining symptoms

CARLITOS	Me sentía muy mal. Hoy me duele la pierna derecha y casi no puedo caminar.
DOCTORA	¿También tenía fiebre o diarrea?
ROSAURA	Anoche tenía 39 de fiebre.
DOCTORA	A ver, Carlitos, ¿puedo examinarte?
CARLITOS	¿Me va a doler?
DOCTORA	No, y tú eres muy fuerte... ¿Te duele cuando te toco aquí?
CARLITOS	No.
DOCTORA	¿Y aquí?
CARLITOS	¡Ay, ay, ay!

■■■ Expressing pain

DOCTORA	Bueno, creo que debemos hacerle un análisis de sangre ahora mismo. Pero por los síntomas, creo que tiene apendicitis.
ALEJANDRO	¿Hay que operarlo?
DOCTORA	Si es apendicitis, hay que internarlo en el hospital y mientras tanto, hay que darle unos antibióticos para combatir la infección.
ROSAURA	Entonces, a lo mejor tenemos que quedarnos unas semanas en Bogotá.

■■■ Speculating

ALEJANDRO	Claro, y Cristina y Carlitos van a perder el comienzo de las clases. Creo que hay que buscarles un profesor particular.
CARLITOS	¡Ay, mamá! No quiero una operación. Y, además, yo quería ir a Monserrate y subir en funicular y... y ahora no voy a poder.

■■■ Expressing desires

ALEJANDRO	Vamos, Carlitos. No te preocupes. Vas a ver que la operación no es tan mala. Te prometo que antes de regresar a España te vamos a llevar a Monserrate; dicen que desde allí, la vista de la ciudad es muy bonita.
CARLITOS	Bueno, pero, ¿también puedo ir al Museo del Oro?... y quisiera... y...

Si manejas, te juegas la vida

ROSAURA	¿Aló?
ALEJANDRO	¿Rosaura?
ROSAURA	¿Alejandro? ¡Por Dios! ¡Qué preocupada estaba! ¿Qué te pasó? ¿Por qué no me llamaste?
ALEJANDRO	Iba a llamarte ayer, pero no pude. No sabes cuántos problemas tuve con ese carro que alquilé. Pero, ¿cómo sigue Carlitos?

■■■ Stating intentions

ROSAURA	Sigue mejor; no te preocupes. Pero, ¿qué te pasó con el carro? ¿Dónde estás ahora?
ALEJANDRO	Pues, ya llegué a Cali, gracias a Dios, pero creí que nunca iba a llegar. ¡Qué lío! Manejar por los Andes es muy peligroso y, para colmo, el carro que alquilé casi no tenía frenos. Y como ya era tarde, las gasolineras estaban cerradas.

■■■ Describing

ROSAURA	Entonces, ¿qué hiciste?

■■■ Narrating a series of completed actions	ALEJANDRO Pues seguí hasta que por fin encontré una gasolinera que estaba abierta. El mecánico era un hombre muy simpático y eficiente. Arregló los frenos, le echó gasolina al carro y revisó las llantas y el aceite. Pero era tarde cuando terminó y me dijo que era peligrosísimo manejar a esa hora y por eso me ofreció dormir en su casa y, por supuesto, acepté.

ROSAURA ¡Virgen Santa!

ALEJANDRO Te iba a llamar, pero mi móvil no tenía señal y el teléfono de la gasolinera no funcionaba.

ROSAURA Pero, ¿estás bien?

ALEJANDRO Sí, sí. Por fin llegué esta mañana con los nervios destrozados.

ROSAURA Bueno, qué suerte que llegaste bien. ¿Y qué tal Cali?

ALEJANDRO Muy agradable; tiene un clima ideal que es un alivio después del frío constante de Bogotá. Y tú, ¿estás bien?

ROSAURA Sí, solo un poco cansada. Carlitos tenía que salir del hospital hoy, pero los médicos dicen que debemos esperar hasta mañana. ¿Cuándo regresas?

ALEJANDRO El jueves, si Dios quiere.

ROSAURA ¿Y piensas manejar?

ALEJANDRO ¡Qué va! Me voy por avión. Ahora entiendo por qué Colombia fue el primer país del mundo en tener aviación comercial. Si viajas en carro, ¡te juegas la vida!

Capítulo 10 En busca de apartamento

■■■ Describing what you are looking for

MARISEL Entonces necesitamos un apartamento que tenga tres dormitorios.

TERESA ¡Claro! Y también debemos tener una cocina grande porque cocinamos mucho.

MARISEL ¡Por supuesto! Y no solo para nosotras, porque siempre van a estar los novios de Teresa y Claudia que comen como dos gorilas.

TERESA Tienes razón. No sé por qué comen tanto.

DIANA Bueno, pero recuerden que el apartamento debe ser barato, y ¿no lo queremos amueblado?

TERESA No, sin muebles porque mi tío tiene muebles de segunda mano que podemos usar. O sea, tres dormitorios, cocina grande y barato. ¿Algo más?

MARISEL Sí, que tenga portero.

DIANA ¿Portero? ¿Por qué?

■■■ Giving a reason

MARISEL Porque un portero es una ayuda enorme. Limpia la entrada, recibe las cartas, saca la basura, abre la puerta y además es el policía del edificio.

TERESA Me gusta la idea, pero los edificios con porteros son un poco más caros y...

DIANA Bueno, bueno. Con o sin portero. Depende del precio. ¿Qué más? ¡Ah! ¿Vamos a poner línea de teléfono?

MARISEL Bueno, no sé. Todas tenemos móviles, ¿no? Y si necesitamos línea, nos instalan la línea en cuarenta y ocho horas.

■■■ Expressing a desire

DIANA Sí, es verdad, por ahora no hay problema. Lo único es que a mí me gustaría tener balcón y muchas ventanas.

MARISEL Pues si... si no quieres que te vean Fulano, Mengano y Zutano desde la calle, es mejor que esté en un primer o segundo piso porque un apartamento en la planta baja... no sé, pero puede traer problemas.

DIANA ¡Vaya! Entonces buscamos un apartamento que esté en un primer piso o más alto, con tres dormitorios, balcón, muchas ventanas, una cocina grande, que sea barato y si es posible, con portero. ¡Uf! ¡No pedimos nada!

Todos son expertos

TÍO Entonces, con los muebles que voy a darles, ya tienen casi amueblado el apartamento.

TERESA ¡Sí, es fantástico!

■■■ Asking about needs

VICENTE Pero todavía necesitan una cama y una lámpara, ¿no?

TERESA Sí, una cama y una lámpara y también dos estantes para los libros.

VICENTE ¿Crees que en el Rastro puedas encontrar unos estantes y una lámpara que no cuesten mucha plata?

TERESA Buena idea, porque no tenemos mucho dinero.

■■■ Expressing influence

TÍO Oye, Teresa, creo que es necesario que tengan lavadora, ¿no?

TERESA	Es verdad, pero una lavadora nos va a costar un ojo de la cara.
VICENTE	¿Sabes? Ayer me dijo Juan Carlos que la semana que viene Raúl se va a México para hacer investigación.
TERESA	¿Raúl? ¿Quién es Raúl?
VICENTE	Raúl, ¿no recuerdas? Es un amigo sociólogo que se va a trabajar a México por un tiempo. Y tiene apartamento con lavadora. Podemos llamarlo para preguntarle si la va a vender.
TERESA	¡Ah, Raúl! ¡Ya sé quién es! ¿Se va a México? ¡No me digas! Estoy segura que no va a llevar la lavadora a México. Ojalá que quiera venderla. Y podemos preguntarle si también quiere vendernos una cama.
TÍO	Pero, Teresa, ¡cómo que una cama de segunda mano! No quiero que compres una cama usada.
TERESA	Entonces, ¿quieres que duerma en la alfombra?
TÍO	No, ¡por el amor de Dios! Tu tío Alejandro te compra una cama nueva.
VICENTE	¿Matrimonial?

■■■ Expressing hope

■■■ Giving an implied command

Capítulo // El trabajo y el tiempo libre

RAÚL	¿Podemos sentarnos en esa mesa al lado de la ventana?
MESERO	¿Cuántos son?
RAÚL	Somos dos.
MESERO	Sí, ahora la limpio.
RAÚL	Gracias, señor. Rosa, ¿sabías que finalmente entrevisté a gente que trabaja en las maquiladoras allí en Nogales?
ROSA	¡Ah! Para tu investigación. No, no lo sabía. ¿Y cómo te fue?
RAÚL	Pues bien, pero cómo trabaja esa gente. No tienen nada de tiempo libre.
ROSA	Sí, ya lo sé. El tiempo libre no existe para ellos. Y menos para las mujeres. Muchas mujeres trabajan por la noche para... para poder estar con sus hijos durante el día.
RAÚL	Sí, eso lo supe al entrevistarlas.
ROSA	Yo trabajé como asistente social allí en la zona de la frontera con madres que trabajaban en las maquiladoras y que tenían hijos de menos de cinco años de edad.
RAÚL	¡Qué suerte tengo! Conozco a una defensora de los trabajadores. Igual que Frida.
ROSA	¿Qué Frida?
RAÚL	Frida Kahlo, la pintora. Como tú, ella defendía a los trabajadores.
ROSA	Ah, sí, sí, Frida. Bueno, hay algunas diferencias entre la Kahlo y yo, empezando con mi habilidad artística. Dudo que yo pinte tan bien como la Kahlo. Pero mira, volviendo al tema de las maquiladoras, el salario que les pagan a esos trabajadores es mínimo y a las mujeres normalmente les pagan menos que a los hombres.
RAÚL	Es que los hombres son más fuertes, más trabajadores, más inteli...
ROSA	Pero, hombre, no seas machista. Quizás los hombres sean más fuertes, pero para trabajar en las maquiladoras generalmente hacen falta las manos y no los músculos.
RAÚL	Sí, sí ya sé, era un chiste malo. Es súper evidente que las mujeres allí trabajan muchísimo, igual que los hombres.
ROSA	Yo creo que trabajan más que los hombres, pues mira... porque la mujer trabaja adentro y afuera de la casa. También aquí en el D. F. muchas mujeres van al trabajo y luego cuando regresan a la casa, tienen que cuidar a los niños, atender al esposo, cocinar...
RAÚL	Es decir que tampoco tienen mucho tiempo libre.
ROSA	Así es.
RAÚL	Y hablando de cocinar, ¿no me dijiste que me ibas a invitar a comer a tu casa?
ROSA	Es verdad. Pues, si quieres, ven este sábado. Mi esposo Mauricio es un cocinero excelente.
RAÚL	¿Cocina tu marido?
ROSA	Sí, y como ves, no es tan machista como tú.
RAÚL	Pero mujer, yo también cocino.

■■■ Expressing a repeated past action

■■■ Expressing doubt

■■■ Expressing certainty

Después de comer, nada mejor que la sobremesa

RAÚL Muchas gracias por la cena. Estuvo maravillosa. Uds. son cocineros excelentes.

ROSA/MAURICIO Gracias, gracias.

ROSA Raúl, ¿quieres más postre?

RAÚL No, gracias. Comí muchísimo. No puedo más. Pero te acepto un café.

MAURICIO Bueno, Uds. platican y yo, mientras tanto, voy a preparar el café, ¿de acuerdo?

■■■ Expressing emotion

RAÚL Oye, Rosa. Me sorprendo de que coman tanta tortilla aquí en México. ¿Qué es? ¿El plato nacional? Ayer en el desayuno, comí huevos con tortilla, hoy en la comida comí tacos en una taquería...

ROSA Y esta noche nosotros te preparamos quesadillas.

RAÚL Sí, y el otro día en el museo hasta vi un cuadro de Diego Rivera con mujeres preparando tortillas. Parece que es más importante que el pan.

ROSA Bueno, en muchas casas es así, es mucho más importante que el pan. Para la gente de clase trabajadora, la tortilla muchas veces es la comida más común.

RAÚL La comida más común, ¿eh?

ROSA Así es. En otros casos no, pero la tenemos totalmente integrada en nuestra dieta diaria. Es que el maíz, que es el ingrediente principal, se cultiva en todo México.

RAÚL Y entonces es una comida económica.

■■■ Giving information

ROSA Sí, es muy barata. Se compran las tortillas en el supermercado, en puestos en la calle o inclusive hay tortillerías para comprarlas. Y el atole que probaste esta noche, ¿te gustó o no?

RAÚL ¿El qué?

ROSA El atole. La bebida que bebiste con la comida.

RAÚL Delicioso. Me encantó.

■■■ Joking

ROSA Bueno, el atole que bebiste con la comida es un derivado líquido del maíz. Mira, ahí viene Mauricio con el café. Recuerda, hay que acompañar el café con una deliciosa tortilla fresca.

RAÚL ¿Otra vez?

ROSA No, hombre. Te estoy tomando el pelo.

Capítulo *12* ¡Qué música!

CAMARERO Su mesa está lista. Siéntense, por favor... Aquí tienen el menú.

VICENTE Muchas gracias.

TERESA ¡Qué chévere este restaurante argentino! ¡Y con conjunto de música!

■■■ Being facetious

VICENTE Espero que a la experta de tenis le gusten la comida y los tangos argentinos con bandoneón y todo.

TERESA Los tangos que cantaba Carlos Gardel me fascinan. El otro día bajé de Internet "Mi Buenos Aires Querido cuando yo te vuelva a ver..." Pero, dime Vicente, ¿cómo encontraste este restaurante?

VICENTE Navegando por Internet. Bajé una lista de restaurantes argentinos y este tenía muy buenos comentarios.

TERESA ¡Qué chévere! Pero volviendo al tenis, juegas bastante bien, ¿sabes?

■■■ Comparing

VICENTE Juego bien, pero tú juegas mejor que yo. Y dime, ¿cómo aprendiste a jugar tan bien?

■■■ Describing habitual past actions

TERESA Cuando era pequeña, aprendí a jugar en Puerto Rico con mi hermano mayor. Todas las tardes, después de la escuela, íbamos a un parque y allí jugábamos con unos amigos de mi hermano.

VICENTE ¡Ah! ¿Así que aprendiste con tu hermano?

TERESA No exactamente; mi padre vio que mi hermano y yo teníamos talento y nos buscó un profesor particular. El profesor era muy bueno, pero constantemente nos daba órdenes: "¡Corran hacia la pelota! ¡Concéntrense! ¡Jueguen bien!" Yo jugaba al tenis a toda hora; era casi una obsesión... no quería ni comer ni dormir.

■■■ Giving orders

VICENTE ¡Por eso! Ya decía yo...

CAMARERO ¿Están listos para pedir?

TERESA No, todavía no... Perdón, ¿cuál es el menú del día?

CAMARERO De primer plato, hay sopa de verduras o ensalada mixta; de segundo, churrasco con patatas y de postre, flan con dulce de leche.

TERESA	Me parece perfecto. Quiero el menú con sopa, por favor.	▪▪▪ Ordering a meal
VICENTE	Yo también el menú, pero con ensalada.	
CAMARERO	Sí. ¿Y de beber?	
VICENTE	Vino tinto, ¿no?	
TERESA	Sí, por supuesto.	
CAMARERO	¿Algo más?	
VICENTE	No, nada más, gracias. Teresa, este restaurante es fantástico. No sabes cuánto me gusta estar aquí contigo. Estoy con una chica inteligente y bonita y además ¡la mejor jugadora de tenis del mundo! ¿Me quieres?	▪▪▪ Comparing
TERESA	Claro que sí. ¿Y tú a mí?	
VICENTE	Por supuesto que sí... Mira, aquí vienen los músicos.	
MÚSICOS	*En mi viejo San Juan* *cuántos sueños forjé* *en mis años de infancia...*	
TERESA	¡¡¡VICENTE!!! ¡Te voy a matar! ¡Qué cursi! ¿Cuánto les pagaste?	▪▪▪ Showing playful anger
VICENTE	¿No te gusta?	
TERESA	La próxima vez quiero uno de esos tangos súper románticos y sensuales que cantaba Carlos Gardel.	▪▪▪ Carlos Gardel = famoso cantante de tango

La propuesta

GRUPO	Aquí están. Ahí vienen. Todos al dormitorio. El champán, ¿eh? Rápido. Vamos. Oye, ¡cierra la puerta! ¡Huy! Shhhhhhh.	
JUAN CARLOS	¿Dónde está...	
MARISEL	Juan Carlos, cállate. Shhhhhhh.	▪▪▪ Giving orders
VICENTE	Hola, hola.	
TERESA	¿No hay nadie?	
VICENTE	No. Solos por fin.	
TERESA	Sí, sí. ¿Por qué no te sientas allí mientras miro el correo?	▪▪▪ Making a suggestion
VICENTE	Bueno.	
TERESA	¿Qué haces?	
VICENTE	Nada. En el restaurante dijiste que querías un tango, ¿no?	
TERESA	¿Cómo? Lo que quiero es leer el correo.	
VICENTE	Sí, un tango romántico.	
TERESA	¿Ahora quieres ser Carlos Gardel?	
VICENTE	Romántico y sensual.	
TERESA	Pero, ¿tú sabes algún tango?	
VICENTE	En realidad no, pero sé canciones tan románticas y sensuales como el tango. Ese es el tipo de canciones que te gustan, ¿no?	▪▪▪ Comparing
TERESA	¡Huy! Ciento catorce euros de mi cuenta del móvil. ¡Por Dios!	
VICENTE	Ahhhh... Aquí tienes la canción más romántica del mundo: "Cuando se quiere de veras, como te quiero yo a ti, es imposible mi vida tan separados vivir".	▪▪▪ Exaggerating
TERESA	¡Ciento catorce euros! Hoy en día todo es tan caro. ¿Me vas a querer si soy pobre? Porque después de pagar...	
VICENTE	"No te acuerdas, cuando te decía, a la pálida luz de la luna: yo no puedo querer más que a una, y esa una, mi vida, eres tú."	
TERESA	¿Y eso es lo que les cantas a todas las mujeres?	
VICENTE	"Solamente una vez, amé en la vida. Solamente una vez y nada más."	
TERESA	... ¿Y esa que amaste soy yo? ¿Por qué?	
VICENTE	"Por ser la chica más guapa del barrio, la más bonita de la localidad."	▪▪▪ Comparing
TERESA	¿Pero estás loco?	
VICENTE	Loco no... "yo soy un hombre sincero de donde crece la palma"...	
TERESA	¡Basta ya! ¡Cállate!	
VICENTE	Teresa... cásate conmigo. Te quiero y quiero que pasemos el resto de la vida juntos.	
TERESA	Sí que estás loco, ¿eh?	
VICENTE	No, no. Nada de loco. Lo digo en serio. ¿Quieres ser mi esposa?	
TERESA	¿Hablas en serio? ¿Esta es una verdadera propuesta de matrimonio?	
VICENTE	Pero, por supuesto. ¿Qué más esperabas de mí? Por favor. Si no te casas conmigo, voy a continuar cantando. "La gallina turuleca ha puesto uno, ha puesto dos, ha puesto tres"...	
TERESA	¡Basta! ¡No puedo más! Sí, sí, sí, sí, me caso contigo.	
GRUPO	¡Felicitaciones! ¡Enhorabuena! Ya era hora.	

Spanish-English Vocabulary

This vocabulary includes most of the active vocabulary presented in the chapters. (Some exceptions are many numbers, names of cities and countries, and some obvious cognates.) The list also includes many receptive words found throughout the chapters. The definitions are limited to the context in which the words are used in this book. Active words are followed by a number that indicates the chapter in which the word appears as an active item; the abbreviation Pre. refers to the **Capítulo preliminar.**

The following abbreviations are used:

adj.	adjective	*inf.*	*infinitive*
adv.	adverb	*m.*	masculine
aux.	auxiliary	*n.*	noun
dem. adj.	demonstrative	*part.*	participle
	adjective	*pl.*	plural
dem. pro.	demonstrative	*sing.*	singular
	pronoun	*subj.*	subjunctive
f.	feminine	*v.*	verb

a to; at; **al (a + el)/a la** to the; **A la/s...** At . . . o'clock. 5; **~ la vez** at the same time; **~ lo mejor** perhaps 8; **~ menudo** often 9; **¿ ~ qué hora...?** At what time . . . ? 5; **¿~ quién?** to whom?; **~ tiempo** on time 7; in time; **~ veces** at times 9; **~ ver.** Let's see.

abajo below

abierto/a open 9

el/la abogado/a lawyer 1

abrazar to hug; to embrace

el abrazo hug; embrace

el abrigo coat 5

abril April 4

abrir to open 6; **Abre/Abran el libro en la página...** Open your book to page . . . Pre.

abrocharse el cinturón to buckle the seat belt 9

el/la abuelo/a grandfather/ grandmother 6

aburrido/a: estar ~ to be bored 3; **ser ~** to be boring 3

aburrirse como una ostra to be really bored (literally: *to be bored like an oyster*) 8

acabar de + *inf.* to have just + *past part.* 5

acaso: por si ~ in case

acampar to go camping

la acción action

el aceite oil (*cooking*) 8; oil (*car*) 8, 9

el acelerador accelerator

acelerar to accelerate 9

el acento accent

acentuar to accentuate

aceptado/a accepted

aceptar to accept, agree to do

acercarse to approach, come near

acompañar to accompany

aconsejarle (a alguien) to advise (*someone*) 10

el acontecimiento event

acordarse (o → ue) de to remember

acostar (o → ue) to put someone to bed 5

acostarse (o → ue) to go to bed 5

acostumbrarse a to become accustomed to

la actividad activity Pre.; **Mira/Miren ~ ...** Look at activity . . . Pre.

activo/a active, lively

el actor/la actriz actor 1

actual present-day, current

actuar to act

acuerdo: ¿De ~? Agreed?, O.K.?; **estar de ~ (con)** to agree (with)

adecuado/a adequate

además besides 9

Adiós. Good-by. Pre.

la adivinanza guessing game

adivinar to guess

la admisión admission

el adjetivo adjective

¿adónde? where? (*with verb of motion*) 3; **¿~ vas?** Where are you going? 3

adorar to adore

adquirir (i → ie, i) to acquire

la aduana customs 7; **el/la agente de aduanas** customs official

la aerolínea airline

el aeropuerto airport 7

afectar to affect

afeitar: la crema de ~ shaving cream 2

afeitarse to shave 4

el afiche poster

la afición liking, fondness

el/la aficionado/a enthusiast, fan

africano/a African 1

la agencia de viajes travel agency 3

el/la agente: ~ de aduanas customs official; **~ de viajes** travel agent 1

agosto August 4

agradable pleasant

agresivo/a aggressive

agrícola agricultural

el agua (*f.*) water 10; **~ de colonia** cologne 2; **~ dulce** fresh water; **~ salada** salt water

el aguacate avocado

ahora now; **~ mismo** right now 9

ahorrar to save (*money, energy*)

el aire: ~ acondicionado air conditioning 9; **al aire libre** outdoors

aislado/a isolated

el ajedrez chess 11; **jugar (u → ue) (al) ajedrez** to play chess 11

el ajo garlic 8

al to the 2; **~ + *inf.*** upon + -ing; **~ igual que** like, the same as; **~ lado (de)** next to 6

el ala (*f.*) wing

el albergue hostel

alcanzar to reach

la alcoba bedroom

alcohólico/a alcoholic

alegrarse de to be happy about 11

alegre happy

la alegría happiness

alemán/alemana German 1

la alergia: tenerle alergia a (algo) to be allergic to (something) 9

el alfabeto alphabet Pre.

la alfombra rug 10

algo something 2; **¿~ más?** Something/Anything else? 12; **Por ~ será.** There must be a reason.

el algodón cotton 5

alguien someone 6

algún/alguno/a/os/as some/any 10; **algunas veces** sometimes

alimentar to feed, nourish

alimentado/a fed

el alivio relief

allá over there 4

allí there 4

el alma (*f.*) soul

el almacén department store

almorzar (o → ue) to have lunch 5

el almuerzo lunch 7

¿Aló? Hello? 7

el alojamiento lodging, accommodation

alquilar *v.* to rent 2

el alquiler *n.* rent 10

alrededor de about, around 6

alternar to alternate

el altiplano high plateau

alto/a tall 3

el/la alumno/a student

el ama de casa (*f.*) housewife 1

amable nice
el/la amante lover (*usually negative*)
amar to love 7
amargo/a bitter
amarillo/a yellow 5
el ambiente atmosphere; **el medio
    ambiente** the environment
el ámbito field (*professional*)
ambos/as both
la ambulancia ambulance 9
el/la amigo/a friend 2
la amistad friendship
el amor love; **¡Por ~ de Dios!** For
    heaven's sake! (literally: *For the
    love of God!*) 10
amueblado/a furnished 10
amueblar to furnish
el analfabetismo illiteracy
anaranjado/a orange (*color*) 5
el/la anciano/a old man/woman
andar to go; to walk; to amble
andinismo: hacer ~ to go mountain
    climbing, mountaineering
andino/a Andean
el anillo ring
el aniversario anniversary
anoche last night 6
anotar to take notes, jot down
anteayer the day before yesterday 6
los anteojos eyeglasses
el/la antepasado/a ancestor
anterior (*adj.*) former, previous
antes before 3; **~ de** + *inf.* before
    + *-ing* 6; **~ que nada** before
    anything else
el antibiótico antibiotic 9
el anticonceptivo contraceptive
antiguo/a ancient, antique
antipático/a unpleasant; disagreeable
    3
anunciar to advertise; to announce
el anuncio advertisement, notice;
    announcement
añadir to add 11; to increase
el año year 1; **Año Nuevo** New Year's
    Day; **~ pasado** last year 6;
    ~ que viene next year; **cumplir
    años** to have a birthday 4
apagar to turn off 9
aparecer to appear
el apartamento apartment 2
aparte separate; **~ de** apart from
la apatía apathy
apático/a apathetic, indifferent
el apellido: el primer apellido first last
    name (*father's name*) 1; **el
    segundo apellido** second last
    name (*mother's maiden name*) 1
apenas scarcely, hardly
apoyar to support
el apoyo support
apreciar to value, appreciate
aprender to learn 2
aprovechar to make use of, take
    advantage of
aproximadamente approximately
apuntar to jot down
el apunte note; annotation; **tomar
    apuntes** to take notes
aquello that thing/issue 4
aquel/aquella (*dem. adj.*) that 4;
    (*dem. pro.*) that one 4
aquellos/aquellas (*dem. adj.*) those 4;
    (*dem. pro.*) those ones 4

aquí here 4; **por ~** around here
árabe Arab 1
la araña spider
el árbol tree
el arca (*f.*) treasure chest, coffer
el área (*f.*) area code 7; area
argentino/a Argentinean 1
el argumento argument (reasoning);
    plot
armar to put together; to arm
el armario armoire, closet 10
el/la arqueólogo/a archaeologist
el/la arquitecto/a architect
arrancar to start the car 9
arreglar to fix; to arrange; **~ el carro** to
    fix the car 11
el arreglo arrangement
arriba above, up
arroba @ (*as in email address*) 12
el arroz rice 8
el arte (*m. sing.*) art 2; **las artes** (*f. pl.*)
    the arts
la artesanía craftsmanship, handicraft;
    hacer artesanías to make crafts 11
el artículo article
el/la artista artist
la arveja pea 8
la ascendencia ancestry
el ascensor elevator
asegurar to assure
asesinar to murder
así like this/that; **~ es.** That's right.
asiático/a Asian 1
el asiento seat 7; **~ de ventanilla**
    window seat 7; **~ del medio**
    middle seat 7; **~ de pasillo** aisle
    seat 7
la asignatura (school) subject 2
asimilarse to assimilate
asimismo likewise
el/la asistente de vuelo flight attendant
asistir a to attend (*class, church, etc.*) 6
asociar to associate
el asombro amazement, astonishment
la aspiradora vacuum cleaner 10
la aspirina aspirin 9
el asunto matter, subject
asustado/a frightened
asustarse to be frightened
atraer to attract
atrás back, behind, rear
atropellar to run over 9
aumentar to increase
el aumento increase
aun (*adv.*) even
aún still, yet
aunque although
la aurora dawn
el auto car 7
el autobús bus 7
automático/a automatic (*transmission*) 9
la autopista freeway, toll road 12
auxilios: los primeros ~ first aid
avanzar to advance
el ave (*f.*) poultry 8; bird
la avenida avenue
la aventura adventure; **~ amorosa**
    (love) affair
averiguar to find out (about)
el avión airplane 7; **por avión** by
    airmail; by plane
avisar to inform
el aviso sign
ayer yesterday 6

la ayuda help
el/la ayudante helper, assistant
ayudar to help 7; **~ a** + *inf.* to help
    + *inf.*
el azúcar sugar 11
azul blue 5

la bahía bay
bailar to dance 2
el bailarín/la bailarina dancer
el baile dance
bajar (música) to download (music)
    12; to go down; **~ de** to
    get off
bajo/a short (*in height*) 3; low (*voice*)
el bajo first floor
el balcón balcony
el balón (large) ball 8
el banano banana; banana tree
el banco bank 3; bench
la banda band
el bandoneón concertina, type of
    accordion
la bandurria lute-like instrument
bañarse to bathe 4
la bañera bathtub 10
el baño bathroom 7; **el traje de baño**
    bathing suit 5
barato/a cheap, inexpensive 3
la barba beard 4
la barbacoa barbecue
barbaridad: ¡Qué ~! How awful!
el barco ship, boat 7; **en/por ~** by boat
la barra slash (*as in* http://www) 12
la barrera barrier
el barrio neighborhood
basado/a based
basar to base
el basquetbol basketball 8
bastante enough
bastardilla: en ~ in italics
el bate bat 8
la batería battery (*cell phone*) 7;
    battery (*car*) 9; drums 12;
    No tengo batería. My battery
    is dead. (*cell phone*) 7; **Tengo
    ~ baja.** My battery is low. (*cell
    phone*) 7
la batidora blender
el baúl trunk (*car*) 9
beber to drink 2
la bebida drink 8
la beca scholarship
el béisbol baseball 8
la belleza beauty
bello/a beautiful; **bellísimo/a** very
    beautiful 6
besar to kiss
el beso kiss
la biblioteca library 3
la bicicleta bicycle 7
el bidé bidet 10
bien O.K.; well Pre.; **~ educado/a**
    well behaved/mannered
bienvenido/a welcome
el/los bigote/s mustache 4
bilingüe bilingual
el billar billiards 11; **jugar
    (u → ue) (al) billar** to
    play billiards 11
el billete bill (*paper money*); ticket
la biología biology 2
el bistec steak 8

blanco/a white 5; **blanco y negro** black and white

blando/a soft

la blusa blouse 5

la boca mouth 4

la boda wedding 6

la bola: ~ de bolos bowling ball 8; ball

el boleto ticket

el bolígrafo ballpoint pen Pre.

boliviano/a Bolivian 1

los bolos bowling

la bolsa bag

el bolso purse 5; **~ de mano** hand luggage, carry-on bag 7

bonito/a pretty 3

borracho/a drunk 3

el borrador rough draft

borrar to erase

el bosque woods 12; **~ pluvial** rain forest

el bosquejo outline

la bota boot 5

la botánica store that sells herbs, candles, books, and religious articles (*Puerto Rico, Cuba*)

la botella bottle

el botones bellboy 7

el boxeo boxing 8

brasileño/a Brazilian 1

el brazo arm 4

breve brief

la brisa breeze

bueno/a good 3; **es bueno** it's good; **buena salud** good health 9; **Buenas noches.** Good night. Good evening. Pre.; **Buenas tardes.** Good afternoon. Pre.; **Buenos días.** Good morning. Pre.

la bufanda scarf (*winter*) 5

el buscador search engine 12

buscar to look for 6

la búsqueda search

el buzón mailbox 12

el caballero gentleman

el caballo horse

la cabeza head 4; **tener dolor de cabeza** to have a headache 9

la cabina cabin

cabo: al fin y al ~ after all; **llevar a ~** to accomplish

cada each, every 4; **~ día/mes/año** every day/month/year 9

la cadena chain; (television) network

la cadera hip

caerse to fall 9; **~ el servidor** to go down (*server*) 12; to drop; **Me cae (la mar de) bien.** I like him/her a lot.; **Me cae mal.** I don't like him/her.

el café coffee 2; **tomar café** to have coffee 2

la cafetera coffeepot 10

la cafetería cafeteria, bar 1

la caída fall, drop

la caja cashier's desk; box

el/la cajero/a cashier

el cajero automático ATM

la calabaza gourd

el calcetín sock

la calculadora calculator 2

el cálculo calculus 2

la calefacción heat (*in a house*) 10

el calendario calendar

caliente warm

¡Calla! Quiet!

callado/a quiet, silent

callarse to be silent, keep quiet

la calle street 9

calor: hace ~ it's hot 4; **tener ~** to be hot 5

calvo/a bald

los calzoncillos/calzones men's/women's underwear

la cama bed 2

la cámara (digital) (digital) camera 2; **~ de video** video camera

el/la camarero/a waiter/waitress 1

los camarones shrimp 8

cambiar to change; **~ de papel** to switch roles; **~ (dinero)** to exchange, change (money); **cambiando de tema** changing the subject 8

el cambio exchange rate; change (*i.e., coins*); **~ de raíz** stem change; **en cambio** in exchange; on the other hand; instead

los cambios gears (*car*); **con cambios** standard shift (transmission) 9

caminar to walk 2

la caminata walk, stroll

el camino road, path

el camión truck 7

la camioneta 4 x 4 SUV, 4 x 4 7

la camisa shirt 5

la camiseta T-shirt 5

la campana bell

el campeón/la campeona champion 8

el campeonato championship 8

el/la campesino/a peasant; farmer

el campo countryside 12; field; **~ de fútbol** soccer field

canadiense Canadian 1

el canal de televisión TV channel

la canasta basket

la cancha (*tennis, basketball*) court

la canción song

la canica marble (*for games*)

cansado/a tired 3

el cansancio fatigue, tiredness, weariness

el/la cantante singer 1

cantar to sing 2

la cantidad quantity

el canto singing, song

el caparazón shell

capaz capable

la capital capital (city); **¿Cuál es ~ de...?** What is the capital of . . . ? Pre.

el capítulo chapter

la cápsula capsule 9

captar to capture

la cara face 4; **Cuesta un ojo de ~.** It costs an arm and a leg. (literally: *It cost an eye of my face.*) 5

¡Caray! Darn! Rats! (*negative*); Wow! (*positive*)

la carga load, cargo, burden

cargar to carry, transport

la carne meat 8; **~ de res** beef 8

caro/a expensive 3; **Te va a salir caro.** It's going to cost you. 8

la carrera course of study; career; race

la carreta wagon, cart

la carretera road, highway 12

el carro car 7

la carta letter 12; menu; **~ de recomendación** letter of recommendation

las cartas: jugar (u → ue) a ~ to play cards 11

el cartel poster

la cartera purse 5; wallet

el/la cartero letter carrier 12

la casa house; home 3; **echar ~ por la ventana** to go all out (literally: *to throw the house out the window*) 6

casado/a: estar ~ (con) to be married (to) 6

casarse (con) to marry, get married (to) 6

el casco (de bicicleta/de moto/de fútbol americano) (bicycle/motorcycle/football) helmet 8

casi almost 6

la casilla box

caso: en ~ (de) que in case that; **hacer ~ (de)** to pay attention (to)

el cassette tape, cassette

las castañuelas castanets

el castellano Spanish (*language*)

el castigo punishment

el castillo castle

casualidad: por (pura) ~ by (pure) chance

la catarata waterfall 12

catarro: tener ~ to have a cold 9

el/la cazador/a hunter

cazar to hunt

la cebolla onion 8

la cédula ID card

celebrar to celebrate

celos: tener ~ (de) to be jealous (of)

celoso/a: estar ~ (de) to be jealous (of); **ser ~** to be jealous

celular: el (teléfono) ~ cell phone 2

el cementerio cemetery

la cena dinner 7

cenar to have supper/dinner

el centavo cent

centígrados centigrade/Celsius 4

el centro comercial mall, shopping center 3

cepillarse: ~ el pelo to brush one's hair 4; **~ los dientes** to brush one's teeth 4

el cepillo: ~ de dientes toothbrush 2; **~ de pelo** hairbrush 2

cerca (de) near 6

cercano/a near, close by

el cerdo pork 8; pig

el cereal cereal 11

el cerebro brain

cero zero 1

cerrado/a closed

cerrar (e → ie) to close 5; **Cierra/Cierren el libro.** Close your book. Pre.

la certeza certainty

la cerveza beer 2

el cetro scepter

el champán champagne

el champú shampoo 2

el chantaje blackmail

Chao. Bye., So long. Pre.

la chaqueta jacket 5

el charango small, five-stringed guitar

la charla talk, conversation

charlar to chat, talk
Chau. Bye., So long. Pre.
el cheque check; ~ de viajero traveler's check
chévere: ¡Qué ~! Great! (Caribbean expression) 12
el/la chico/a boy/girl 1
el chile chili pepper
chileno/a Chilean 1
la chimenea chimney
el/la chiquillo/a a young child
los chismes gossip
el chiste joke, funny story
chocar (con) to crash (into) 9
el chocolate chocolate 8; ~ con churros hot chocolate with Spanish crullers 11
el chofer driver, chauffeur
el chorizo a highly seasoned pork sausage
la chuleta chop (cut of meat) 8
el churrasco steak (Argentina) 8
los churros crullers; el chocolate con churros hot chocolate with Spanish crullers 11
el ciclismo cycling 8
el/la ciclista cyclist
cien one hundred 1
la ciencia science
ciento uno, ciento dos one hundred and one, one hundred and two 6
Cierra/Cierren el libro. Close your book. Pre.
cierto/a sure, certain, true; es cierto it's true 11; por cierto by the way
el cigarrillo cigarette
la cigüeña stork
el cine movie theater 3
la cinta tape, cassette
el cinturón belt 5; ~ de seguridad seat belt 9; abrocharse ~ to buckle the seat belt 9
la cirugía surgery
la cita appointment; date; quote
la ciudad city 12; ~ universitaria college campus
el/la ciudadano/a citizen
el clarinete clarinet 12
claro/a light 5; clear; Claro. Of course. 2; ¡Claro que no! Of course not!; ¡Claro que sí! Of course! 2; está claro it's clear 11
la clase lesson, class; classroom 2
clasificar to rate
el claustro cloister
la cláusula clause
clavar to fix upon; to nail down
clic: hacer ~ to click on (an icon, a link, etc.)
el/la cliente client
el clima climate
cobrar to charge; to collect
cobro: llamada a ~ revertido collect phone call
el coche car 7
la cocina kitchen 10; ~ eléctrica/de gas electric/gas stove 10
cocinar to cook 11
el/la cocinero/a cook
el código: ~ internacional international access code (telephone) 7; ~ del país country code (telephone) 7; ~ postal postal/zip code 12
el codo elbow 4

el cognado cognate
el cojín pillow, cushion
cola: hacer ~ to stand in line 12
coleccionar to collect 11; ~ estampillas to collect stamps 11; ~ monedas to collect coins 11; ~ tarjetas de béisbol to collect baseball cards 11
el colegio school 3; ~ mayor dormitory (Spain) 1
colgar (o → ue) to hang
la coliflor cauliflower 8
la colina hill 12
colmo: para ~ to top it all off 9
colocado/a positioned, arranged
colombiano/a Colombian 1
la colonia colony; el agua de colonia cologne 2
el color color 5; ¿De qué color es? What color is it? 5
la comedia comedy
el comedor dining room 10
comentar to comment on; to gossip
el comentario comment
comenzar (e → ie) to begin 5
comer to eat 2
el/la comerciante business owner 1
la comida meal 7; food
el comienzo beginning, start
como like, as; ~ consecuencia as a consequence; ~ resultado as a result 8; ~ si as if
¿cómo? what? / What did you say? 1; ¿~ es? What is he/she like? 3; ¿~ estás/está? How are you? (informal/formal) Pre., 3; ¿~ que...? What do you mean . . . ? 7; ¿~ se dice en español? How do you say it in Spanish? Pre.; ¿~ se escribe? How do you spell it? Pre.; ¿~ se llama (Ud.)? What's your name? (formal) Pre.; ¿~ se llega a...? How do you get to . . . ?; ¿~ te llamas? What's your name? (informal) Pre.; Sí, cómo no. Sure. 7
la cómoda chest of drawers 10
cómodo/a comfortable
el/la compañero/a companion; partner 2; ~ de cuarto roommate 2
la compañía comercial company, business
comparar to compare
compartir to share
completar to fill out; to complete, finish
el comportamiento behavior
comprar to buy 2
compras: de ~ shopping; ir de ~ to shop, go shopping 5
comprender to understand; No comprendo. I don't understand. Pre.
comprobar (o → ue) to check
comprometido/a: estar ~ to be engaged
la computadora computer 2
común common; en ~ in common
la comunidad community
con with 6; ~ cambios standard shift 9; ~ cuidado carefully; ~ frecuencia frequently, often 9; ~ mucho gusto with pleasure; ¿~ quién vas? With whom are you going? 3; ~ retraso late 7; ~ tal (de) que provided that

el concierto concert 5
la concordancia concordance, harmony
concordar (o → ue) to agree
el concurso contest
conducir to drive (Spain) 7
conectar to connect
la conferencia lecture, talk; long-distance call (Spain)
la confianza confidence
el congelador freezer 10
el conjunto (musical) group, band 12; outfit
conmigo with me 6
conocer to know (a person/place/thing) 4; dar a ~ to make known
conocido/a known
el conocimiento knowledge
la conquista conquest
conquistar to win; to conquer; to overcome
la consecuencia consequence; como consecuencia as a consequence
conseguir (e → i, i) to get, obtain
el/la consejero/a counselor
el consejo advice 10
conservar to conserve, preserve; to take care of
consistir en to consist of
constante constant
constantemente constantly 11
construir to build 7
consultar to consult
el consultorio doctor's office
el consumidor consumer
el consumo consumption
la contaminación contamination, pollution
contar (o → ue) to tell 6; to count
contemporáneo/a contemporary
el contenido content
contento/a happy 3
el contestador automático answering machine
contestar to answer 6; (Ana), contéstale a (Vicente)... (Ana), answer (Vicente) . . . Pre.
contigo with you 6
continuamente continually 11
continuar to continue 12
contra: estar en ~ to be against
la contraseña password 12
la contratapa inside cover
el contrato contract
el control remoto remote control 6
convencer to convince
conversar to converse, talk
convertir (e → ie, i) to convert; to become
la copa stemmed glass, goblet; ~ Mundial World Cup (soccer); ~ de vino wine glass 8
la copia copy
el corazón heart 4
la corbata tie 5
el cordero lamb 8
corregir (e → i, i) to correct
el correo post office; mail 12; ~ electrónico email 12
correr to run 2
correspondiente corresponding
la corrida de toros bullfight
cortar to cut 11
cortarse to cut oneself 9
la cortina curtain

corto/a short (*in length*) 3
la cosa thing
coser to sew 11
la costa coast 12
costar (o → ue) to cost 5; **Cuesta un ojo de la cara.** It costs an arm and a leg. (literally: *It cost an eye of my face.*) 5
costarricense Costa Rican 1
la costumbre custom, habit
cotidiano/a daily
crear to create
el crecimiento growth
el crédito: la tarjeta de crédito credit card
creer to believe; to think 5
la crema de afeitar shaving cream 2
criar to breed, rear, raise
el croissant croissant 11
el crucero cruise
el crucigrama: hacer crucigramas to do crossword puzzles 11
la cruz cross
cruzar to cross (*the street*)
la cuadra city block
el cuadrado square
el cuadro painting; **de cuadros** plaid 5
¿cuál? which? 1; **¿~ es el origen de tu familia?** What is the origin of your family? 1; **¿~ es la capital de...?** What is the capital of . . . ? Pre.; **¿~ es tu/su número de teléfono?** What is your telephone number? 1
cualquier any; whichever
cuando when; **de vez en ~** once in a while, from time to time 9
¿cuándo? when? 2
cuanto: en ~ when, as soon as
¿cuánto? how much?; **¿~ tiempo hace que** + *preterit*? How long ago did you . . . ? 6; **¿~ tiempo hace que** + *present*? How long have you . . . ? 6; **¿~ cuesta/n...?** How much is/are . . . ? 5
¿cuántos? how many?; **¿~ años tiene él/ella?** How old is he/she? 1; **¿~ años tienes?** How old are you? 1
el cuarto room 10; **~ (de hora)** quarter (of an hour) 5; **~ de servicio** maid's room 10
cuarto/a fourth 10
el cuatro four-stringed guitar used in Andean and Caribbean music
cuatrocientos four hundred 6
cubano/a Cuban 1
los cubiertos silverware 8
cubrir to cover 9
la cuchara spoon 8
la cucharada spoonful
el cuchillo knife 8
el cuello neck 4
la cuenta check; account; bill 8; **~ , por favor.** The check, please.; **darse cuenta de algo** to realize something 7; **tener en cuenta** to take into account, bear in mind
el cuento story
la cuerda string
el cuero leather 5
el cuerpo body 4
el cuestionario questionnaire

el cuidado care; **con cuidado** carefully; **tener cuidado** to be careful
cuidar to care for, take care of; **~ plantas** to take care of plants 11
la culpa guilt
culpable guilty
cultivado/a cultured, cultivated
el cumpleaños birthday 4; **Feliz cumpleaños.** Happy birthday.
cumplir años to have a birthday 4
el/la cuñado/a brother-in-law/sister-in-law 6
el cura priest
curar to cure, treat
la curiosidad curiosity; indiscretion; question
curioso/a curious
la curita Band-Aid 9
el currículum (vitae) résumé, curriculum vitae
cursar to study, take (*a course*)
cursi overly cute; tacky, in bad taste; **¡Qué ~ !** How tacky! 12
el curso course

la dama: la primera dama first lady
la danza dance
el daño damage, harm
dar to give 6; **~ a conocer** to make known; **~ de comer** to feed; **~ un paseo** to take a walk; **~ una excusa** to give an excuse; **~ una vuelta** to take a ride; to go for a stroll/walk; **~le vergüenza** to feel ashamed; **~le la vuelta** to turn over, flip 11; **~le las gracias a alguien** to thank someone; **~se cuenta de algo** to realize something 7
el dato fact, piece of information
de of; from 1; **¿~ acuerdo?** O.K.?, Agreed?; **~ compras** shopping; **~ cuadros** plaid 5; **¿~ dónde eres?** Where are you from? (*informal*) Pre.; **~ espaldas** back-to-back; **~ lunares** polka-dotted 5; **~ nada.** You're welcome. Pre.; **(~ parte de) ~...** It/This is . . . (*telephone*) 7; **¿~ parte de quién?** May I ask who is calling? 7; **¿~ qué color es?** What color is it? 5; **¿~ qué material/tela es?** What material is it made out of? 5; **~ quien** about whom; **¿~ quién/es?** whose? 2; **~ rayas** striped 5; **~ repente** suddenly; 6; **~ segunda mano** secondhand, used 10; **¿~ veras?** Really? 2; **~ vez en cuando** once in a while, from time to time 9
debajo (de) below 6
deber to owe; **~ + inf.** ought to/should/must + *v.* 4
debido/a due; **debido a** due to, because of
el/la decano/a dean
decidir to decide 6
décimo/a tenth 10
decir to say; to tell 5; **¿Cómo se dice... en español?** How do you say . . . in Spanish? Pre.; **es ~** that is (to say) 8; **¿Qué quiere ~ ...?** What does . . . mean? Pre.

el dedo finger 4; **~ meñique** little finger; **~ del pie** toe 4; **~ gordo** big toe
dejar to leave behind; to let, allow 6; **~ caer** to drop; **~ de + inf.** to stop, quit + *-ing* 8
del = de + el of the 2
delante (de) in front (of) 6
deletrear to spell
delgado/a thin 3
demás remaining, rest
demasiado too much 3
democrático/a democratic
¡Demonios! Damn! What the devil!
demorar to take (time), delay
demostrar (o → ue) to demonstrate
el/la dentista dentist 1
dentro: ~ de in, inside; **~ de poco** in a while
el departamento department; apartment
depender de to depend on
el deporte sport 8
el/la deportista (profesional) (professional) athlete 1
deportivo/a (*adj.*) related to sports
el depósito security deposit 10
la derecha right-hand side; **a ~ (de)** to the right (of) 6
el derecho right; law
desafortunadamente unfortunately
la desaparición disappearance
desarrollado/a developed
desarrollar to develop
el desastre disaster
desayunar to have breakfast 6
el desayuno breakfast 7
descansar to rest
el descanso rest
el/la descendiente descendant
descomponerse to break down 9
desconocido/a unknown
describir to describe
la descripción description 3
el descubrimiento discovery
descubrir to discover
desde since, from 6; **~ hace** for (*time duration*); **~ ... hasta** from . . . until; **~ luego** of course
desdeñoso/a disdainful, scornful
deseable desirable
desear to want; to desire 3
el desecho waste
el desempleo unemployment
el deseo wish, desire
desesperado/a desperate
desfilar to march
el desfile parade; **~ de modas** fashion show
el desierto desert 12
desnudo/a naked
el desodorante deodorant
el desorden disorder
despacio slow, slowly; **Más ~, por favor.** More slowly, please. Pre.; **¿Puede hablar más ~, por favor?** Can you speak more slowly, please? 7
la despedida farewell
despedir a alguien (e → i, i) to fire someone
despedirse (e → i, i) to say good-by
despejado/a clear, sunny; spacious
el desperdicio waste

despertar a alguien (e → ie) to wake someone up 5

despertarse (e → ie) to wake up 5

después after 3; then, later (on) 5; **~ de** + *inf.* after + -ing 5; **~ de que** after

destacarse to stand out, be outstanding

el destierro exile

el destino destination 7; destiny

destrozado/a ruined, destroyed

la destrucción destruction

destruido/a destroyed

destruir to destroy

la desventaja disadvantage

el detalle detail

detener to detain

detenidamente thoroughly

determinado/a specific

detestar to detest 7

detrás (de) behind 6

la deuda debt

devolver (o → ue) to vomit 9; to return, send back

el día day 2; **Buenos días.** Good morning. Pre.; **hoy (en) día** today; nowadays 12; **ponerse al día** to bring up to date; **todos los días** every day 3

el diablo devil

el diálogo dialogue

el diamante diamond

la diapositiva slide

el diario diary, journal

diario/a daily

diarrea: tener ~ to have diarrhea 9

dibujar to draw

el dibujo drawing, sketch

el diccionario dictionary 2

el dicho saying

diciembre December 4

el dictado dictation

la dictadura dictatorship

el diente tooth 4; **~ de ajo** clove of garlic; **cepillarse los dientes** to brush one's teeth 4; **la pasta de dientes** toothpaste 2

la dieta: estar a dieta to be on a diet

la diferencia difference; **a diferencia de** unlike; in contrast to

diferente different; **~ de** different from

difícil difficult

Diga/Dígame. Hello. (*Spain, telephone*) 7

¡No me digas! No kidding! 5

Dile a... Tell . . . Pre.

el dinero money 2; **~ en efectivo** cash

el/la dios/a god/goddess; **¡Por el amor de Dios!** For heaven's sake! (literally: *For the love of God!*) 10

la dirección address 1

directamente directly

el/la director/a director 1

dirigido/a directed

el disco record; **~ compacto** compact disc 2

la discoteca club, disco 3

discutir to argue; to discuss

el/la diseñador/a designer

disfrutar to enjoy

disparar to fire, shoot

disponible available

disputarse to argue

la distancia distance; **de larga distancia** long-distance (*call*) 7

el distrito district

diversificar to diversify

la diversión amusement, entertainment, recreation

divertido/a entertaining, amusing

divertirse (e → ie, i) to have fun 5

divinamente divinely, wonderfully 11

divino/a divine, wonderful

divorciado/a: estar ~ (de) to be divorced (from) 6

divorciarse (de) to get divorced (from)

el divorcio divorce

doblado/a dubbed (*movie*)

doblar to turn; to fold

doble: la habitación ~ double room 7

el/la doctor/a doctor 1

el documental documentary

doler (o → ue) to hurt 9

el dolor ache, pain 9; **~ de cabeza** headache 9

doloroso/a painful

doméstico/a domestic

el domicilio residence

domingo Sunday 2; **el ~** on Sunday 2; **los domingos** on Sundays, every Sunday 2

don/doña title of respect used before a man's/woman's first name

donde where

¿dónde? where?; **¿~ estás?** Where are you? 3; **¿De ~ eres?** Where are you from? (*informal*) Pre.; **¿De ~ es Ud.?** Where are you from? (*formal*) Pre.

dorado/a gilded, covered with gold

dormir (o → ue, u) to sleep 5

dormirse (o → ue, u) to fall asleep 5

el dormitorio bedroom 10

doscientos two hundred 6

dramático/a dramatic

la droga drug

la ducha shower 10

ducharse to take a shower 4

duda: no hay ~ (de) there is no doubt 11

dudar to doubt 11

dudoso: es ~ it's doubtful 11

el/la dueño/a de un negocio owner of a business 1

dulce (*adj.*) sweet; **los dulces** (*n.*) candy, sweets

durante during

durar to last

duro/a hard; **los huevos duros** hard-boiled eggs 11

el DVD DVD 2; **el reproductor de ~** DVD player 2

---

e and (before *i* or *hi*)

echar to throw; to put in, add; to throw out; **~ de menos** to miss (*someone or something*) 8; **~ la casa por la ventana** to go all out (literally: *to throw the house out the window*) 6; **~le gasolina al carro** to put gas in the tank 9

la ecología ecology

la economía economics 2; economy

el/la economista economist 1

el ecuador: la línea del ecuador equator

ecuatorial: la línea ~ equator

ecuatoriano/a Ecuadorian 1

la edad age; **~ Media** Middle Ages

el edificio building 3

la editorial publisher

educado/a: bien educado/a well behaved, well mannered

el (dinero en) efectivo cash

efectuar to carry out

ejecutar to execute

ejemplar exemplary, model

el ejemplo example; **por ejemplo** for example

el ejercicio exercise Pre.; **Mira/Miren ~ ...** Look at exercise . . . Pre.

el ejército army

el (*m. sing.*) the 2

él he 1

la electricidad electricity 10

electrónico/a electronic 11

elegir (e → i, i) to choose, select

eliminar to delete (*email*)

ella she 1

ellos/as they 1

el elote corn (*Mexico*) 8

embarazada pregnant; **estar ~** to be pregnant

embarazoso/a embarrassing

embargo: sin ~ however, nevertheless 12

el embrague clutch 9

la emergencia emergency

la emisora radio station

empacar to pack

el emperador emperor

empezar (e → ie) to begin 5

el/la empleado/a employee; **la empleada (de servicio)** maid 7

emplear to employ, use

el empleo job/position; employment

la empresa enterprise; company

en in; on; at; **~ barco/tren/etc.** by boat/train/etc. 6; **~ cuanto** when, as soon as; **~ general** in general; **~ lugar de** instead of, in place of; **¿~ qué página, por favor?** What page please? Pre.; **¿~ qué puedo servirle?** How can I help you?; **~ realidad** really, actually; **~ seguida** at once, right away; **~ sus/tus propias palabras** in his/her/your own words

enamorado/a in love 3; **estar ~ (de)** to be in love (with)

enamorarse (de) to fall in love (with) 6

Encantado/a. Nice to meet you. (literally: *Charmed.*) Pre.

encantador/a enchanting, delightful

encantar to like a lot, love 8

encargo order (*of goods*)

encender (e → ie) to light; to ignite

encerrar (e → ie) to lock up, confine

la enciclopedia encyclopedia

encima (de) on top of 6

encontrar (o → ue) to find 5

encontrarse con (alguien) (o → ue) to run into (someone)

el encuentro encounter, meeting

la encuesta inquiry, poll

la energía energy

enero January 4

enfadarse to get angry

enfermarse to become sick
la enfermedad sickness, illness 9
el/la enfermero/a nurse 9
enfermo/a sick 3
enfilado/a in rows
enfocar to focus
el enfoque focus
enfrente (de) facing, across from 6
el enlace link, connection 12
enojado/a angry, mad 3; **estar ~ (con)** to be angry (at)
enojarse to become angry
la ensalada salad 8
ensayar to rehearse
el ensayo essay
enseñar to teach 6; to indicate, point out
entender (e → ie) to understand 5; **No entiendo.** I don't understand. Pre.
enterarse (de) to find out, learn (about)
el entierro burial
entonces then, therefore 1
la entrada ticket (*to get into a museum, sporting event, movie, etc.*); entrance
entrar (en/a) to enter 6
entre between 6; among
entregar to hand in; deliver
entretener to entertain
entretenido/a fun, entertaining
la entrevista interview
entrevistar to interview
enviado/a sent
la época time, epoch, era
el equipaje luggage 7
el equipo team 8; equipment, gear 8; **~ de audio** stereo system 2
equivocado: Tiene el número ~ You have the wrong number. (*formal*) (*telephone*) 7
equivocarse to be wrong, make a mistake
la escala stop, layover 7; **hacer escala** to make a stop
escalar to climb
la(s) escalera(s) stair(s), staircase
escalofríos: tener ~ to have the chills 9
escasear to be scarce
la escena scene
el/la esclavo/a slave
escoger to choose, select 10
escondido/a hidden
escribir to write 2; **~ cartas/poemas** to write letters/poems 11; **Escribe./Escriban.** Write. Pre.
el/la escritor/a writer 1
el escritorio desk 2
la escritura writing
escuchar to listen 2; **Escucha./Escuchen.** Listen. Pre.
la escuela school 3; **~ primaria** elementary school; **~ secundaria** high school
el/la escultor/a sculptor
la escultura sculpture
ese, esa (*dem. adj.*) that; (*dem. pron.*) that one 4
el esfuerzo effort
eso that thing/issue 4; **por ~** therefore, that's why 2; **~ quiere decir** that means
esos, esas (*dem. adj.*) those; (*dem. pron.*) those ones 4
el espacio blank, space

la espada sword
la espalda back 4; **de espaldas** back-to-back
español/española Spaniard 1
los espárragos asparagus 8
la especia spice
especial special
la especie species
específico/a specific
el espectáculo show
el espejo mirror 10; **~ retrovisor** rearview mirror
la esperanza hope 10
esperar to wait (for) 7; to hope 10
las espinacas spinach 8
el espíritu spirit
el esqueleto skeleton
el esquema diagram; sketch; outline
el esquí skiing; ski
esquiar to ski 2
los esquíes: ~ de agua water skis 8; **~ de nieve** snow skis 8
la esquina corner
esta this; **~ mañana/tarde/noche** this morning/afternoon/evening 2
estable (*adj.*) stable
establecer to establish 3
la estación season 4; station 7
estacionar to park 9
el estacionamiento parking lot 9
el estadio stadium 8
las estadísticas statistics
el estado state; **~ civil** marital status
la estampilla stamp 12
el estante bookshelf 10
estar to be 3; **~ a dieta** to be on a diet; **~ casado/a (con)** to be married (to) 6; **~ claro** to be clear; **~ comprometido/a** to be engaged; **~ de acuerdo (con)** to agree (with); **~ de moda** to be in style 5; **~ divorciado/a (de)** to be divorced (from) 6; **~ embarazada** to be pregnant; **~ en +** *lugar* to be in/at + *place* 3; **~ enamorado/a (de)** to be in love (with); **~ enojado/a (con)** to be angry (at); **~ listo/a** to be ready 3; **~ loco/a** to be crazy 3; **~ mareado/a** to be dizzy 9; **~ nublado** to be cloudy 4; **¿Está..., por favor?** Is . . . there, please? (*telephone*) 7; **~ resfriado/a** to have a cold 9; **~ seguro/a (de)** to be sure (of) 11
la estatua statue
este, esta (*dem. adj.*) this; (*dem. pron.*) this one 4
el este east 12
el estéreo stereo
el estilo style
estimado/a esteemed, respected
esto this thing/issue 4
el estómago stomach 4
estornudar to sneeze 9
estos, estas (*dem. adj.*) these; (*dem. pron.*) these ones 4
la estrategia strategy
la estrella star 7
la estrofa stanza
el/la estudiante student 1
estudiar to study 2
el estudio study

la estufa stove 10; **~ eléctrica/de gas** electric/gas stove 10
estúpido/a stupid 3
la etapa stage
étnico/a ethnic
europeo/a European 1
evidente: es ~ it's evident 11
evitar to avoid
exactamente exactly
el examen test, exam 2; examination
exceder to exceed
la excursión excursion, side trip
la excusa excuse
exento/a exempt
la exhibición exhibition
exigente demanding
existir to exist
éxito: tener ~ to be successful
el éxodo exodus
la experiencia experience
la explicación explanation
explicar to explain 6
la exposición exhibition
la expresión expression
expulsar to expel, throw out
externo/a external, outside
extranjero/a (*adj.*) foreign; **el/la extranjero/a** foreigner
extrañar to miss (*someone or something*)
extrañarse to find strange
extraño/a strange

la fábrica factory
fabuloso/a fabulous
fácil easy
fácilmente easily 11
la facultad academic department 4; school of a university
la falda skirt 5
falso/a false
la falta lack; **hacer falta** to lack, miss
faltar: ~le a uno to lack; to be missing 8
la familia family 3
famoso/a famous 3
el fantasma ghost
fantástico/a fantastic, great; **es fantástico** it's fantastic 11
la farmacia pharmacy, drugstore 3
fascinar to fascinate; **~le a uno** to like a lot, to find fascinating 8; **Me fascina/n.** I love it/them. 5
favor: por ~ please 1
favorito/a favorite
el fax fax 12
febrero February 4
la fecha date 4; **¿Qué fecha es hoy?** What is the date today? 4
la felicidad happiness
felicitar to congratulate
feliz happy; **~ cumpleaños.** Happy birthday.
feo/a ugly 3
la fianza security deposit 10
la ficción fiction
la ficha record card; index card
la fiebre fever 9; **tener fiebre** to have a fever 9
fiel faithful, loyal
la fiesta party
la figura figure
la fila row, line
el filete fillet; sirloin

el fin end; **~ de semana** weekend 2; **al fin y al cabo** after all; **por fin** at last 7

el final ending; **al final de** at the end of

finalmente finally

fino/a fine, elegant

la firma signature

firmar to sign

flaco/a skinny 3

flamenco/a (*adj.*) Flemish; (*n. m.*) **el flamenco** Spanish dance

el flan Spanish egg custard 8

la flauta flute 12

el flautín piccolo

la flor flower

el folleto brochure, pamphlet

fomentar to promote, foster, encourage

el fondo bottom; background

formado/a formed

formar to form

el formulario form

fornido/a robust, stout

la fotografía photograph 2; photography; **sacar fotos** to take photos 2

el fracaso failure

la fractura fracture, break 9

francés/francesa French 1

franco/a frank, candid

la frase phrase

frecuencia: con ~ frequently, often 9

frecuente frequent

frecuentemente frequently 11

el fregadero kitchen sink 10

freír (e → i, i) to fry 11

frenar to brake 9

el freno brake 9

la fresa strawberry 11

fresco/a fresh; cool; **Hace fresco.** It's chilly. 4

el frijol bean 8

frío/a cold; **Hace frío.** It's cold. 4; **tener frío** to be cold 5

frito/a fried; **los huevos fritos** fried eggs 11

la frontera border

frustrado/a frustrated

frustrante frustrating

la fruta fruit 8

el fuego fire

la fuente fountain; source

fuerte strong

la fuerza strength, power, force

la fuga de cerebros brain drain

Fulano, Mengano y Zutano Tom, Dick, and Harry 10

fumar to smoke 7; **se prohíbe ~** no smoking

funcionar to function, work (*machines*), run (*machines*) 9

el/la fundador/a founder

funerario/a funeral, funerary

el funicular funicular (*type of cable car*)

el fusilamiento execution

el fútbol soccer 8; **~ americano** football 8

el futuro future

las gafas eyeglasses; **~ de sol** sunglasses 5

la galleta cookie 11; cracker 11

el/la ganador/a winner

ganar to win; to earn 8; to gain

ganas: tener ~ de + *inf.* to feel like + *-ing* 6

la ganga bargain

el garaje garage 10

la garganta throat

el gas gas (*for cooking or heating*) 10

la gaseosa soda

la gasolina gas (*for an automobile*) 9; **echarle gasolina al carro** to put gas in the car 9

la gasolinera gas station 9

gastar to spend

los gastos expenses 10

el gato cat

el/la gemelo/a identical twin

general: en ~ in general

generalmente generally 11

el género genre; gender

el/la genio genius

la gente people 3

la geografía geography 12

la geología geology

el/la geólogo/a geologist

el/la gerente manager

el gesto gesture

el/la gigante giant

el gimnasio gym 3

el/la gitano/a gypsy

el/la gobernador/a governor

el/la gobernante person in power, ruler, governor

el gobierno government

el gol goal (*sports*)

el golf golf 3

el golpe: ~ de estado coup d'état; **~ militar** military coup

gordo/a fat 3

la gorra cap 5

la gota (*n.*) drop 9

gozar to enjoy

la grabación recording

grabar to record

Gracias. Thank you. Pre.; **Muchas ~.** Thank you very much. Pre.; **Un millón de ~.** Thanks a lot. 4

gracioso/a funny

el grado degree; **Está a... grados (bajo cero).** It's . . . degrees (below zero). 4

graduarse to graduate

la gramática grammar

grande large, big 3; great

gratis free, of no cost

grave grave, serious

la gripe flu 9; **tener gripe** to have the flu 9

gris gray 5

gritar to shout, scream 6

el grupo group

el guante (de béisbol/de boxeo/de ciclismo) (baseball/boxing/bicycle racing) glove 8

guapo/a good-looking 3

guardar to keep, store

guatemalteco/a Guatemalan 1

la guayabera specific style of men's shirt worn in the tropics

la guerra war

el/la guía guide (*person*); **~ turístico/a** tour guide; **la guía** guidebook 4

el guion script

el güiro musical instrument made from a gourd

el guisante pea (*Spain*) 12

la guitarra guitar 2; **tocar ~** to play the guitar 2

gustar to like, be pleasing 2; **me/te/le gustaría** I/you/he/she would like 3; **No me gusta/n nada.** I don't like it/them at all. 5

el gusto taste; pleasure; **Mucho gusto.** Nice to meet you. 1

haber to have (*aux. v.*)

había (*imperfect of* **haber**) there was/there were 8

la habichuela green bean 8

la habitación room 2; **~ doble** double room 7; **~ individual** single room 7

el/la habitante inhabitant

habitar to inhabit

hablar to speak 2; **Habla...** It/This is . . . (*telephone*) 7; **¿Puede ~ más despacio, por favor?** Can you speak more slowly, please? (*formal*) 7; **¿Quién habla?** Who is speaking/calling? 7; **Quisiera ~ con..., por favor.** I would like to speak with . . . , please. 7

hace (*weather*): **~ buen tiempo.** It's nice out. 4; **~ calor.** It's hot. 4; **~ fresco.** It's chilly. 4; **~ frío.** It's cold. 4; **~ mal tiempo.** It's bad out. 4; **~ sol.** It's sunny. 4; **~ viento.** It's windy. 4

hacer to do 2; to make 3; **~ artesanías** to make crafts 11; **~ caso (de)** to pay attention (to); **~ clic** to click; **~ cola** to stand in line 12; **~ crucigramas** to do crossword puzzles 11; **~ escala** to make a stop 7; **~ falta** to lack, miss; **~ punto** to knit; **~ rompecabezas** to do jigsaw puzzles 11; **¿Cuánto tiempo hace que +** *preterit*? How long ago did you . . . ? 6; **¿Cuánto tiempo hace que +** *present*? How long have you . . . ? 6; **hace dos días/semanas/meses/años** two days/weeks/months/years ago 6

hacia toward 6

el hall (de entrada) entrance hall 10

hallar to find

el hambre (*f.*) hunger; **tener hambre** to be hungry 5

la hamburguesa hamburger

hasta until, up to 6; **~ luego.** See you later. Pre.; **~ mañana.** See you tomorrow. Pre.; **~ pronto.** See you soon.; **~ que** until

hay there is/there are 4; **~ que +** *inf.* one/you must + *v.* 11; **No ~ de qué.** Don't mention it., You're welcome. 1; **no ~ duda (de)** there's no doubt 11

el helado ice cream 8

la hembra female

el hemisferio hemisphere

heredar to inherit

la herencia heritage

la herida injury, wound 9

el/la herido/a injured man/woman

herir (e → ie, i) to hurt, injure

el/la hermanastro/a stepbrother/stepsister 6

el/la hermano/a brother/sister 6
hervir (e → ie, i) to boil 11
el hielo ice 8; **los patines de hielo** ice skates 8
el hierro iron
el/la hijastro/a stepson/stepdaughter 6
el/la hijo/a son/daughter 6
el/la hincha fan 8
hispano/a Hispanic
hispanoamericano/a Hispanic American
la historia history 2; story
el hockey hockey 8
el hogar home; fireplace, hearth
la hoja leaf; sheet (*of paper*)
Hola. Hi. Pre.
el hombre man; **~ de negocios** businessman 1
el hombro shoulder 4
el homenaje homage, tribute
hondureño/a Honduran 1
honorífico/a honorable (*title of respect*)
honrado/a honest
la hora hour 5; **~ de llegada** time of arrival 7; **~ de salida** time of departure 7; **¿A qué hora...?** At what time . . . ? 5; **¿Qué hora es?** What time is it? 5
el horario schedule
el horizonte horizon
el horno oven; **~ (de) microondas** microwave oven 10
el hospedaje lodging
hospedar to lodge, give lodging
el hospital hospital 3
el hostal inn
el hotel hotel 7
hoy today 2; **~ (en) día** today; nowadays 12
el hoyo hole
el/la huérfano/a orphan
el huésped guest
el huevo egg 11; **los huevos (fritos/ revueltos/duros)** (fried/ scrambled/hard-boiled) eggs 11
humilde humble

la ida one way; **el pasaje de ida** one-way ticket 7; **el pasaje de ida y vuelta** round-trip ticket 7
la idea idea
la identidad identity
identificar to identify
el idioma language
la iglesia church 3
ignorante ignorant
igual equal, (the) same; **al ~ que** just like, whereas
Igualmente. Nice to meet you, too. (literally: *Equally.*) Pre.
iluminar to illuminate
la imagen image
imaginarse to imagine
impar odd (*number*)
el imperio empire
importante important; **es ~** it's important 10
importar to matter; **No importa.** It doesn't matter. 2
impresionante impressive
el impuesto tax 7
inca Incan; **el/la ~** Inca
incaico/a Incan
incierto/a uncertain

incluido/a included
incluir to include
indicar to indicate
el indicativo del país country code (*telephone*) 7
el índice index
indiferente indifferent, apathetic
indígena (*adj.*) indigenous; (*n.*) native/indigenous person 1
indio/a Indian 1; **el/la ~** Indian man/woman; **el/la ~ americano/a** American Indian
individual: la habitación ~ single room 7
la inestabilidad instability
inexplicable unexplainable
la infección infection 9
la influencia influence
influir to influence
el informe report
el/la ingeniero/a engineer 1
el inglés English language 2
inglés/inglesa (*adj.*) English
ingresar to check in (*hospital*); to put in (*PIN number*)
los ingresos income, revenue
iniciar to initiate, start
la injusticia injustice
inmediatamente immediately 11
el inodoro toilet 10
inofensivo/a harmless
inolvidable unforgettable
instalar to install
las instrucciones instructions, directions; **Lee/Lean ~ .** Read the instructions. Pre.
el instrumento instrument 12
integrar to make up; to integrate
inteligente intelligent 3
intentar to try
el intercambio exchange
interesar to interest
el/la Internet Internet 12; **navegar por Internet** to surf the Internet 12
interno/a internal
internado/a intern; boarder (*boarding school*); **estar ~** to be a patient (*hospital*)
interrumpir to interrupt
la introducción introduction
inútil useless
inventar to invent
la inversión investment
invertir (e → ie, i) to invest
la investigación research
el invierno winter 4
la invitación invitation
el/la invitado/a guest
invitar to invite 7
la inyección injection 9
ir to go; **~ a + inf.** to be going to (*do something*) 2; **~ de compras** to shop, go shopping 5; **~ en barco/tren** to go by boat/train 7
irlandés/irlandesa Irish 1
la isla island 12
el itinerario itinerary
la izquierda left-hand side; **a ~ (de)** to the left (of) 6

el jabón soap 2
jamás never

el jamón ham 11; **~ serrano** a country-style ham
el jarabe cough syrup 9
el jardín flower garden; lawn
la jardinería gardening 11
el/la jefe/a boss 10
la jornada work day
joven (*adj.*) young 3; **el/la joven** (*n.*) youth, young person
las joyas jewelry
la joyería jewelry store
la judía verde green bean 12
judío/a Jewish
el juego game; **~ de mesa** board game 11; **~ electrónico** electronic/video game 11
el/la jugador/a player 8
jueves (*m.*) Thursday 2; **el ~** on Thursday 2; **los ~** on Thursdays, every Thursday 2
el/la juez judge
jugar (u → ue) to play (*a sport or game*) 5; **~ (al) ajedrez** to play chess 11; **~ (al) billar** to play billiards 11; **~ (a las) cartas** to play cards 11; **~ con juegos electrónicos/videojuegos** to play videogames 11; **~ juegos de mesa** to play board games 11; **~se la vida** to risk one's life 9
el jugo juice 11
el juguete toy
el juicio trial
julio July 4
junio June 4
junto/a together
la juventud youth

el kilómetro kilometer
el kleenex Kleenex, tissue 2

la (*f. sing.*) the 2
los labios lips 4
el lado side; **al lado (de)** beside 6; **por otro lado** on the other hand; **por todos lados** on all sides; **por un lado** on the one hand
ladrar to bark
el lago lake 12
la lágrima tear
la laguna lagoon, small lake
la lámpara lamp 2
la lana wool 5
la lancha boat; launch
el/la lanzador/a pitcher (*baseball*)
el lápiz pencil Pre.
largo/a long 3; **a lo largo de** alongside; **larga distancia** long distance 7
las (*f. pl.*) the 2
lástima: es una ~ it's a shame/pity; **¡Qué ~!** What a shame! 11
lastimarse to hurt oneself 9
la lata (de aluminio) (aluminum) can
el lavabo bathroom sink 10
la lavadora washing machine 10
el lavaplatos dishwasher 10
lavar to wash 4
lavarse to wash up, wash (oneself) 4: **~ las manos** to wash one's hands 4
el lavavajillas dishwasher
la lección lesson

la leche milk 2
la lechuga lettuce 8
la lectura reading
leer to read 2; **Lee/Lean las instrucciones.** Read the instructions.
Pre.
las legumbres vegetables, legumes 8
lejos (de) far (from) 6
la lengua tongue 4; language
el lenguaje language
la lenteja lentil 8
los lentes de contacto (blandos/duros)
(soft/hard) contact lenses
lento/a slow
el letrero sign
levantar to lift
levantarse to stand up Pre.; to get up 4;
Levántate./Levántense. Stand up.
Pre.
la ley law
la leyenda legend
libre free (*with nothing to do*)
la librería bookstore 3
el libro book Pre.; **Abre/Abran ~ en
la página...** Open your book to
page . . . Pre.; **Cierra/Cierren ~.**
Close your book. Pre.
la licencia de conducir driver's license 9
ligero/a light; slight
limitar con to border on
el limpiaparabrisas windshield
wiper 9
limpiar to clean 8
lindo/a pretty
la línea line; **~ aérea** airline 7;
~ ecuatorial equator; **los patines
en línea** inline skates 8
lío: ¡Qué ~! What a mess! 9
la lista list
listo/a: estar ~ to be ready 3; **ser ~** to
be clever 3
la literatura literature 2
el litoral shore (*of an ocean*)
la llamada telephone call; **~ a cobro
revertido/para pagar allá** collect
call; **~ de larga distancia** long-
distance call 7; **~ local** local call
7
llamar to call; to phone; **~ a (alguien)**
to call (someone) 2; **~ la atención**
to call attention to
llamarse to be called, named 1; **Me
llamo...** My name is . . . Pre.
la llanta tire 9
la llave key 9
la llegada arrival 7; **la hora de llegada**
time of arrival
llegar to arrive 6; **~ a tiempo** to
arrive on time 7; **~ con retraso**
to arrive late 7
llenar to fill, fill out
lleno/a full
llevar to carry, take along 2; to wear
5; **~ a cabo** to accomplish; **~le la
contraria a alguien** to disagree
with someone; **~se bien/mal (con
alguien)** to get along/not to get
along (with someone)
llorar to cry 6
llover (o → ue) to rain 4; **Llueve.**
It's raining. 4
la lluvia rain
lo que what (the thing that)
Lo siento. I'm sorry. 7

loco/a crazy 3; **estar ~** to be crazy 3;
¡Ni ~! Not on your life!
el/la locutor/a commentator (*radio/TV*)
lograr to get, obtain; to achieve
los the (*m. pl.*) 2
las luces headlights 9; lights
la lucha fight, struggle
luego then, later (on) 5; **desde ~** of
course; **Hasta ~.** See you later.
Pre.
el lugar place 2; **en lugar de** instead
of, in place of
lujoso/a luxurious
la luna moon; **~ de miel** honeymoon 6
lunares: de ~ polka-dotted 5
lunes (*m.*) Monday 2; **el ~** on
Monday 2; **los ~** on Mondays,
every Monday 2
la luz electricity; light 10

el macho male
la madera wood
la madrastra stepmother 6
la madre mother 1; **~ patria** mother-
land (*refers to Spain*)
la madrina godmother; maid of honor
(*in a wedding*)
la madrugada wee hours of the morning
el/la maestro/a teacher
mago: los Reyes Magos the Three Wise
Men
el maíz corn 8
majestuoso/a majestic
mal lousy, awful Pre.
la maleta suitcase 7; **las maletas**
luggage
malo/a bad 3
la mamá mom, mother 1
mami mom, mommy
mandar to send 6; to command
el mandato command
manejar to drive (*Latin Am.*) 7
la manera way, manner
la manga sleeve 5
la mano hand 4; **de segunda mano**
secondhand, used 10
mantener to maintain
la mantequilla butter 11
la manzana apple 11; (city) block
(*Spain*)
mañana tomorrow 2; **Hasta ~.** See you
tomorrow. Pre.; **la ~** morning 2;
por la ~ in the morning 2
el mapa map
maquillarse to put on make-up 4
la máquina machine; **~ de afeitar**
electric razor 2; **~ de escribir**
typewriter; **~ de fotos** camera
el mar sea 12
maravilloso/a wonderful
la marca brand
marcar to mark; to dial; **~ directo** to
dial direct 7; **~ un gol** to score a
goal/point
mareado/a: estar ~ to be dizzy 9
el mariachi mariachi musician
el marido husband
los mariscos shellfish
marrón brown 5
martes (*m.*) Tuesday 2; **el ~** on
Tuesday 2; **los ~** on Tuesdays,
every Tuesday 2
marzo March 4

más more 2; **¿Algo ~?** Something/
Anything else? 12; **~ de** + *number* more than + *number* 12;
~ + *n./adj./v.* + **que** more . . .
than 12; **~ o menos.** So-so.
Pre.; more or less 1; **~ tarde**
later 5
la máscara mask; costume
la mascota pet
matar to kill
el mate mate (*refers to the tea made
from the leaves of the yerba mate
plant, and the cup/gourd to drink
it out of*)
las matemáticas mathematics 2
la materia class; subject; material
el material: ¿De qué material es? What
material is it made of? 5
la matrícula license plate 9; tuition
matrimonial: la cama ~ double bed
el matrimonio marriage
mayo May 4
mayor old (*person*), older 3; older
(*person*) 6; greater (+ *noun*) 12;
la ~ parte de most of
la mayoría majority
la mazorca (de maíz) corn on the cob
el/la mecánico/a mechanic
la media sock 5; **las medias** socks;
stockings 5
mediados middle, halfway through
la medialuna croissant 11
mediano/a average
la medianoche midnight 5
las medias stockings; socks 5
el medicamento medication 9
la medicina medicine 9
el/la médico/a doctor 1
medio/a half; **el asiento del medio**
center seat (*in a plane*) 7; **la
Edad Media** Middle Ages; **en
medio de** in the middle of; **Es
la una y media.** It's one thirty.
5; **media hora** half an hour 5;
media pensión breakfast and
one meal included 7; **el medio
ambiente** environment; **el
medio de transporte** means of
transportation 7; **medio tiempo**
part-time; **los medios de
comunicación** mass media
el mediodía noon 5
medir (e → i, i) to measure
mejor better 12; **a lo ~** perhaps 8;
es ~ it's better 10
mejorar to improve, make better
mejorarse to recover, get better
el melocotón peach; peach tree
el melón melon
la memoria memory
memorizar to memorize
mencionar to mention
menor younger 6; lesser (+ *noun*) 12
menos less; **~ de** + *number* less
than/fewer than + *number* 12;
a ~ que unless; **Es la una
~ cinco.** It's five to one. 5;
más o ~. So-so. Pre.; more or
less 1; **por lo ~** at least
el mensaje message; **¿Le puedo dejar/
Puedo dejarle un mensaje?** Can I
leave a message for him/her? 7;
~ electrónico email 12
el/la mensajero/a messenger

mensual monthly
la mente mind
mentir (e → ie, i) to lie 7
la mentira lie
el menú menu 8
menudo: a ~ often, frequently 9
meñique: el dedo ~ little finger
el mercadeo marketing
el mercado market; **~ consumidor** consumer market
la mermelada marmalade 11
el mes month 4; **~ pasado** last month 6; **todos los meses** every month 9
la mesa table 2; **poner ~** to set the table 8
mestizo/a of mixed Indian and European blood
la meta goal
meter la pata to meddle, interfere (literally: *to put one's foot in it*)
el método method
el metro subway 7
mexicano/a Mexican 1
la mezcla mixture
mezclar to mix
mí (*after a preposition*) me 6
mi my 1
el miedo fear; **tener miedo** to be scared 5
el miembro member
mientras while 9; **~ tanto** meanwhile 11
miércoles (*m.*) Wednesday 2; **el ~** on Wednesday 2; **los ~** on Wednesdays, every Wednesday 2
mil one thousand 6
el milagro miracle
la milla mile
un millón one million 6; **~ de gracias.** Thanks a million. 4
el mínimo minimum
ministro/a: el/la primer/a ~ prime minister
la minoría minority
el minuto minute 5
mío/a (*adj.*) mine; **el/la ~** mine
mirar to look (at); to watch 2; **~ a (alguien)** to look at (someone) 2; **Mira/Miren el ejercicio/la actividad...** Look at the exercise/the activity . . . Pre.
la misa mass (*church service*)
el/la mismo/a the same; **ahora mismo** right now 9
el misterio mystery
misterioso/a mysterious
la mitad half
el mocetón/la mocetona robust youth
la mochila backpack 2
la moda fashion, trend; **el desfile de modas** fashion show; **estar de moda** to be in style 5
los modales manners
el modelo model, example; **el/la modelo** (fashion) model
modificar to modify, alter
el modo manner, way
el mole (poblano) black chili sauce
molestar to bother; **~le a uno** to be bothered by, find annoying 8
momento: un ~ just a moment
el monaguillo altar boy

la moneda currency; coin; **coleccionar monedas** to collect coins 11
la monja nun
el monstruo monster
la montaña mountain 12
montar to ride; **~ en bicicleta/moto** to ride a bicycle/motorcycle 7; **~ en carro** to ride in a car
morado/a purple 5
morder (o → ue) to bite
moreno/a brunet/te; dark-skinned 3
morir/se (o → ue, u) to die 5
el/la moro/a Moor; Moslem
la mosca fly
mostrar (o → ue) to show
motivar to motivate
la moto/motocicleta motorcycle 7
el motor engine 9
el móvil cell phone 2
el mozo waiter; young man
el MP3; el reproductor de MP3 MP3 player 2
el/la muchacho/a boy/girl, young man/woman
mucho/a (*adj.*) a lot (of) 2; **Mucho gusto.** Nice to meet you. 1; **muchos/as** many 3; **Muchas gracias.** Thanks very much. Pre.; **muchas veces** many times 9
mudarse to move (*change residence*)
los muebles furniture 10
la muerte death
muerto/a dead
la mujer woman; **~ de negocios** businesswoman 1
mulato/a of mixed African and European blood
la multa fine (*parking, speeding*); **ponerle una multa (a alguien)** to give (someone) a ticket 9; **me puso una multa (por exceso de velocidad)** I got a (speeding) ticket 9
mundial: la Copa ~ World Cup (*soccer*)
el mundo world; **todo ~** everybody, everyone
la muñeca doll; wrist
el museo museum 3
la música music 2
muy very 3; **¡~ bien!** Very well! Pre.

nacer to be born
nacido/a born
el nacimiento birth
la nación nation
la nacionalidad nationality; **¿De qué nacionalidad eres/es?** What is your/his/her nationality? 1
nada nothing 6; **De ~.** You're welcome. Pre.
nadar to swim 2
nadie no one 6
el nailon nylon 5
las nalgas buttocks, rear end 4
la naranja orange 11
la nariz nose 4
narrar to narrate
natal native
la naturaleza nature
la náusea nausea 9; **tener náuseas** to feel nauseous 9
navegable navigable

navegar to sail; **~ por Internet** to surf the Net 2
la Navidad Christmas
necesario/a necessary; **es necesario** it's necessary 10
necesitar to need 3
el negocio business; **el hombre/la mujer de negocios** businessman/woman 1
negrita: en ~ in boldface type
negro/a black 5
nervioso/a nervous
nevar (e → ie) to snow 4; **Nieva.** It's snowing. 4
la nevera refrigerator 10
ni: ~ ... ~ neither . . . nor 12; **~ siquiera** not even
nicaragüense Nicaraguan 1
el/la nieto/a grandson/granddaughter 6
la nieve snow
el nilón nylon 5
ningún/ninguno/a (not) any; none; no one 10
el/la niño/a boy/girl
el nivel level
no no 1; **¿ ~ ?** right?, isn't it? 1; **~ hay de qué.** You're welcome., Don't mention it. 1; **~ importa.** It doesn't matter. 2; **¡ ~ me digas!** No kidding! 5; **~ sé.** I don't know. Pre.; **~ te preocupes.** Don't worry. 3; **~ tengo idea.** I have no idea. 3
la noche night, evening 2; **Buenas noches.** Good evening. Pre.; **por ~** at night 2
la Nochebuena Christmas Eve
nombrar to name
el nombre name; **~ de pila** first name 1; **~ de usuario** username 12
el norte north 12
nosotros/as we; us 1
la nota note; grade 2; **sacar buena/mala nota** to get a good/bad grade 2
notar to note, notice
la noticia news item; **las noticias** news 7
novecientos nine hundred 6
la novela novel 2
noveno/a ninth 10
noviembre November 4
el/la novio/a boyfriend/girlfriend 2; fiancé/fiancée; groom/bride 6
nublado: Está ~. It's cloudy. 4
nuestro/a our 2; **el/la ~** ours
nuevo/a new 3
numerar to number
el número number; shoe size 5; **~ de clave** PIN number 12; **Tiene ~ equivocado.** You have the wrong number. (*formal*) 7
nunca never 6

o or 2; **~ ... ~** either . . . or 12; **~ sea** that is to say 10
el obispo bishop
el objeto object
la obra work
obstruir to obstruct
obtener to obtain
obvio/a: es obvio it's obvious 11

ocasionar to cause
el océano ocean 12
ochocientos eight hundred 6
el ocio idleness, inactivity, leisure
octavo/a eighth 10
octubre October 4
la ocupación occupation 1
ocupado/a busy
ocupar to fill (*a position*); to occupy
ocurrir to happen, occur 6
odiar to hate 7
el oeste west 12
la oficina office 3
ofrecer to offer
el oído inner ear 4
oír to hear 7; **¡Oye!** Hey!, Listen! 1
ojalá (que) + *subj.* I hope that . . . 10
el ojo eye 4; **Cuesta un ojo de la cara.** It costs an arm and a leg. (literally: *It costs an eye of my face.*) 5; **¡Ojo!** Watch out!
la ola wave
la olla pot 11
olvidar to forget
opcional optional
el/la operador/a operator
oponer to oppose
la oración sentence
el orden order (*sequence*); **la orden** order (*command*)
el ordenador computer (*Spain*)
ordenar to arrange, put in order
la oreja ear 4
la Organización de las Naciones Unidas United Nations
organizar to organize
el orgullo pride
orgulloso/a proud
el origen origin Pre.
el original original
la orilla shore
el orisha god of Yoruba origin
el oro gold; **de oro** made of gold
la orquesta orchestra 12
oscuro/a dark 5
la ostra oyster; **aburrirse como una ostra** to be really bored (literally: *to be bored like an oyster*) 8
el otoño fall, autumn 4
otro/a other; another 3; **el uno al otro** (to) each other; **otra vez** again
¡Oye! Hey!, Listen! 1

el/la paciente patient
padecer de to have, suffer from (*an illness*)
el padrastro stepfather 6
el padre father 1; priest; **los padres** parents 1
los padrinos best man and maid of honor; godparents
pagar to pay (for) 6
la página page Pre.; **Abre/Abran el libro en ~ ...** Open your book to page . . . Pre.; **¿En qué página, por favor?** What page, please? Pre.
el pago payment
el país country
el paisaje landscape
el paisajismo landscape painting
la palabra word; **en sus/tus propias palabras** in his/her/your own words
el palo de golf golf club 8

la pampa Argentine prairie
el pan bread 8
panameño/a Panamanian 1
la pandereta tambourine
los pantalones pants 5; **~ cortos** shorts 5
la pañoleta scarf
el pañuelo (*women's*) scarf 5; handkerchief 5
la papa potato 8; **las papas fritas** potato chips 2; French fries 8; **el puré de papas** mashed potatoes 8
el papá dad, father 1; **los papás** parents 6
el papel paper Pre.; role
papi dad, daddy
el paquete package 12
par (*adj.*) even (*number*); **un par (de)** a pair (of)
para for; **~ colmo** to top it all off 11; **~ + inf.** in order to + v.; **~ que** in order that; **¿~ qué?** for what (purpose)? 5; **¿~ quién?** for whom? 5
el parabrisas windshield 9
el paracaídas parachute
la parada stop
el parador inn, hotel
paraguayo/a Paraguayan 1
parar to stop
parecer to seem 8
parecido/a similar
la pared wall
la pareja couple; lovers (*positive connotation*); significant other; pair; dance partner
el/la pariente relative 6
el parque park 3
el párrafo paragraph
la parte: De parte de... It/This is . . . (*telephone*) 7; **¿De parte de quién?** Who is calling? 7; **por mi parte** as far as I'm concerned
participar to participate
particular private
el partido game, match 8; **~ político** political party
partir: a ~ de starting from
pasado/a: el (sábado/mes/año) pasado last (Saturday/month/year) 6; **la semana pasada** last week 6
el pasaje (plane) ticket 7; **~ de ida** one-way ticket 7; **~ de ida y vuelta** round-trip ticket 7
el/la pasajero/a passenger 7
el pasaporte passport 1
pasar to spend (*time*) 11; to happen, occur; **~ por** to pass by/through; **~ tiempo con amigos** to hang out with friends 11; **~lo bien/mal** to have a good/bad time; **¿Qué pasa?** What's up?; **¿Qué pasa si...?** What happens if . . . ?
el pasatiempo pastime, hobby 11
la Pascua Florida Easter
pasear to take a walk
el paseo: dar un paseo to take a walk
el pasillo hallway 10; **el asiento de pasillo** aisle seat 7
el paso step
la pasta de dientes toothpaste 2
el pastel cake 8
la pastilla pill 9

la pata paw, foot
la patata potato (*Spain*) 2; **las patatas fritas** potato chips 2; French fries 8
paterno/a paternal 6
patinar to skate 8
los patines: ~ de hielo ice skates 8; **~ en línea** inline skates 8
la patria homeland
el patrimonio heritage
paulatinamente slowly
el pavo turkey 8
la paz peace
el pedido request
pedir (e → i, i) to ask for 5
peinarse to comb one's hair 4
el peine comb 2
la pelea fight
pelearse (con) to fight (with)
la película movie 2
el peligro danger; **en peligro** in danger
peligroso/a dangerous
el pelo hair 4; **tomarle ~ (a alguien)** to pull someone's leg (literally: *to pull someone's hair*); **cepillarse ~** to brush one's hair 4
la pelota (small) ball 8
la peluquería hair salon
la pena grief, sorrow; **(No) vale ~ + inf.** It's (not) worth + -ing. 9; **es una pena** it's a pity 11; **¡Qué pena!** What a pity! 11
el pendiente earring
el pensamiento thought
pensar (e → ie) to think 5; **~ en** to think about 5; **~ + inf.** to plan to + v. 5
la pensión boarding house; **la media pensión** breakfast and one meal included 7; **la pensión completa** all meals included 7
peor worse 12
pequeño/a small 3
la percepción extrasensorial ESP
perder (e → ie) to lose 5; **~ la conexión** to lose the connection 12; **~ el autobús/el avión/etc.** to miss the bus/plane/etc.
perdido/a lost
Perdón. Excuse me. 6
Perdone. I'm sorry./Excuse me.
perezoso/a lazy
perfecto/a perfect
el perfume perfume 2
el periódico newspaper 2
el/la periodista journalist 1
permanecer to stay, remain
el permiso permission; **~ de conducir** driver's license 9
pero but 1
el perro dog
la persona person 1
el personaje character (*in a book*)
la personalidad personality
personalmente personally
pertenecer a to belong to
peruano/a Peruvian 1
las pesas weights (*exercise equipment*) 8
pesado/a heavy
pesar to weigh; **a ~ de que** in spite of
la pesca fishing
el pescado fish 8
pescar to fish 11
el peso weight

el petardo firecracker
el petróleo oil
el piano piano 2; **tocar ~** to play the piano 2
picante spicy
el pie foot 4
la piedra rock, stone
la piel skin, hide
la pierna leg 4
la pieza piece
la pila (flashlight, AAA, C) battery; **el nombre de pila** first name 1
la píldora pill 9
el/la piloto pilot
el pimentero pepper shaker 8
la pimienta pepper (*seasoning*) 8
el pimiento (bell) pepper
pintar to paint 11
el/la pintor/a painter
pintoresco/a picturesque
la pintura painting
el piropo flirtatious remark
pisar to step on
la piscina pool 3
el piso floor 10
la pista clue; **~ de aterrizaje** landing strip
la pizarra chalkboard
la placa license plate 9
el placer pleasure
el plan plan; diagram
planear to plan
el plano diagram
la planta plant 2; **~ baja** first or ground floor
la plata slang for "money" (literally: *silver*) 10; **de plata** made of silver
el plátano plantain; banana
la plática chat (*Mexico*)
el plato course 8; plate, dish 8; **el primer/segundo plato** first/second course 8
la playa beach 3
la plaza plaza, square 3
la pluma pen
la población population
poblado/a populated
pobre poor
la pobreza poverty
poco/a (*adj.*) few, not much/many 3; **poco** (*adv.*) a little 3; **dentro de ~** in a while; **poco a poco** little by little; **un poco** a little bit
el poder power; **~ adquisitivo** purchasing power
poder (o → ue) to be able, can 5; **¿Podrías + inf.?** Could you . . . ? 4; **¿Puede decirme cómo...?** Can you tell me how . . . ?; **¿Puede hablar más despacio, por favor?** Can you speak more slowly, please? 7; **No puedo más.** I can't take it/eat/do it anymore. 11
poderoso/a powerful
la poesía poem 11; poetry
el polar fleece
el policía/la (mujer) policía police officer 1; **la policía** police force
político/a in-law 6; **hermano/a político/a** brother-/sister-in-law 6; **el/la político/a** politician
el polvo dust
el pollo chicken 8

poner to put, place 3; **~ la mesa** to set the table 8; **~le una multa (a alguien)** to give (someone) a ticket 9
ponerse: ~ al día to bring up to date; **~ de moda** to become fashionable; **~ de pie** to stand up; **~ rojo/a** to blush; **~ la ropa** to put on one's clothes 4
por for; by 5; **~ algo será.** There must be a reason.; **¡~ el amor de Dios!** For heaven's sake! (literally: *For the love of God!*) 10; **~ aquí** around here; **~ avión** by airmail; by plane; **~ barco** by boat; **~ cierto** by the way; **~ ejemplo** for example; **~ eso** therefore, that's why, because of this 2; **~ favor** please Pre.; **~ fin** at last, finally 5; **~ un lado** on the one hand; **~ lo general** in general; **~ lo menos** at least; **~ lo tanto** therefore 8; **~ la mañana** in the morning 2; **~ mi parte** as far as I'm concerned; **~ la noche** in the evening 2; **~ otro lado** on the other hand; **~ (pura) casualidad** by (pure) chance; **¿~ qué?** why? 3; **~ si acaso** (just) in case; **~ suerte** luckily; **~ supuesto.** Of course. 2; **~ todos lados** on all sides; **~ la tarde** in the afternoon 2; **~ tren** by train; **~ última vez** for the last time 7
el porcentaje percentage
porque because 3
portátil portable
el portero doorman; janitor 10; goalkeeper
portugués/portuguesa Portuguese 1
la posesión possession 1
el posgrado graduate studies
posible possible 7; **es ~** it's possible 11
posiblemente possibly 11
postal: la (tarjeta) ~ postcard 12
el postre dessert 8
la práctica practice
practicar to practice
el precio price 5
precolombino/a pre-Columbian
predecir to predict
la preferencia preference
preferir (e → ie, i) to prefer 5
el prefijo prefix; (*telephone*) area code 7
la pregunta question
preguntar to ask (*a question*) 6; **(Vicente), pregúntale a (Ana)...** (Vicente), ask (Ana) . . . Pre.
preguntarse to wonder
el premio prize
la prenda item of clothing
preocupado/a worried 3
preocuparse to worry; **No te preocupes.** Don't worry. 3
preparar to prepare
la presentación introduction
presentado/a presented
presidencial presidential
el presidente/la presidenta president
la presión pressure
prestar atención (a) to pay attention (to)
prever to foresee
previo/a previous

la prima bonus
la primavera spring 4
primer/o/a first 10; **el primer apellido** first last name (father's name) 1; **el primer plato** first course 8
primero (*adv.*) first 5
el/la primo/a cousin 6
el principio beginning
prisa: tener ~ to be in a hurry
probable: es ~ it's probable 11
probablemente probably 11
probar (o → ue) to taste (*food*) 11
probarse (o → ue) to try on (*clothes*) 5
el problema problem 2
la procedencia (point of) origin
procedente de coming from, originating in
producir to produce 3
el/la profesor/a teacher 1
el programa program 2
el/la programador/a de computadoras computer programmer 1
prohibirle (a alguien) to prohibit 10
el promedio average
la promesa promise
prometer to promise
pronto soon
la propaganda advertising
el/la propietario/a owner
la propina tip, gratuity 7
propio/a own; **en sus/tus propias palabras** in his/her/your own words
proponer to propose
el/la protagonista main character
proteger to protect
provenir (de) to come (from)
la provincia province
próximo/a next
el proyecto project
la prueba quiz
la psicología psychology 2
el/la psicólogo/a psychologist
el público audience
el pueblo town, village 12; people
el puente bridge 12
la puerta door; **~ (de salida) número...** (departure) gate number . . . 7
el puerto port 12
puertorriqueño/a Puerto Rican 1
pues well (then)
el puesto job, position
la pulgada inch
pulsar to push
el punto point; **dos puntos** colon (*as in email address*) 12; **hacer punto** to knit
la pupila pupil (*of the eye*)
el puré de papas mashed potatoes 8

que that, who
¿qué? what? 1; **¡~ + adj.!** How + adj.! 4; **¡~ + n. + más + adj.!** What a + adj. + n.! 6; **No hay de ~.** Don't mention it., You're welcome. 1; **¡~ barbaridad!** How awful!; **¡~ (buena) suerte!** What (good) luck! 11; **¡~ chévere!** Great! (*Caribbean expression*) 12; **¡~ cursi!** How tacky! 12; **¿~ fecha es hoy?** What is the date today? 4; **¿~ hace?** What does

he/she do? 1; ¿~ **hay?** What's up? 1; ¿~ **hora es?** What time is it? 1; ¡~ **lástima!** What a shame! 11; ¡~ **lío!** What a mess! 9; ¡~ **mala suerte!** What bad luck! 11; ¿~ **pasa?** What's up?; ¿~ **pasa si...?** What happens if . . . ?; ~ **pena** what a pity 11; ¿~ **quiere decir...?** What does . . . mean? Pre.; ¿~ **tal?** How are you? (*informal*) Pre.; ¿~ **tiempo hace?** What's the weather like? 4; ¡~ **va!** No way! 9

quedar: Te queda bien. It looks good on you., It fits you well. 5

quedarse en + *place* to stay in + *place* 7

la queja complaint

quejarse to complain 9

quemar to burn

quemarse to burn oneself 9

querer (e → ie) to want 5; ~ **a alguien** to love someone 5; **quisiera/quisiéramos** I/we would like 7; **Quisiera hablar con..., por favor.** I would like to speak with . . . , please. 7

querido/a dear (*term of endearment*)

el queso cheese 8

quien who; **de ~** about whom

¿quién? who? (*pl.*) 1; **¿De parte de ~?** Can I ask who is calling? 7; **¿De ~?** Whose? 2; **¿~ habla?** Who is speaking/calling? 7

¿quiénes? who? (*pl.*) 1

químico/a (*adj.*) chemical; **la química** chemistry

quinientos five hundred 6

quinto/a fifth 10

quisiera I would like 7; ~ **dejarle un mensaje.** I would like to leave him/her a message. 7; ~ **hablar con..., por favor.** I would like to speak to . . . , please. 7

quisiéramos we would like 7

quitar to remove; to take away

quitarse la ropa to take off one's clothes 4

quizás + *subj.* perhaps, maybe 11

el/la radio radio 2

la radiografía X-ray 9

la raíz root

la ranchera Mexican country song

rápido/a fast

rápidamente rapidly 11

la raqueta racquet 8

el rascacielos skyscraper

el rasgo trait, characteristic

el rato period of time

el ratoncito tooth fairy

la raya stripe; **de rayas** striped 5

el rayón rayon 5

la raza race, ancestry

la razón reason; **tener razón** to be right

real royal; true

la realidad reality; **en realidad** really, actually

realizar to accomplish

realmente really

la rebaja discount, sale

rebelde (*adj.*) rebellious; (*n.*) rebel

la recámara bedroom (*Mexico*)

la recepción front desk 7

el/la recepcionista receptionist 1

la receta recipe; ~ **médica** prescription 9

recibir to receive 2

el reciclaje recycling

reciclar to recycle

recién recently, newly

reciente recent

el recipiente bowl, container 11

el reclamo complaint

recoger to pick up, gather

recomendación: la carta de ~ letter of recommendation

recomendarle (e → ie) (a alguien) to recommend (to someone)

reconocer to recognize

recordar (o → ue) to remember

el recorrido route

recreativo/a recreational

recto/a straight

el recuerdo memory; memento

el recurso resource

la red the Web 12

la redacción composition; editorial office

redondo/a round

referir/se (e → ie, i) to refer to

el reflejo reflection; reflex

el refrigerador refrigerator 10

el refrán proverb, saying

el/la refugiado/a refugee

regalar to give a present 6

el regalo present, gift 6

regatear to haggle over, bargain for

la regla rule

regresar to return 2; ~ **(a casa)** to return (home) 2

regular not so good Pre.

rehusar to refuse

la reina queen

la relación relation

relacionado/a related

relativamente relatively

rellenar to fill out

el reloj watch; clock 2

el remite return address 12

repente: de ~ suddenly 6

repetir (e → i, i) to repeat 7; **Repite./Repitan.** Repeat. Pre.

el/la reportero/a reporter

el reposo rest

representar to represent

el reproductor: ~ de DVD DVD player 2

requete + *adj.* really/extremely + *adj.* 6

el requisito requirement

res: la carne de ~ beef 8

la reseña description; critique, review

la reserva reservation 7

resfriado/a: estar ~ to have a cold 9

resfrío: tener ~ to have a cold

la residencia (estudiantil) dormitory 1

respetar to respect 7

respirar to breathe

responder to answer, respond

la responsabilidad responsibility

la respuesta answer Pre.; **(María), repite ~, por favor.** (María), repeat the answer, please. Pre.; **No sé ~.** I don't know the answer. Pre.

el restaurante restaurant 3

el resto rest, remainder

el resultado result; **como resultado** as a result 8

el resumen summary

resumir to summarize

retirar to take away

el retraso delay 7

el retrato portrait

retroceder to recede, go back

retrovisor: el espejo ~ rearview mirror

reunirse to meet, to get together

revertido: la llamada a cobro ~ collect call

revés: al ~ backward

revisar to check 9

la revista magazine 2

revolver (o → ue) to mix 11

revuelto/a scrambled; **los huevos revueltos** scrambled eggs 11

el rey king; **los reyes** king and queen; **los Reyes Magos** the Three Wise Men

rico/a rich

el río river 12

la riqueza wealth, riches, richness

el ritmo rhythm

robar to steal

rodilla knee 4

rojo/a red 5; **ponerse ~** to blush

el rompecabezas: hacer rompecabezas to do jigsaw puzzles 11

romper to break 9

romperse (una pierna) to break (a leg) 9

el ron rum

la ropa clothes 4; clothing 5; ~ **interior** men's/women's underwear 5; **ponerse ~** to put on one's clothes 4; **quitarse ~** to take off one's clothes 4

el ropero armoire, closet 10

rosa pink 5

rosado/a pink 5

rubio/a blond/e 3

la rueda wheel; **los patines de ruedas** roller skates 8

el ruido noise

la ruina ruin

la ruta route

sábado Saturday 2; **el ~** on Saturday 2; **los sábados** on Saturdays, every Saturday 2

saber to know (*facts/how to do something*) 4; **¿Sabe(s) dónde está...?** Do you know where . . . is?; **No sé (la respuesta).** I don't know (the answer). Pre.

la sabiduría learning, knowledge

sabroso/a tasty, delicious

sacar to get a grade 2; to take out 6; ~ **la basura** to take out the garbage; ~ **buena/mala nota** to get a good/bad grade 2; ~ **dinero del banco** to withdraw money from the bank; ~ **fotos** to take pictures 2; **Saca/Saquen papel/bolígrafo/lápiz.** Take out paper/a pen/a pencil. Pre.

el sacerdote priest

el saco sports coat 5

sagrado/a sacred

la sal salt 8

la sala living room 10; **~ de emergencia** emergency room
la salchicha sausage 11
el salero salt shaker 8
la salida departure 7; **la hora de salida** time of departure; **la puerta de salida** departure gate 7
salir to leave; to go out 2; **~ con (alguien)** to date, go (out) with (someone) 3; **~ de** to leave (*a place*) 6; **Te va a ~ caro.** It's going to cost you. 8
el salón hall, room for a large gathering; formal living room
la salsa style of Caribbean music; sauce
saltar to jump
el salto waterfall; jump, dive
la salud health 9; **tener buena salud** to be in good health 9
el saludo greeting Pre.
salvadoreño/a Salvadoran 1
salvar to save, rescue
las sandalias sandals 5; **~ de playa** flip-flops 5
el sándwich sandwich 2
sangrar to bleed 9
la sangre blood 9
la sangría sangria (*a wine punch*) 2
el/la santo/a saint; **el santo patrón/la santa patrona** patron saint
el/la sartén frying pan 11
satisfecho/a satisfied
el saxofón saxophone 12
se come bien... they/people/one eats well . . . 5
el secador hair dryer
la secadora clothes dryer 10
secar to dry
seco/a dry
la sección section
el/la secretario/a secretary 1
el secreto secret
secundario/a secondary
sed: tener ~ to be thirsty 5
la seda silk 5
la sede headquarters
seguida: en ~ at once, right away
seguir (e → i, i) to follow 7; **~ derecho** to keep going straight
según according to
el segundo second (*part of a minute*) 5
segundo/a second 10; **de segunda mano** secondhand, used 10; **el segundo apellido** second last name (mother's maiden name) 1; **el segundo plato** second course 8
la seguridad security; safety
seguro/a safe; **estar ~ (de)** to be sure (of) 11
los seguros insurance (*medical*)
seiscientos six hundred 6
seleccionar to select
el sello stamp 12
la selva jungle 12
la semana week 2; **~ pasada** last week 6; **~ que viene** next week 2; **Semana Santa** Holy Week
la semejanza similarity
la semilla seed
sencillamente simply
sencillo/a simple, easy; **la habitación sencilla** single room 7
la sensación feeling 5

sensato/a sensible
sensible sensitive
sentado/a seated
sentarse (e → ie) to sit down 5; **Siéntate./Siéntense.** Sit down. Pre.
el sentido sense, feeling
el sentimiento feeling
sentir (e → ie, i) to feel; to be sorry 11; **Lo siento.** I'm sorry. 7
sentirse (e → ie, i) to feel 7
la señal signal 7; **No tengo señal.** I don't have a signal. (*cell phone*) 7
señalar to indicate, point out
señor/Sr. Mr. Pre.; **el señor** the man 1
señora/Sra. Mrs., Ms. Pre.; **la señora** the woman 1
señorita/Srta. Miss, Ms. Pre.; **la señorita** the young woman 1
separar to separate
septiembre September 4
séptimo/a seventh 10
ser to be 1; **~ + de** to be from 1; **~ + de + *material*** to be made of + *material* 5; **~ + *nationality*** to be + *nationality* 1; **~ celoso/a** to be jealous; **~ listo/a** to be clever 3; **~ soltero/a** to be single 6; **Es la/Son las...** It's . . . (*time*) 5; **Resultó ~ ...** It/He/She turned out to be . . . ; **Somos dos.** There are two of us. 11
el ser humano human being
la serpiente snake
serrano: el jamón ~ a country-style ham
la servilleta napkin 8
servir (e → i, i) to serve 5; **¿En qué puedo ~le?** How can I help you?
setecientos seven hundred 6
el sexo sex
sexto/a sixth 10
si if 3
sí yes 1; **~, cómo no.** Sure. 7
siempre always 3
Siéntate./Siéntense. Sit down. Pre.
el siglo century
el significado meaning
significar to mean
siguiente following
silenciosamente silently
la silla chair 2; **~ de ruedas** wheelchair
el sillón easy chair, armchair 10
la simpatía sympathy
simpático/a nice 3
sin without 6; **~ embargo** however, nevertheless; **~ que** without
sino but rather; **~ que** but rather; on the contrary; but instead
el síntoma symptom 11
siquiera: ni ~ not even
el sitio place; **~ web** website 12
sobre about 6; **el sobre** envelope 12
sobrepasar to surpass
sobresaliente outstanding
sobrevivir to survive
el/la sobrino/a nephew/niece 6
el socialismo socialism
la sociología sociology 2
el sofá sofa, couch 2
el sol sun; **las gafas de sol** sunglasses 5; **Hace sol.** It's sunny. 4
solamente only 11

el/la soldado soldier
solicitar to apply for
la solicitud application
solitario/a lonely, solitary
solo/a (*adj.*) alone 3; **solo** (*adv.*) only 3
soltar (o → ue) to let go, set free
soltero/a: ser ~ to be single 6
la sombra shadow
el sombrero hat 5
Somos dos. There are two of us. 11
sonar (o → ue) to ring, make a loud noise; to sound
el sonido sound
soñar (o → ue) (con) to dream (of/about)
la sopa soup 8
el soplón/la soplona tattletale
soportar to tolerate
sordo/a deaf
sorprenderse de to be surprised about 11
la sorpresa surprise
soso/a dull
el/la sospechoso/a suspect
el sostén bra
el squash squash (*sport*) 8
Sr./señor Mr. Pre.
Sra./señora Mrs., Ms. Pre.
Srta./señorita Miss, Ms. Pre.
su his/her/your (*formal*)/their 1
subir to go up, climb; to raise
subrayar to underline, emphasize
el subtítulo subtitle
sucio/a dirty
el/la suegro/a father-in-law/mother-in-law 6
el sueldo salary
suelto/a separate, unmatched
el sueño dream; **tener sueño** to be tired 5
la suerte luck; **por suerte** by chance; **¡Qué (buena)/mala suerte!** What good/bad luck! 11; **tener (buena)/mala suerte** to be (un)lucky 11
el suéter sweater 5
sufrir to suffer
la sugerencia suggestion
sugerir (e → ie, i) to suggest
la suma sum; amount
superar to surpass, exceed
el supermercado supermarket 3
la supervivencia survival
suponer to suppose
supuesto: Por ~. Of course. 2
el sur south 12
el suspenso suspense
suspirar to sigh
el sustantivo noun
la sutileza subtlety
suyo/a his/her/your (*sing./pl.*) (de Ud.)/their

el tablón de anuncios bulletin board
tachar to cross out
el tacón heel
tal vez + *subj.* perhaps, maybe 11
la talla size 5
el tamaño size
también too, also 1
tampoco neither, nor

tan so 12; **~ ... como** as . . . as 12
el tanque de gasolina gas tank 9
tanto: mientras ~ meanwhile 9; **por lo ~** therefore; **tanto/a... como** as much . . . as 12; **tantos/as... como** as many . . . as 12
tapar to cover
tardar to be late, to take a long time
la tarde afternoon 2; **Buenas tardes.** Good afternoon. Pre.; **más tarde** then, later (on) 5; **por ~** in the afternoon 2; **tarde** (*adv.*) late
la tarea homework 2
la tarjeta card 6; **~ de béisbol** baseball card 11; **~ de crédito** credit card; **~ de embarque** boarding pass 7; **~ postal** postcard 12; **~ virtual** virtual greeting card 12
el taxi taxi 7
el/la taxista taxi driver
la taza cup 8
te: ~ queda bien. It looks good on you., It fits well. 5; **~ va a salir caro.** It's going to cost you. 8
el té tea 2
el teatro theater 3
tejer to knit; to weave 11
el tejido weave; fabric
la tela cloth, fabric, material
el telar loom
el/la teleadicto/a television addict
el teléfono telephone 1; **~ celular** cell phone 2
la telenovela soap opera
la televisión TV programming; **mirar televisión** to watch TV 2
el televisor television set 2
el tema theme
temer to fear, be afraid of 11
el temor fear
la temperatura temperature 4
el templo temple
la temporada season
temprano early 2
el tenedor fork 8
tener to have 1; **~ ... años** to be . . . years old 1; **~ la batería baja** to have a low battery (*cell phone*) 7; **~ buena salud** to be in good health 9; **~ buena suerte** to have good luck 11; **~ calor** to be hot 5; **~ catarro** to have a cold 9; **~ diarrea** to have diarrhea 9; **~ dolor de cabeza** to have a headache 9; **~ en cuenta** to take into account, bear in mind; **~ escalofríos** to have the chills 9; **~ éxito** to succeed; **~ fiebre** to have a fever 9; **~ frío** to be cold 5; **~ ganas de** + *inf.* to feel like (doing something) 6; **~ gripe** to have the flu 9; **~ hambre** to be hungry 5; **~ lugar** to take place 5; **~ mala suerte** to have bad luck 11; **~ miedo de** to be scared of 5; **~ náuseas** to be nauseous 9; **~ prisa** to be in a hurry; **~ que** + *inf.* to have to (do something) 2; **~ que ver (con)** to have to do (with); **~ razón** to be right; **~ sed** to be thirsty 5; **~ sueño** to be tired 5; **~ tos** to have a cough 9; **~ vergüenza** to be ashamed 5; **~le alergia a (algo)** to be allergic

to (something) 9; **No tengo idea.** I have no idea. 3; **No, tiene el número equivocado.** No, you have the wrong number. (*formal*) 7
el tenis tennis 8
tercer/o/a third 10
terminar to finish 6
la ternera veal 8
el terremoto earthquake 9
terrestre terrestrial
el texto text
la tía aunt 6; **~ política** aunt by marriage 6
el tiempo weather 4; time; verb tense; **a tiempo** on time, in time 7; **¿Cuánto tiempo hace?** How long ago? 6; **Hace buen/mal tiempo.** It's nice/bad out. **~ libre** free time; 4; **medio tiempo** part-time; **¿Qué tiempo hace?** What's the weather like? 4; **tiempo completo** full-time
la tienda store 3
la tierra earth
tinto: el vino ~ red wine
el tío uncle 3; **~ político** uncle by marriage 6
típico/a typical
el tipo type
tirar to pull; to throw out; **~ la casa por la ventana** to go all out (literally: *to throw the house out the window*) 6
la tirita Band-Aid 9
el título title; (university) degree
la toalla towel 2
el tobillo ankle 9
tocar to play (*an instrument*) 2; to touch
el tocino bacon 11
todavía still, yet 8; **~ no** not yet 8
todo/a everything 6; every, all; **todo el mundo** everybody, everyone
todos/as all 1; everyone 6; **todos los días** every day 3; **todos los meses** every month 9
la toma rough cut (*when filming*)
tomar to have, drink; **~ café** to drink coffee 2; to take (*a bus, etc.*) 6; **~le el pelo (a alguien)** to pull someone's leg (literally: *to pull someone's hair*) 11
el tomate tomato 8
el tono tone
la tontería foolishness
tonto/a stupid 3
torcerse (o → ue) un tobillo to sprain an ankle 9
el torneo tournament 8
el toro bull
torpe clumsy, awkward
la torre tower
la torta cake
la tortilla (de patatas) (potato) omelette (*Spain*) 2
la tos cough 9; **tener tos** to have a cough 9
toser to cough 9
la tostada toast 11
la tostadora toaster 10
totalmente totally
trabajar to work 2; **~ medio tiempo** to work part-time; **~ tiempo completo** to work full-time

el trabajo work
traducir to translate 3
el/la traductor/a translator
traer to bring 3
el traje suit 5; **~ de baño** bathing suit 5
tranquilamente calmly 11
tranquilo/a quiet, tranquil
transporte: el medio de ~ means of transportation 7
trasero/a back, rear
el traslado transfer
transmitir to transmit
el tratado treaty
el tratamiento treatment
tratar de to try to
tratarse de to be about
través: a ~ de across, through
travieso/a mischievous, naughty
el tren train 7; **en/por ~** by train
trescientos three hundred 6
la tribu tribe
el trigo wheat
el trineo sled
triste sad 3
triunfar to triumph
el trombón trombone 12
la trompeta trumpet 12
tronar (o → ue) to thunder
el trozo piece
el truco trick
tu your (*informal*) 1
tú you (*informal*) Pre.
la tumba tomb
el turismo tourism
tuyo/a yours (*informal*)

ubicado/a located
Ud. (usted) you (*formal*) Pre.
Uds. (ustedes) you (*pl. formal or informal*) 1
últimamente lately, recently
último/a last, most recent; **la última vez** the last time 7
un, una a, an 2; **Un millón de gracias.** Thanks a lot. 4
el uniforme uniform 8
unir to unite, join together
la universidad university 3
uno one 1; **el ~ al otro** to each other
unos/as some 2
urbano/a urban
uruguayo/a Uruguayan 1
usar to use 2
útil useful
utilizar to use, utilize

las vacaciones vacation 4
la vacuna vaccine
la vaina green bean
la vainilla vanilla 8
Vale. O.K. (*Spain*) 2; **(No) ~ la pena.** It's (not) worth it. 9; **(No) ~ la pena** + *inf.* It's (not) worth + -ing. 9
valiente brave
el valle valley 12
el valor value
valorar to value, price
variar to vary
la variedad variety
varios/as several

vasco/a Basque
el vaso glass 8
¡Vaya! Wow! 10
veces times 4; **a ~** at times 9;
　　algunas ~ sometimes 9;
　　muchas ~ many times 9
el/la vecino/a neighbor
veloz swift, fast
vencer to conquer, overcome
el vendaje bandage 9
el/la vendedor/a seller; store clerk 1
vender to sell 2
venezolano/a Venezuelan 1
venir to come 5
la ventaja advantage
la ventana window; **echar la casa por ~**
　　to go all out (literally: *to throw the
　　house out the window*) 6
la ventanilla car window; **el asiento
　　de ventanilla** window seat 7
ver to see 3; **A ~.** Let's see.;
　　~ a (alguien) to see (someone) 3
el verano summer 4
veras: ¿De ~? Really? 2
la verdad the truth; **¿verdad?** right? 1;
　　es verdad it's true 11
verdadero/a real, true 12
verde green 5
la verdura vegetable 8
la vergüenza shame; **tener vergüenza**
　　to be ashamed 5
vertir (e → ie, i) to shed (*a tear*)
el vestido dress 5
vestirse (e → i, i) to get dressed 5
vez: a la ~ at the same time; **de ~ en
　　cuando** once in a while, from time
　　to time 9; **en ~ de** instead of;
　　la última ~ the last time 7; **por**

última ~ for the last time;
　　una ~ one time, once
la vía way, road
viajar to travel 6
el viaje trip; **el/la agente de viajes**
　　travel agent 1
el/la viajero/a traveler; **el cheque de
　　viajero** traveler's check
la vida life; **jugarse (u → ue) ~** to
　　risk one's life 9
el video VCR; videocassette 2
los videojuegos video games 11
viejo/a old 3
el viento wind: **Hace viento.** It's
　　windy. 4
viernes (*m.*) Friday 2; **el ~** on Friday
　　2; **los ~** on Fridays, every Friday
　　2
el vinagre vinegar 8
el vino wine 2; **~ tinto** red wine
el violín violin 12
el violonchelo cello 12
la viruela smallpox
la visita visit
visitar to visit 2; **~ a (alguien)** to
　　visit (someone) 2
la vista view
la vivienda dwelling
vivir (en) to live (in) 2
vivo/a bright (*color*); alive
el volante steering wheel
el volcán volcano 12
el voleibol volleyball 8
el/la voluntario/a volunteer
volver (o → ue) to return, come back
　　5; **~ a + *inf.*** to do (something)
　　again
volverse (o → ue) to become

vomitar to vomit 9
vosotros/as you (*pl. informal*)
　　(*Spain*) 1
la votación vote
el/la votante voter
el voto vote
la voz voice
el vuelo flight 7; **el/la asistente de
　　vuelo** flight attendant
la vuelta return trip 7; **darle ~** to turn
　　over, flip 11; **dar una vuelta** to
　　take a ride, to go for a stroll/walk;
　　el pasaje de ida y vuelta round-
　　trip ticket
vuestro/a your (*pl. informal*)
　　(*Spain*) 2

y and 1; **Es la una ~ cinco.** It's five
　　after one. 5
ya already 8; now 8; **~ era hora.** It's
　　about time. 12; **~ no** no longer,
　　not anymore 8; **¡~ voy!** I'm
　　coming!
la yerba herb; grass
el yogur yogurt 11

la zanahoria carrot 8
los zapatos shoes 5; **~ de tacón alto**
　　high-heeled shoes 5; **~ de tenis**
　　tennis shoes, sneakers 5
la zona zone
el zumo juice (*Spain*) 11

English-Spanish Vocabulary

This vocabulary contains a selected listing of common words presented in the lesson vocabularies. Many word sets are not included, such as foods, sports, animals, and months of the year. Page references to word sets appear in the index.

Refer to page R26 for a list of abbreviations used in the following vocabulary.

@ (*as in email address*) arroba
able: be ~ poder (o → ue)
about sobre; **~ whom** de quien; **it's ~ time** ya era hora
above arriba
accent (*n.*) el acento; (*v.*) acentuar
accept aceptar
accident el accidente
accomplish realizar
according to según
account: take into ~ tener en cuenta
across a través de
action la acción
active activo/a
activity la actividad
actor el actor/la actriz
actually en realidad
add añadir
advantage la ventaja
adventure la aventura
advertise anunciar
advertisement el anuncio
advertising la propaganda
advise aconsejar; avisar
affair: love ~ la aventura amorosa
affect afectar
after después; **~ all** al fin y al cabo; **~ + -ing** después de + *inf.*
afternoon la tarde; **Good ~.** Buenas tardes.
again otra vez
against: be ~ estar en contra
age la edad
agree (with) estar de acuerdo (con)
Agreed? ¿De acuerdo?
airplane el avión
airmail por avión
alcoholic alcohólico/a
all todos/as
allow dejar
almost casi
alone solo/a
already ya
also también
alternate (*v.*) alternar
although aunque
always siempre
among entre
amusing divertido/a
ancient antiguo/a
and y; (*before words starting with i or hi*) e
Andean andino/a
angry: become ~ enfadarse, enojarse
anniversary el aniversario
announce anunciar
announcement el anuncio
another otro/a
answer (*n.*) la respuesta; (*v.*) responder, contestar
answering machine el contestador automático
antique antiguo/a

apathetic indiferente
appear aparecer
apply for solicitar
approximately aproximadamente
archaeologist el/la arqueólogo/a
architect el/la arquitecto/a
argue discutir
argument el argumento, la discusión
army el ejército
around alrededor; **~ here** por aquí
art el arte
as como; **~ . . . ~** tan... como; **~ a consequence** como consecuencia; **~ a result** como resultado; **~ if** como si; **~ many . . . ~** tantos/as... como; **~ much . . . ~** tanto/a... como
ask preguntar; **~ for** pedir (e → i, i); **May I ~ who is calling?** ¿De parte de quién?
assimilate asimilarse
association la asociación
astute astuto/a
at en; **@** (*as in email address*) arroba; **~ last** por fin; **~ least** por lo menos; **~ . . . o'clock** a la(s)...; **~ once** en seguida; **~ the end of** al final de; **~ the same time** a la vez; **~ times** a veces; **~ what time . . . ?** ¿A qué hora...?
athlete el/la deportista
ATM el cajero automático
attend asistir a
audience el público
avenue la avenida
average (*n.*) el promedio; (*adj.*) mediano/a
awful mal, fatal

backward al revés
bad malo/a; **It's ~ out.** Hace mal tiempo.
bald calvo/a
banana el plátano
bargain la ganga; **~ for** regatear
bark (*v.*) ladrar
baseball el béisbol
bathe bañarse
battle la batalla
bay la bahía
be estar, ser; **~ able** poder (o → ue); **~ afraid** tener miedo; **~ against** estar en contra (de); **~ ashamed** tener vergüenza; **~ called** llamarse; **~ careful** tener cuidado; **~ clever** ser listo/a; **~ cold** tener frío; **~ crazy** estar loco/a; **~ dizzy** estar mareado/a; **~ engaged** estar comprometido/a; **~ from** ser de; **~ happy about** alegrarse de; **~ hot** tener calor; **~ hungry** tener

hambre; **~ in a hurry** tener prisa; **~ in/at** estar en; **~ in good health** tener buena salud; **~ jealous (of)** estar celoso/a (de), tener celos (de); **~ late** atrasarse, llegar tarde; **~ lucky** tener suerte; **~ made of** ser de; **~ nauseous** tener náuseas; **~ on a diet** estar a dieta; **~ pregnant** estar embarazada; **~ ready** estar listo/a; **~ right** tener razón; **~ scared** tener miedo; **~ silent** callarse; **~ successful** tener éxito; **~ sure (of)** estar seguro/a (de); **~ surprised about** sorprenderse de; **~ thirsty** tener sed; **~ tired** tener sueño; **~ . . . years old** tener... años
bear in mind tener en cuenta
beautiful bello/a; **very ~** bellísimo/a
beauty la belleza
because porque
become: ~ angry enfadarse, enojarse; **~ crazy** volverse (o → ue) loco/a; **~ sick** enfermarse
bedroom la alcoba, el dormitorio, la recámara
before antes; **~ + -ing** antes de + *inf.*; **~ anything else** antes que nada
begin comenzar (e → ie), empezar (e → ie)
beginning el comienzo, el principio
behind atrás, detrás de
believe creer
below abajo, bajo, debajo de
beside al lado de
besides además
better mejor; **it's ~** es mejor
between entre
bilingual bilingüe
bill la cuenta
birth el nacimiento
birthday el cumpleaños; **Happy ~.** Feliz cumpleaños.; **have a ~** cumplir años
blue azul
blush ponerse rojo/a
bored (estar) aburrido/a
boring (ser) aburrido/a
boss el/la jefe/a
bottle la botella
bra el sostén
brain el cerebro
brand la marca
break romper/se
bring traer; **~ up to date** poner(se) al día
buckle the seat belt abrocharse el cinturón
build construir
burn quemar
business el negocio
businessman/woman el hombre/la mujer de negocios

but pero; **~ instead** sino que; **~ rather** sino

buy comprar

by por; **~ boat/train/etc.** en barco/tren/etc., por barco/tren/etc.; **~ the way** por cierto

calculus el cálculo

calendar el calendario

call llamar; **be called** llamarse

can: ~ you speak more slowly, please? ¿Puede hablar más despacio, por favor?; **~ you tell me how . . . ?** ¿Puede decirme cómo…?

capable capaz

capital (city) la capital; **What is the ~ of . . . ?** ¿Cuál es la capital de…?

care el cuidado; **take ~ of** cuidar

career la carrera

careful: be ~ tener cuidado

carefully con cuidado

carrot la zanahoria

case: in ~ por si acaso; **in ~ that** en caso (de) que

castle el castillo

celebrate celebrar

celebration la celebración

cell phone el (teléfono) celular, el (teléfono) móvil

cent el centavo

century el siglo

cereal el cereal

chalkboard la pizarra

champagne el champán

championship el campeonato

change cambiar; **changing the subject** cambiando de tema; (*n.*) el cambio

chapter el capítulo

character (*in a story, movie, etc.*) el personaje

chat charlar

check: restaurant ~ la cuenta

chew mascar

chilly: It's ~. Hace fresco.

chimney la chimenea

choose elegir (e → i, i)

Christmas la Navidad

cigarette el cigarrillo

class la clase; la materia

clever: be ~ ser listo/a

click hacer clic

client el/la cliente

climate el clima

climb subir; **~ mountains** hacer andinismo/alpinismo

close cerrar (e → ie)

closed cerrado/a

cloth la tela

clothes: ~ dryer la secadora; **put on one's ~** ponerse la ropa; **take off one's ~** quitarse la ropa

cloudy: It's ~. Está nublado.

clue la pista

clumsy torpe

cold: be ~ tener frío; **have a ~** tener catarro, estar resfriado/a; **It's ~.** Hace frío.

collection la colección

cologne el agua de colonia

comb one's hair peinarse

combat combatir

come venir; **~ back** volver (o → ue)

comedy la comedia

comfortable cómodo/a

command la orden

comment (*n.*) el comentario; (*v.*) comentar

common común; **in ~** en común

community la comunidad

compare comparar

complain quejarse

computer programmer el/la programador/a de computadoras

conceited creído/a

concert el concierto

confidence la confianza

congratulate felicitar

conquer conquistar

conserve conservar

consist of consistir en

constant constante

consult consultar

consumer el consumidor

continue continuar

contraceptive el anticonceptivo

contrast: in ~ to a diferencia de

converse conversar

convert convertir (e → ie, i)

correct (*v.*) corregir (e → i, i); (*adj.*) correcto/a

cost (*v.*) costar (o → ue); (*n.*) el precio; **It's going to ~ you.** Te va a salir caro.

cough (*v.*) toser; **have a ~** tener tos

Could you . . . ? ¿Podrías (+ *inf.*)?

counselor el/la consejero/a

count contar (o → ue)

country el país

course el curso

court (*for tennis, basketball*) la cancha

craftsmanship la artesanía

crash chocar

crazy: be ~ estar loco/a

create crear

croissant el croissant, la medialuna

cross (*n.*) la cruz; (*v.*) cruzar

crossword: do ~ puzzles hacer crucigramas

culture la cultura

current (*adj.*) actual

curse el mal de ojo; **put a ~ on** echar el mal de ojo

custom la costumbre

dance (*n.*) el baile; (*v.*) bailar

danger el peligro; **in ~** en peligro

dangerous peligroso/a

day el día; **the ~ before yesterday** anteayer; **every ~** todos los días

dead muerto/a

dear (*term of endearment*) cariño/a, querido/a

death la muerte

decide decidir

degree (*temperature*) grado; **It's . . . degrees (below zero).** Está a… grados (bajo cero).; **university ~** el título universitario

delicious sabroso/a, delicioso/a

delightful encantador/a

demanding exigente

democratic democrático/a

department (*of a university*) la facultad; **~ store** el almacén

describe describir

desert el desierto

desperate desesperado/a

destroy destruir

detain detener

develop desarrollar

developed desarrollado/a

diarrhea: have ~ tener diarrea

die morir/se (o → ue, u)

diet: be on a ~ estar a dieta

difference la diferencia

different diferente

difficult difícil

dinner la cena; **have ~** cenar

disadvantage la desventaja

disaster el desastre

discover descubrir

distance: long ~ larga distancia

divine divino/a

divorced divorciado/a; **get ~ (from)** divorciarse (de); **is ~ (from)** está divorciado/a (de)

dizzy: be ~ estar mareado/a

do hacer; **~ crossword puzzles** hacer crucigramas; **~ jigsaw puzzles** hacer rompecabezas

doll la muñeca

dollar el dólar

domestic doméstico/a

Don't mention it. No hay de qué.

doubt: there's no ~ no hay duda (de)

draw dibujar

dream (*n.*) el sueño; (*v.*) soñar (o → ue)

drink (*n.*) la bebida; (*v.*) beber

drive conducir, manejar

driver's license la licencia de manejar/ conducir (*Spain*), el permiso de manejar/conducir (*Spain*)

drop (*v.*) dejar caer; (*n.*) la gota

dry (*adj.*) seco/a; (*v.*) secar

dryer: clothes ~ la secadora; **hair ~** el secador

dumbfounded: leave (someone) ~ dejar boquiabierto (a alguien)

during durante

each cada; **~ other** el uno al otro; **To ~ his own.** Cada loco con su tema.

earn ganar

earring el arete, el pendiente

earth la tierra

earthquake el terremoto

Easter la Pascua Florida

easy fácil, sencillo/a

eat comer

either . . . or o… o

elegant fino/a

elevator el ascensor

email el correo electrónico, el email, el mensaje electrónico

emergency la emergencia

end el fin

ending el final

engaged: be ~ estar comprometido/a

engagement (*for marriage*) el compromiso

enjoy disfrutar

enough bastante

enter entrar (a/en)

entertaining divertido/a

environment el medio ambiente

essay el ensayo

establish establecer
ethnic étnico/a
even (*adj.*) par; (*adv.*) aun
evening la noche; **Good ~.** Buenas noches.
every cada, todo/a; **~ day** todos los días; **~ month** todos los meses
everybody todo el mundo
everything todo
evident: it's ~ es evidente
example el ejemplo; **for ~** por ejemplo
exchange (money) cambiar (dinero)
exercise (*n.*) el ejercicio; (*v.*) hacer ejercicio
exist existir

fabric la tela, el material
fabulous fabuloso/a
fact: in ~ en realidad
factory la fábrica
fair justo/a
faithful fiel
fall caer; **~ asleep** dormirse (o → ue, u)
fan (*sports*) el/la aficionado/a
farmer el/la granjero/a
fashion la moda
fast rápido/a
fax el fax
fear el temor; **have a ~ of . . .** tenerle fobia a…
feel sentir/se (e → ie, i); **~ like (doing something)** tener ganas de + *inf.*
feeling el sentido
fever la fiebre; **have a ~** tener fiebre
few: a ~ pocos/as
fight (*n.*) la lucha, la pelea; (*v.*) pelearse
fill (*a position*) ocupar; **~ out** completar, rellenar
find encontrar (o → ue); **~ strange** extrañarse
fine (*as for speeding*) la multa
finish completar, terminar
first name el nombre (de pila)
fish (*n., animal*) el pez; (*n., food*) el pescado; (*v.*) pescar
fit: It fits you well. Te queda bien.
fix arreglar
flight attendant el/la aeromozo/a, el/la asistente de vuelo, la azafata (*female*)
floor el piso, el suelo; **first ~** la planta baja, el bajo
flower la flor; **~ garden** el jardín
flu: have the ~ tener gripe
fly la mosca
follow seguir (e → i, i)
following siguiente
foolishness la tontería
football el fútbol americano
for para, por; **~ example** por ejemplo; **~ heaven's sake!** ¡Por el amor de Dios!; **~ lack of** por falta de; **~ the last time** por última vez; **~ what (purpose)?** ¿Para qué?; **~ whom?** ¿Para quién?
foreign extranjero/a
former anterior
fountain la fuente
frame el marco
free (*no cost*) gratis; (*unoccupied*) libre
frequently con frecuencia, frecuentemente, a menudo
friend el/la amigo/a

from de
front: in ~ of delante de
frustrated frustrado/a
fun: have ~ divertirse (e → ie, i)
function funcionar
funny gracioso/a
furnish amueblar
furnished amueblado/a
furniture los muebles

gas station la gasolinera
gears los cambios
general: in ~ en general, por lo general
gentleman el caballero
geography la geografía
geology la geología
get conseguir (e → i, i); (*a grade*) sacar; **~ angry** enfadarse, enojarse; **~ dressed** vestirse (e → i, i); **~ off** bajar(se) de; **~ (someone) out of a jam** sacar de un apuro (a alguien)
gift el regalo
give dar; **~ a present** regalar
go ir; **~ all out** echar la casa por la ventana; **~ down** bajar; **~ out** salir; **~ (out) with (someone)** salir con (alguien); **~ to bed** acostarse (o → ue); **~ up** subir
goal (*sports*) el gol
good bueno/a; **~ afternoon.** Buenas tardes.; **~ evening/night.** Buenas noches.; **~ morning.** Buenos días.
gossip (*n.*) el cotilleo; (*v.*) cotillear
government el gobierno
grade la nota
graduate graduarse
granddaughter la nieta
grandson el nieto
Great! ¡Qué chévere! (*Caribbean expression*)
grief la pena
ground el suelo
group el grupo

habit la costumbre
hair el pelo; **~ dryer** el secador; **~ salon** la peluquería
half la mitad
hand la mano; **on the one ~** por un lado; **on the other ~** por otro lado
handicraft la artesanía
happen ocurrir
happiness la felicidad, la alegría
happy: be ~ about alegrarse de; **~ birthday.** Feliz cumpleaños.
hate odiar
have (*aux. v.*) haber; tener; (*drink*) tomar; **~ the chills** tener escalofríos; **~ a cold** estar resfriado/a, tener catarro; **~ a cough** tener tos; **~ diarrhea** tener diarrea; **~ dinner** cenar; **~ a fear of . . .** tenerle fobia a…; **~ a fever** tener fiebre; **~ the flu** tener gripe; **~ fun** divertirse (e → ie, i); **~ a good/bad time** pasarlo bien/mal; **~ just (done something)** acabar de (+ *inf.*); **~ lunch** almorzar (o → ue); **~ supper** cenar

health la salud; **be in good ~** tener buena salud
hear oír
heart attack el infarto
heat calor; calefacción (de la casa)
heavy pesado/a
help (*n.*) la ayuda; (*v.*) ayudar
here aquí
Hey! (*informal, formal*) ¡Oiga/n!
hidden escondido/a
hire contratar
Hispanic hispano/a
home el hogar; la casa
hot: be ~ tener calor; **It's ~.** Hace calor.
how? ¿cómo?; **~ are you?** (*informal/formal*) ¿Cómo estás/está?; **~ awful!** ¡Qué barbaridad!; **~ many?** ¿cuántos/as?; **~ much?** ¿cuánto/a?; **~ much is/are . . . ?** ¿Cuánto cuesta/n… ?; **~ old is he/she?** ¿Cuántos años tiene él/ella?
however sin embargo
hug (*n.*) el abrazo; (*v.*) abrazar
hungry: be ~ tener hambre
hunt cazar
hurricane el huracán
hurry: be in a ~ tener prisa
hurt doler (o → ue); herir (e → ie, i)

I love it/them! ¡Me fascina/n!
I would like me gustaría; **~ to speak with . . . , please.** Quisiera hablar con…, por favor.
ID card la cédula de identidad
identify identificar
if si
illiteracy el analfabetismo
I'm coming! ¡Ya voy!
I'm sorry. Perdone./Perdona.
image la imagen
imagine imaginarse
in en; **~ a while** dentro de poco; **~ case** por si acaso; **~ case that** en caso (de) que; **~ contrast to** a diferencia de; **~ danger** en peligro; **~ front of** delante de; **~ general** por lo general, en general; **~ order that** para que; **~ spite of** a pesar de que
inch la pulgada
income los ingresos
increase añadir, aumentar
indicate indicar, señalar
indifferent indiferente
indigenous indígena
influence (*n.*) la influencia; (*v.*) influir
inhabitant el/la habitante
instability la inestabilidad
instead of en vez de
interest (*v.*) interesar
interrupt interrumpir
interview (*n.*) la entrevista; (*v.*) entrevistar
invent inventar
invest invertir (e → ie, i)
Is . . . there, please? ¿Está…, por favor?
It looks good on you. Te/Le queda bien.
it's es; **~ about time** ya era hora; **~ bad out.** Hace mal tiempo.; **~ better** es mejor; **~ chilly.** Hace fresco.; **~ cloudy.** Está nublado.; **~ evident** es evidente; **~ going to**

it's (*continued*)
    cost you. Te va a salir caro.;
    ~ hot. Hace calor.; **~ nice out.**
    Hace buen tiempo.; **~ not worth it**
    no vale la pena; **~ obvious** es
    obvio; **~ a pity** es una pena, es
    una lástima; **~ probable** es proba-
    ble; **~ raining.** Llueve.; **~ a**
    shame es una lástima;
    ~ snowing. Nieva.; **~ sunny.**
    Hace sol.; **~ true** es cierto, es
    verdad; **~ windy.** Hace viento.;
    ~ worth it vale la pena
It/This is . . . Habla.../ De parte de...

jealous: be ~ (of) tener celos (de); estar
    celoso/a (de); ser celoso/a
jigsaw: do ~ puzzles hacer
    rompecabezas
joke el chiste
jot down anotar
journalist el/la periodista
jump saltar
just a moment un momento

keep going straight seguir (e → i, i)
    derecho
key la llave
kill matar
king el rey; **~ and queen** los reyes
kiss (*n.*) el beso; (*v.*) besar
knit tejer, hacer punto
know (*facts/how to do something*) saber;
    (*someone or something*) conocer;
    You didn't ~? ¿No sabía(s)?; **Do**
    you ~ where . . . is? ¿Sabe(s)
    dónde está...?; **I don't ~ (the**
    answer). No sé (la respuesta).;
    ~ people in the right places tener
    palanca
known: make ~ dar a conocer
lack faltar; **for ~ of** por falta de
landing strip la pista de aterrizaje
language el idioma
last último/a; **for the ~ time** por última
    vez; **~ night** anoche
last name el apellido; **first ~** (*father's*
    name) el primer apellido; **second**
    ~ (*mother's maiden name*) el
    segundo apellido
late (*adv.*) tarde; **be ~** atrasarse
lately últimamente
later luego, más tarde; **See you ~.**
    Hasta luego.
lawn el jardín
layover escala
learn aprender
leave salir; **~ behind** dejar;
    ~ (someone) dumbfounded
    dejar boquiabierto/a (a alguien)
lecture la conferencia
less menos; **~ than** menos de/que
lesson la clase, la lección
let's see a ver
lie (*n.*) la mentira; (*v.*) mentir (e → ie, i)
life la vida; **risk one's ~** jugarse
    (u → ue) la vida
light (*n.*) la luz; (*v.*) encender
    (e → ie)
like (*adv.*) como; (*v.*) gustar; **I don't ~**
    him/her. Me cae mal., No me gusta

él/ella.; **I ~ him/her a lot.** Me
    cae (la mar de) bien., Me gusta
    mucho.; **I don't ~ it/them at all.**
    No me gusta/n nada.; **~ a lot**
    encantar, fascinar; **~ this/that** así
listen escuchar; **~!** (*informal, formal*)
    ¡Oiga/n!
little: a ~ un poco; **~ by ~** poco a poco
live vivir
long distance larga distancia
look: ~ for buscar; **~ (at)** mirar
lose perder (e → ie)
lost perdido/a
lousy mal
love (*n.*) el amor; (*v.*) amar, querer;
    I ~ it/them! ¡Me fascina/n!
loyal fiel
luck la suerte; **What bad ~!** ¡Qué mala
    suerte!
lunch el almuerzo; **have ~** almorzar
    (o → ue)

maintain mantener
majority la mayoría
make hacer; **~ a stopover** hacer escala;
    ~ known dar a conocer
male el macho
manner la manera
many muchos/as; **as ~ . . . as**
    tantos/as... como; **~ times**
    muchas veces
map el mapa
marry casarse
married casado/a; **is ~ (to)** está
    casado/a (con)
mask la máscara
may: ~ I ask who is calling? ¿De parte
    de quién?, ¿Quién habla?
mean significar; **What do you ~ . . . ?**
    ¿Cómo que... ? **What does**
    . . . mean? ¿Qué significa... ?
meaning el significado
meanwhile mientras tanto
measure medir (e → i, i)
member el miembro
memorize memorizar
memory el recuerdo; la memoria
mention mencionar
mess: What a ~! ¡Qué lío!
message el mensaje
middle mediados; **~ Ages** la Edad
    Media
mile la milla
mind la mente
minimum el mínimo
minority la minoría
mirror el espejo
miss (*someone or something*) echar de
    menos, extrañar; (*a train, a bus*)
    perder
mix revolver (o → ue)
mixture la mezcla
model el/la modelo
modern moderno/a
monster el monstruo
month el mes
monthly mensual
morning la mañana; **Good ~.** Buenos
    días.
most recent último/a
motivate motivar
move (*relocate*) mudarse

murder el asesinato
must: One/You ~ (+ *v.*) Hay que + *inf.*
mysterious misterioso/a
mystery el misterio

name: first ~ el nombre (de pila);
    last ~ el apellido; **My ~ is . . .**
    Me llamo...
nation la nación
nationality la nacionalidad
native indígena; (*adj.*) indígena
nauseous: be ~ tener náuseas
necessary necesario/a
neck el cuello
neighbor el/la vecino/a
neighborhood el barrio
neither tampoco; **~ . . . nor** ni... ni
nervous nervioso/a
never nunca
nevertheless sin embargo
news la(s) noticia(s); **~ item** la noticia
next próximo/a
nice simpático/a; **It's ~ out.** Hace buen
    tiempo.
night la noche; **Good ~.** Buenas
    noches.
no longer ya no
No way! ¡Qué va!
noise el ruido
nor tampoco
not even ni siquiera
note (*n.*) la nota, el apunte; (*v.*) notar;
    take notes apuntar, tomar apuntes
nothing nada
now ahora
nowadays hoy (en) día
number (*n.*) el número; (*v.*) numerar;
    You have the wrong ~. Tiene el
    número equivocado.
nurse el/la enfermero/a

O.K. Bien., De acuerdo., Vale.
obtain conseguir (e → i, i), obtener
obvious: it's ~ es obvio
occupation la ocupación
occur ocurrir
of de (del/de la); **~ course.** ¡Claro!,
    ¡Por supuesto!, ¡Claro que sí!;
    ~ course not! ¡Claro que no!
offer ofrecer
often a menudo, con frecuencia
old man/woman el/la anciano/a
on en; **~ all sides** por todos lados;
    ~ the one hand por un lado;
    ~ the other hand por otro
    lado; **~ time** a tiempo
once una vez; **at ~** en seguida; **~ in a**
    while de vez en cuando
One must + v. Hay que + *inf.*
only solamente, solo
open abierto/a
option la opción
optional opcional
or o, (*before words starting with o or ho*) u
order el orden; (*command*) la orden;
    in ~ that para que
organize organizar
origin el origen
other otro/a
ought to + v. deber + *inf.*
outstanding sobresaliente

over there allá
owe deber
own (*adj.*) propio/a

pair (of) un par (de); la pareja
paragraph el párrafo
park (*n.*) el parque; (*v.*) estacionar
participate participar
partner el/la compañero/a
pass by/through pasar por
path el camino
paw la pata
pay pagar; **~ attention (to someone)** hacerle caso (a alguien)
peace la paz
peasant el/la campesino/a
pen el bolígrafo, la pluma
people la gente
percentage el porcentaje
perfect perfecto/a
perhaps a lo mejor, tal vez + *subj.*, quizá(s) + *subj.*
personality la personalidad
pet la mascota
phone (*n.*) el teléfono; (*v.*) llamar
phrase la frase
pick up recoger
pictures: take ~ sacar fotos
picturesque pintoresco/a
pity: it's a ~ es una pena, es una lástima; **What a ~!** ¡Qué pena!
place el sitio; **take ~** tener lugar
plaid de cuadros
plan (*n.*) el plan; (*v.*) planear
plantain el plátano
play (*a sport or game*) jugar (u → ue); **~** (*an instrument*) tocar
pleasant agradable
please por favor
point el punto; **~ out** señalar
polka-dotted de lunares
population la población
possibly posiblemente
poster el afiche, el cartel
power el poder, la fuerza; **purchasing ~** el poder adquisitivo
practice (*n.*) la práctica; (*v.*) practicar
predict predecir
prefer preferir (e → ie, i)
preference la preferencia
pregnant: be ~ estar embarazada
prepare preparar
prescription la receta médica
present-day actual
preserve conservar
previous anterior
pride el orgullo
priest el cura
prize el premio
probable: it's ~ es probable
probably probablemente
produce producir
program el programa
prohibit prohibir
project el proyecto
promise (*n.*) la promesa; (*v.*) prometer
proud orgulloso/a
provided that con tal (de) que
province la provincia
psychologist el/la psicólogo/a
pull tirar; **~ someone's leg** tomarle el pelo (a alguien)

purchasing power el poder adquisitivo
put poner; **~ a curse ("the evil eye") on** echar el mal de ojo; **~ on one's clothes** ponerse la ropa; **~ someone to bed** acostar (o → ue)
puzzle: do crossword puzzles hacer crucigramas; **do jigsaw puzzles** hacer rompecabezas

quantity la cantidad
question la pregunta
quiet tranquilo/a
quit: ~ (doing something) dejar de + *inf.*

race la carrera
raining: It's ~. Llueve.
reading la lectura
ready: be ~ estar listo/a
real verdadero/a
reality la realidad
realize (something) darse cuenta (de algo)
really en realidad; **~?** ¿De veras?
reason la razón
recent: most ~ último/a
recipe la receta
recognize reconocer
record (*v.*) grabar
recording la grabación
refer to referir/se (e → ie, i)
rehearse ensayar
reject rechazar
relation la relación
relative (*family*) el/la pariente
relatively relativamente
remember acordarse (o → ue) de; recordar (o → ue)
remove quitar
rent (*n.*) el alquiler; (*v.*) alquilar
repeat repetir (e → i, i)
report el informe
reporter el/la reportero/a
request el pedido
requirement el requisito
research la investigación
reservation la reserva
respond responder
responsibility la responsabilidad
rest descansar
return (*an item*) devolver (o → ue); (*to a place*) volver (o → ue)
rice el arroz
rich rico/a
ride montar; **~ a bicycle** montar en bicicleta
right el derecho; **~?** ¿verdad?; **be ~** tener razón; **~ now** ahora mismo; **on the ~** a la derecha ~
risk one's life jugarse (u → ue) la vida
road el camino, la carretera
rock la piedra
roof el techo
room la habitación; **double ~** la habitación doble; **single ~** la habitación individual
round redondo/a
royal real

safe seguro/a
saint el/la santo/a
same igual; **the ~** el/la mismo/a

satisfied satisfecho/a
save (*rescue*) salvar; (*money*) ahorrar
say decir; **How do you ~ . . . ?** ¿Cómo se dice... ?
scared: be ~ tener miedo
scarf la pañoleta (*women's*), el pañuelo; **winter ~** la bufanda
schedule el horario
science la ciencia
search engine el buscador
secondary secundario/a
secondhand de segunda mano
see ver; **Let's ~.** A ver.; **~ you later.** Hasta luego.; **~ you tomorrow.** Hasta mañana.
seem parecer
select seleccionar
sell vender
send mandar
sensitivity la sensibilidad
sentence la oración
separate (from) separar/se (de)
serious grave
serve servir (e → i, i)
set the table poner la mesa
several varios/as
sex el sexo
shame la vergüenza; **it's a ~** es una lástima; **What a ~!** ¡Qué lástima!
share compartir
shave afeitarse
shaving cream la crema de afeitar
shellfish los mariscos
shoot disparar
shopping de compras
show mostrar (o → ue)
sick: become ~ enfermarse
side el lado; **on the one ~** por un lado; **on the other ~** por otro lado; **on all sides** por todos lados
significant other la pareja
silent callado/a; **be ~** callarse
similar parecido/a
simple sencillo/a
simply sencillamente
since ya que, desde
sing cantar
singer el/la cantante
single soltero/a; **~ room** la habitación individual
sit down sentarse (e → ie)
situation la situación
skin la piel
slash (*as in* http://www) la barra
slave el/la esclavo/a
sleep dormir (o → ue, u)
slow lento/a
smoke (*v.*) fumar
snow (*n.*) nieve; (*v.*) nevar (e → ie)
snowing: It's ~. Nieva.
so tan
soap opera la telenovela
soccer el fútbol
sock el calcetín, la media
soda la gaseosa
soldier el/la soldado
some algún, alguno/a
someone alguien
something algo; **~ else?** ¿Algo más?
sometimes algunas veces
song la canción
soon pronto

sorry: I'm ~. (*informal*) Perdona.; (*formal*) Perdone., Lo siento.
source la fuente
speak hablar; **Can you ~ more slowly, please?** ¿Puede hablar más despacio, por favor?; **I would like to ~ with . . . , please.** Quisiera hablar con…, por favor.
special especial
specific específico/a
spend (*money*) gastar; (*time*) pasar
spice la especia
spicy picante
spite: in ~ of a pesar de que
stand in line hacer cola
start (*n.*) el comienzo; (*v.*) comenzar (e → ie), empezar (e → ie); **~ the car** arrancar
starting from a partir de
stay in (+ *place*) quedarse en (+ *place*)
steal robar
step on pisar
still aún, todavía
stingy tacaño/a
stone la piedra
stop (*n.*) la parada; **~ (doing something)** dejar de + *inf.*
stopover la escala
story el cuento
stove la estufa; **electric ~** la estufa eléctrica; **gas ~** la estufa de gas
straight recto/a; **keep going ~** seguir (e → i, i) derecho
strange extraño/a
strength la fuerza
striped de rayas
strong fuerte
struggle la lucha
study estudiar
subject (*in school*) la asignatura, la materia
succeed tener éxito
successful: be ~ tener éxito
suddenly de repente
suffer sufrir
sugar el azúcar
suggest sugerir (e → ie, i)
suggestion la sugerencia
summary el resumen
sunny: It's ~. Hace sol.
supper: have ~ cenar
suppose suponer
sure: be ~ (of) estar seguro/a de
surf the net navegar por Internet
surgery la cirugía
surprise la sorpresa
surprised: be ~ about sorprenderse de
suspect el/la sospechoso/a
switch roles cambiar de papel

take (*a bus, etc.*) tomar; **~ care of** cuidar; **~ into account** tener en cuenta; **~ notes** anotar, tomar apuntes; **~ off one's clothes** quitarse la ropa; **~ out** sacar; **~ out the garbage** sacar la basura; **~ pictures** sacar fotos; **~ place** tener lugar; **~ a walk** dar un paseo
talk conversar, hablar
taste probar (o → ue)
tasty sabroso/a

teach enseñar
tear (*cry*) la lágrima
television la televisión; **~ channel** el canal de televisión; **~ set** el televisor
tell contar (o → ue); decir; **Can you ~ me how . . . ?** ¿Puede decirme cómo… ?
thank you gracias
that que; (*dem. adj.*) ese/a, aquel, aquella; (*dem. pron.*) ese/a, eso, aquel, aquella, aquello; **~ is** o sea; **that's why** por eso
theme el tema
then entonces; (*in time sequence*) después, más tarde, luego
there allí; **~ is/~ are** hay; **~ must be a reason.** Por algo será.; **~ was/ ~ were** había; **there's no doubt** no hay duda (de)
therefore por eso, por lo tanto
thing la cosa
think pensar (e → ie); **~ about** pensar en
thirsty: be ~ tener sed
this (*dem. adj.*) este/a; (*dem. pron.*) este/a, esto
those (*dem. adj.*) esos/as, aquellos/as; (*dem. pron.*) esos/as, aquellos/as; **~ (over there)** (*adj.*) aquellos/ aquellas; **~ ones (over there)** (*dem. pron.*) aquellos/aquellas
throat la garganta
through a través de
throw: ~ out echar, tirar
ticket el boleto, el billete, el pasaje; (*for admission to an event*) la entrada
time: in ~ a tiempo; **on ~** a tiempo; **What ~ is. . .at?** ¿A qué hora es…?
times: many ~ muchas veces
tired: be ~ tener sueño
title el título
to a; **~ top it all** para colmo
together juntos/as
tomorrow mañana; **See you ~.** Hasta mañana.
too también; **~ much** demasiado
top: to ~ it all para colmo
touch tocar
tour la gira, el tour
tourism el turismo
translate traducir
travel viajar
tree el árbol
true cierto/a, real; **it's ~** es cierto, es verdad
truth la verdad
try intentar; (*food*) probar; **~ on** (*clothes*) probarse (o → ue); **~ to** tratar de
turn doblar; **~ off** apagar; **~ over** darle la vuelta
TV channel el canal de televisión
typical típico/a

unbearable insoportable
uncertain incierto/a
understand comprender, entender (e → ie)
understanding comprensivo/a
underwear (*men's*) los calzoncillos; (*women's*) los calzones
unexpected inesperado/a

unexplainable inexplicable
uniform el uniforme
unknown desconocido/a
unless a menos que
until hasta (que)
up arriba
upon + -*ing* al + *inf.*
use usar
useful útil
useless inútil

vacation las vacaciones
vain creído/a, vanidoso/a
value el valor
variety la variedad
vary variar
very muy; **~ well!** ¡Muy bien!
view la vista
visit (*n.*) la visita; (*v.*) visitar
voice la voz
vomit devolver (o → ue), vomitar

wake up despertarse (e → ie); **wake someone up** despertar (e → ie)
walk andar; **take a ~** dar un paseo
wall la pared
want desear, querer
war la guerra
warm caliente
water el agua (*f.*)
way la manera; **No ~!** ¡Qué va!
Web (www) la red
weekend el fin de semana
weigh pesar
weight el peso
well (then) pues
what? ¿qué?, ¿cómo?; **~ bad luck!** ¡Qué mala suerte!; **~ color is it?** ¿De qué color es?; **~ do you mean . . . ?** ¿Cómo que… ?; **~ is the capital of . . . ?** ¿Cuál es la capital de… ?; **~ is your phone number?** ¿Cuál es tu/su número de teléfono?; **~ a mess!** ¡Qué lío!; **~ a pity!** ¡Qué pena!; **~ a shame!** ¡Qué lástima!; **~ time is it?** ¿Qué hora es?; **What's the weather like?** ¿Qué tiempo hace?; **What's up?** ¿Qué hay?; **What's your address?** ¿Cuál es tu dirección?
when cuando; **~?** ¿cuándo?
where donde; **~?** ¿dónde?; **~ are you from?** ¿De dónde es/eres?; **~ (to)?** ¿adónde?
which? ¿cuál/es?
while mientras; **in a ~** dentro de poco
who quien, que; **~?** ¿quién? ¿quiénes?; **~ is speaking/calling?** ¿Quién habla?
whom: for ~? ¿para quién?
whose? ¿de quién/es?
why? ¿por qué?
win ganar
window la ventana
windy: It's ~. Hace viento.
winner el/la ganador/a
with con; **~ pleasure** con mucho gusto
without sin
wonder preguntarse
wonderful divino/a, maravilloso/a

work (*n.*) el trabajo; (*v.*) trabajar;
~ **full-time** trabajar tiempo
completo; ~ **part-time** trabajar
medio tiempo
worth: It's (not) ~ it. (No) vale la pena.
Wow! ¡Vaya!
wrist la muñeca
write escribir; ~ **letters/poems** escribir
cartas/poemas
writer el/la escritor/a

wrong: You have the ~ number. Tiene
el número equivocado.

year el año; **last ~** el año pasado;
next ~ el año que viene; **New
Year's Day** el Año Nuevo
yesterday ayer
yet aún, todavía; **not ~** todavía no
young person el/la joven

younger menor
You're welcome. De nada., No hay de
qué.
youth la juventud

zip code el código postal
zone la zona

Index

Permissions and Credits

The authors and editors thank the following persons and publishers for permission to use copyrighted material.

Text Permissions

Chapter 2: p. 61, Procter & Gamble information from "Diapers for Fatima," Sean Gregory, *Time*, January 24, 2005. Data for Home Depot from http://homedepot.com.mx/hdmx/esmx/companyinfo.shtml **Chapter 7:** pp. 200–201, Courtesy of Secretaría General de Turismo/Turespaña, Ministerio de Industria, Comercio y Turismo.; p. 212, Data from: http://www.tia.org and *The Minority Traveler*, 2003 Edition. **Chapter 8:** p. 227, "El fútbol y yo," from *El País*, No. 179, July 24, 1994, Año XIX, p. 42. Copyright © Diario *El País*, S.L. Used by permission. **Chapter 9:** p. 257, "Tragedia" by Vicente Huidobro. Reprinted by permission of the Fundación Vicente Huidobro. **Chapter 10:** p. 287, Copyright © 2001 by Houghton Mifflin Company. Adapted and reproduced by permission from *The American Heritage Spanish Dictionary*, Second Edition.; pp. 285–286, "No quiero," by Ángela Figuera Aymerich, from *Obras completas* (Ediciones Hiperión, Madrid, First Edition © 1986, Second Edition © 1999). Reprinted with permission. **Chapter 11:** pp. 314–315, "La vida en la maquila," by Silvia Torralba. As appeared on oneworld.net.; p. 321, Data on history of chocolate from Kara Chocolates, May 8, 2005: http://www.karachocolates.com/chochist.html; **Chapter 12:** p. 344, "El Padre Antonio y el monaguillo Andrés," by Rubén Blades, from the CD *Rubén Blades y el son del solar live!* Reprinted with permission.

Photo Credits

Preliminary Chapter: p. 2, Richard Lord/The Image Works; p. 3, Francisco Rangel; p. 5 left, Kathy Squires; p. 5 right, Frerck/Odyssey Productions, Inc./Chicago; p. 5 bottom, Jefkin/Elnekave Photography. **Chapter 1:** p. 13, Cameramann/The Image Works; p. 14, Stuart Cohen/The Image Works; p. 21, Ulrike Welsch; p. 25 left to right: AP/Wide World; Marc Serota/Reuters/Corbis; Corbis; Allsport/Getty Images; p. 30 center left: Mike Blake/Reuters/Corbis; p. 30 center right, Armando Arorizo/ZUM/Corbis; p. 30 bottom left, Reuters/Corbis; p. 30 bottom right: Reuters/Corbis; p. 32, Mark Stevenson/Corbis; p. 33, top row, left to right: Beryl Goldberg; Tom & Michelle Grimm/Getty Images; Beryl Goldberg; bottom row, left to right: Claudia Parks/The Stock Market; Ulrike Welsch; Photri/Microstock; Ulrike Welsch. **Chapter 2:** p. 37, Tomas Stargardter/Latin Focus; p. 45, Bernie Núñez/Reuters/Corbis; p. 56, Corbis Sygma; p. 60 center, Beryl Goldberg; p. 60 bottom, David Botello; p. 62, courtesy Arthine Cossey van Duyne; p. 65, South Park Productions. **Chapter 3:** p. 67, Pablo Corral/National Geographic Image Collection; p. 68, Stephanie Cardinal/People Avenue/Corbis; p. 69, Studio Patellani/Corbis; p. 73, South Park Productions; p. 79 center, AP/Wide World Photos; p. 79 bottom, Reuters/Corbis; p. 85, Ulrike Welsch; p. 86, Jimmy Dorantes/Latin Focus. **Chapter 4:** p. 94, Daniel LeClair/Reuters/Corbis; p. 95, Bruce Klepinger/Adventure Photo; p. 96, Museo de América, Madrid, Spain/Index/Bridgeman Art Library; p. 97 top, Bibliothèque Nationale, Paris, France/Lauros-Giraudon/Bridgeman Art Library; p. 97 bottom left and right, Museo del Oro; p. 103, Pilar Olivares/Reuters/Corbis; p. 105, left, Ulrike Welsch; p. 105 right, Robert Fried; p. 113, South Park Productions; p. 114, Vince Streano/The Stock Market; p. 115, Alan Grinberg; p. 118 left, Courtesy of Amy Waldren; p. 118 right, Courtesy of Jessica Giglia; p. 120, South Park Productions. **Chapter 5:** p. 123, Film Four/South Fork/Senator Film/The Kobal Collection; p. 124, Cristóbal Corral Vega/HBO Films/ZUMA/Corbis; p. 125, South Park Productions; p. 135 top, Courtesy of Kristin Horton; p. 135, bottom, Russell Gordon/Aurora; p. 136, Jesús Carneiro; p. 138, courtesy Zara; p. 139, Petre Buzoianu/Corbis; p. 141, LJ Regan/Getty Images; p. 142, Jimmy Dorantes/Latin Focus; p. 144, South Park Productions; p. 147, Art Resource, NY, p. 147, www.juanes.net; p. 148, Reuters/Corbis. **Chapter 6:** p. 151, Hans Strand/Getty Images; p. 152 left, Bill Bachman/Alamy; p. 152 right, Index Stock/Alamy; p. 153, James Blair/National Geographic Image Collection; p. 157, South Park Productions; p. 159, Owen Franken/Corbis; p. 164, AFP/Getty Images; p. 166, George F. Mobley/National Geographic Image Collection; p. 167, Michael Boeckmann; p. 170, Courtesy of Stephanie Valencia; p. 171 left, Franco Vogt/Corbis; p. 171 right, Leland Bobbé/Corbis; p. 172, Courtesy of Cristina Schulze; p. 179, courtesy Southwestern University, Georgetown, Texas; p. 183 top and bottom, South Park Productions. **Chapter 7:** p. 184, Masakatsu Yamazaki/HAGA/The Image Works; p. 185, Steve Vidler/Leo de Wys; p. 186, Robert Fried; p. 190, Courtesy Hotel Acueducto; p. 200, Paradores de Turismo de España; p. 201, Paradores de Turismo de España; p. 206, Viesti Associates; p. 212, Jimmy Dorantes/Latin Focus. **Chapter 8:** p. 214, Monika Graff/The Image Works; p. 215, Ulrike Welsch; p. 218, Francisco Rangel; p. 219, South Park Productions; p. 220, Randall Hyman/Stock Boston; p. 227, Duomo; p. 231, Steve Dunwell/Index Stock; p. 234, Bill Frakes/Sports Illustrated; p. 236, Odyssey/Frerck/Chicago; p. 238 top, Gary Hershorn/ Reuters/Corbis; p. 238 bottom, Rita Rivera; p. 240, South Park Productions. **Chapter 9:** p. 242, Museo del Oro; p. 247, Frerck/ Odyssey/Chicago; p. 256, SISIB/Universidad de Chile/Facultad de Filosofía y Humanidades; p. 261, Victor Englebert; p. 262, Manuel Bellver/Corbis; p. 266, Eduardo Aparicio; p. 268, Stringer/Chile/Reuters/Corbis; p. 269, Courtesy of Frank Garcini. **Chapter 10:** p. 271, Jeff Goldberg/Esto; p. 272, Margot Granitsas/The Image Works; p. 273, John Ehlers/Stockline; p. 284, Zurgai, Bilbao, España; p. 291, Peter M. Wilson/Alamy; p. 292, James Nelson/Getty Images; p. 293, South Park Productions; p. 298, courtesy David Kupferschmidt; p. 300, South Park Productions. **Chapter 11:** p. 302, Sven Martson/The Image Works; p. 303, Stuart Cohen/The Image Works; p. 309, Frerck/Odyssey/Chicago; p. 313, Jimmy Dorantes/Latin Focus; p. 320, University of California, San Francisco, CA/Index/Bridgeman Art Library; p. 323, John Williamson. **Chapter 12:** p. 332, Javier Pierini/Latin Stock/Corbis; p. 334 top, Miki Kratsman/Corbis; p. 334 bottom, Olberto Gili/Barbara von Schreiber, Ltd.; p. 338, South Park Productions; p. 339, Bob Krist/Corbis; p. 342, Dynamic Graphics Group/Creatas/Alamy; p. 343, AP/Wide World; p. 344, Deborah Harse/The Image Works; p. 347, DDB Stock Photography; p. 348, Pablo Corral/Corbis; p. 349, Tuna de Derecho de Valladolid, España, URL: http://www.tunaderecho. com; p. 351, Vince Bucci/Getty Images; p. 354 left, Courtesy of Sarah Bartels and Hernán Marrero; p. 354 right, Courtesy of Irma and Richard Perlman; p. 357, South Park Productions.

Illustration Credits

Duff Moses/Famous Frames: pp. 126, 156 top, 259; Jeff Kronen/Famous Frames: pp. 229, 267, 333; Anna Veltfort: p. 255; Roberto Ezzavelli/Famous Frames: pp. 285, 286, 289; All other illustrations by Andrés Fernández Cordón.

Realia Credits

Preliminary Chapter: p. 1, Data from Pew Hispanic Center, CIA World Factbook, and U.S. Census Bureau. **Chapter 1:** p. 34 top, From *National Geographic*, September, 2001. Reprinted by permission of the National Geographic Society.; p. 34 bottom, Bilingual Education Specialists. **Chapter 2:** p. 37, Data from glreach.com.; p. 39, Reprinted with the permission of TransFairUSA.; p. 50 top, Copyright © Google, Inc. Reprinted with permission.; p. 50 bottom, Reproduced with permission of Yahoo! Inc. © 2005 by Yahoo! Inc. YAHOO! and the YAHOO! logo are trademarks of Yahoo! Inc.; p. 61 center, Reprinted by permission from www.internetworldstats.com.; p. 61 bottom, From www.10xmarketing.com. Reprinted with the permission of 10 X Marketing. **Chapter 3:** p. 79 top, *Selecciones* cover, Courtesy *Reader's Digest* México.; *Glamour* cover, Courtesy *Glamour* Magazine.; p. 79 bottom, Univision chart reprinted with permission from Microsoft Corporation.; p. 92 top, "More Colorful" Census Bureau Chart www.trans-mission.com.; p. 92 center, Copyright © 2005 Home TLC, Inc. Reprinted with permission.; p. 92 bottom, Kohler, South America, Printed with permission. **Chapter 4:** p. 118, Reprinted by permission of Habitat for Humanity. **Chapter 5:** p. 138, Juegos Olympicos de Barcelona, 1992.; p. 148 center, Reprinted by permission of the Republican National Committee.; p. 148 bottom, Reprinted by permission of the Democratic National Committee. **Chapter 6:** p. 177, Copyright © Maitena. **Chapter 7:** p. 188, Minicines Astorias, Peluqueros Pedro Molina, Restaurante El Hidalgo, Librería Compás.; p. 189, Courtesy of Finlay.; p. 193, Copyright © NIK.; p. 201, Paradores de Turismo de España.; p. 209, Copyright © Maitena.; p. 212, Courtesy Terra Networks Group, Madrid. **Chapter 8:** p. 230, Courtesy of Alcalá, Madrid, Spain.; p. 232, Fernando Sendra.; p. 235, Ana von Rebeur.; p. 238, Copyright © ESPN. Used with permission. **Chapter 9:** p. 244, Catedral de Sal, Zipaquirá, Colombia.; p. 247, *El País*, Sunday March 23, 1993.; p. 263, Copyright © NIK.; p. 269, Reprinted by permission of NOAH: New York Online Access to Health. **Chapter 10:** p. 275, Courtesy Unipublic S.A., Madrid.; p. 281, Copyright © Maitena.; p. 283, Courtesy *Segundamano*.; p. 298, Courtesy Law Office of Shawn C. Brown. **Chapter 11:** p. 305, Courtesy Mt. Hood Playing Card Company.; p. 321, Copyright © NIK.; p. 326 center, BARBIE is a trademark owned by, and used with permission from Mattel, Inc. © 2006 Mattel, Inc. All Rights Reserved.; p. 326 bottom, Courtesy Hallmark Cards.; p. 330 top, Reprinted by permission of the Sonoma County Human Resources Department. **Chapter 12:** p. 336, Courtesy Correo Argentino.; p. 352, Courtesy of Nestlé, S.A., owner of the Nescafé ® trademark.

Mar Caribe

Barranquilla
Cartagena
Maracaibo
Caracas
La Guaira
TRINIDAD Y
TOBAGO
Puerto España

San Carlos
Ciudad Bolívar
VENEZUELA
Río Orinoco

OCÉANO
ATLÁNTICO

Medellín
Salto Ángel
Georgetown
Paramaribo
Cayena

Zipaquirá
Bogotá
GUYANA
SURINAM
GUAYANA FRANCESA

Cali
COLOMBIA
Popayán
San Agustín

Otavalo
Santo Domingo
de los Colorados
Pichincha
Quito
Ecuador

Río Negro
Río Amazonas
Belén

ECUADOR
Chimborazo
Guayaquil

Iquitos

Manaos

Río Madeira

Sipán
Trujillo
CORDILLERA DE LOS ANDES

BRASIL

Recife

PERÚ
Callao
Lima
Machu Picchu

Cuzco
Lago Titicaca
Puno
La Paz
Cochabamba
Arequipa
Tiahuanaco
Arica
Sucre
Potosí
BOLIVIA

Salvador

Río Paraguay

Brasilia

Iquique

Bello Horizonte

Filadelfia
PARAGUAY
Asunción

Río de Janeiro
San Pablo
Santos

Antofagasta
Trópico de Capricornio

Salta
San Miguel
de Tucumán
Resistencia

Río Paraná

Puerto Iguazú

Río Uruguay
Puerto Alegre

OCÉANO
PACÍFICO

CHILE

Córdoba
Aconcagua
Mendoza
Rosario
URUGUAY
Montevideo

Viña del Mar
Valparaíso
Santiago

Buenos Aires
La Plata
Punta del Este

Concepción
ARGENTINA
Mar del Plata

Río Colorado
Bahía Blanca

Río de la Plata

Bariloche
Puerto Montt

CORDILLERA DE LOS ANDES

ISLAS GALÁPAGOS
San Salvador
Ecuador
Santa Cruz
San Cristóbal
Isabela
Quito
ECUADOR
Guayaquil

PATAGONIA

Estrecho de Magallanes
Islas Malvinas

América del Sur

Punta Arenas
TIERRA DEL FUEGO
Cabo de Hornos

0   250   500 Km.
0   250   500 Mi.